招聘与人才测评

许明月　主编

天津大学出版社
TIANJIN UNIVERSITY PRESS

图书在版编目(CIP)数据

招聘与人才测评 / 许明月主编. —天津：天津大学出版社，2017.6（2022.1 重印）
ISBN 978-7-5618-5880-6

Ⅰ.①招… Ⅱ.①许… Ⅲ.①人才考核－教材 Ⅳ.①C962

中国版本图书馆CIP数据核字(2017)第140690号

出版发行 天津大学出版社
地　　址 天津市卫津路92号天津大学内(邮编:300072)
电　　话 发行部:022-27403647
网　　址 publish.tju.edu.cn
印　　刷 廊坊市海涛印刷有限公司
经　　销 全国各地新华书店
开　　本 169mm×239mm
印　　张 20.5
字　　数 422千
版　　次 2017年6月第1版
印　　次 2022年1月第4次
定　　价 45.00元

前　言

在信息化时代,国家和企业间的核心竞争是人才的竞争。任何一个国家或企业,如果没有一定规模和品位的人才资源作为支撑,都将无法适应时代的要求。比尔·盖茨曾经说过:“如果把我最优秀的20名雇员拿走,那么微软将会变成一个不起眼的公司。”可见,吸引和留住优秀人才是企业经营活动成功的关键因素之一。从20世纪80年代起,企业在选人方面发生了根本性的变化:从以前的重视人员的学历和专业转变到现在的更重视人员的内在素质和能力。伴随着企业选人理念的变化,人员素质测评技术被越来越多的企业所重视和运用。借助人才测评技术可以充分了解员工的能力、性格、素质,更好地实现人岗匹配、人职匹配,帮助企业选到其所需要的、适合岗位要求的人才。

本书系统介绍了招聘与人才测评的理论与方法,主要分为十一章内容。第一章简要介绍招聘管理的概念、意义、原则和流程,梳理国内外招聘管理的发展历程,重点分析了影响招聘管理的因素。第二章系统介绍招聘管理的三个基础性工作:人力资源规划、工作分析、胜任特征模型。第三章概要介绍招聘计划的制订,重点介绍了招聘的两个渠道(内部招聘和外部招聘)以及招聘外包。从第四章开始进入人才测评的内容。第四章主要介绍人才测评的理论基础、测评的信度和效度。第五章主要介绍人才测评的设计与实施,即测评方案、测评标准体系的设计和测评活动的实施。第六章开始分四个专题介绍人才测评方法。第六章为履历分析,主要介绍申请表、简历、推荐信的内容及制作。第七章为面试,主要介绍面试的类型、设计与实施。第八章为心理测验,重点介绍心理测验的三种类型:能力测验、人格测验、工作动力测验。第九章为评价中心,重点介绍无领导小组讨论和文件筐测验两种测评形式。第十章主要介绍如何对测评结果进行科学的分析以及如何撰写测评报告。第十一章主要介绍如何进行录用决策、办理入职手续、进行培训以及如何做招聘评估等。

本书区别于传统的以理论教学为主的研究型教材，注重对学生应用能力的培养，要求学生不仅要具备基本理论知识，更要具有专业应用能力。本书立足于当前我国企业人力资源管理的实际，吸收、借鉴国内外先进的研究成果和经验。编写过程中，力求突出以下几个特点。

（1）系统阐述招聘与人才测评的基本概念、基本理论，力求做到表述清楚、准确、规范。

（2）紧紧围绕应用型人才的培养目标，力求突出人力资源管理职业技能的培养。

（3）参考和引用了大量国内外文献资料，力求反映本领域最新的研究成果。

（4）教材编写体例设计上将学习目标、案例分析、阅读资料、复习思考题融于各章内容中，力求体现教辅合一。

本书为北京联合大学“十三五”校级规划教材立项项目，由许明月担任主编，负责全书的总体设计、编写、修改、组织分工、过程指导、质量控制和统稿定稿。此外还有三位教师参与编写工作。具体分工如下：许明月（第一章、第五章、部分第六章、第七章、第八章、部分第十一章）、刘凤霞（第二章、部分第十一章）、彭莹莹（第三章、部分第六章、第九章）、王宝石（第四章、第十章）。

在本书的编写过程中，首都经济贸易大学安鸿章教授给予了悉心的指导，北京北森测评技术有限公司开发的人才测评系统为本书提供了宝贵的资料，天津大学出版社姚卫东老师为本书的顺利出版给予了大力的支持和帮助，在此一并表示感谢。此外，在编写过程中，为保持理论的系统性、前沿性以及实践案例的丰富性，编写人员参考了大量国内外招聘管理与人才测评的教材、研究成果及实践案例并引用了互联网上的相关资料，以增强教材的实用性，虽然大部分在参考文献中列举，但由于篇幅所限，未能全部收列，在此向相关作者致以诚挚谢意。

招聘与人才测评是一个实践性较强的知识领域，其理论和方法一直在不断发展和变化。囿于编写者水平，教材难免会有错误与疏漏之处，敬请读者批评指正。

许明月

2016 年 12 月

目　　录

第一章　招聘概述……………………………………………………………… 1

第一节　招聘的概述 ……………………………………………………………… 1

第二节　招聘管理的发展历史…………………………………………………… 7

第三节　招聘的影响因素………………………………………………………18

第二章　招聘基础……………………………………………………………26

第一节　人力资源规划…………………………………………………………27

第二节　工作分析………………………………………………………………38

第三节　胜任特征模型…………………………………………………………45

第三章　招聘方案的制定……………………………………………………62

第一节　招聘计划的制订………………………………………………………63

第二节　招聘渠道的选择………………………………………………………69

第三节　招聘外包………………………………………………………………87

第四章　人才测评的原理……………………………………………………95

第一节　人才测评的概述………………………………………………………95

第二节　人才测评的原理……………………………………………………… 100

第三节　人才测评的信度……………………………………………………… 104

第四节　人才测评的效度……………………………………………………… 109

第五章　人才测评的设计与实施…………………………………………… 116

第一节　测评方案的设计……………………………………………………… 116

第二节　测评标准体系的设计………………………………………………… 121

第三节　测评活动的实施……………………………………………………… 130

第六章　人才测评方法:履历分析 ………………………………………… 138

第一节　履历分析概述………………………………………………………… 139

第二节　申请表………………………………………………………………… 142

第三节　简 历 ………………………………………………………………… 153

第四节　推荐信………………………………………………………………… 163

第七章　人才测评方法:面试 ……………………………………………… 168

第一节　面试的概述…………………………………………………………… 168

第二节　面试的设计…………………………………………………………… 172

第三节　面试的实施……………………………………………………………… 179
第四节　行为化面试……………………………………………………………… 187
第八章　人才测评方法:心理测验 …………………………………………… 200
第一节　心理测验概述…………………………………………………………… 201
第二节　能力测验………………………………………………………………… 205
第三节　人格测验………………………………………………………………… 214
第四节　工作动力测验…………………………………………………………… 227
第九章　人才测评方法:评价中心 …………………………………………… 237
第一节　评价中心概述…………………………………………………………… 238
第二节　无领导小组讨论………………………………………………………… 242
第三节　文件筐测验……………………………………………………………… 253
第四节　评价中心其他技术……………………………………………………… 258
第十章　人才测评结果的分析与报告………………………………………… 269
第一节　测评数据的处理与结果分析…………………………………………… 270
第二节　测评报告的撰写………………………………………………………… 278
第十一章　录用与评价………………………………………………………… 294
第一节　录用决策………………………………………………………………… 295
第二节　入职与培训……………………………………………………………… 300
第三节　招聘评估………………………………………………………………… 306
参考文献………………………………………………………………………… 318

第一章　招聘概述

【学习目标】

通过本章的学习，理解招聘的概念以及招聘的原则；了解招聘管理的发展历史；重点掌握招聘的流程以及招聘的影响因素。

【引导案例】

A 公司的招聘管理

A 公司是一家发展中的小型化工企业，随着生产规模的扩大，急需生产技术人员和销售人员若干名。2011 年开始，A 公司连续两年向社会招聘员工，可结果并不理想。招聘的人员并不完全符合公司的现实需要。于是，2013 年公司将招聘工作委托给 ×× 人才测评公司。×× 人才测评公司在进行招聘前对 A 公司的人力资源管理现状进行了调查，结果发现，公司竟然没有对公司的人力资源结构进行战略性的设计，既没有一个像样的人力资源发展规划，也没有一套完整的工作分析文件，更缺少系统规范的招聘制度。招聘管理工作一直是因人而异，随机招聘，结果盲目招收了大量的化工专业人员，安置在企业各部门，造成了企业人才结构的不合理。

A 公司的情况在很多中小企业也同样存在，招聘工作随意性大，缺少相关的制度规范，这为公司未来发展带来了隐患。市场竞争说到底是人才的竞争。企业经营战略发展的各个阶段必须有合格的人才作为保障。人才招聘作为企业人力资源管理的一项经常性工作是非常重要的。如果不讲标准、原则，盲目招聘，不仅员工队伍的素质无法保证，也会给企业带来经济上的损失。所以，无论对于大企业还是小企业，规范招聘管理工作，招到适合企业、岗位需要的人才是企业成功的关键。

第一节　招聘的概述

一、招聘的概念

所谓招聘（recruitment），是指当组织出现职位空缺后，借助一定的渠道吸引或寻找具备任职资格和条件的求职者或适合者并采取某种方法从中甄选和确定合适的候选者予以聘用的过程。这个概念包含了4层含义，具体如下。

1. 招聘是一个有目的的活动

招聘的目的是满足企业自身生存和发展的需要，解决企业人力资源的供需矛盾，获得企业所需要的人才，同时树立企业的良好形象。

2. 招聘是一个有计划的活动

招聘不是一种盲目和应急的活动，而是有计划、有步骤的活动。首先，招聘应根据企业人力资源规划，从全局和发展的角度来决定人力资源的需求数量和质量，在此基础上，制订招聘计划和具体的招聘方案。其次，招聘要遵循市场规律，按照人力资源市场的供需、价格、竞争三大机制的规律办事，无论是薪酬的确定，还是招聘时间的选择都不能违背市场规律。最后，招聘要严格按工作说明书中的岗位任职资格要求选人聘用，并根据岗位要求的不同，选择合适的甄选方法。

3. 招聘是一个系统性工作

招聘工作是一项由多个连续的、相互联系的环节组成的系统性工作，具体包括招募、选拔、录用、评估四个阶段。

（1）招募，是组织发布招聘信息、吸引符合条件和有兴趣的人员来申请职位的过程，主要包括招聘计划的制订、招聘渠道的选择、招聘信息的发布。

（2）选拔，是从职位申请者中筛选那些符合组织需要的人员的过程，也就是组织对申请者进行分析考察的过程，包括资格审查、初选、测试、体检、背景调查等。

（3）录用，是根据国家的有关法律法规和基本程序，求职与招聘双方履行入职手续的过程。

（4）评估，是招聘过程最后一个环节。评估一般包括三个方面的内容：一是对招聘结果的成效进行评估，如成本与效益评估；二是对录用员工数量与质量进行评估；三是对招聘方法的成效进行评估，如对所采用的选拔方法的信度与效度进行评估。

4. 招聘是依据一定前提的活动

简单地说，招聘的主要依据是人力资源规划和工作说明书两个文件。在人力资源规划之下制订的招聘计划，具体说明在什么时间、地点，通过什么方法和媒介，由哪些人去负责招聘以及招聘所需物质条件的安排等。

工作说明书，是对空缺岗位任职人员的资格提出具体要求，如受教育程度、专业要求、经验、资历、年龄等。工作说明书不仅为招聘选拔提供了标准，也为求职者了解未来工作、事先进行自我筛选、决定是否应聘提供了参考依据。

二、招聘的意义

有效招聘对组织的意义重大，如同生产高质量的产品必须有高质量的原材料一样，组织的生存与发展也必须有高质量的人力资源来保证。

（一）提高组织竞争力，创造组织的竞争优势

组织的竞争归根结底是人才的竞争。人力资源正在成为组织最重要的核心竞争力。员工招聘一方面关系到组织人力资源的形成，另一方面直接影响组织管理其他环节工作的开展，如有高素质的一线员工才能保证提供高质量的产品和服务，有高素质的研发人员才能保证组织的研发计划高效完成。

（二）扩大知名度，树立组织良好形象

招聘工作涉及面广，组织利用各种各样的形式发布招聘信息，如电视、报刊、网络等，可以扩大知名度，让外界更多地了解组织。如有的企业以震撼人心的高薪、颇具规模和档次的招聘过程来表明企业对人才的渴求和企业的实力。也可通过招聘工作的运行和招聘人员的素质向外界展现组织的良好形象。

（三）增强凝聚力，降低员工流失率

有效的招聘可以使组织更多地了解应聘者到本企业工作的动机与目的，可以从诸多候选者中选出个人发展目标与组织目标趋于一致并愿意与组织共同发展的员工；另一方面可以使应聘者更全面地了解组织及应聘岗位，让他们根据自己的能力、兴趣和发展目标来决定是否加盟该组织。有效的双向选择使员工愉快地从事胜任的工作，减少人员流失，减少因员工流失带来的损失，增强组织的凝聚力。

（四）减少员工培训成本，降低培训风险

有效的招聘可使组织避免引入素质较差或不能融入组织的员工，避免由此而发生的培训风险，减少培训成本。因为错误的招聘决策不但会增加新员工的培训成本，而且这些人不一定都能成为合格的员工。素质好、技能强、专业对口的新员工接受培训的效果会相对好些，组织可能因此减少甚至无须支付培训成本。

（五）补充新力量，增强组织的创新能力

新员工能为组织带来新的管理思想、新的工作模式、新的技术创新，为组织注入生机和活力，创造一个全新的局面。另外，新员工的到来，会给老员工带来无形的竞争压力，他们会由于担心被超越或被淘汰而充分挖掘自身的潜力，增加干劲，激发更多的工作热情，从而实现组织整体效益的提高。

三、招聘的原则

招聘是企业人力资源管理的起点，不仅要满足企业对各类人员的需求，同时还要具有多重社会性功能。因此，企业的招聘应遵循以下原则。

（一）公开原则

公开原则是指把招聘单位、招聘岗位、招聘人员数量、应聘者的条件、招聘时间、选拔的方式等信息向社会公开告知，公开进行。公开招聘，一方面给予社会上的人才以公平竞争的机会，达到广泛选拔人才的目的，另一方面使招聘工作置于社会的公开

监督之下,防止可能出现的不正之风。

(二)竞争原则

竞争原则是指通过全面考核,鉴别应聘人员的优劣,确定录用者。为了达到竞争的目的,一是要吸引较多的人应聘,二是要设定科学的考核程序、录用标准和选拔方法,对应聘者进行客观的评价,科学有效地对应聘者进行比较,寻找适合组织需要的合适的优秀人才。只有在比较和竞争中,才能判断谁更加优秀,也才能准确判断人才是否适合岗位需求,从而达到真正的人岗匹配。

(三)平等原则

平等原则是指对所有应聘者一视同仁,不能人为地制造各种不平等的限制或条件,坚持平等就业、公平竞争,反对民族歧视、性别歧视,对于弱势群体和残疾人应当给予保护和关心。在坚持平等的前提下,为所有应聘者提供公平竞争的机会。

(四)适合原则

择优是招聘的根本目的和要求,但并不是说一定要录用最优秀的应聘者,而是根据岗位的特点,选择最适合岗位需要的人。每个人都有自己的优点和缺点。在对应聘者进行比较的时候,衡量的标准是岗位对人的需求。只有岗位最需要的素质,才是衡量申请者是否优秀的根本标准。

(五)全面原则

全面原则是指对应聘者从品德、知识、能力、智力、心理、工作经验和业绩等方面进行考核和考察。一个人能否胜任某项工作,不仅取决于他的知识和能力,更取决于他的性格、潜能等因素。因此,只有全面地对应聘者进行评价,才能找到符合组织、岗位需要的人才。

(六)效率原则

效率原则是指在高质量的基础上,根据招聘的具体要求,选择恰当的招聘渠道和方法,用尽可能低的成本录用到高质量的人才。不一定要招聘最优秀的人才,应量才录用,做到人尽其才、才尽其用、职得其人,这样才能持久、高效地发挥人力资源的作用。

四、招聘的流程

招聘工作是一个复杂、系统而又连续的程序化操作过程。为了使招聘工作科学化、规范化,需制定严格的招聘程序。一个完整的招聘过程包括准备阶段、实施阶段和评估阶段。

(一)准备阶段

1. 招聘需求的提出

招聘工作一般是从提出招聘需求开始的。招聘需求通常由用人部门提出。一般来说，组织会根据一定时期的业务发展需要制定人员预算，招聘需求通常是在人员预算的控制之下的。但是实际工作的需要和业务的变化也会导致人员需求的一定变化，对于这些变化的情况，往往需要用人部门和人力资源部门根据对实际情况的分析共同作出决定。一般来说，用人部门基于以下情况向人力资源部门提出招聘需求：①年度人员招聘计划；②有员工离职或调动到其他部门，造成职位的空缺；③由于业务量的扩大造成现有人手不足；④组建新部门；⑤现有队伍需要调整，裁减多余人员，招聘紧缺人才。

2. 招聘计划的制订

在确定招聘需求之后，需要制订一个完整的招聘计划。招聘计划通常包括以下内容。

（1）什么岗位需要招聘人，招聘多少人，每个岗位的具体要求等。

（2）招聘对象的条件。

（3）招聘地区的分布情况，是本单位、本市还是全国。

（4）信息发布，通过什么渠道发布招聘信息，何时发布。

（5）是否要委托某个部门或机构进行甄选。

（6）招聘工作的具体安排，即招聘过程中组织人员构成和职责分工、经费预算、日程安排等。

招聘计划制订完成后，还需提交相关领导审批，获批后才能进行招聘信息的发布，招聘活动才能继续进行。如果拟招聘人员是在人员预算范围内，一般审批程序会进行得较快；如果待招聘人员是在人员预算之外，高层领导需要对招聘的必要性进行审核和论证。

3. 招聘渠道、方法的选择

人力资源管理部门通过何种渠道寻找潜在的职位候选人，要根据当地的劳动力市场情况，工作职位的类型、层级以及组织的性质、行业、规模来决定。通常招聘渠道有两种：一是内部招聘，二是外部招聘。选择内部招聘还是外部招聘，要根据企业实际情况来确定，如考虑本企业的人员状况、空缺岗位任职条件以及信息发布的费用成本等。采用内部招聘，可以考虑职位公告、员工推荐等方法；如选择外部招聘，可以通过校园招聘、中介机构、招聘会、猎头公司等。当企业要寻找入门职位的候选人，通常可以在学校或公共就业机构寻找；要寻找中高级的企业管理人员，通常需要猎头公司的服务。

招聘的方法有很多，主要有笔试、面试、心理测验、评价中心技术等。不同方法适合于不同职位人员的招聘和选拔，而且不同方法的实际操作效果也是不同的。在人力资源管理工作中，我们要根据不同方法的不同效果，相互配合使用，使招聘和选拔工作更加科学化。

(二)实施阶段

招聘工作实施阶段是整个招聘活动的核心,也是最关键的环节,包括招募、选拔和录用三个阶段。

1. 招募信息的发布

发布招募信息通常可以获得比实际所需任职者人数多的职位候选人。企业一旦确定了自己对人才的需要,就应该及时把这一信息发布出去。招聘信息可通过报纸、杂志、广播、电视、网络等媒体发布,也可以通过中介公司介绍。信息发布的范围是由招聘对象的来源范围决定的。如果企业某岗位需要在大的范围内招聘人员,那么招聘信息的发布范围需要广一些,这样,招聘到合适人选的概率就大一些。

招募信息发布之后,求职者的求职信和简历会像雪片一样飞来,人力资源部门应及时对求职者的资料进行分类整理,与用人部门一同筛选出初步具有资格的人员并确定参加面试的人选和时间。

2. 申请人员的甄选

为了找到合适的人选,通常需要一个科学的甄选过程。甄选过程包括以下三部分内容。

1)填写职位申请表

几乎所有的组织都会要求候选人填写一张职位申请表。有些职位申请表比较简单,仅仅填写个人的基本信息,而有些组织的职位申请表是一份综合性的个人履历表,要求求职者填写个人经历、受教育培训情况、个人技能和成就等。这种申请表中的一些信息可以作为某些工作绩效的衡量标准,人力资源部门可能根据其中信息进行评分、甄选。

2)组织测试

测试分为笔试和面试。笔试又分为考察候选人基础知识、专业知识的知识性考试和考察候选人能力水平、性格特征的心理测试和评价中心技术。一份设计妥当的笔试问卷可以大大减小决策错误的可能性。面试是获得正确甄选结果的一种保障,通过面试所得到的主观印象好坏往往与将来能否友好合作具有密切联系。但面试本身的预测效度并不高,因此它不能作为唯一的方法使用。

3)评估应聘者

主要对通过以上方式获得的有关应聘者的专业知识和技能、实际工作能力、沟通与交往能力、环境适应性等状况进行评估,以此作为甄选的依据。

3. 录用决策

经过筛选将具备相应资格的应聘者从最佳到最差进行排序,然后进行决策。决策时应该着重选择那些熟悉工作、经验丰富、能很快适应工作的人,对工作具有强烈愿望和动机的人,应该选择最合适的人,而不是最优秀的人。

4. 劳动合同的签订

确定了录用人员以后，要发出录用通知书。在正式聘任前，应该有一个试用期，在试用期内，组织可以对候选人作进一步了解，如发现候选人不理想，可以及时采取补救措施。试用期结束后，对那些试用合格的候选人可以作出正式录用决定并与之签订劳动合同。

（三）评估阶段

评估阶段要对招聘效果进行评估。招聘效果评估主要包括招聘成本效用的评估、录用人员的评估和招聘方法效果的评估。通过对招聘成本效用的评估，能够使招聘人员清楚地知道费用的支出情况，这有利于降低以后招聘的费用；通过对录用人员工作质量的评估，了解他们之前测评的结果与实际的业绩是否具有较高的一致性，检验招聘工作成果与方法的有效性，有利于招聘方法的改进；通过对招聘方法信度与效度的检验，可以发现现存的评价方法是不是可靠和准确，或者对已有的评价方法进行改正和完善。

第二节 招聘管理的发展历史

一、西方国家招聘管理的发展历史

（一）第一阶段：18 世纪下半叶—19 世纪末

工业化社会早期，企业管理实际上是一种经验管理。这一时期，工业企业开始发展，但规模小，生产力水平低，企业管理主要靠个人经验，没有操作规范和严格的规章制度。企业的所有者就是企业的经营者，工人凭着经验劳动，管理者凭着传统的经验管理，管理工作简单，属于小生产管理方式。这一阶段，企业的招聘工作主要是满足工厂的生产和经营的需要，对员工的要求主要是看其掌握的技术是否熟练以及年龄、体力等方面是否胜任。

（二）第二阶段：20 世纪初期—20 世纪 50 年代前期

20 世纪初期，招聘理论及在实践中的发展主要来自两方面的成就：一是科学管理理论的提出，二是心理测评技术的应用。

作为科学管理活动的招聘，最早追溯到泰勒的科学管理时代。20 世纪初期，美国古典管理学家、科学管理之父弗雷德里克·泰勒（F.W.Taylor）在《科学管理原理》一书中提出了一个重要思想，即为了提高劳动生产率，必须为工作挑选头等工人。泰勒指出，健全的人事管理的基本原则是使工人的能力同工作相适应，企业管理当局的责任在于为雇员找到最合适的工作，培训他们成为第一流的工人，激励他们尽最大的力量来工作。每个人都具有不同的才能，不是每个人都适合于做任何一项工作，这和人的性格特点、个人特长有着密切的关系。为了最大限度地提高生产率，对某一项工作，必须找出最适合干这项工作的人，同时还要最大限度地挖掘最适合这项工作的人的最大潜力，才有可能达到最高效率。因此，管理人员的责任就是细致地研究每一个工人的性格、脾气和工作表现，找出他们的能力，更重要的是发现每一个工人向前发展的可能性，并且逐步地、系统地训练、帮助和指导，为他们提供晋升的机会。这样，使工人在雇用他的公司里，能担任最高效、最有兴趣、最有利、最适合他们能力的工作。科学地选择与培训工人并不是一次性的行动，而是每年要进行的，是管理人员要不断加以探讨的课题。

19世纪末，心理测验开始在西方国家迅速发展起来。1905年，法国心理学家阿尔弗雷德·比奈（Alfred Binct）编制出世界上第一个成功的智力测验量表——比奈-西蒙智力量表，从此，心理测验成为一种测量个别差异的工具。1916年，美国警方首次将心理测验用到警员招募中。1917年，第一次世界大战期间，美国军方为了提高士兵战斗能力，需要迅速有效的方法来招募新人，当时美国心理学会（APA）主席罗伯特·耶基斯（Robert Yerkes）与其他心理学家在以往智力测验的研究基础上，设计了著名的“陆军a智力测验”和“陆军b智力测验”。整个战争期间，有200多万美国士兵参加了这个团体智力测验，效果显著。第二次世界大战期间，美国仍然使用心理测验来选拔新兵，尤其是在飞行员的选拔中，人才测评技术发挥了巨大作用。

心理测验的方法不仅用于选拔普通士兵和特殊兵种人才，也用于高级指挥人才的选拔和评价。20世纪20年代，德国军事部门为挑选军事指挥人才集中了一批心理学家进行人才测评的研究。心理学家设计出了多样化的评价方法，其中包括书面测验、任务练习、指挥系统练习、深入面谈、感觉和运动方面的测验。整个测验过程由心理学家、多名军官、内科医生参与。这种通过情景模拟方法来评价军官素质特点的方法就是现在评价中心技术最早的形式。第二次世界大战期间，英国也模仿德国做法，在军队中使用这种方法来选拔军官。

由于心理测评技术在军事上的成功运用，战争结束后，这些方法被广泛地用于政府机构及工商企业各界。1921年，詹姆士·卡特尔（James Cattell）创建了旨在推动心理科学在工业组织中的应用与发展的心理测验公司，开始将心理测验向社会推广。1922年，美国白宫服务委员会成立了以奥罗克（L.J.Orouke）为领导的评估研究小组，将心理评估技术引入文官考试制度中。1927年第一个职业兴趣测验广泛应用于职业选择、人才选拔等领域。

（三）第三阶段:20世纪50年代中后期—20世纪70年代末期

第二次世界大战后，经济的发展和科技的进步对人力资源开发提出了迫切要求。尤其是心理测评在军事上的成功运用更加促进了人才测评技术的发展。在这种背景下，西方各国十分重视人员招聘与测评这一事业，开始成立专门机构，组织专业队伍，研究开发系列人才测评的技术和方法。

20 世纪 40—50 年代，心理测量学家们开始在实践中评价求职者的“岗位适合度”，开始重视人岗匹配，通过面谈、一系列纸笔测验（能力测验和投射测验）了解被测评者的素质特征和能力水平，再与岗位要求相对应，选择合适的人。1956 年，美国电话电报公司率先在管理实践中使用评价中心技术选拔管理人才，1956 年到 1960 年四年间，被提升到中级管理岗位的员工中，有 78% 与评价中心技术的评价鉴定一致。在未被提升的员工中，有 95% 与评价中心技术在 8 年前认定的缺乏潜在管理能力的判断相吻合。20 世纪 60 年代以后，评价中心技术快速发展起来，许多公司如标准石油、通用电气公司、国际商用机器公司、福特公司、柯达公司等都采用这项技术并建立了相应的评价中心机构来评价管理人员。20 世纪 70 年代初期，美国约有上千家大型跨国公司使用了评价中心技术招收高级职员。评价中心技术综合运用了心理测验、面试和情景模拟技术，使得测评效果比原来更加可靠和有效。

20 世纪 50—70 年代，心理测验和评价中心技术的发展为人才招聘与选拔提供了科学的理论指导和技术支持，使人才选拔从传统的经验选拔走向规范化的科学测评，招聘管理从经验管理进入科学管理。

（四）第四阶段:20 世纪 80 年代初期至现在

20 世纪 80 年代，企业人力资源管理进入“组织的职责”阶段。在这一阶段，企业把人力资源管理工作真正视为自己企业的“组织的职责”。很多企业把人力资源招聘工作定位为提升企业未来竞争优势的根本性工作，提升了招聘与人才选拔在组织中的地位，在招聘理念、招聘过程、招聘渠道、招聘方法等具体的招聘细节方面也更加完善、规范。

在招聘指导思想和具体程序上，各个企业表现出了不同的特点。有的企业看重学历和实践经验，有的企业则把人才的创造性才能和前瞻性思维放在首要地位。不同的招聘思想也带来了不同的招聘策略和程序，但比较普遍的招聘程序是：制定企业人才需求规划—根据人才规划制定企业招聘方案—根据岗位要求选择不同的招聘方式—进行人员测评和选拔—签订聘用合同。

在招聘渠道方面，除传统的招聘途径外，如参加人才市场的招聘会、在媒体上刊登广告、员工推荐等，还出现了职业介绍机构物色人才、校园招聘，尤其是依靠互联网等新形式来进行招聘。1994 年 6 月全球第一个商业性招聘网站建立以后，互联网招聘网站取得了很大发展。目前，互联网招聘正成为企业招聘最主要的渠道。此外，二战后，美国出现了一种新的招聘高级管理人员的机构——人才顾问公司（信息服务公司），随着该行业的发展和获得社会认可，该类型机构被称为“猎头公司”。

20 世纪 80 年代后，评价中心技术在西方国家快速发展起来，据统计，美国在 1980 年至少有 2 000 个组织使用评价中心技术，到 20 世纪 80 年代中后期，这个数字扩大到了 3 000 多个。目前,国际上对评价中心技术的运用,每一年都在成倍增长。美国每年数十万人接受评价中心技术的测评,其中绝大多数是经理和高级管理人员及其候选人。为了规范评价中心技术,美国还专门制定了《评价中心实施标准和道德准则》。英国、法国、加拿大、澳大利亚、日本等国也都采用这种方法进行人才测评与选拔。

近几十年,西方国家出现了许多专门提供人才测评服务的机构,他们把人才测评的技术运用于人力资源管理的各个领域中,已经具有相当广泛的市场,形成了规模化、产业化的格局。一些社会化的现代人才测评机构或组织也相应建立,极大地推动了人员招聘与素质测评的发展。

招聘管理各发展阶段的特点见表 1-1。

表 1-1 招聘管理各发展阶段的特点

参数 阶段	招聘 理念	招聘 依据	招聘 过程	招聘 人员	招聘方法和技术			
					招募方式	甄选方法	录用方法	评估方法
18 世纪下半叶—19 世纪末期	“要用人就雇,不用就辞”	掌握的技术是否熟练以及年龄、体力是否胜任	主要包括招募、选拔及录用环节	工厂主;临时招工代理	张贴海报	经验测评	—	—
20 世纪初期—20 世纪 50 年代前期	满足企业当前生产经营需要	是否能达到企业制定的工作岗位标准	主要包括招募、选拔及录用环节	人事部门	职业中介;报纸、广播等媒体	智力测验、职业兴趣测验等心理测试	签订劳动合同	—
20 世纪 50 年代中后期—20 世纪 70 年代末期	以最低成本招聘到组织现在和未来需要的人才,建立人才库	政府颁布的各种劳动法规;企业发展战略	主要包括招募、选拔、录用、评价环节	人事部门和使用部门;HR(人力资源,后同)专家	人才市场;电视、广播等媒体;职业中介;猎头公司	性向和能力测定、个性与兴趣测验等心理测试;工作样本测验;体检	签订劳动合同	对招聘成本的简单核算
20 世纪 80 年代初期至今	真实工作预览;企业文化;劳资商业职工互利思想;合作伙伴的理念	相关的劳动法规;人力资源规划;工作分析;招聘计划;文化认同与忠诚度	招聘过程的扩大化、持续化和系统化	人力资源部门和使用部门;HR 专家;“招聘外包”	人才交流会、校园招聘、猎头公司、网上招聘	评价中心;背景调查;计算机辅助测评;笔记测试、诚实性测试等心理测试	签订劳动合同;任前引导与配置	招聘成本、录用人员的质与量以及招聘渠道效益等评价指标体系

资料来源:李丽.员工招聘管理现代化的研究 [D]. 北京:首都经济贸易大学,2005.

二、我国招聘管理的历史发展

（一）古代社会人员选拔制度的发展

招聘在我国由来已久，商汤时期商高宗派人五次往返，以币聘伊尹，辅治国政。周朝每年三月“聘名士，礼贤者”，人才招聘更是热烈。两汉时期汉高祖刘邦曾多次下诏招聘人才。后来三国的曹操、唐朝的李世民以及明朝的朱元璋都利用招聘选拔了不少人才。明初，招聘成为官吏的重要来源。我国人才招聘选拔的制度，从纵向上看，可以分为以下几种形式。

1. 原始社会的“选贤任能”制

选贤任能是原始社会推举首领的主要方式，“能”是指有某项发明和专长的人，“贤”是按照氏族规则评判出的品德高尚的人。原始社会末期，被推举为联盟首领的接班人，除了才能出众，其道德高尚也是被考虑的重要因素。

2. 夏商时期的“世卿世禄”制

世卿世禄是一种官职世袭的制度，即下级贵族到上级国君朝廷世代为官的制度。世卿是指贵族中到王室充当卿士或到公室充当卿的那一部分具有官僚身份的贵族，他们的官职世袭，故称世卿。世禄是指这些贵族一方面在朝为官，另一方面仍是其封国的封君，享有原有爵位和采邑作为其俸禄，并世代享用。世卿世禄制是巩固“封邦建国”王朝行政体制的一种手段。此外，夏商时期也曾举办官学选才制、乡兴贤能制、贡士制等，在这些制度下，只有王公贵族子弟才能世代为官。

3. 秦汉时期的“察举征辟”制

察举制是在先秦乡里举荐制度的基础上发展起来的一种选官制度，所谓“察举”，就是经过地方官的考察和推荐，将符合朝廷要求的人才推荐出来，朝廷鉴定后直接任用或经过一定的考核后再加以任用，这是一种自下而上选拔人才的制度。所谓“征辟”，是皇帝直接下诏征召人才为官，或者朝廷官员自行聘任属员。征辟制不需要考核就可以做高官。

察举征辟制虽然比夏商西周的“世卿世禄”制有进步，选拔出了一大批德才兼备、善于治国的人才，但由于缺乏客观的人才选拔标准，加上有荐举权的官吏营私舞弊，滥用职权，以致出现了“权贵子弟多以人事得举，而贫约守志者常以穷退见遗”的现象。

4. 魏晋南北朝时期的“九品中正制”

由于察举制度在实行过程中存在主观片面性，且基层官员缺乏识人判人的经验，于是三国时期魏文帝正式将察举制改为九品中正制。

九品中正制创立的目的是想选择州郡中那些贤能且有识鉴经验的专家来负责人才选拔，以此来保证选拔的质量。九品中正制实施之初，仍然以品德为主，其中正的六条标准为:一曰忠恪匪躬;二曰孝敬尽礼;三曰友于兄弟;四曰洁身劳廉;五曰信义可复;六曰学以为己。依此六条标准,中正官把本州郡士分别评为上上、上中、上下、中上、中中、中下、下上、下中、下下三等九级,称为“九品”。然后向吏部推荐,由吏部依品授官。

九品中正制的优点有以下几点。首先,由公正无私且富有识人评判经验的专家担任选拔之职,这些人对测评的把握比一般人或兼任之人更为科学准确。其次,九品中正要核实九品名实,要求依据具体客观的评定标准。这可以大大提高素质测评的客观性,使其效果优于缺乏具体标准的察举。再次,中正官必须亲自或派人去查访每个士人的家庭背景与现实表现,作出品德评语,在了解家世与现实的基础上评定品级。最后,中正官所定的品级,一般为三年一清定。在清定调整中,中正或上级有权对所评定的人员按其言行再给予升降。这种定期复查考核的制度,有利于保证九品中正制的测评质量。

5. 隋唐明清时期的“科举制”

科举制度是中国封建社会中后期重要的选官制度。科举,即分科举士,它是用公开考试方式选拔人才的一种制度。中国封建社会的选官制以隋朝为界线,隋以前的察举制、征辟制、九品中正制都是以推选为主,隋以后的科举制以考试为主。科举制肇始于隋朝,完善于唐代,到了宋代,科举制发展到鼎盛时期。

科举制自产生后,就不断探索考试内容、程序及方法,各朝在科举考试的内容上各有侧重,唐重诗赋,宋试经策,明清以八股取士。考试程序及方法上,隋唐时期大致有常科、制科两种,明清时期分为童试、乡试、会试、殿试四级。经过唐代200多年的发展,考试方法上形成了口试、帖经、墨义、策问和诗赋等五种方法,这五种方法从不同侧面考查了考生对所学知识的掌握程度。

科举考试在其发展过程中,形成了一套完备的制度,考试有一定的内容,分级进行,不同的科目采用不同的方法,为确保考试的公正合理而建立了一系列防范措施,比以前任何一种选士制度都较为公正客观。科举考试重视考生的学识和才干,而不是出身和门第,容许平民子弟参加。进士科考试重在考诗赋和时务策,这比单纯地要求背诵经典,较有利于检验人的才能。

科举制度作为一种选拔官员的制度,它实际上是现代各国公务员制度的肇始。1582年,利玛窦来华,在为我国引进了西方先进技术的同时,也将我国的科举制度传入欧洲。18世纪以来,法、德、英、美等西方国家参照仿效,均建立起了各自的文官考试制度。在东亚,日本早在公元7—8世纪就实行了科举制度;韩国是中国域外实行科举制度时间最长的国家(共936年);越南是东亚三国中最迟实行科举制度也是世界上最晚废止科举制度的国家。可见科举制度有力地促进了中国文化的传播和世界各国文化水平的提升。

（二）民国时期人员选拔制度的发展

鸦片战争以后，中国由封建社会逐步沦为半殖民地半封建社会，一些官僚买办、资产阶级和民族资本家开始兴建工厂，封建手工业的管理方式逐渐向资本主义大工业的管理方式转变。这一阶段一些民族资本家开始引进一些资本主义的管理手段和方法，有些企业派人出国留学，这些留学人员带回来科学管理的制度和方法，还有一些企业任用外国人员担任管理职务。特别是一些大企业，在员工的选拔任用上实行标准化、制度化的科学管理制度，如著名实业家卢作孚的民生公司在用人制度上摒弃录用人员凭私人介绍的陈规，制定了"低级人员考，高级人员找"的录用制度，即凡进公司的一般技术管理人员和工人（包括茶房和水手），一律经过考试择优录用，不许徇私。同时，建立了"先培训再任用"的制度，然后根据不同的才能安排不同的工作和职务。对于有真才实学的人，则采用聘请的办法，如征求、走访、登报招聘、托人代寻、请求学校派遣、科研单位推荐等等。

（三）中华人民共和国成立后人员招聘与选拔制度的发展

中华人民共和国成立以后，中国经历了一个建立计划经济体制，再由计划经济体制向市场经济体制转变的过程。相应地，中国的人力资源管理体制和人才招聘与选拔机制也经历了一个由计划体制向市场体制转变的过程，在这一过程中，劳动力市场逐渐成熟，劳动力供需双方的自主选择权不断扩大，企业可以根据自身经营需要来甄选员工，劳动者也可以基于自身需要能动地寻找和转换工作，基于市场与劳动者需求的双向选择机制成为劳动者与企业结成劳动关系的基本方式。

1. 中华人民共和国成立初期—20 世纪 70 年代后期

中华人民共和国成立之初，高度集中的计划经济体制要求把分散的劳动力组织起来统一管理，以适应计划经济建设的需要。1955 年 5 月，劳动部明确规定了劳动力统一招收和调配的基本原则和办法。在招工方面，企业招用工人和技校学生，统一经过劳动部门进行，机关和事业单位招用人员应报当地劳动部门备案；在调配方面，企业之间劳动力的余缺调剂主要由主管产业部门在本系统内进行，但为避免同类职工相互调动和远距离调动所造成的浪费，由地方劳动部门进行地区平衡调剂，即在劳动部门统一管理下，由企业主管部门分别负责进行。

这个时期，国家对劳动力实行统一计划，通过计划在地区间和部门间分配劳动力，对劳动力实行统包就业，对单位用人实行统一招收，对部门、地区、单位之间的劳动力实行统一调配。这个时期只有国家层面的以"统包就业"为特征的劳动人事管理体制，并不存在组织层面的人力资源管理，更谈不上企业自主的招聘与选拔。

2.20 世纪 70 年代末期—20 世纪 90 年代初期

1978 年我国开始实施改革开放，改革开放使中国企业管理特别是对人的管理步入一个从计划经济向市场经济变革的过程。这个阶段企业的劳动人事管理开始进行一些探索性的变革，探索改革国家统包统配的就业制度，扩大企业对职工和管理人员的用人权。

1980 年，中共中央明确提出了在国家统筹规划和指导下，劳动部门介绍就业、志愿组织起来就业和自谋职业“三结合”的就业方针，明确强调要逐步推行公开招工、择优录用的办法，要使企业有可能根据生产的需要增加或减少劳动力，劳动者也有可能把国家需要和个人的专长、志向结合起来，选择工作岗位。“三结合”就业政策无疑将传统的统包统配的计划就业制度打开了缺口，形成了国家安排就业与自愿组织和自谋职业相结合的双轨制就业格局，实现了由过去单一的国家统一计划就业向国家、集体、个人共同开拓就业的转变。

“三结合”就业制度的形成，触动了对劳动力统包统配的管理体制。1986 年 7 月，国务院发布了《国有企业招用工人暂行规定》等四项重要劳动制度规定，废止了“内招”和“子女顶替”的办法，明确规定“企业招用工人，应贯彻执行先培训后就业的原则，面向社会，公开招收，全面考核，择优录用。”“考核内容和标准可以根据生产、工作需要有所侧重。招用学徒工人，侧重文化考核；直接招用技术工人，侧重专业知识技能考核；招用繁重体力劳动工人，侧重身体条件考核。”企业法明确规定政府不得干预企业的生产经营活动。政府和企业在人事招聘管理方面的关系包括：政府任免和奖惩厂长并根据厂长的提议，任免和奖惩副厂级干部的管理；企业有权决定自己的机构设置和人员配备，有权招聘人才，有权对职工实施奖惩，有权按照有关规定，确定管理人员的任用和管理方式。这些规定把竞争机制引入了就业领域，赋予了企业招工选择权，这为形成劳动者与企业的双向选择关系打下了基础。

1985 年 5 月，中共中央颁布了《中共中央关于教育体制改革的决定》，它是我国教育事业发展的纲领性文件，对改革大学生就业制度起到了指导性作用。大学生毕业分配，实行在国家计划指导下，由本人选报志愿，学校推荐，用人单位“择优录用”的制度。

从改革开放到 20 世纪 90 年代初，企业劳动人事体制的探索性变革，扩大了企业对职工和管理人员的用人权，企业根据当地职业介绍机构的介绍，对一定劳动年龄内、有劳动能力、无业而要求就业的人员进行招收、录用。招录工人时，可根据岗位的需要，进行知识、技能的测试。这一阶段，企业在一定程度上有了用人的自主权，但由于我国的计划经济体制没有改变，国有企业招用工人仍然没有打破传统模式。大部分企业的人才管理配置 60% 以上依靠行政权力，用人机制仍处于封闭半封闭状态，尚未完全走向市场。

3.20 世纪 90 年代初期—21 世纪初期

1992 年 10 月，党的十四大召开，在十四大报告中正式提出，我国经济体制改革的目标是建立社会主义市场经济体制。这标志着我国经济体制改革和国有企业改革的市场化方向开始得到明确。市场经济的建立使企业人力资源管理改革的市场化方向更加明确。

1994年11月，中共中央出台的《关于选择一批大中型企业进行现代企业制度试点的方案》进一步明确了企业劳动人事改革的方向，取消企业管理人员的国家干部身份，打破不同所有制职工之间的身份界限，建立企业与职工双向选择的用人制度。企业高级管理人员与董事会签订聘用合同，其他员工与企业签订劳动合同。1995年《中华人民共和国劳动法》（以下简称《劳动法》）正式颁布实施，该法的施行在制度上保证了国有企业的用人自主权。

20世纪90年代中期以来，企业人力资源招聘出现了明显的市场化导向。一方面，企业有一定的用人自主权，个人也有职业选择的自主权；另一方面，政府通过不断努力来消除人才流动的政策性障碍，从而大大促进了人才的自由流动和交流。在这一背景下，企业人力资源招聘与选拔工作也发生了根本性的变化。

首先，人力资源招聘与选拔的理念越来越主动。很多企业不再像过去一样听从上级部门的行政命令，被动地等待应聘者来投简历，而是主动地走出去通过招聘广告、人才交流会的形式来宣传吸引人才，招聘理念变得越来越主动。

其次，对人才选拔的标准有了新的认识。企业在招聘人才时，不再坚持“高学历论”，而是有了多元化的标准，不仅对应聘者的教育背景、专业知识、技能及工作经历进行了解和考察，而且开始注重基本潜能、个性品质、沟通能力、团队合作、心理素质等内容。可以说，越来越多的企业管理者认识到了一个人的综合素质对他能否胜任一个岗位的重要性。

再次，招聘渠道和方法更加丰富。自主择业模式的形成给企业人力资源的选拔提供了更为广阔的空间。很多企业根据自身的经营需要甄选员工，而员工也可以根据自己的情况来挑选用人单位。校园招聘、人才交流会、招聘广告等招聘形式成为企业甄选员工的主要渠道。

最后，将人才测评技术应用到人才选拔中。20世纪90年代中期，全国各地普遍建立了人才市场，这使得各类用人机构都有了相对灵活的用人自主权，个人也有了更多的择业自由和机会。人才交流的日益普遍，促进了现代人才测评技术的发展。很多企业在甄选员工时，开始采用笔试、面试等方法，也有部分企业采用管理技能测评、个性特征评定等方法来考察应聘者的能力，以达到招聘到自己所需人才的目的。此外，在这一阶段，有些省市还出现了人才测评研究和服务机构，有些企业开始通过人才测评机构来选拔企业所需要的员工。

4.21世纪初期至今

进入21世纪，我国已成功实现了市场经济体制的转型，市场经济的发展驱动了劳动力市场的发育，劳动力市场的发育进一步推动了人力资源管理的市场化。劳动者可以基于自身的就业需求能动地寻找和转换工作。企业可以根据自身的经营需要和用人标准去劳动力市场上甄选员工。基于市场与各主体需求的双向选择机制,成为我国这一时期劳动者与企业结成劳动关系的最基本方式。此外,21世纪初外资企业、民营企业、私营企业也在中国迅速增多,传统国有企业人力资源管理模式很难再代表中国企业的人力资源管理,中国的人力资源管理出现了多元化的格局。基于这样一个时代背景,企业的招聘工作在形式上、选拔方法上、招聘渠道上呈现出了多样化、复杂化的特点。

首先,在选拔手段和方法方面,开始越来越多地采用专业测评技术。21世纪初随着外资企业大量进入中国,很多最新的人员选拔技术和人才测评方法也被广泛地介绍进来。China Select(中国善择)2008年对我国30多个行业1 255家企业和组织的新员工招聘与选拔的方法进行过调查。结果表明,企业和组织在招聘和选拔新员工时采用的方法和技术是多种多样的,主要有筛选简历、工作样本、结构化面试、背景调查、人格测评、评价中心技术等等。除了这些新的人才测评工具被开发和采用外,人才测评研究和服务机构也大量增多,这些专业机构的出现也为一种新的招聘形式——招聘外包的产生创造了条件。

其次,招聘外包作为一种新的人力资源招聘方式得到企业的重视。招聘外包是企业将全部或部分招聘、选拔工作委托给第三方的专业人力资源公司,专业人力资源公司利用自己在人才资源、评价工具或流程管理等方面的优势来帮助企业招到所需人才的一种招聘方式。进入21世纪,企业间的竞争日益激烈,单靠企业人力资源管理部门去完成企业所需要的高级人才选拔和低端劳动力批量招聘已经力不从心,因此,许多企业开始考虑将招聘工作委托给有质量保证且具有丰富招聘经验的第三方机构来获得更加广泛的人力资源。于是,招聘外包作为一种新的企业人力资源招聘方式开始在一些外资企业、跨国公司中实行。

最后,网络招聘成为企业人力资源招聘的普遍方式。随着互联网技术的发展,高效率的网络招聘越来越成为普遍的招聘方式。20世纪90年代中期前,企业主要通过内部推荐或张贴招聘广告的形式进行招聘。90年代中期以后,企业招聘逐步发展为在报纸、杂志上刊登招聘广告或通过广播、电视发布招聘信息,或者举办人才招聘会。目前,随着计算机的普及和互联网技术的不断发展,在互联网上开展各种形式的招聘活动已经成为主流。2009年,网络招聘已成为企业继猎头招聘外的第二大招聘途径,已占招聘市场份额的33%。从网站数量上来看,中国目前已有招聘网站上千家,网上发布招聘广告的企业达到200多万家,人才网站的专业化程度大大提高,市场规模不断扩大。

阅读资料

企业人力资源招聘与选拔的趋势

未来中国企业的人力资源招聘与选拔工作要在总结、梳理我国人力资源招聘、选拔、评价的历史基础上，学习、借鉴国外先进的人力资源招聘和选拔方法技术，探索适合中国特点的人力资源招聘与选拔模式和方法。

1. 跨地区、全球化成为未来企业招聘的新特点

随着我国经济的日益繁荣及企业业务的不断发展，越来越多的企业实现了全国性经营，如何在异地找到合适的人力资源以满足当地业务发展的需要，是各企业需要面对的重要问题。同样，随着经济全球化的加速，很多企业在积极引进本地优秀人才及具有全球化视野和经验的国际化人才，这要求企业的人力资源专业人员尽快掌握全球化的招聘手段和方法，以满足全球化人力资源招聘的要求。

2. 招聘外包趋势会越来越明显

招聘外包以往经常是跨国公司、外资企业使用的人才招聘形式。未来，随着国内民营企业、私营企业对人力资源管理工作认识的不断加深以及国内人力资源中介机构的迅速发展，会有越来越多的中小型企业考虑通过第三方的猎头公司、专业测评机构或人力资源服务公司来获得企业所需要的人力资源。

未来招聘外包的形式会根据招聘企业的需要量身定做，有适用于招聘高级人才的部分外包，有适用于招聘低端劳动力的全部外包，也有适用于招聘高校毕业生的校园招聘外包。总之，招聘外包作为一种新兴的招聘形式会越来越受到企业欢迎。

3. 网络招聘的形式更加丰富、多样

随着计算机应用的普及和互联网技术的发展，网络招聘仍是未来企业人才招聘的首选方式。但未来的网络招聘不仅仅限于利用公司网页发布招聘信息、与人才网站合作来租用人才库、通过人才网站将部分招聘工作外包出去，还会出现许多新的网络招聘形式。网络视频招聘就是借助网络和视频设备，招聘双方在特定场所里进行的一种新的网络招聘形式。这种招聘形式无论是对企业而言还是对应聘者而言，都可以节约很大的成本，便于双方的沟通与交流，尤其是对于企业来说，可以大大提高招聘效率。

4. 在招聘与选拔理念上，更加重视人与组织的匹配

过去的人员选拔更多地强调人与职位、知识、技能等方面的匹配。如今企业越来越强调在组织文化建设的背景下，个人价值观与组织文化的匹配，因此，未来企业在人才招聘和选拔中会更加重视人与组织的匹配。基于人与组织良好匹配的招聘是实现长期雇佣关系、降低离职率、提高员工工作满意度和工作绩效的关键。虽然在人与

组织匹配程度的测量方法上，目前还没有形成一套具有普遍应用性的测量工具，但是，招聘时将人员选拔整个过程放在人与组织充分互动的框架里，强调个人的知识、技能、能力与工作任务要求、职位的关键要求相匹配。个人的个性特征与组织的气氛、文化相匹配是未来企业人才招聘的重要理念。

5. 在招聘与选拔模式上，更加关注团队合作

随着企业中工作方式越来越重视组织团队，越来越多以团队为工作单元，未来企业在选拔人才时会越来越重视人与团队的配合，关注求职者的团队合作意识，也许选拔出来的人并不是综合素质最强的，但却是团队中最需要的人。因此，在招聘前重视对团队工作知识和团队技能标准的分析，以此作为选拔人才的依据，招聘过程中加强对应聘者有效交往能力的评价，把工作看作角色，以特定的社会关系和技术关系为基础来进行人员选拔。

6. 在招聘与选拔技术方法上，更加全面、专业

未来企业对人力资源招聘和选拔的要求越来越高，已不再只招聘那些具有一技之长的人，会越来越看重求职者的综合素质和未来潜能，这在客观上对人才评价提出了更高的要求。在这种背景下，人力资源招聘实践中除了传统的测评技术外，会有越来越多的企业通过采用行为面试、工作模拟面试、心理测验、评价中心技术等现代测评技术来对应聘者的心理素质、表达能力、自我认知、工作设想、业务水平、应变能力、沟通能力、分析能力以及管理能力等方面进行考核，以选拔出符合企业发展需要的人才。

资料来源：林新奇．新中国人力资源管理变革的路径和走向 [M]. 大连：东北财经大学出版社，2012.

第三节 招聘的影响因素

一、外部因素

（一）国家法律、法规与政策

国家法律与法规从客观上界定了企业人力资源招聘对象的选择和限制条件。许多国家的人权法规定在招聘信息中不能有优先招聘哪类性别、种族、年龄、宗教信仰的人员信息，除非是因为工作岗位的真实需要。美国的《公平就业机会法》明确规定，不同性别、年龄、种族、肤色的人在就业竞争中的机会均等，享有不受歧视的权利。在我国，《劳动法》《中华人民共和国劳动合同法》（以下简称《劳动合同法》）《女职工劳动保护特别规定》等相关法律法规中明确提出了与招聘录用有关的内容，用来规范劳动用工行为。其中，《劳动法》规定凡是具有劳动能力和劳动愿望的劳动者，不

分民族、性别、宗教信仰等，享有平等的就业权，劳动者有权根据自己的专业特长和兴趣爱好自愿参加用人单位的招聘，并自愿协商劳动合同期限。但因性别、年龄、户籍等原因遭到用人单位歧视的现象，因没有具体和有力的法律法规来约束，招聘双方都没有视之为违法行为。

国家和地方性政策对招聘也有重要影响。美国之所以对各国人才都有巨大的吸引力，与其优厚的待遇、灵活的用人政策有密切关系。近年来，我国随着市场经济的深入发展，中央和地方也出台了一些政策用来吸引人才，尤其是经济不发达地区，国家和地区推出一系列政策，鼓励各类人才到经济相对落后的地区工作。经济相对落后地区的企业和单位在吸引人才方面也采取了很多优惠而灵活的政策，这些政策和措施为经济落后地区吸引人才提供了条件。

（二）劳动力市场

劳动力市场的供求情况是影响招聘决策的重要因素。一般来说，劳动力市场的供求关系可以分为两种类型：一是劳动力供给大于需求的需求约束型劳动力市场，其特点为劳动力需求方处于有利地位，招聘来源广、周期短、效率高、质量好；二是劳动力供给小于需求的资源约束型劳动力市场，其特点为劳动力供给方处于有利地位，招聘来源有限，尤其是热门专业和行业的人才供不应求，招聘的工作周期就要相对加长，投入的成本也就会增多，对招聘工作的质量要求会相应提高。

劳动力市场的发育状况也是影响招聘效果的因素。当劳动力市场发育成熟完善时，能给企业和求职者提供准确的信息，使企业收集到足够多的求职简历，使求职者获得更多、更详细的企业招聘信息。而当劳动力市场发育不成熟、功能不健全时，这些情况就很难实现。

（三）技术变革与创新

技术变革与新技术的采用对从业者的基本素质提出了更高的要求，引起人员需求的变化。当前，技术和产品更新周期越来越短，现有的一些工作岗位不可避免地被淘汰，同时也使得需要运用新技术进行工作的岗位出现人员空缺。从产业结构的总体变化趋势看，软件开发、物流、理财、通信等第三产业劳动力的需求在大量增加。因此，技术变革与创新对劳动力市场人力资源职位需求分布状况产生了很大的影响。

（四）产品和服务市场状况

企业所涉及的产品和市场条件影响用工的数量和质量，规定了人员招聘的方式。在产品市场增长时，市场压力会迫使企业将其生产能力和人力资源的使用能力最大化，招聘的需求量相应扩大，对人力资源的质量要求也提高。而在产品市场萎缩时，市场又迫使其减少人力资源的使用数量，招聘需求减退，质量要求也会适当降低。此外，产品和服务的发展前景也对招聘工作产生影响。如果企业处于朝阳产业之列，具有巨大的市场发展潜力，就能吸引大量人才涌入，企业在挑选人才时就有比较大的选择余地。反之，处于夕阳产业之列，产品和服务市场萎缩，企业就难以有足够大的人才挑选空间。

二、内部因素

(一)企业经营战略

企业经营战略是为了解决企业在一定时期发展方向与发展目标的问题。一方面，企业的经营战略会在宏观上、全局上影响招聘决策；另一方面，招聘决策和招聘工作质量也能够通过录用的员工影响企业经营战略。如钢铁公司从生产钢材转向主要生产钢材，同时还生产电子仪表、计算机、洗衣机、电风扇、服装等产品，这种由单一产品向非相关产品多元化的战略变化就会给企业派生出新的岗位，人员素质要求也会发生变化。同时，企业招聘后人员的变动，特别是高级管理人员的变动，也会影响企业经营战略的制定。

(二)企业文化

企业文化是企业全体员工在生产经营过程中培育形成并共同遵守的最高目标、价值标准、基本信念以及行为规范的总和。企业文化影响招聘人员的态度和行为方式，影响招聘渠道的选择。企业会根据应聘者价值观念和行为方式是否与本企业的企业文化相吻合来决定是否聘用。如松下公司很注意应聘者的忠诚性，而微软公司则注重应聘者的创新思维能力。企业文化不同的企业对应聘者的行为会有不同的评判。

企业文化影响着企业招聘渠道。当企业的开放程度比较高时，它不会排斥外部人员，因此在招聘渠道选择方面既可以选择内部渠道，也可以选择外部渠道。反之，企业开放程度比较低时，出现职位空缺尤其是高级岗位的职位空缺时，一般会选择内部晋升方式。

(三)企业自身形象和自身条件

企业自身形象和自身条件会影响其对应聘者的吸引力，主要体现在以下方面。

1. 企业的声望

企业是否在求职者心中树立了良好的形象以及是否具有一定的吸引力，将从精神和行动两方面影响着招聘活动。每个人都希望自己成为优秀组织中的一员，因此，名牌公司以其在公众中的声望很容易就能吸引大量的求职者。

2. 企业的发展阶段

发展势头良好的企业的招聘规模比处于成熟阶段或衰退阶段的企业要大，其招聘信息更强调给应聘者以发展机会。如果企业处于经营不景气阶段，则甄选录用以年轻、优秀和量少为原则。

3. 企业的管理水平

企业的管理水平对招聘的影响体现在以下三个方面。

(1)企业领导者的水平和能力是许多求职者优先考虑的因素,若求职者认为领导者水平高、能力强,可能宁愿放弃部分物质待遇也会考虑进入该企业。

(2)招聘过程也体现了企业的管理水平。招聘过程规范、有序,不仅提高了招聘的有效性,也反映了企业的管理水平,给求职者留下良好印象。

(3)招聘过程中招聘人员的形象和素质也会影响招聘质量。招聘人员仪表端庄、热情高效、耐心细致,既能提高招聘效率,也能吸引高素质的应聘者,反之则会赶跑应聘者。

4. 企业的报酬及福利待遇

企业的报酬及福利待遇水平高低是影响企业招聘工作的重要因素之一。在企业招聘过程中,公平、优厚的工资、奖金及完善的福利保障制度是很实际、很有力的武器,是吸引优秀人才应聘的有利条件。如果企业某岗位长时间空缺,多次招不到合适的人,就应该检查自己的薪酬福利待遇是否低于同行业的薪酬水平。

5. 企业的地理位置

企业的地理位置很大程度上影响求职者的意向。中央电视台曾对在京高校的毕业生做过调查,调查结果显示,本科生、硕士生首选的就业城市依次是北京、上海、广州、深圳。毕业生们认为这些城市开放度高,企业发展前景好,用人机制灵活,自己会有所作为。而经济落后的地区,即使有好的岗位,他们也不愿意去。

企业高层决策人员对企业内部招聘或外部招聘的倾向性看法,会决定企业主要采取哪种方法招收员工。例如有的决策者认为自己人好用、可靠,就会考虑采取内部招聘方式;有的决策者认为公开招聘、专家参与评选的方式能获取优质人才,就会采取公开选聘方式。

三、个人因素

招聘是企业与求职者双方互动的过程。求职者的状况对招聘工作也有重要的影响。从求职者的角度来看,影响企业招聘的个人因素主要有求职者的求职强度、求职者的个人职业生涯设计、求职者的职业动机与偏好、求职者的个性特征等。

(一)求职者的求职强度

求职强度是指求职者希望获取某职位的强烈程度。格鲁克把寻找工作的人分为三类:最大限度利用机会者、满足者和有效利用机会者。最大限度利用机会者是指那些不放弃任何一次机会的人。在求职过程中,他们尽可能多地获得不同企业提供的机会,然后在这些机会中选择自己认为最好的。最大限度利用机会者求职强度最高,抓住一切应聘机会,选择最满意的工作。满足者是指那些接受第一个企业提供的职位的人。他们相信所有的企业都差不多，因此，没有必要做太多的选择。有效利用机会者是介于两者之间的人，他们会先选择一个中意的职位，然后再寻找另一个，以便与已经选择的职位进行对比，看原先的选择是不是真的很好，然后选择更中意的职位。这三类人在求职过程中表现的求职强度不同。

求职强度与个人背景及经历有关。一个到城里打工的人，求职强度高，不会放弃任何一个可能的机会，因为他受教育水平低，经济条件差，被拒聘的概率大。而在城市长大的人，求职强度会低些，他们会比较挑剔，要求报酬高、工作环境好。正因如此，很多基层职位被外来的打工者占据。

求职强度与个人财务状况呈负相关。有非工资性收入（如好的家庭背景、家庭成员的经济支持）、失业保障金或在职的人员寻找工作的积极性和急迫性较低，寻找工作过程中的表现也较为被动，面对工作机会更为挑剔，这主要与他们有收入、经济压力较小有关。

可见，求职强度高的求职者容易接受应聘条件，企业招聘的成功率高；反之，求职强度低的求职者对应聘条件较挑剔，企业招聘的成功率低。

（二）求职者的工作经验

从企业方面看，招聘有工作经验人员可以在较短时间内给企业带来效益，用人单位也不必花费高成本从技能方面重新培养人才，节约了企业经营成本。因此，有工作经验目前已经成为很多企业招聘的一项重要标准。从求职者来看，工作技能和工作经验也是影响求职者择业期望的重要因素之一。一般来讲，接受过多种专业训练或有着多年相关工作经验的求职者，对职位的要求会高于没有相关经历和技能的求职者。

（三）择业动机

择业动机是指在一定需要的刺激下，直接推动个体进行求职活动以达到求职目的的内部心理活动。美国心理学家弗鲁姆（Victor H.Vroom）通过对个体择业行为的研究，提出了择业动机理论，该理论以公式的形式将人的择业动机反映出来，即$F=V\times E$。F代表动机强度，即积极性的激发程度；V代表职业效价，是求职者对某项职业价值的主观评价，它取决于两个因素：①求职者的职业价值观；②求职者对某项具体的职业要素，如对兴趣、劳动条件、报酬、职业声望等的评估。E代表职业概率，是求职者认为获得某项职业的可能性大小，它通常取决于4个因素：①某项职业的社会需求量；②求职者的竞争能力，即求职者自身的工作能力和求职就业能力；③竞争系数，即谋求同一职业的竞争者人数的多少；④其他随机因素，即个体估计的目标实现概率。

择业动机的公式说明，某项职业对于求职者的效价越高，该求职者获取该项职业的积极性越大，求职者选择这项职业动机越强烈，行动就越积极。

求职者进行职业选择时，对视野内的几种目标职业进行职业价值评估和职业获取概率评价之后，将进行横向择业动机比较。择业动机是对职业和自身的全面评估，是对多种择业影响因素的全面考虑和得失权衡。因此，求职者多以择业分值高的职业作为自己的最终目标。

复习思考题

1. 什么是招聘。
2. 招聘的意义。
3. 招聘的流程。
4. 西方国家招聘管理的历史发展。
5. 中国招聘管理的历史发展。
6. 影响招聘的因素。

阅读资料

中国企业人才招聘常见的误区

1. 人才招聘的定位不清晰，注重名气，忽略实效性

特别是在招聘中层以上的管理者的过程中，企业老总往往要求候选人务必在500强企业工作或在大型集团公司工作过。老总认为在500强企业或大型集团公司工作过的人，素质好，能力强，做事全面。殊不知真正的世界500强企业总部没有多少是在中国的。外资公司虽然管理很严谨，但绝大部分是依靠企业的系统管理、流程管理，人在其中只是一个操作按钮，一旦离开这个强大的系统，很大一部分人难以有自己的想法与见解。

在人才招聘的时候，我们可以将人才分为操作型人才、管理型人才、品牌宣传型人才、替补型人才、培养型人才等，了解不同的人才招聘要求与动机，方可有效地对候选人进行针对性的面试与筛选。人才的包装固然很重要，但企业不能因外在的包装而忽视了人才招聘的本质与实效。所以在人才招聘的时候，一定要理性地分析人才的过去、现在及未来，综合考虑人选的潜力、现在岗位所需的实际能力。

2. 注重学历，忽略潜力与工作能力

学历是什么？学历从字面上理解就是一种以往学习的经历，并不能真实地反映出一个人的实际工作能力。学历并不能绝对化等同能力，因为高学历低能力的人、低学历高能力的人比比皆是。

然而，许多企业在人才招聘时一味地注重高学历、高文凭。不少企业在人才招聘

时，往往将学历视为唯一的刚性要求，甚至出现以学历为标准“一刀切”的现象，严重影响人才招聘的效果。学历与能力不能简单地混为一谈。学历的高低只能反映出接受教育的程度，而在同一层次学历的人群中，也同样存在着学识的差异。所以，人的能力是需要在不断实践中加以培养的，同样，只有在实际的工作中才能有效地积累工作经验，从而不断增强工作能力。古往今来，存在着太多学历不算高但能力出众的人才案例，因此，在人才招聘的时候，企业的管理者应当认真思考一下，企业所需的人才标准到底是什么，该如何衡量，切不可将真正的人才拒之门外。企业应当扩展视野，海纳百川，不拘一格选人才。

3. 注重工作稳定性的绝对化，忽略现实工作的贡献率

每次面试时，离职原因一定是企业最关注的话题。候选人如果不能在上家公司工作三年以上，则很可能会受到面试官的质疑：为什么要离职？选择我们企业的动机是什么？等等。离职的频率高低与很多因素有关，如企业文化、管理者风格、薪酬待遇、发展空间、交通便利、个人能力等。面试官应当清醒地分析跳槽的背后原因，判断候选人属于主动离职还是被动离职。

通常面试官对工作稳定性会有一些片面的理解，认为在一家公司时间越久越好，越久越能说明人选的稳定性与忠诚度。其实现实未必如此。一个人在一家公司时间很久，无非有三个方面原因：①做得还不错，不追求更大的发展与进步；②没有找到比现在更好的发展平台；③与老板关系很好，不求更高的经济利益。选才时，工作稳定性只是需考虑的诸多因素之一，最重要的是衡量人选有哪些工作业绩，对企业贡献有多大。所以工作稳定性是因人而异的，不能为了所谓的稳定而忘记了工作绩效。

4. 注重个人感受，忽略组织需求

在人才招聘管理中常出现这样的现象，企业招到的人往往是面试官喜欢的人，但并非企业想要的人。这种现象不仅在普通主管身上存在，更可怕的是在不少老总身上同样存在。如果老总是销售出身，那么在人才招聘的时候一定是从销售的角度去衡量候选人，这样招来的往往是销售明星，却没有招到销售管理明星。二者存在明显的区别：销售明星多数只从个人角度出发去思考问题，不会顾全大局；销售管理明星却恰恰相反，不仅从销售全局考虑，还懂得如何分配销售指标、如何进行销售过程管理、如何制定激励机制等。

一家企业犹如一个动物园，如果全是大象或全是老虎，那就很难吸引别人的眼球。面试官在筛选人才时，不要仅仅站在个人的职位或者业务的角度去判断候选人，而是要站在组织的高度去思考公司中、团队里缺少什么，候选人有哪些优势能够让团队的成员之间形成互补。正所谓没有完美的个人，只有完美的团队。

5. 注重内部平衡，忽略外部竞争

企业在人才招聘的时候，通常会遇到面试人选的胜任能力比企业现有岗位的胜

任标准要高，在面对如何处理内外部平衡的问题上，企业往往很难抉择，一方面很想让优秀的人加入，另一方面又担心人才的招入会打破组织内部的平衡。

面对这样的困境，企业必须进行体制改革。面对外部的高要求及内部的平衡，企业必须建立一种动态的薪酬福利机制，在人才招聘的过程中有必要进行行业市场薪酬水平调研，更新任职标准并应用在年度岗位评估中，调整薪酬结构的权重等。

人才招聘的目标不仅是招得到，更重要的是在留得住人才的同时发挥人才应有的能力与价值。根据不同的岗位价值与工作的重要程度，应当设立宽带薪酬制或其他激励机制。不要追求绝对的公平公正，要努力做到相对的合理与和谐。

企业在进行人才招聘时，通常会用以往的岗位标准去衡量现在或未来的岗位标准。为了保持内部平衡，很多面试官会与人选进行讨价还价（所谓的工资杀价与谈判）。与其花更多的时间在周旋，不如用更多的时间来评估与分析人才的投入产出比，以判断是否值得投入，分析人才招聘最终能够给企业带来哪些收益。

6. 注重个人经验，缺乏面试工具与方法

在人才招聘面试中，时常遇到对候选人把控不准、难以判断的情况。原因何在？众多的面试官太相信自己的直觉，他们认为自己的感觉很准，于是总是跟着感觉走，殊不知当今网络如此发达，关于网络面试技巧的文章多如牛毛，很多候选人把一些常见问题的答案都已背得滚瓜烂熟。

面试官在凭借自己面试经验的同时应该学会使用一些面试技巧与方法，针对不同的人选采取不同的面试方法，如结构化面试、半结构化面试、行为化面试、情景模拟、小组讨论等。在如今知识爆炸的时代，唯有学会与时俱进，学会用专业经验与科学相结合的方法，方能从面试中真正找到符合公司需要的人才。

资料来源：http://news.mbalib.com/story/78988

案例分析

2015 年 6 月，大学生小吴毕业后到河北某公司应聘，但公司以她是女性为由拒绝录用，并声称只要小吴能带来一名男生到该公司工作，就可以一并录用她。小吴对公司的这种做法很不理解。

问题：该公司的做法违反了招聘工作的什么原则？作为招聘人员，在工作中应该注意什么问题？

第二章　招聘基础

【学习目标】

通过本章的学习，理解招聘的基础、人力资源规划的含义和基本步骤；了解工作分析在招聘中的作用；重点掌握胜任特征的含义和胜任特征模型建立的步骤。

【引导案例】

H 公司失败的招聘

H 公司是一家生产型企业，成立于 2000 年。公司成立 10 多年以来，业务量日益增长，业务范围也在不断扩大。目前又增加了新产品的制造业务，同时也增设了相应的工作岗位，如新产品制造部经理、技术主管等岗位。为此，人力资源部门的李经理向公司王总提出了招聘需求。李经理想利用此次机会招聘优秀的外部人才为公司新产品的生产制造注入新的活力。人力资源部门抽调了一些工作人员再加上一些重要部门的主管，组成了招聘小组，开始了招聘工作。此次招聘与以往不同的是，李经理认为公司要获取持久的竞争优势并能长久地发展，必须招聘一批知识层次较高、工作经验丰富、能力素质都很优秀的人才加入公司中来。

招聘结束后，公司对新招的员工进行了试用，但结果并不尽如人意，有 3 位刚刚应聘的人员提出了换岗或者主动放弃该工作的机会，人力资源部的李经理对此困惑不已。新招进来的员工共 6 人，基本上都有两年以上制造业的工作经验。从学历看，有 3 名博士、2 名硕士和 1 名本科生。他们都被安排在了新产品制造的岗位上，公司提供的薪水并不低，领导对他们的工作也基本满意，工作环境也比较好。对于新员工主动提出辞职，李经理很不解。他找来部门主管，询问了新产品部的情况，发现该岗位设置不大合理，特别是岗位对任职者的需求和实际任职者的能力之间存在较大差异。新招的员工具有良好的专业背景并且拥有相关工作经验，他们的能力超过了这些岗位对员工的技能要求。因此，许多人认为工作没有挑战性，工作成就感很难获得，于是提出了辞职的要求。

这是一个比较典型的因员工“能岗不匹配”产生的问题，案例中招聘小组对这些拟招聘岗位的任职要求并不明确，只是抱着“必须招聘一些知识层次较高、工作经验丰富、能力素质都很优秀的人才”的想法，这违背了招聘的人岗匹配原则。招聘是一项复杂而关键的工作，要招聘到企业所需要的人员，必须做好前期的准备工作。如果前期准备工作没有做好，招聘的规模和数量没有掌握清楚，就无法制订切实可行的招聘计划。如果工作岗位的要求没有分析清楚，招聘什么素质的人就无从谈起。如果胜任特征模型没有建立起来，那么就不知招聘一位具备什么样素质的员工才会是本企业的优秀员工。所以，在招聘之前，必须先做好人力资源规划、工作分析和岗位胜任特征模型的构建这三方面准备工作。

第一节　人力资源规划

在企业人力资源管理活动中，人力资源规划是人力资源各项活动开展的基础，不仅具有先导性和战略性，而且在实施企业目标和规划过程中，还能不断调整人力资源管理的政策和措施，指导人力资源管理活动。因此，人力资源规划又被称为人力资源管理活动的纽带。

一、人力资源规划概述

（一）人力资源规划概念

人力资源规划有广义和狭义之分。广义的人力资源规划是企业所有人力资源计划的总称，是战略计划与战术计划（即具体的实施计划）的统一。狭义的人力资源规划是指为实施企业的发展战略，完成企业的生产经营目标，根据企业内外环境和条件的变化，运用科学的方法，对企业人力资源需求和供给进行预测，制定相宜的政策和措施，使企业人力资源供给和需求达到平衡，实现人力资源的合理配置，有效激励员工的过程。

人力资源规划工作就是运用科学的方法对比分析组织人力资源供给和需求状况，根据对比结果制定必要的人力资源政策和措施，以缩小人力资源在供给和需求上的差距。人力资源规划在人力资源管理工作中具有重要的作用，因为无论是确定人员的需求量、供给量，还是职务调整、岗位变动，不通过一定的计划显然难以实现。例如什么时候需要补充人员，补充哪些层次的人员，如何避免各部门人员晋升机会不均等的情况。这些管理工作在没有人力资源规划的情况下，就避免不了头痛医头、脚痛医脚的混乱状况。因此，人力资源规划是组织管理的重要依据，它会为组织的招聘、晋升、人员调整以及人工成本的控制等活动，提供准确的信息和依据。

（二）人力资源规划的分类

人力资源规划可以从多个角度进行分类。

从时间上来看，人力资源规划分为长期规划、中期规划和短期规划。一般来说，1 年或 1 年以内的规划为短期规划。短期规划通常为具体的工作规划，这类规划要求任务明确，措施具体。1~5 年的规划为中期规划，中期规划包括对未来发展趋势的判断和发展的总体要求。这类规划所确定的方针政策比较明确，但没有短期规划那样的具体工作措施。5 年以上的规划为长期规划，长期规划是对总的发展方向、总的原则和方针政策的概括性说明，是指导性的规划。它通常没有十分具体的行动方案和措施，只有方向性的论述。以上三种规划，长期规划指导中、短期规划的制定，而中、短期规划的实施又是长期规划实现的保证。

从性质上看，人力资源规划可分为战略性规划和策略性规划两大类。长期规划属于战略性规划，着重于总的、概括性的谋略和重要的方针、政策和原则。短期规划和中期规划属于策略性规划，主要的任务是确定具体的行动方案，如招聘、培训之类的项目规划均属策略规划，策略规划是战略规划的一部分，它服从于战略规划并为战略规划目标的实现而服务。

从内容上看，人力资源规划包括两个层次：总体规划和各项业务计划。人力资源总体规划是指在计划期内人力资源管理的总目标、总政策、实施步骤和总预算的安排。人力资源业务计划则包括人员补充计划、分配计划、提升计划、教育培训计划、工资计划、保险福利计划、劳动关系计划以及退休计划等等。各项业务计划是总体规划的展开和具体化。每一项业务计划都由目标、任务、政策、步骤及预算等部分构成。这些业务计划的结果应能保证人力资源总体规划目标的实现。

（三）人力资源规划的主要内容

人力资源规划可以分为战略层次上的规划和战术层次上的规划，前者为总体规划，后者为总体规划的具体实施，主要包括人力资源配备、补充、晋升及培训开发计划等。

1. 配备计划

随着企业战略的调整，组织结构也需进行相应调整，而组织结构调整的结果必然导致企业岗位的变化和调整。为了实现人岗匹配，最大限度地发挥员工的作用，企业需根据调整后岗位的要求，重新在组织内部进行人员配置。此外，企业应根据员工知识经验的丰富、素质能力的提升，对现有人力资源进行调整，将他们配置到合适的岗位上。对组织内人员未来职位的分配，是通过有计划的人员内部流动来实现的，这种内部流动计划就是配备计划。

2. 晋升计划

晋升计划实质上是组织晋升政策的一种表达方式。对企业来说，有计划地提拔有能力的人员，以满足岗位对人的要求，是组织的一种重要职能。从员工个人角度上看，有计划的提拔会满足员工自我实现的需求。晋升计划使人力资源规划兼顾了企业需要和员工职业生涯发展的需要。

3. 补充计划

补充计划的目的是合理填补组织中未来一段时间内可能产生的职位空缺。补充计划与晋升计划是密切相关的。由于晋升计划的影响，组织内的职位空缺逐级向下移动，最终积累在较低层次的人员需求上。因此，人员补充时首先要考虑现有人员晋升的可能和员工培训计划带来的变化，只有企业内部由于人员变动出现空缺岗位，又无法通过内部调整或培训加以解决以及企业因规模扩张而增加若干新岗位时，才需要考虑从外部补充。

4. 培训开发计划

培训开发计划的目的是为企业中、长期发展可能出现的职位空缺事先准备人员。在缺乏有目的、有计划的培训开发规划情况下，员工自己也会培养自己，但是效果未必理想，也未必符合组织中职务的要求。当我们把培训开发计划与晋升计划、补充计划联系在一起的时候，培训的目的就明确了，培训的效果也就明显提高了。

此外，人力资源战术层次的规划还包括退休、职业生涯、绩效薪酬和劳动关系等方面的计划。每一项战术规划都有其具体的内容和预算，它们之间相互协调、相互配合，共同为实现总体的战略规划服务。

人力资源规划主要内容见表 2-1。

表 2-1　人力资源规划主要内容

计划项目	主要内容	预算内容
总体规划	人力资源管理的总体目标和配套政策	预算总额
配备计划	中、长期内不同岗位、部门或工作类型的人员分布状况	人员总体规模变化而引起的费用变化
晋升计划	人员晋升政策、晋升时间；轮换工作的岗位情况、人员情况、轮换时间	职位变化引起的薪酬福利等支出的变化
补充计划	需要补充人员的岗位、补充人员的数量、对人员的要求	招聘、选拔费用
培训开发计划	培训对象、目的、内容、时间、地点、培训师等	培训总投入、脱产人员工资及脱产损失
退休计划	因各种原因离职的人员情况及其所在岗位情况	安置费
职业计划	骨干人员的使用和培养方案	使用和培养费用
绩效与薪酬福利计划	个人及部门的绩效标准、衡量方法，薪酬结构，工资总额，工资关系，福利项目以及绩效与薪酬联系	薪酬福利的变动额
劳动关系计划	减少和预防劳动争议，改进劳动关系的目标和措施	诉讼费用及可能的赔偿

资料来源：于海波．员工招聘与素质测评 [M]. 北京：对外经济贸易大学出版社，2009.

二、人力资源需求预测

(一)人力资源需求的概念

人力资源需求是指以企业的战略目标、发展规划和工作任务为出发点,为保持其组织活动和发展对未来所需员工的数量、质量、层次和结构进行的预测。人力资源需求预测是综合考虑各种因素的影响,对企业未来人力资源需求进行估计的过程。

(二)人力资源需求预测方法

人力资源需求预测方法较多,主要包括经验预测法、德尔菲法、比率预测法、人力资源现状预测法、描述法、数学模型法等。

1. 经验预测法

经验预测法是由不同等级的人员根据自己过去的工作经验和对未来变化的估计,预测企业未来人力资源需求的方法,可分为“自下而上”和“自上而下”两种方式。

1)自下而上法

自下而上法是由具体的职能部门根据自己部门的需要预测将来某阶段内对各类人员的需求并向上级主管提出用人需求和建议,最后经过横向和纵向的汇总、分析而获得人员需求的总数。

2)自上而下法

自上而下法是由企业的最高管理层拟订总体的人力资源需求计划,然后再将高层人力资源需求计划逐级下达到各职能部门,各职能部门根据本部门情况,对计划开展讨论、进行修改、提出建议,再将有关意见汇总后反馈给高层管理者,高层管理者据此对总的预测和计划作出最后的修订。

2. 德尔菲法

德尔菲法又叫专家评估法,一般采用问卷调查方式,听取专家们(尤其是人事专家)对企业未来人力资源需求量的分析评估,并通过多次重复,最终达成一致意见,它是一种定性的预测技术。

阅读资料

德尔菲法的产生

德尔菲原本是古希腊的一个地名,太阳神阿波罗在此地杀死了一条巨蟒,成为这里的主人。相传阿波罗具有预测能力,于是德尔菲地区的阿波罗神庙,便成为一个可以预卜未来的神谕之地。德尔菲法的出现最早是为了解决这样一个问题:遭受原子弹轰炸后,可能出现哪些后果?因为这种方法同样具有预测的“能力”,于是便借用“德尔菲”成为这种方法的名字。1946 年,兰德公司首次用这种方法进行预测,后来该方法被广泛采用。此后多年，德尔菲法被运用在技术领域、军事领域、教育领域等几乎任何领域的预测，在长远规划者和决策者心目中享有很高的声望。据《未来》杂志报道，从20世纪60年代末到70年代中期，专家会议法和德尔菲法（以德尔菲法为主）在各类预测方法中所占比重由20.8%增加到24.2%。20世纪80年代以来，德尔菲法在中国也得到了越来越广泛的运用。

资料来源：侯典牧，傅家荣．人员素质测评[M]．北京：科学出版社，2012.

德尔菲法的工作步骤一般分四轮。

第一轮：提出预测目标和要求，确定专家组，准备有关资料，征求专家意见。

第二轮：提出预测问题，问题一般以25个为宜，所提问题须简明扼要并以调查方式列出，交付专家组讨论评价，然后组织统计整理。

第三轮：修改预测结果，充分考虑有关专家的意见。

第四轮：进行最后预测，在第三轮统计资料的基础上，请专家们提出最后意见及根据。

该方法既可用于预测企业整体人力资源需求，也可用来预测部门人力资源需求。在此过程中特别要注意把各种不同的意见交给专家们分析讨论，经过多次的反复讨论，最后形成专家组的意见。

这种方法的优点在于可以集中许多专家的意见，对影响人力资源需求的各方面因素有比较全面、综合的考虑，缺点在于这种方法所需要的时间较长、花费较大，而且难于作出十分精确的预测，所以这种方法比较适合于长期的、趋势性的预测，不适用于短期的、日常的和比较精确的人力资源需求的预测。

3. 比率预测法

比率预测法是根据不同岗位人员之间或者人员与产量、设备基建的比率，对人力资源进行预测规划的方法。使用该方法进行预测时，首先要计算出人均的生产效率，然后再根据企业未来的业务量预测出人力资源的需求。其计算公式为

$$\text{所需的人力资源}=\frac{\text{未来的业务量}}{\text{人均的生产效率}}$$

如果考虑到生产效率的变化，则公式为

$$\text{所需的人力资源}=\frac{\text{未来的业务量}}{\text{目前人均的生产效率（1+ 生产效率的变化率）}}$$

比率预测法也可以适用于不同岗位人员之间的预测。例如，某企业一线生产工人和后勤服务人员的经验比例为1∶10，如果一个工人每天可以生产产品10件，现在要将产量扩大一倍，假设劳动生产率不变，则在规划期内需要的工人数是原来的一倍，当工人的数量确定以后，后勤服务人员的数量也就可以确定了。

在使用比率预测法的过程中要注意常数比率和变数比率的问题。在上面的例子

中，我们在预测过程中是假设一线生产工人和后勤服务人员的比率是保持不变的，事实上这个比率是会随着生产规模的变化而发生变化的。例如，假定每4位科学家都需要1位辅助技术员，如果该部门只有4位科学家，需要雇用1位全时技术员，但在一个有20位科学家的部门中，只需要3位，而不是5位技术员，因为技术员们在团队工作条件下，可以实现工作的分工协作，从而减少技术员的需求数量。所以在使用比率预测法进行人力资源需求预测的过程中必须首先确定所要用到的比率是否在规划期内发生变化，将如何变化，在此基础上才能够对人力资源需求进行预测。

比率预测法简单易行，但是这种方法要求预测数量之间是相对固定的比率关系，所以这种方法较适用于技术和其他结构较稳定的企业，适宜于短期人力资源规划预测。

4. 人力资源现状预测法

人力资源现状预测法是在假设现有人员的配备比例和人员的总数将完全能满足预测规划期内的人力资源需要的前提下，也就是在假设未来的人力资源需求与当前的人力资源需求一致的前提下，测算出在规划期内哪些岗位上的人将会晋升、降职、退休或调出本组织，这一人员变动的数量就是规划期内人力资源需要补充或者调动的数量。例如，某生产车间主任明年即将退休，就可以考虑从下属人员中选出一位接替这个职务。而接替者的职务或岗位又要有新的人员补充。一个岗位的空缺将引起一个或多个岗位人员的需求。企业在规划期内所有需要补充的岗位就是规划期人力资源需求的预测结果。

在使用人力资源现状预测法的过程中应当注意人力资源需求的意外变动情况。也就是说在预测的过程中要考虑到出现突然的伤病或死亡人员情况，所以预测的数量也应当包括这方面的内容。

人力资源现状预测法是一种较简单、较易操作的方法。一般企业内管理人员的连续性替补都采用这种方法。这种方法适用于短期人力资源预测，适宜于企业的发展规模或者发展总体规划在一定时期内没有发生变化的情况。

5. 描述法

所谓描述法是指通过对未来影响企业人力资源需求因素的描述、假设、分析和综合，对未来人力资源需求进行预测的方法。

描述法可分为三种基本类型的分析：①企业在规划期内，同类产品生产可能稳定地增长，同行业中没有新的竞争对手出现，也没有新的技术突破；②同行业中出现了新的竞争对手，技术方面也有较大的突破；③同类产品可能跌入低谷，物价暴跌，市场疲软，生产停滞等。

描述法需要对影响人力资源需求的所有因素进行分析，确定每一个因素对人力资源需求的影响程度，才可以对人力资源需求进行正确的判断。由于这种方法主要依赖人力资源预测人员的分析和判断，所以比较难于得到准确的预测数值。而且这种方法因为需要对多种因素进行分析，不可能涉及很长的时间，因为时间跨度越长，环境变化的各种因素就越难以把握和假设，因此这种方法主要适宜于中期的趋势性的预测。

6. 数学模型法

数学模型法是一种定量预测技术，是通过建立人力资源需求量及其影响因素间的函数关系，从影响因素的变化来推知人力资源需求量变化的一种预测方法。

在人力资源需求数量的数学预测中主要采用的是回归模型预测法。回归模型主要有一元回归、二元回归及多元回归之分，同时又有线性回归和非线性回归之别。

1）一元回归分析法

在回归分析中，当变量之间只涉及因变量和一个自变量时，称为一元回归分析。一元回归分析法的步骤为：首先，选择一个相关变量，该变量是能有效预测人力资源需求的因素，如销售量、产品增加值等，找出连续5次以上的历史资料。其次，探测这个变量与各类人员需求量之间的关系，建立一个一元线性方程。用 $y=a+bx$ 表示，其中，y 为因变量，即人力资源需求预测值，x 为自变量，即预测年影响人力资源需求的因素，a 为常量，b 为预测年的系数。运用最小平方法可以推出 a、b。其公式如下：

$$a=\bar{y}-b\bar{x},\ b=\frac{\sum x_iy_i-\bar{x}\sum y_i}{\sum x_i^2-\bar{x}\sum x_i}$$

式中：$\bar{x}$、$\bar{y}$分别是 x、y 的平均值。

2）多元回归分析法

当研究的因果关系涉及因变量和两个或两个以上自变量时，称作多元回归分析。企业人力资源需求受多种因素影响，如企业的销售额、市场占有率、引进新设备等，这些因素与人力资源需求量成线性关系，所以

$$y=a_0+a_1x_1+a_2x_2+\cdots+a_nx_n$$

式中：y 为因变量，即人力资源需求预测值；x 为自变量，即预测年影响人力资源需求的因素；a 为常量；a_i 为预测年的系数。

在应用回归模型对人力资源需求的数量进行预测的过程中，必须计算预测对象和自变量间的相关系数，只有与人力资源需求数量紧密相关的因素才可以作为建立回归方程的自变量。

数学模型法的优点在于可以对人力资源的需求数量进行精确的预测，给出正确的预测数值。其缺点在于，首先必须保证自变量与预测的变量之间有明显的相关关系，其次使用这一方法必须有大量的自变量和因变量过去变动的资料及自变量未来变动的资料。所以这个方法比较适宜于较大型的、具有较完备的信息资料系统的企

业。同时,由于这种预测的思路是以过去自变量和因变量的关系代替未来两者的关系,使用这种预测方法时要保证自变量和因变量的关系在规划期内没有发生变化。这种预测方法适宜于中短期预测。

7. 计算机预测系统预测法

计算机预测系统预测法是进行人力资源需求预测诸方法中最为复杂的方法。这种方法是在计算机中运用各种复杂的数学模式对在各种情况下企业人员的数量和配置运转情况进行模拟预测,从模拟测试中预测出各种人力资源需求方案以供组织选择。

这种方法是未来人力资源需求预测的趋势。目前市场上相应的专业预测软件越来越多,功能越来越强大。计算机预测系统预测法越来越趋向于定量化、科学化,成为未来人力资源需求预测最具有潜力的方法。

三、人力资源供给预测

人力资源供给有两种途径:一是企业内部人力资源供给,通过人员晋升、调动等提供企业发展所需要的人力资源;二是企业外部人员的补充,通过招聘、吸收等提供企业发展所需的人力资源。所以人力资源供给预测也可以分为内部人力资源供给预测和外部人力资源供给预测。

(一)内部人力资源供给预测

企业人力资源需求的满足,应优先考虑企业内部人力资源供给。换句话说,当企业有了位置的空缺,要首先考虑从企业内部选拔人员来接替,这样一方面可以减少企业的招聘成本,增加企业的劳动生产率,最为重要的是,这样可以将更多的发展机会留给企业的内部员工,对员工具有一定的激励作用。所以内部供给是企业人力资源供给的优先途径,在内部供给不能满足企业发展需要的情况下,才需要进行人力资源外部供给的预测。

内部人力资源供给预测过程中必须考虑下述因素:①企业内部人员的自然流失(伤残、退休、死亡等);②内部流动(晋升、降职、平调等);③跳槽(辞职、解聘)等。

内部人力资源供给的主要预测方法有:接替图表法和马尔可夫分析法。

1. 接替图表法

接替图表法是将每个职位均视为潜在的职位空缺,而该职位下的每位员工均为潜在的供给者,以员工的绩效作为预测的依据,会出现三种情况。第一种情况是低者辞退、调离、退休。第二种情况是高者提升。这两种情况均可能产生职位空缺,由胜任的下属填补。第三种情况是绩效比较令人满意,则继续留任原有岗位,该职位空缺由本人填补。

接替图表法主要应用在管理人员的供给预测上,因为管理人员的岗位具有比较明显的层次接替性，使用这个方法更加方便。

总经理接替图表见图 2-1。

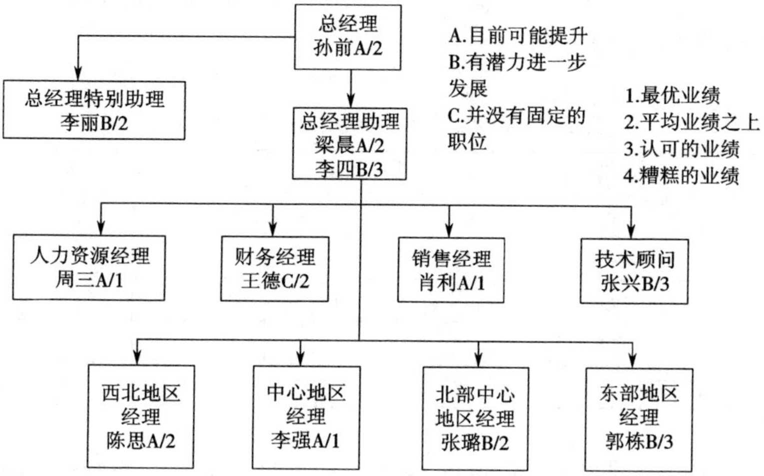

图 2-1　总经理接替图表

2. 马尔可夫分析法

马尔可夫分析法是通过预测企业内部人员转移来预测内部人员供给的方法，它根据企业以往各类人员之间流动比率的概率来推断未来各类人员数量的分布。

1）制作人员变动矩阵表

人员变动矩阵表中的每一个数据表示从一个时期到另一个时期人员变动的历史平均百分比，一般周期越长，根据过去人员变动推测的未来人员变动情况就越准确，如表 2-2 所示。

表 2-2　某企业人力资源供给变动情况矩阵表

职位层次	人员调动的概率				
	G	J	S	Y	离职
高层领导（G）	0.8				0.2
基层领导（J）	0.1	0.7			0.2
高级会计师（S）		0.1	0.85		0.05
会计员（Y）			0.2	0.7	0.1

由表 2-2 可以看出，平均 80% 的高层领导仍在企业中，20% 的高层领导离职，70% 的会计员仍在原岗位工作，20% 的会计员被提升为高级会计师，10% 的会计员选择离职。

2）预计人员供给量

利用表 2-2 中的历史数据来代表每一种工作中人员变动的概率，然后将计划初期每一种工作的人员数量和变动概率相乘，再纵向相加后，即可得到企业未来人力资源的净供给量，如表 2-3 所示。

表 2-3　某企业人力资源供给量预测表(人)

职位层次	初期人员数量	G	J	S	Y	离职
高层领导(G)	50	40				10
基层领导(J)	80	8	56			16
高级会计师(S)	100		10	85		5
会计员(Y)	120			24	84	12
预计人员供给量		48	66	109	84	43

通过表 2-3 可以预测下一年将有 48 名高层领导、66 名基层领导、109 名高级会计师、84 名会计员，将这些人员变动数据与正常的人员扩大、缩减或维持不变的计划相结合，就可以决策怎样使预计的人力资源供给与需求相匹配。

需要注意的是，使用马尔可夫分析的关键前提是企业的人员变动在一定时期内是稳定不变的，否则计算出的结果将没有价值。

(二)外部人力资源供给预测

企业职位空缺不可能完全通过内部供给解决，企业人员因各种主观和客观因素退出工作岗位是不可抗拒的事情，也就是说企业的人力资源总规模是会发生变化的，企业内部的人力资源供给只是内部人员之间工作岗位的转换，不会改变人力资源总量缺乏的状况，所以，企业必然需要从外部不断补充人员。

企业外部人力资源供给的主要渠道有：各类院校应届毕业生、本地市场的失业者或者等待进入工作岗位的人员、其他企业和组织的在职人员、外地区流入本地市场的流动人员以及复员军人等。对各类院校应届毕业生的预测，可以将规划期内各个院校即将毕业的学生数量之和作为企业可以预测的毕业生总供给数量。复员军人由国家指令性计划安置就业，也较易预测。比较困难的是对城镇失业人员和流动人员的预测，在预测过程中必须综合考虑城镇失业人员的就业心理、国家就业政策、政府对农村劳动力进城市的控制程度等因素。对其他组织在职人员的预测则需考虑诸如社会心理、个人择业心理、组织本身的经济实力及同类组织同类人员的福利、保险、工资、待遇等因素。

在企业制定人力资源规划的过程中，外部人力资源供给总量的预测虽然对规划的制定有一定的作用，但是在许多情况下宏观性的供给总量的预测往往是政府部门的职责。企业在进行人力资源规划的过程中可以参考有关的统计预测资料。对企业来说，外部供给的预测主要是对某一具体的岗位，在一个具体的价格下，通过确定的招聘渠道，预测获得外部人力资源供给的可能。

四、人力资源供给和需求的平衡

人力资源规划的根本目标是实现企业对人力资源的需求和供给的平衡（包括数量和质量），这也是人力资源管理工作的基本任务。如果企业的人力资源供求没有达到平衡，就会使企业的生产效益受到损失。

企业人力资源供求关系有三种情况：一是人力资源供求平衡；二是人力资源供大于求，结果导致企业内部人浮于事，内耗严重，生产或工作效率低；三是人力资源供小于求，企业设备闲置，固定资产利用率低，也是一种浪费。人力资源规划就是要根据企业人力资源供求预测结果，制定相应的政策措施，使企业未来人力资源供求实现平衡。

（一）人力资源供求平衡状态下的政策

企业人力资源供求平衡，表明企业不仅在人力资源供求总量上达到平衡，在层次、结构和岗位上也实现了平衡，这种状况一般在企业中只能是短期的现象，因为企业的人员流动、退休、辞职、职务晋升等都会打破这种平衡。

当企业人力资源供求达到平衡时，人力资源规划的基本政策就是如何保持这种平衡的状态，使现有的人力资源更好地发挥作用。这时，规划的主要内容是对现有员工的激励、保持和发展。

（二）人力资源供不应求状态下的政策

当预测企业的人力资源在未来可能发生短缺时，要根据具体情况选择不同方案以避免短缺现象的发生。具体的措施有以下几个方面。

（1）激励员工。调动现有员工的积极性，通过物质和精神激励以及让员工参与决策、培训等措施，鼓励员工进行技术革新，提高员工的工作效率。

（2）提升员工素质。培训本组织员工，对受过培训的员工据情择优、提升补缺。

（3）平行性岗位调动。将符合条件而又处于相对富余状态的人调往空缺岗位。

（4）外部招聘。在企业内部无法满足人力资源要求时，拟订外部招聘计划。

（5）延长工作时间。如果短缺现象不严重且本企业的员工又愿延长工作时间，可以在《劳动法》允许的范围内，制订延长工时适当增加报酬的计划，这只是一种短期应急措施。

（6）提高企业资本技术有机构成。提高员工的劳动生产率，以机器来替代人力资本。

（7）聘用临时工。制订聘用非全日制临时工和全日制临时工计划，如返聘已退休者或聘用小时工等。

(8)将非关键性的业务进行外包。

(三)供大于求状态下的政策

企业人力资源过剩是我国现在企业面临的主要问题,解决企业人力资源过剩的常用方法有以下几种。

(1)裁减和辞退。永久性地裁减或辞退部分职工。

(2)关闭或者合并。临时性或者永久性关闭合并不赢利的分厂、车间和臃肿的机构。

(3)提前退休。制定优惠措施,鼓励提前退休或内退。

(4)培训储备。进行员工培训,如制订全员轮训计划,保证始终有一部分员工在接受培训,减少在岗人员,并为企业未来的发展进行人力资源储备。

(5)开发新的生产领域。增加员工择业竞争力,鼓励部分员工自谋职业,扶持开发新的领域。

(6)减少工作时间,降低工资水平。这是西方企业在经济萧条时经常采用的一种解决企业临时性人力资源过剩的有效方式。

(7)分担工作。由多名员工分担以前只需一个或少数几个人就可完成的工作和任务,企业按工作任务完成量来计发工资。这与上一种方法在实质上是相同的,都是减少员工工作时间,降低工资水平。

第二节 工作分析

一、工作分析的概念

工作分析是收集、分析与工作岗位有关的信息,以此确定工作职责和内容以及分析具备什么素质的人可以胜任该岗位的过程。工作分析的结果是编写工作说明书和岗位规范。工作说明书是一份提供有关任务、职责、权限、劳动条件与环境等信息的文件。岗位规范是指员工完成某项工作所必备的基本素质和条件(任职资格)。

二、工作分析的基本术语

为了科学正确地进行工作分析,有必要对工作分析中涉及的一些关键术语和概念进行界定,以免出现工作分析中的概念混淆和混乱。

工作要素,是指工作活动中不能够再继续分解的最小动作单位。例如速记人员速记时,能正确书写各种速记符号;使用计算机、签字、打电话、发传真等等。

任务,是为了达到某一特定目的所从事的一系列活动,即工作活动中达到某一工作目的的要素集合。例如，管理一个计算机项目、打印文件、参加会议、从卡车上卸货等等，都是不同的任务。

职责，是指某人担负的一项或多项相互关联的任务集合。例如，人事管理人员的职责之一是进行工资调查。这一职责由下列任务组成：①设计调查问卷；②把问卷发给调查对象；③将结果表格化并加以解释；④把调查结果反馈给调查对象。

职位，是指某一时间内某一主体所担负的一项或数项相互联系的职责集合。例如办公室主任同时担负单位人事调配、文书管理、日常行政事务处理等三项职责。在同一时间内，职位数量与员工数量相等，有多少位员工就有多少个职位。

职务，是指主要职责在重要性与数量上相当的一组职位的集合或统称。例如，开发工程师就是一种职务，秘书也是一种职务。职务实际上与工作是同义的。在企业中，一种职务可以有一个职位，也可以有多个职位。如企业中的法律顾问这种职务，就可能只有一个职位；开发工程师这种职务，可能就有多个职位。

职业，是指不同时间、不同组织中，工作要求相似或职责平行（相近、相当）的职位集合。例如会计、工程师等。

职系，由两个或两个以上的工作组成，是职责繁简难易、轻重大小及所需资格条件不同但工作性质充分相似的所有职位集合。例如人事行政、社会行政、财税行政、保险行政等均属于不同职系，销售工作和财会工作也是不同职系。

职组，是指若干工作性质相近的所有职系的集合。例如，人事行政与社会行政可并入普通行政组，而财税行政与保险行政可并入专业行政组。职组并非职务分析中的必要因素。

职门，是指若干工作性质大致相近的所有职系的集合。

职级，是同一职系中职责繁简、难易、轻重及任职条件充分相似的所有职位的集合。

职等，是指不同职系之间，职责的繁简、难易、轻重及任职条件要求充分相似的所有职位的集合。

职业生涯，是指一个人在某工作生活中所经历的一系列职位、工作或职业。

三、工作分析在招聘中的作用

工作分析的结果是形成工作说明书。工作说明书是企业招聘、选拔和人员配置的依据。通过工作分析，可以明确工作岗位的近期和长期目标，提出人员的知识、技能、心理等方面的要求，在此基础上，可以进一步确定选人、用人的标准，实现人岗匹配。如果缺少工作说明和岗位规范，就会在没有一个清楚的指导性文件的情况下去招聘、选择员工，这样做的结果是招聘不到合格员工。因此，工作分析在招聘工作中是非常重要的。

(一)为发布招聘信息提供依据

招聘信息主要包括岗位名称、工作职责和岗位要求等内容。这些内容都来自工作说明书。没有这些信息,求职者就无法对照条件进行自我筛选,企业就无法吸引到合适的人来应聘,结果是既增加筛选工作量,又找不到合适人选。此外,不同的岗位,目标人群的特点一般也不一样,只有根据不同岗位特点选择最有效的信息发布渠道,才能提高招聘信息发布的效果。

(二)为确定招聘面试方法提供依据

工作分析形成的工作说明书明确了任职者需具有哪种技能,招聘时就可以根据技能的性质确定测试的方式和方法。另外,根据对招聘岗位工作说明书的分析,结合岗位的性质和类型来安排不同的面试流程。

(三)为录用标准的制定提供依据

工作说明书中的任职条件是进行简历筛选的依据。对照工作说明书,可以对求职者的简历进行初审,挑出明显不符合要求的求职者,对符合岗位基本要求的求职者则安排进一步面试。

四、工作分析的方法

(一)访谈法

访谈法是与担任有关工作职务的人员一起讨论工作的特点和要求,从而取得有关工作信息的方法。在进行工作分析时,我们可以先查阅和整理有关工作职责的现有资料,在大致了解职务情况的基础上,访问担任这些工作职务的人员,一起讨论工作的特点和要求。同时,也可以访问有关的管理者和从事相应培训工作的人员。由于被访问的对象是那些最熟悉这项工作的人,因此,认真的访谈可以获得很详细的工作分析资料。

访谈法由于是一种面对面的交谈,所以,当对方的回答不清楚时,可以继续提问,直到将问题弄明白;可以核实问卷调查中填写不清楚的内容;访谈过程中可以发现一些其他方法不可能了解到的信息。访谈法也给任职者提供了一个了解工作分析重要性的机会,使他们更容易接受工作分析的结果。

(二)问卷法

问卷法是让有关人员以书面形式回答有关职务问题的方法。通常,问卷的内容是由工作分析人员编制的问题,这些问题涉及实际的行为和心理素质,要求被调查者对这些行为和心理素质在他们工作中的重要性和频次(经常性)按给定的方法作答。

问卷调查法的优点是可以在短时间内从众多任职者那里收集到所需的信息资料,不像访谈法那么费时费力;可在生产和工作时间之外填写,不至于影响正常工作;调查范围广,可用于多种目的、多种用途的工作分析;比较而言,它更适用于收集管理性工作的信息。

问卷调查法也有一定的局限性：首先，问卷编制的技术要求较高，其设计难度较大，需要进行反复测算，所花成本费用较高；其次，不同任职者因对问卷中同样问题理解的差异，会产生信息资料的误差，进而偏离职务分析的目标；再次，问卷的回收率通常偏低，这既与被调查者的配合态度有关，也与问卷的编制有关；最后，问卷的具体形式限制了其适用范围，它只适用于对文字有理解能力并有一定表达能力的人。

（三）观察法

观察法是通过观察把有关工作的内容、原因、方法、程序、目的等信息记录下来，把所获得的岗位工作信息进行整理的方法。采用观察法进行工作分析可以获得客观而可靠的工作信息。

观察法主要适用于工作内容和工作程序相对静止、比较简单、不断重复又容易观察的生产性的工作，如门卫、收银员等；不适用于带有思考性和解决问题性的以脑力劳动为主的工作，由于难以观察到实际的工作情况，因此该法很难奏效。对于负责处理突发事件的职位来说，运用观察法也较困难，因为这些事件只是偶尔发生，并非平常都能观察到的。如护士偶尔处理的抢救事件等。对于工作循环周期很长的职位来讲，该法也不适用，因为不易得到有关任职者资格要求的信息。

（四）工作日志法

工作日志法是员工的直接上级事先设计好详细的工作日志表，让员工按照要求在规定的时间内填写，真实地反映该员工每日的工作情况，从而收集员工职务信息的方法。如果这种记录写得很详细，那么会了解到一些其他方法无法获得或者观察不到的细节。

使用这种方法需要注意的是工作日志应及时填写，一般半小时到45分钟为一个周期，或者以一个工作为单位，做什么填什么，及时、全面地填写。管理者应该加强监督，督促员工认真及时填写。

（五）工作参与法

工作参与法是由工作分析人员亲自参加工作活动，体验工作的整个过程，从中获得工作分析资料的方法。要想对某一工作有深刻的了解，最好的方法就是亲自去实践，通过实地考察，可以细致、深入地体验、了解和分析某种工作所需的各种心理品质和行为要求。所以，从获得工作分析资料的质量而言，这种方法比前几种方法效果好。

（六）关键事件法

关键事件法是请管理人员和工作人员回忆、报告对他们的工作绩效来说比较关键的工作特征和事件，从而获得工作分析资料的方法。关键事件是使工作成功或失败的行为特征或事件（如成功与失败、赢利与亏损、高效与低产等）。该方法要求将工作过程中的“关键事件”详细地加以记录，在大量收集关键事件以后，可以对它们作出分析并总结出职务的关键特征和行为要求。关键事件法既能获得有关职务的静态信息，也可以了解职务的动态特点。

五、工作分析的程序

工作分析是一项技术性很强的工作，需要做周密的准备，同时还需具有与组织人事管理活动相匹配的科学的、合理的操作程序。工作分析一般包括四个阶段：准备阶段、实施阶段、形成结果阶段、反馈阶段。

(一)准备阶段

工作分析的准备阶段主要解决以下几个问题。

1. 工作分析的目标和侧重点

工作分析前，要明确工作分析的目的。工作分析的目的直接决定了工作分析的侧重点，进而决定了工作分析需要收集的信息和获取信息的方法，因此必须在工作分析前明确其目的。在一个新成立的组织中或在一个刚刚进行了重组的组织中实施工作分析时，其首要目的是将组织的职能分解到各个职务，明确职责，明确组织中的纵向隶属关系和横向关联关系。这时工作分析的侧重点就在于各个职务的职责、权限和关联关系方面。

2. 制定总体实施方案

一次完整的工作分析活动，往往需要调动大量的资源，需要花费相当长的时间，需要来自各个方面的人员的配合，因此需要在实施之前制定一个总体方案，以便有计划、有条理地实施工作分析。工作分析的总体方案包括：①工作分析的目的和意义；②所需收集的信息内容；③项目的组织形式与实施者；④实施的过程和步骤；⑤时间和活动安排；⑥方法的选择等等。

3. 收集和分析有关的背景资料

对工作分析有参考价值的背景资料包括：①国家职业分类标准或国际职业分类标准；②有关整个组织的信息；③现有的工作描述。

4. 确定工作分析所需信息

确定要收集哪些信息，涉及以下方面：做什么（What）、为什么（Why）、谁（Who）、什么时候（When）、哪里（Where）、为谁（for Whom）、如何做（How）。

5. 选择收集信息的方法

收集信息的方法很多，在选择时，首先要考虑工作分析所要实现的目标。如果工作分析用于招聘，就应该选用关注任职者特征的方法；如果是为了建立薪酬体系，则应选用定量的方法，以便对各职位的价值进行评价。其次要考虑所分析工作的不同特点。如果是以机械操作为主的工作，其活动比较外显，可以使用观察法；以脑力活动为主的工作，可以使用访谈法，便于深入挖掘其工作方面的重要信息。再次，还应考虑实际条件的限制。有些方法虽然可以得到较多信息，但可能由于花费时间或财力较多而无法采用。

（二）实施阶段

实施阶段主要的工作是与参与工作分析的有关人员进行沟通，制订具体的实施操作计划，实际收集和分析工作信息。

1. 与有关人员沟通

工作分析与大量的任职者密切相关，因此与任职者建立工作联系、获得任职者的理解和支持对顺利开展工作分析至关重要。在实施工作分析前，需要与有关人员进行沟通，让其了解工作分析的目的、意义并获得他们的支持。

2. 制订实施操作计划

在工作分析前，工作分析人员应拟订详细的实施操作计划，在计划中列出具体、精确的时间表，每个人的具体职责和任务等。

3. 实际收集和分析工作信息

按照事先选定的方法，根据既定的操作程序或计划收集与工作有关的各种信息并对信息进行描述、分类、整理，使之成为书面文字。

（三）形成结果阶段

形成结果阶段主要完成以下工作。

1. 形成信息分析报告

工作分析人员在对所收集的信息进行分析整理后，应形成信息分析报告并请有关任职者及其直接上级核对、确认，以避免信息分析出现偏差。

2. 编写工作说明书

工作分析的信息报告可以作为"职位描述"和"任职说明"的基础信息，在这两种文件的基础上，可以编写工作说明书。

职位描述是用书面的形式对组织中各类职位的工作性质、任务、职责和工作环境作出统一的规定。任职说明则表明各职位的任职者在教育程度、工作经验、知识、技能、体能、个性特征等方面应具备的最低资格与条件。

（四）反馈阶段

反馈阶段主要包括以下两项工作。

1. 工作说明书的使用培训

工作说明书是由专业人员编写的，而使用者是实际从事工作的人员。因此，在进行工作说明书使用培训时，一方面要让使用者了解工作说明书的意义与内容，另一方面要让使用者了解如何在工作中运用工作说明书。

2. 使用工作说明书的反馈和调整

随着社会的不断发展，一些原有的工作会逐步消亡，一些新的工作会产生，现有的很多工作的内涵和外延也会发生改变，因此，应经常对工作说明书的内容进行调整和修订。此外，工作说明书是否适应实际工作的需要，也需在使用过程中得到反馈。

案例分析

A 公司是一家新成立的咨询设计公司。公司的目标是为各大通信运营商及各地各级政府和社会客户提供全方位、多元化、个性化、差异化的服务。公司现有员工 60 余人，本科以上学历者占 75%，其中硕士研究生学历者占 25%。

现公司因市场拓展，急需招聘一批技术人才。前期公司也招聘了一些人才，但招聘效果不理想，经分析，问题主要出现在工作分析上。

问题：A 公司的工作分析应包含哪些内容？A 公司应当如何进行工作分析？

六、工作说明书的编写

（一）工作说明书的内容

工作说明书的编写并无固定的模式，需根据工作分析的特点、目的与要求具体确定编写的条目，一般来说包括以下内容。

1. 工作概况

工作概况主要包括职务的名称、编号、职务所属部门、职务等级、工作说明书的编写日期等项目。

2. 工作说明

工作说明主要包括以下内容。

（1）工作概要：概括本职务的特征及主要工作范围。

（2）责任范围及工作要求：任职人员需完成的任务，承担的责任，与其他人的联系，所接受的监督及所施予的监督，工作中用到的所有机器、设备及辅助性工具等。

（3）工作条件与环境：有关的工作条件，如噪声水平、可能遇到的危险、工作场所布局等。

3. 资格条件

资格条件主要是指工作规范，即担任此职务的人员应具备的基本资格和条件，如受教育水平、经验、培训、性别、年龄、身体状况、判断力、知识、技能等。

（二）工作说明书编写的要求

工作说明书在企业管理中的地位极为重要，不但可以帮助任职人员了解其工作，明确其责任范围，还可为管理者的某些重要决策提供参考。一份好的工作说明书应具备以下特点。

1. 清晰

整个工作说明书中，对工作的描述应清晰透彻，任职人员读过以后可以明白，无须再询问他人或查看其他说明材料。避免使用原则性的评价，对于专业难懂的词汇须解释清楚。

2. 具体

在措词上，应尽量选用一些具体的动词，如“安装”“加工”“传递”“分析”“设计”等。要指出工作的种类、复杂程度，需任职者具备的具体技能、技巧，应承担的具体责任范围等。一般来说，由于基层工人的工作更为具体，其工作说明书中的描述也更具体、详细。

为建立企业工作分析系统，须由企业高层领导、典型职务代表、人力资源管理部门代表、外聘的工作分析专家与顾问共同组成工作小组或委员会，协同完成此任务。

第三节　胜任特征模型

一、胜任特征的概念

胜任特征（Competency）概念最早是由美国哈佛大学的戴维•麦克利兰（David McClelland）教授于 1973 年提出的。麦克利兰对美国高等教育普遍使用智力测验来挑选学生的方法作出质疑，他认为真正影响学生学习绩效的，实际上并不是智商而是学生个人的素质条件和行为特征，即胜任特征。麦克利兰（1973）认为，胜任特征是那些与工作或工作绩效或生活中其他重要成果相似或直接相联系的知识、技能、能力、特质或动机。这个定义被视为胜任特征研究的起点。

自麦克利兰提出胜任特征的概念后，很多人力资源管理和组织行为学领域的学者相继开始了胜任特征研究，提出了各自的观点。如帕特里夏•麦克拉根（Patricia McLagan,1980）认为，胜任特征是足以完成主要工作结果的一连串知识、技能与能力。理查德•博亚特兹（Richard Boyatzis,1982）认为，胜任特征是一个人所具有的内在的、稳定的特性，它可以是动机、特质、技能、自我形象、社会角色或者是此人所能够运用的某项具体知识。伍德拉夫（Woodruffe）和查尔斯（Charfes,1993）认为，胜任特征是在某一情境中完成工作任务所必需的一系列行为模式，这些行为与高工作绩效有关并且通过工作中的高绩效个体得以具体表现。帕里（Parry,1996）认为，胜任特征就是影响一个人大部分工作（角色或职责）的一些相关的知识、技能和态度，它们与工作的绩效紧密相连并可用一些被广泛接受的标准对它们进行测量，而且可以通过培训与发展加以改善和提高。米拉比莱（Mirabile,1997）认为，胜任特征是与一个职位高绩效相联系的知识、技能、能力和特征。他认为，行为是一个特别明确的胜任素质的表达。行为是一些素质、技能、能力或者特征的可观察的展示。胜任特征是一套假定为可以被观察、教授、习得和测量的行为。戴维• D. 杜波依斯（David D.Dubois）和罗斯韦尔（Rothwell,2002）认为，胜任特征是指个体具有的、为了达到理想的绩效以恰当的、一贯的方式使用的特征。这些特征包括知识、技能、自我形象、社会性动机、特质、思维模式、心理定式以及思考、感知和行动的方式。

国外学者对于胜任特征的概念没有统一的界定，但有 4 点是被学者们所认同的，具体如下。

（1）胜任特征都强调工作情境中员工的价值观、动机、个性与态度、技能、能力、知识等特性。

（2）胜任特征与工作绩效有密切的关系，可以用来预测员工未来的工作绩效。

（3）与工作岗位的要求紧密联系，在某一工作岗位上非常重要的知识、技能，在另外一个工作岗位上或许发挥不了作用。

（4）能够区分绩效优秀者和一般者。

综合以上观点，胜任特征是“能将某一工作中表现优异者与表现平平者区分开来的个人潜在的、深层次特征，它可以是动机、特质、自我形象、态度或价值观、某领域知识、认知或行为技能，任何可以被可靠测量或计数的，并且能显著区分优秀绩效和一般绩效的个体特征”。

二、胜任特征模型概述

（一）胜任特征模型含义

胜任特征模型（Competency Model）是胜任特征要素的总和，是指担任某一特定的任务角色所需具备的胜任特征的总和，它是用行为方式来定义和描述员工完成工作需要具备的知识、技能、特质和工作能力，通过对不同层次的定义和相应层次的具体行为的描述，确定完成一项特定工作所要求的一系列不同胜任特征要素的组合。

胜任特征模型描述了将高绩效者与一般绩效或低绩效者区分开来的结果，它为某一特定组织、工作或角色提供了一个成功模型，反映了某一既定工作岗位中影响个体成功的所有重要的行为、技能和知识，通过胜任特征模型可以判断并发现员工绩效好坏差异的关键驱动因素，从而成为改进与提高工作绩效的基点。

达成某一绩效目标所需要的素质特征很多，但是胜任特征模型并不是要把所有需要的特征都描述出来，而是要分析、提炼那些能够达成优秀绩效的核心的、关键的素质，因此，胜任特征模型通常由 3～6 项与工作绩效密切相关的核心胜任特征要素构成。胜任特征模型是具有行业特色的，它应该反映某行业内对人员的整体素质要求，包括知识和技能的范围、对所服务客户的认识程度等。胜任特征模型还要有企业特色。不同企业不同岗位的胜任特征模型是不一样的。即使两个企业在人员要求的胜任特征条目上是一致的，也很少有两个企业的胜任特征的行为方式要求是完全一致的。因此，要根据企业的环境、战略、文化特别是岗位工作要求构建企业的岗位胜任特征模型。

（二）通用胜任特征模型

曼斯菲尔德（1996）将胜任特征模型分为岗位胜任特征模型和通用胜任特征模型。岗位胜任特征模型是针对特定的工作岗位建构的胜任特征模型，如研发项目经理、营销经理的岗位胜任特征模型。这些模型的精确度相当高，适合有许多员工从事同一职位的大型机构。通用胜任特征模型是为一系列职位和从事同类工作的一群人建立的，为不同行业、地域、文化背景以及企业中的同类人员提供比较的可能性，可以使特征模型不受某个职位特定内容的影响。

斯彭斯（1993）列出了能预测大部分行业工作成功的最常用的20个胜任特征，可以归为六大类，具体如下。

（1）成就特征：成就欲、主动性、关注秩序和质量。

（2）助人、服务特征：人际洞察力、客户服务意识。

（3）影响特征：个人影响力、权限意识、公关能力。

（4）管理特征：指挥、团队协作、培养下属、团队领导。

（5）认知特征：技术专长、综合分析能力、判断推理能力、信息寻求。

（6）个人特征：自信、自我控制、灵活性、组织承诺。

斯彭斯又提出了5个通用胜任特征模型，包括专业技术人员、销售人员、社区服务人员、经理人员和企业家，每一个模型都由十多个不同的胜任特征组成。（表2-4~表2-8）

表2-4 专业技术人员通用胜任特征模型

权重	胜任特征
6	成就欲
5	影响力
4	分析性思维、主动性
3	自信、人际洞察力
2	信息寻求、技术专长、团队协作
1	客户服务意识

表2-5 销售人员通用胜任特征模型

权重	胜任特征
10	影响力
5	成就欲、主动性

续表

权重	胜任特征
3	人际洞察力、客户服务意识、自信
2	公关、分析性思维、概念性思维、信息寻求、权限意识
1	相关技术或产品专业知识

表 2-6 社区服务人员通用胜任特征模型

权重	胜任特征
5	影响力、发展下属
4	人际洞察力
3	自信、自我控制、个性魅力、组织承诺、技术专长、客户服务意识、团队协作、分析性思维
2	概念性思维、主动性、灵活性、指挥

表 2-7 经理人员通用胜任特征模型

权重	胜任特征
6	影响力、成就欲
4	团队协作、分析性思维、主动性
3	发展他人
2	自信、指挥、信息寻求、团队领导、概念性思维
1	权限意识、公关、技术专长

表 2-8 企业家通用胜任特征模型

权重	胜任特征
6	成就欲、主动性、捕捉机遇、坚持性、信息寻求、质量与信誉意识
5	系统性计划、分析性思维
4	自信、专业经验、自我教育
3	影响力
2	指挥
1	发展下属、公关

三、胜任特征模型的理论基础

(一)冰山模型

冰山模型(The Iceberg Model)是麦克利兰于 1973 年提出的。冰山模型将个体素质的不同表现形式分为冰山表面的“冰山以上部分”和深藏的“冰山以下部分”,如

图 2-2 所示。在冰山模型中,胜任特征被划分为两部分,一部分是冰上的部分,包括知识、技能,这部分是可以看见的,是个体完成某项工作所需的最基本的知识技能,对于冰上部分的评价可以从其工作结果中直接判断得出。

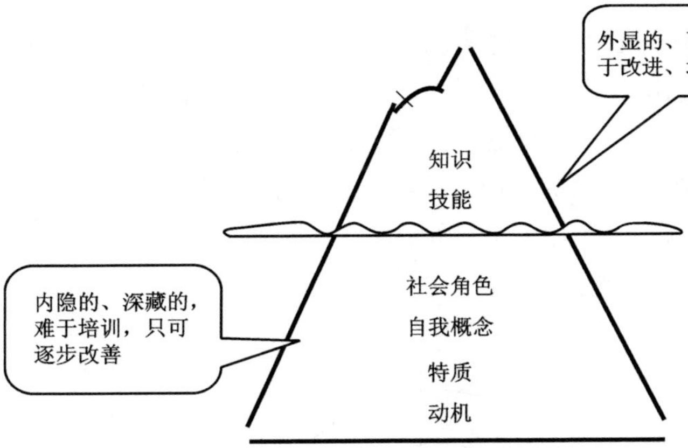

图 2-2　冰山模型

另一部分是冰下的部分,包括社会角色、自我概念、动机和特质。这一部分相对于冰上部分而言,是不易被观察到的,是个体的内隐的素质,也是影响个人绩效的内在原因,不容易被测量和考核。冰山模型中各部分内容如下。

1. 知识

知识是从事某一职业领域劳动所需要的信息,如专业知识。知识是员工胜任本岗位工作必须具备的条件,但员工的绩效是否显著突出,事业能否取得成功,难以用其知识水平的高低进行测度和区分。

2. 技能

技能即掌握和运用专门技术的能力,如英语读写能力、计算机操作能力。技能通过训练而获得,如员工通过各种方式学习到的有关岗位工作的知识,必须转化为相应的技能,才能有效地运用到实践中去,发挥知识的应有作用。

3. 社会角色

员工个体对于社会规范的认知与理解,对自己在社会和经济活动中所扮演的角色的理解、认识和定位。

4. 自我概念

是员工对自己身份的知觉和评价,如认为自己是某一领域的权威。员工个人对自己的知觉和认识,包括个人的价值观、对人和事物的态度和看法等。

5. 特质

特质即员工个人所具有的特征或其典型的行为方式,如喜欢冒险、做事谨慎小心等。

6. 动机

动机即决定外显行为的内在的、稳定的想法。人的某一行为总是由一定的动机引起的，动机总是和人的某种需要相联系的。

（二）洋葱模型

洋葱模型（The Onion Model）是美国学者 R. 博亚特兹（Richard Boyatzis）等人在冰山模型的基础上提出的，是从另一个角度对冰山模型的诠释。洋葱模型将冰山模型提出的知识、技能、行为、自我概念、特质和动机进行了重新划分。在洋葱模型中包括三个层次，最外面的一层包括知识和技能，中间一层包括态度、价值观和自我认知，最里面一层包括个性和动机，如图 2-3 所示。

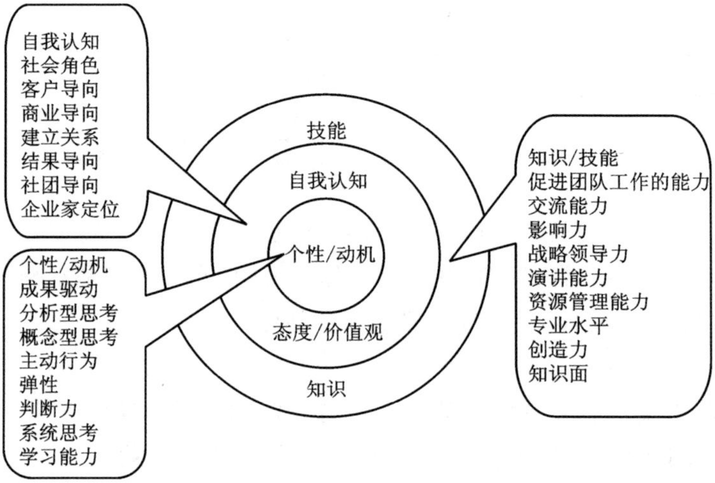

图 2-3 洋葱模型

四、建构胜任特征模型的方法

斯潘塞（Spencer）提出了三种胜任特征模型的建构方法，即使用效标样本的经典程序、运用专家协助的简略程序和研究单一在职者与未来工作者的特殊程序，并给出了每种方法的特点和适用范围。随着胜任特征研究的深入，多布伊斯（Dubois）提出了更加简便、更易操作的建构方法，包括修改的胜任特征评估法、概括性模型覆盖方法、量身打造的概括性模型方法和弹性胜任特征模型方法。

目前，胜任特征模型的建构方法主要有工作分析访谈法、行为事件访谈法、问卷调查法、专家评定法、文献法以及外部标杆法等。

（一）工作分析访谈法（Occupational Networking Information，简称 ONEI）

工作分析访谈法起源于美国劳工部开发的工作分析系统，这种方法综合了问卷调查法和专家评定法等各种工作分析方法，能够将工作信息和工作者特征等统合在一起，是美国目前广泛应用的工作分析工具。这种方法的优点是便于访谈者跟进问题、搜索具有价值的信息，缺点是需要耗费时间和精力。

（二）行为事件访谈法（Behavioral Event Interview，简称 BEI）

行为事件访谈法由美国哈佛大学教授麦克利兰开发，是有效挖掘区分绩效优秀者与普通者特征的方法，是一种开放式的行为回顾式调查技术。这种方法一般是让被访谈者详细描述他们工作中最成功（最满意）和最不成功（最失败）的三件事，包括当时的情境是怎样的、需要干什么、被访谈者是怎么想的、怎么做的、结果怎样，获得信息后，对所获得的信息进行分析、编码，最后确定区分绩效优秀者与普通者的胜任特征模型。

在行为事件访谈中需要借助 STAR 工具来深层次挖掘出具体的行为细节，具体包括以下内容。

（1）S（Situation）：当时的情况怎么样？是什么因素导致这种情况的出现？周围的情形如何？

（2）T（Task）：您面临的主要任务是什么？为了实现什么样的目标？

（3）A（Action）：您对当时的情况有什么反应？您实际上做了或说了什么？您在整个事件中主要承担了什么角色？

（4）R（Result）：事件的结果是什么？该结果产生了什么影响？

（三）问卷调查法

问卷调查法是一种相对快捷的收集数据的方法。首先根据文献、访谈等获得的信息编制问卷，然后进行实地调查或者网络调查，回收调查问卷，利用相关分析软件对问卷数据进行整理、分析和总结。此种方法具有操作相对简单、可获得大量的信息、便于对数据进行定量分析、效率较高、费用较低等优点，但也有灵活性较差、问卷回收率较低、数据不准确等不足之处。

（四）专家评定法

专家评定法是指由权威专家组成专家小组，通过对每个项目进行比较分析，经过几轮删除或者合并后获得胜任特征的一种方法。此种方法也可较好地收集资料，可操作性强，效率比较高，但参加讨论专家的数量限制以及专家自身的经验限制、偏好等因素都可能使收集的信息不够准确。

（五）文献法

文献法是应用最为广泛的方法之一。利用网络等渠道搜集相关的文献资料，再从中整理归纳出前人的相关研究成果。文献法贯穿于选题、研究设计、研究实施以及总结的整个过程。

（六）外部标杆法

外部标杆法是从外部找标杆，借鉴成功企业的做法，分析出成功企业绩效优秀者区别于普通者的胜任特征，将得出的胜任特征与本企业的实际情况相结合，在此基础上构建适用于本企业的胜任特征模型。通过此种方法构建的胜任特征模型具有一定的前瞻性，但对标杆企业有一定的要求，并不是所有成功企业都可以作为标杆企业，标杆企业应与本企业具有相类似的内外部环境、组织形态等。

案例分析

广东中烟正式启动初级管理岗位胜任素质体系建设工作

如何用一套科学、系统、具体、客观的标准与方法选拔和考核干部，同时使结果具有科学根据和较强的说服力？日前，广东中烟公司正式启动初级管理岗位胜任素质体系建设工作，旨在构建一套初级管理岗位胜任素质模型和胜任素质评价程序体系以及完善相关的考核制度。这是行业深化干部人事制度改革的一项要求，也是广东中烟深化干部人事制度改革、创新人才评价方式的重要举措。

“这项工作的目的在于加强干部考核与考察的科学性与系统性，提升干部管理工作水平。”在启动会议上，公司总经理李根基强调，明确初级管理岗位胜任素质目标要求，使评价标准更加全面、科学和具体并应用到以后的处级干部选拔、年度考核、任职期满考核等管理活动中，从而使选拔和考核初级干部时，评价结果更加准确、更有说服力，将进一步提升广东中烟初级领导干部选拔、考核依据的客观性与全面性，实现干部考核及管理团队建设的科学化与系统化。

目前，公司已组织开展访谈工作，访谈对象包括公司领导、初级管理人员以及部分主任科员和卷烟厂中层干部。12 月上旬将正式发布方案。据悉，初级管理岗位胜任素质体系建成后，还将考虑逐步建立其他各类管理人才的胜任素质体系。

问题：广东中烟可采用什么方法构建初级管理岗位胜任素质模型？

五、建构胜任特征模型的步骤

胜任特征模型的构建主要包括准备阶段、模型开发阶段和验证阶段。整个过程分为确定业绩标准、选取标准样本、搜集样本资料、数据分析和建模、验证模型和推广应用 6 个步骤（图 2-4）。

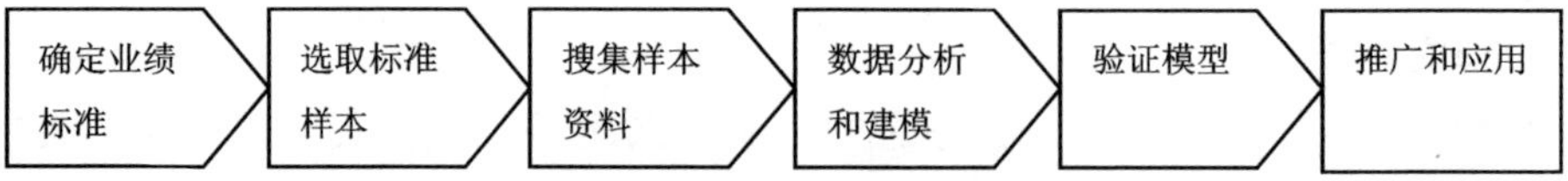

图 2-4 胜任特征模型建立步骤

（一）确定业绩标准

在建立胜任特征模型之前必须确定一个标准，即我们希望用所建立的胜任特征模型来预测什么样的业绩。不同类型的工作，绩效标准是不同的，有的适合以销售额、生产率等作为绩效指标，有的则适合以研究项目、专利成果等作为绩效标准。所以，建立胜任特征模型所针对的对象不同，选取的绩效标准也会不同。业绩标准一般采用文献法和专家评定法来确定。

（二）选取标准样本

以所确定的业绩标准作为衡量依据，选择特别优秀的员工和一般水平的员工，考察绩效优秀的员工到底在哪些方面不同于绩效一般或绩效较差的员工，从而找到能够区分他们的胜任特征。一般在抽取样本时，要达到能够统计的程度。也就是说，无论是优秀组还是一般或绩效差的组都需要达到统计的大样本要求。关于从总体中选取多大样本合适，Krejcie 等（1970）给出了一些参考数据，可以作为取样时的参考。（表 2-9）

表 2-9　从特定人群中确定样本大小（Krejcie 等，1970）

N	*S*	*N*	*S*	*N*	*S*	*N*	*S*
10	10	120	92	300	169	700	248
15	14	140	103	340	181	800	265
30	28	160	113	360	186	900	274
50	44	180	123	380	191	1000	285
60	52	200	132	400	196	1500	306
70	59	220	140	460	210	2000	322
80	66	240	148	500	217	2600	335
90	73	260	155	550	226	3000	341
100	80	280	162	600	234	10000	384

注：其中 *N* 表示总体数量，*S* 代表可抽取的样本数量

（三）搜集样本资料

搜集样本资料的方法包括行为事件访谈法、观察法和工作分析访谈法等，而其中最有效和可靠的就是行为事件访谈法。企业通常会将行为事件访谈法、观察法和工作分析访谈法结合起来使用。

（四）数据分析和建模

通过调研获得数据之后，需要对数据进行分析，一般要对数据进行专门的分类、编码和量化，最后确定所应包括的胜任能力，建立胜任特征模型。

（五）验证模型

为了确保构建模型的准确性，还需要采用一定的方法对已建构的模型进行验证，检验的方法包括访谈法、问卷调查法等。

(六)推广和应用

在企业的人力资源管理活动中应用所建立的胜任特征模型,并在实践过程中不断完善。

阅读资料

基于胜任力的医院人才招聘及选拔模型的建立步骤

1. 组建建模小组

为确保顺利开发胜任特征模型,必须组建医院专家建模小组。小组成员应包括医院领导、科室领导、外部胜任素质模型专家顾问以及医院人力资源部门人员。医院领导主要是领导、指挥、协调建模项目组与医院其他部门的工作,保证项目组各项工作顺利展开;科室领导是胜任模型的直接使用者和管理维护者,可保证建模的针对性和专业性全面接合;外部胜任素质模型专家顾问的参与,主要在方法、技术和工具上给予支持,保证开发的胜任素质模型更具备权威性、科学性和可操作性;医院人力资源部门人员具体协调、保障建模项目组的各项工作,同时应加大建模工作的宣传,减少建模后推行胜任力管理的阻力。

2. 划分岗位类别

根据医院的人力资源规划,通过专家建模小组讨论,对组织需求岗位类别进行科学的划分,大体上分为管理岗位、医疗岗位、护理岗位、检验等辅诊科岗位。由于开发胜任素质模型的成本很高,一般应以医疗、护理岗位为优先考虑对象,但不能一刀切,还必须从医院的实际出发,充分考虑医院发展规模、发展优劣势、组织架构、文化理念、政策制度,以优化人才结构、提高人才质量、提升发展后劲、增加医院效益为基点,最终确定模型开发的目标层级。

3. 确定招聘和选拔标准

招聘和选拔标准简单地说,就是能够鉴别出优秀员工的标准与规定,或鉴别出符合医院特定岗位要求的标准与规定。确定招聘与选拔标准,一般采取工作分析法和专家小组讨论法。工作分析是指根据工作的内容,分析其执行时所需要的知识技能、经验及其所负责任的程度,进而确定工作所需要的资格条件的系统过程。它为应聘者提供了真实可靠的关于需求岗位的工作职责、工作内容、工作要求和人员的资格要求,为选拔应聘者提供了客观的选择依据,提高了选拔的信度和效度,降低了选拔成本。专家小组讨论法,则是由优秀的领导者、人力资源管理者和研究人员组成小组,专家通过对能出色完成工作人员的各种素质与能力进行讨论,最终确定医院的选拔标准。小组成员需要掌握基本素质和能力要素的定义以及行为特征,以免提出的素质与能力不全面或不准确,甚至把重要的基本素质与能力要素遗漏。

4. 访谈样本

根据制定的招聘和选拔标准获取胜任特征模型数据，在全院范围内针对不同岗位，抽取相同数目的优秀绩效样本员工和普通绩效样本员工，采取行为事件访谈法、问卷调查法、全方位评价法和专家评价法进行访谈和调查，通过分析和比较得出各个岗位胜任力要素的初步描述。

5. 胜任力要素的提炼

通过胜任素质模型进行数据整理、统计分析，以提炼胜任力要素。具体的步骤是：首先，将行为事件面谈的资料整理成行为时间访谈报告，然后对访谈报告内容进行分析并对访谈主题进行编码，记录各种胜任力要素在报告中出现的频次；编码后将得到的数据进行汇总，对优秀组和普通组在胜任力出现的频次和等级差别，运用 SPSS 或统计软件进行描述性统计和 t 检验，找出两组的共性与差异性特征；然后将差异显著的胜任力因子提取出来，并对提取出的胜任力因子进行命名。在进行胜任力因子等级评价确定时，首先对行为事件进行分层，将处于同一层级的行为事件进行归纳总结，描述成等级评价，然后将相应的行为事件附在等级评价下面作为行为描述，形成一个完整的胜任力因子。用同样的方法编制其他胜任力因子，以构成一类胜任素质模型，以此类推构建完整的胜任素质模型。

6. 检验并确定胜任素质模型

在构建胜任素质模型的过程中，非常重要的一步就是为保证模型的准确性，必须对其进行检验。胜任素质模型一般有以下三种检验方法：一是重新选取优秀绩效员工与普通绩效员工两组样本作为第二准则再进行行为事件访谈，分析模型中所包含的胜任力要素能否区分优秀组和普通组；二是编制量表，选取较大规模的样本进行测试，对量表进行因素分析，考察量表的结构是否与原有模型吻合；三是采用评价中心方法，对作为第二准则样本的优秀绩效组和普通绩效组进行评价，考察两组是否在这些胜任力要素上有明显差别。在这三种方法当中，由于编制量表的信度和效度较高，大部分专家组都采用编制量表的检验方法。

资料来源：代绪波，周世伟，黄朝晖，等. 基于胜任力的医院人才招聘与选拔模型建构 [J]. 科技管理研究，2009(12).

复习思考题

1. 人力资源规划的含义和基本步骤。
2. 工作分析的程序。
3. 什么是胜任特征。
4. 胜任特征模型的建构方法。

5. 建构胜任特征模型的步骤。

阅读资料

胜任素质词典设计

从 1989 年起，美国学者麦克利兰开始对全球 200 多项工作所涉及的胜任素质进行了研究，经过发展与完善，总共提炼形成了 21 项通用胜任素质要素，构成了胜任素质词典的基本内容。依据描述胜任素质的行为强度与完整性、影响范围的大小、主动程度这 3 个基本维度，麦克利兰将 21 项胜任素质要素划分为 6 个基本的素质族（图 2-5）。

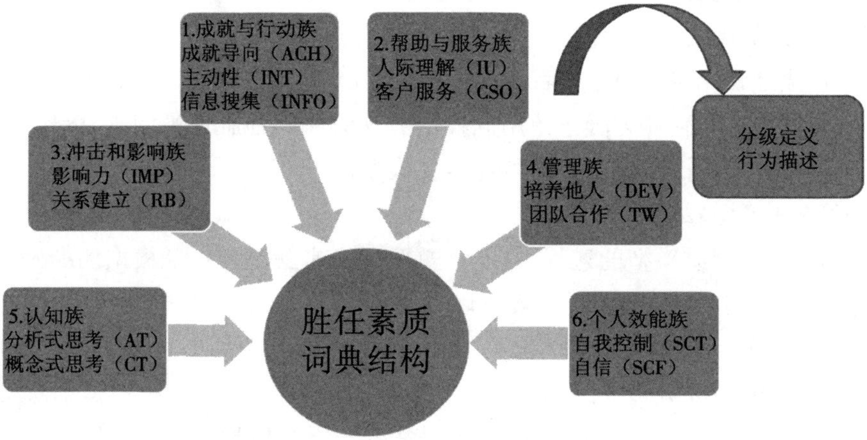

图 2-5 胜任素质词典的结构

胜任素质词典所列示的 6 个类别的素质族及其要素对于企业管理、销售、生产、财务等岗位的工作具有普遍指导意义，但不同企业对于同样素质的具体定义是有所差别的，企业还需要对岗位所要求的独特的、体现企业个性的素质进行提炼和总结。一般而言，企业在对胜任素质进行级别定义时往往将重点放在胜任素质的行为强度与完整性这两个维度上。

1. 知识

知识有通用知识和专业知识之分。通用知识主要包括公司知识、产品知识、客户知识、办公自动化知识等。专业知识包括营销知识、财务知识、采购知识、仓储管理知识、生产知识、质量管理知识等。表 2-10 是某企业对公司知识和质量管理知识的 5 级定义。

表 2-10　公司知识和质量管理知识的 5 级定义

类别	分级	行为描述
公司知识：包括企业文化、组织结构、基本规章制度和业务运作流程等	1 级	了解员工手册与职位相关内容
	2 级	了解公司发展历史、相关产品知识，熟悉本岗位相关管理制度、流程
	3 级	了解行业状况，全面了解公司的历史、现状、未来发展方向目标、全部产品知识以及相关管理制度、流程
	4 级	熟悉行业状况，熟悉公司整体运作流程、制度，了解公司整体战略规划以及战略步骤
	5 级	洞悉行业状况重大变化与趋势，能基于公司整体战略规划以及战略步骤，对公司整体运作流程与制度提出系统、科学的建设方案，以支持、保证战略目标实现
质量管理知识：包括质量体系、全面质量管理、概率论与数理统计、计量与检验、可靠性知识等	1 级	了解质量体系知识、全面质量管理的基本概念
	2 级	了解质量体系知识、全面质量管理的基本概念，掌握计量与检验的原理与方法
	3 级	了解概率论与数理统计的原理与方法，掌握质量体系知识、全面质量管理、计量与检验的原理与方法
	4 级	了解可靠性知识的原理与方法，掌握质量体系知识、全面质量管理、计量与检验、概率论与数理统计的原理与方法，能进行较为全面的质量分析并提出相关解决措施
	5 级	掌握可靠性知识的原理与方法，精通质量体系知识、全面质量管理、计量与检验的原理与方法、概率论与数理统计的原理与方法，对重大质量问题能进行科学分析、解释，能科学设计质量保证措施

2. 通用能力

通用能力主要包括亲和力、影响力、沟通能力、执行能力、创新能力、理解能力、表达能力、逻辑分析能力、团队合作能力、人际交往能力等。表 2-11 是某企业对理解能力和学习能力的 5 级定义。

表 2-11　理解能力和学习能力的 5 级定义

类别	分级	行为描述
理解能力：准确把握事物及别人思想的能力	1 级	把握事情没有重大错误，在与对方的沟通中能了解对方的思想
	2 级	能够抓住事情或别人思想的主要方面，在理解上有较少疏漏
	3 级	能抓住问题的关键，能对事物或思想进行分析，能比较清晰地把握别人的思想
	4 级	能对事物或思想进行全面、客观地分析，能够比较准确地把握别人的思想
	5 级	沟通时有较强的个人魅力，影响力极强，沟通效果极佳，完全掌握事物发展方向及他人的思想动态

续表

类别	分级	行为描述
学习能力：通过阅读、听讲、实践等获得知识、技能的能力	1 级	能够理解上级或同事传授的知识或技能，但自己没有有效的学习方法
	2 级	能从工作中不断总结经验，遇到新的知识，能主动去学习
	3 级	主动学习新知识并了解业务动态，能够虚心向公司内部人员请教
	4 级	主动地从各种渠道学习本岗位最新业务知识和动态、了解行业内的先进知识，并大胆在实践中运用新知识，对工作有实质性改进
	5 级	对国内外行业的先进知识有深入的研究，能够运用知识或技能对公司的系统及经营管理模式进行改进，为公司带来效益

3. 专业技能

由于部门分工的不同，要求不同部门的员工掌握不同的专业技能。如市场部员工需要具备市场信息分析能力、市场策划实施能力、关系网建立能力、商务谈判能力等；销售部员工需要具备市场拓展能力、渠道规划能力、渠道管理能力等；财务部员工需要具备财务分析能力、会计核算能力等；质量部员工需要具备质量控制能力、产品质量管理能力、质量问题处理能力等。表 2-12 是某企业对商务谈判能力、客户关系管理与维护能力的 5 级定义。

表 2-12　商务谈判能力、客户关系管理与维护能力的 5 级定义

类别	分级	行为描述
商务谈判能力：在谈判中有效达成共识并最大限度地争取和维护公司利益的能力	1 级	在谈判中能表达公司的主要意图，无漏项，但是无较好的促成谈判的途径和思路
	2 级	在谈判中能准确得体地表达公司意图，把握谈判的原则并维护公司的利益
	3 级	在谈判中能快速识别对方的谈判风格、正确把握对方的观点、洞察其所关注的利益，能够适时调整策略并解决对方疑虑
	4 级	对谈判中可能遇到的问题有一定的预见性，善于表达并坚持自己的观点，善于运用各种谈判技巧，在谈判中能够争取主动并替公司争取利益
	5 级	善于挖掘双赢的解决方案，促成合作，能够实现公司利益最大化

续表

类别	分级	行为描述
客户关系管理与维护能力：建立、维护良好的内外部客户关系的能力	1级	能与主要客户进行顺畅的沟通交流，但客户关系的维护并没有明显提升
	2级	能与主要客户进行有效的沟通，主动帮助客户解决常规问题，建立比较正常、和谐的工作和业务关系
	3级	能与各类客户进行有效的沟通，能有效处理比较棘手的问题，在维护公司利益的前提下，使客户的整体满意度提升
	4级	能娴熟地与各类客户进行有效的沟通并能对沟通的信息进行深入分析，及时解决客户关系管理与维护中的深层次问题
	5级	极具感染力地与各类客户进行有效的沟通，能前瞻性地提出一些系统性的措施，解决客户关系管理与维护中的本质性问题，使客户关系管理系统有质的飞跃

4. 管理能力

管理能力主要包括督导能力、决策能力、协调能力、激励能力、目标管理能力、团队领导能力、授权控制能力、团队建设能力、培养他人能力等。表 2-13 是某企业对团队管理能力和决策能力的 5 级定义。

表 2-13　团队管理能力和决策能力的 5 级定义

类别	分级	行为描述
团队管理能力：运用自己的专业技能和优势推动团体目标实现的能力	1级	能按公司要求组建团队
	2级	团队成员有一定分工，团队成员能独立完成指定的工作任务
	3级	能够根据团队成员的素质特征合理分工，团队成员在工作过程中能进行有效合作，工作任务完成较出色
	4级	关心、关注、辅导团队成员的工作，并能对成员进行有效的激励，使每位成员获得成长
	5级	能发挥个人影响力，整合团队成员价值取向，能够带领团队成员克服各种困难，取得优异团队绩效
决策能力：在规定时间内，在备选方案中选择相对优秀及可行方案的能力	1级	进行决策时往往需要借助上级的经验与智慧
	2级	能够独立对下属提出的大多数常规问题、建议等进行决策且决策比较正确
	3级	能够独立对某个部门的非常规问题、建议进行决策且决策比较正确
	4级	能够借助专业的分析工具，对跨部门的非常规问题、建议进行决策且决策比较正确
	5级	能够借助专业的分析工具，对公司的非常规、战略性、全局性问题与建议进行决策且决策比较正确

5. 职业素养

职业素养包括责任心、主动性、忠诚度、坚韧性、纪律性、自信心、成就导向、敬业精神、诚信意识、成本意识、全局观念等方面的内容。表 2-14 是某企业对责任心和保密意识的 5 级定义。

表 2-14　责任心和保密意识的 5 级定义

类别	分级	行为描述
责任心：在工作职责的基础上，完成工作任务的意识	1 级	仅按上级要求完成本职工作
	2 级	能够严格按照工作标准完成工作目标，工作中不推卸责任、失误较少
	3 级	对待工作不怕烦琐、有耐心，考虑问题与做事细致、周到，对本职工作负责到底
	4 级	工作中精益求精，力求做到完美
	5 级	对团队任务拥有强烈的责任感，努力帮助团队成员提高工作效率
保密意识：自觉遵守公司保密制度，保守和维护公司商业秘密的意识	1 级	了解公司保密制度，对本岗位的保密责任有一定的认识
	2 级	熟悉公司保密制度，明确职责范围内的保密事项，根据制度采取相应的维护措施
	3 级	以身作则，能够自觉遵守公司保密制度，能够很好地处理保密制度中未明确界定的问题
	4 级	积极宣传保密制度，能够影响身边的同事去遵循保密制度
	5 级	获悉他人违反和破坏保密制度时，能及时向公司有关部门报告。发现保密制度的漏洞时能及时向有关部门报告并提出完善意见

资料来源：刘追．人员招聘与配置 [M]. 北京：中国电力出版社, 2014.

案例分析

W 航空设施管理公司的人力资源规划

W 航空设施管理公司 2015 年在岗员工 1 224 人，其中，管理人员 186 人，技术人员 67 人，技能人员 971 人。具体见表 2-15。

据近 3 年的统计数据表明，中级管理人员的离职率为 2%，一般管理人员的离职率为 4%，技术人员的离职率分别为 1%、1%、2%，技能人员的离职率分别为 2%、8%、11%，这种离职状况预计明年不会有大的变化。

按企业确定的发展规划，一般管理人员要增加 3%，一般及中级技术人员要增加 8%，技能人员要增加 12%。高层和中层管理人员可以不增加。

问题：请在上述资料的基础上，为 2016 年制订合理可行的人员补充计划。

表 2-15　2015 年 W 航空设施管理公司三类人员情况

	管理人员				技术人员				技能人员				合计
	高级	中级	一般	小计	高级	中级	一般	小计	高级	中级	一般	小计	
人员总数	8	32	146	186	1	15	51	67	10	485	476	971	1 224
2012—2014 年平均离职率（%）	0	2	4		1	2	2		2	8	11		

第三章　招聘方案的制定

【学习目标】

通过本章的学习,了解招聘计划的制订原则;理解招聘计划的概念、意义及基本流程;掌握招聘渠道的主要类型。

【引导案例】

内升还是外聘

黄河公司由于经营困难,最近被效益较好的长江公司兼并。兼并以后,黄河公司保留原来的主要管理人员,同时,长江公司调配一些年轻的管理人员来协助黄河公司的工作。

于是,黄河公司的人力资源部新进了长江公司的两位年轻人:小李与小王。这两位年轻人待人诚恳,工作勤奋,在大学里学的又是人力资源管理专业,所以,他们深受人力资源部部长老赵的赞赏。最初老赵觉得有两名新同事的加入,黄河公司的人力资源管理工作一定会更上一层楼,但是,老赵最近却感到工作不那么顺利,尤其是在员工招聘问题上,老赵与小李、小王存在很大分歧。

最近,一名产品经理跳槽离开了黄河公司,老赵认为可以通过公司内部选拔来填补这个空白,因为作为管理人员,其自身的工作积极性、工作态度等是非常重要的。从企业内部选拔,一方面对这些候选人比较了解,另一方面也可以调动现有员工的工作积极性。至于考核的标准,老赵认为学历并不重要,主要是候选人过去的工作业绩、政治态度、工作经历及工作热情等。

而小李与小王坚持认为黄河公司里其他主管的能力与该产品经理的职位要求存在一定距离,不适合内部晋升的选聘方法,应该采用外部招聘方法给这个职位一个"空降兵",遴选的标准应该是相关的学历和胜任岗位的能力。小李和小王的态度让老赵很为难。

在实际工作中,很多企业人力资源经理会面对这种突然离职造成的职位空缺问题,对于这种岗位上的空缺状态,是内升还是外聘,这是企业招聘时首先要考虑的问题。

第一节　招聘计划的制订

一、招聘计划的概念

招聘计划是企业根据招聘的目的，对招聘工作进行规划的工作计划。具体说，是企业人力资源部门根据用人部门的增员申请，结合企业的人力资源规划和工作说明书，明确一定时期内需招聘的职位、人员数量、资质要求等内容并制定具体的招聘活动的执行方案。

在企业规划体系中，招聘计划与人力资源规划密切相关，人力资源规划是根据企业经营方针，通过配置企业人力资源来实现企业的目标，而招聘计划则是以企业的人力资源规划为依据，对招聘具体过程的策划，为企业的招聘工作提供指导和建议。

二、招聘计划的制订

（一）制订原则

1. 充分考虑企业内外部因素的变化

企业内部因素变化主要是指企业战略的变化、人力资源管理政策的变化以及内部员工流动的变化等。企业外部因素变化主要是指技术条件的变化、劳动力市场的变化及法律的变化等。招聘计划只有充分考虑企业内外部因素的变化，才能适应未来企业对人力资源的需要，真正做到为企业发展目标服务。

2. 确保现有员工的合理使用

企业现有人力资源的开发和管理问题，是制订招聘计划首先应思考的问题。科学、准确地掌握现有员工配置状况以及预测出未来员工内部供给状况，是招聘计划制订过程中最重要和最困难的一环，它包括员工流入预测、员工流出预测、内部员工流动预测等。只有准确预测出人力资源的供给状况，才能保证企业人力资源的有效使用，也才能进行更深层次的人力资源管理与开发。

3. 兼顾企业和员工的长期利益

招聘计划不仅要面向企业，也要面向员工，因此，制订招聘计划必须兼顾企业目标和员工个人目标，否则就无法吸引、招聘到企业所需人员，也难以留住企业核心员工。好的招聘计划，一定是能够使企业和员工都得到长期利益，促使企业和员工共同发展的计划。

（二）主要内容

招聘计划一般包括以下内容。

1. 招聘人数

招聘计划首先要确定本次需要招聘的人数是多少，分布在哪些岗位和部门，总体状况是什么。招聘人数具体包括录用人员总数、各部门分别录用的数量、男女比例等。

2. 录用标准

录用标准一般包括：组织对计划录用人员的基本素质要求，各部门中不同职位对录用人员的具体素质方面的要求，还包括企业文化和胜任特征对录用人员的素质要求。录用标准的确定是整合企业所有信息的结果，因此，在制定录用标准时，一定要从整个企业当前、未来，长期、短期等多个方面来考虑。

3. 招聘时间

招聘工作需要花费很多时间。在招聘计划中，要对各环节需要花费的时间进行明确规定。通常招聘计划的时间安排涉及以下几个方面。（表 3-1）

表 3-1　招聘计划的时间安排

具体工作内容	平均天数
发出招聘广告到收完简历	15
收到个人简历到发出面试通知	5
发出面试通知到面试	6
面试到提供工作	30
提供工作到接受所提供的工作	7
接受工作到实际开始工作	21
总的时间	84

4. 招聘渠道

在制订招聘计划时，可以从两个渠道进行人员招聘，一是外部招聘，二是内部招聘。外部招聘渠道主要有广告招聘、校园招聘、网络招聘、猎头公司等。内部招聘渠道主要有内部晋升和工作岗位调换等。

5. 招聘对象

根据招聘职位的不同来确定招聘对象的来源。一般来说，随着招聘职位的提高，需要在更广的范围内进行招聘。如果招聘的是高级管理人员，需要在全国甚至全球范围内进行招聘；如果招聘中级管理者和技术人员，通常在跨地区的人才市场上进行招聘；如果招聘一般岗位的工作人员，那么通常在企业所在地的人才市场进行招聘。

6. 招聘人员

招聘工作需要人力资源部门和用人部门共同配合才能顺利完成。因此，在制订招聘计划时，要详细确定招聘的各个环节需要参与的部门和人员。招聘小组的组成一般要根据所招聘人员的专业类型、职位高低等情况确定合适人选。为减少招聘工作的失误，一般要吸收专业方面的人员和企业的高级管理人员参加，尤其是招聘专业技术人员和中高级管理人员时，一定要有专业人员或有关专家参加。在确定了招聘小组的成员后，还要对缺乏招聘和选拔知识、技巧的人员进行培训，以提高招聘效率。

7. 招聘成本

提前进行招聘成本的预算可以防止招聘工作占用过多的资金，也可以保证招聘工作有足够的活动经费，尤其是异地招聘，这样才不会因为经费短缺而使招聘工作陷入困境。一般来说，招聘成本包括以下内容。

（1）人员费用，是指招聘工作人员的工资、福利、加班费等。

（2）招聘费用，是指电话费、差旅费、广告费、办公用品费等。

（3）甄选费用，是指会务费、专家咨询费、试卷印制费、体检费等。

（4）聘用费用，是指培训费、安置费、公证费等。

表 3-2 是招聘一个月薪 3 000 元销售代表的招聘成本计算的例子。

表 3-2　销售代表的招聘成本

项目	成本	金额（元）
招聘广告费	北京青年报：1/4 彩版 5 800 元 一次招聘会：平均一个职位 2 000 元	7 800
面试成本	面试 2 次，共计 2 小时，每次面试官 2 人，简历筛选时间和人力，考官工资成本	2 000
工资和福利费用	两个月工资 6 000 元，福利 2 000 元	8 000
培训费	入职后新员工培训费用； 部门上岗培训和业务流程培训费用	6 000
行政办公费用	办公费用 500 元，出差费用 5 000 元	5 500
损失的机会	为完成项目，折合现金	10 000
总计		39 300

资料来源：于海波．员工招聘与素质测评 [M]. 北京：对外经贸大学出版社，2009.

（三）基本流程

1. 提出招聘需求

为了确保在适当的时候，为适当的职位配备适当数量和类型的人员，一般来说，需要由人力资源部门牵头组织，其他部门参与，对现有人力资源情况进行评估。根据评估结果，人力资源部门可以掌握公司目前人力资源短缺程度，包括数量和结构两个方面，以确定未来的招聘需求。

一般来说，用人部门基于以下情况向人力资源部门提出招聘需求：年度计划人员预算招聘；有员工离职或调动到其他部门，造成职位的空缺；由于业务量的扩大造成现有人手不足；组建新部门；现有队伍需要调整，裁减多余人员，招聘紧缺人才。

具体而言，由用人部门通过填写“招聘需求申报表”（见表 3-3）提出招聘需求，人力资源部门的招聘负责人和用人部门主管共同对招聘需求进行分析和判断，先在各部门内部对人力资源需求状况进行调查，掌握哪些岗位需要人员以及获得这些人员大致需要多少求职者，最后形成人力资源部的招聘计划表。

表 3-3 招聘需求申报表

<table>
<tr><td>招聘岗位</td><td colspan="2"></td><td>拟招人数</td><td></td><td>期望到岗时间</td><td></td></tr>
<tr><td colspan="7">岗位职责简述：（工作地点 ）</td></tr>
<tr><td colspan="7">基本素质要求：
学历： 年龄： 岁一 岁 性别：
专业： 相关工作经验： 年以上
其他：</td></tr>
<tr><td colspan="7">专业素质要求：</td></tr>
<tr><td>提供待遇标准</td><td>最低</td><td></td><td>平均</td><td></td><td>最高</td><td></td></tr>
<tr><td colspan="7">其他招聘要求（是否有目标人选、是否需要猎头等）
部门负责人签名：</td></tr>
<tr><td colspan="7">以上内容由用人部门负责人填写</td></tr>
<tr><td colspan="7">公司主管领导审核意见：
签名：</td></tr>
<tr><td colspan="7">招聘结果反馈：
签名：</td></tr>
</table>

填报日期： 年 月 日

2. 确定招聘规模

用人单位在进行招聘时，都希望有众多候选人可供选择。受组织规模、岗位要求、招聘费用等限制，不同企业岗位的招聘规模不同。

一般而言，招聘规模取决于企业招聘录用的阶段以及各阶段的比例数。例如，某公司需要招聘 30 名技工，公司根据以往招聘经验以及劳动力市场的供求状况，估计出了各环节的淘汰率，见图 3-1。根据图 3-1 可以算出：必须有 720 人申请，才能产生出 120 个被邀请到招聘地点进行面谈的人；企业大约需要对 90 个被邀请者进行面谈；在这些被面谈的人中可以发出 60 份录用通知；这些人中有一半的人，即 30 个人会被最终录用。

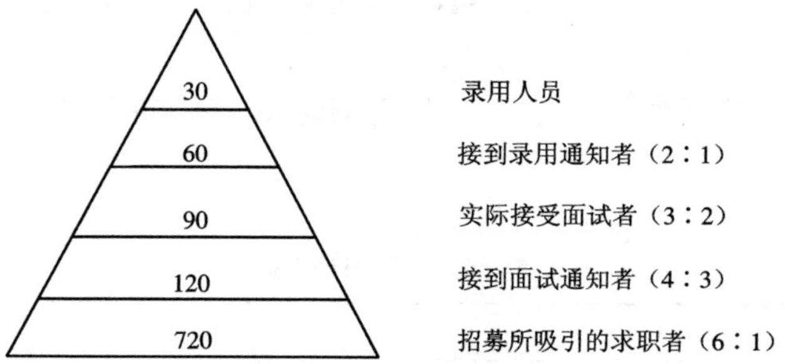

图 3-1　招聘录用金字塔模型

3. 估算招聘成本

招聘成本是招聘费用与雇用人数之比。招聘费用是招聘过程中所需的所有费用，主要包括人员费用、招募费用、甄选费用、聘用费用等。招聘费用是决定企业在何时、何地以及如何进行招聘工作的主要因素，而在何时、何地以及如何招聘又反过来影响着招聘成本的高低。

4. 编制招聘计划表

编制招聘计划表，一方面是保证企业招聘工作有的放矢、有条不紊；另一方面，也是应聘人员了解企业录用员工要求的重要信息来源。招聘计划表通常包括以下几方面内容。

1）招聘岗位及条件

对拟招聘岗位和条件作出说明，便于应聘人员选择是否竞聘。特别是聘用条件，应该尽量详细具体。

2）招聘时间安排

既要考虑到有利于企业运作，也要考虑到有利于应聘人员应聘。具体包括招聘信息发布、筛选简历、面试以及新员工上岗的时间。

3）招聘成员构成

招聘人员质量在一定程度上影响最终招聘结果。招聘小组通常选择与招聘录用岗位相关的部门人员参与到招聘选拔的工作中，有时也可聘请相关人力资源管理咨询领域的人士作为招聘专家指导整个招聘活动。

4）招聘渠道选择

招聘渠道是影响招聘效果及招聘效率的关键因素之一。招聘渠道同样也是影响招聘费用的重要因素。企业在选择招聘渠道时要结合自身的实际情况。常用的招聘渠道有大型招聘会、校园招聘、网络招聘等。

5）招聘费用预算

估算完成招聘活动所需的各种费用，一般包括人员费、招聘费、甄选费、聘用费等。

6）企业人力资源政策

简要说明劳动合同的签订方式、试用期的时间、薪资待遇以及福利等人力资源政策。

表 3-4　招聘计划表

<table>
<tr><td colspan="4">招聘岗位</td></tr>
<tr><td>招聘岗位</td><td>所属部门</td><td>招聘人数（单位：人）</td><td>性别</td></tr>
<tr><td>1.</td><td></td><td></td><td></td></tr>
<tr><td>2.</td><td></td><td></td><td></td></tr>
<tr><td>3.</td><td></td><td></td><td></td></tr>
<tr><td>合计（人）</td><td colspan="3"></td></tr>
<tr><td colspan="4">招聘条件（岗位要求和岗位职责）</td></tr>
<tr><td colspan="4">1.
2.
3.</td></tr>
<tr><td colspan="4">招聘时间安排</td></tr>
<tr><td colspan="2">活动内容</td><td>时间</td><td>负责人</td></tr>
<tr><td colspan="2">发布招聘信息</td><td>月　日—月　日</td><td></td></tr>
<tr><td colspan="2">筛选简历</td><td>月　日—月　日</td><td></td></tr>
<tr><td rowspan="3">面试安排</td><td>1.</td><td>初试、复试 月　日— 月　日</td><td></td></tr>
<tr><td>2.</td><td>初试、复试 月　日—月　日</td><td></td></tr>
<tr><td>3.</td><td>初试、复试 月　日—月　日</td><td></td></tr>
</table>

续表

<table>
<tr><td>新员工上岗时间</td><td colspan="2">年 月 日</td><td></td></tr>
<tr><td colspan="4">招聘小组成员</td></tr>
<tr><td colspan="4">招聘小组负责人：
小组成员：</td></tr>
<tr><td colspan="4">招聘渠道</td></tr>
<tr><td colspan="4">□外部招聘、方式：　　　　□内部招聘、方式：</td></tr>
<tr><td colspan="4">招聘费用预算</td></tr>
<tr><td colspan="2">事项</td><td colspan="2">费用预算（单位：元）</td></tr>
<tr><td colspan="2"></td><td colspan="2"></td></tr>
<tr><td colspan="2"></td><td colspan="2"></td></tr>
<tr><td colspan="2"></td><td colspan="2"></td></tr>
<tr><td colspan="2"></td><td colspan="2"></td></tr>
<tr><td colspan="4">人力资源政策</td></tr>
<tr><td colspan="4">劳动合同的签订，试用期的时间、薪资待遇、福利等</td></tr>
<tr><td>制定人</td><td></td><td>部门领导签字</td><td></td></tr>
<tr><td colspan="4">分管领导意见</td></tr>
<tr><td colspan="4"></td></tr>
</table>

制表日期：　　年　月　日

5. 审批招聘计划表

招聘计划表编制完成后，还需要提交企业高层管理者进行审核，经批准后才能进行招聘信息的发布，招聘活动才能得以继续进行。如果拟招聘人员是在人员预算范围内，一般审批程序会较快完成；如果拟招聘人员是在人员预算之外，企业高层管理者就需要对招聘必要性进行审核和论证。招聘计划表获得批准后，人力资源部工作人员才可以正式着手招募工作。

6. 下达招聘计划及控制进度

人力资源部人员对已经确认过的招聘计划组织落实时，需按照招聘需求的轻重缓急进行分类，明确招聘渠道，严格控制招聘的整体进程。从招聘信息发布到申请者资料收集，再到人员选拔、录用均要制定详细的时间计划表。

第二节　招聘渠道的选择

人力资源管理部门通过何种渠道寻找潜在的职位候选人，要根据当地的劳动力市场状况、工作职位的类型、层级以及组织的性质、行业和规模来决定。确定招聘渠道是招聘计划中的一项重要内容，一般而言，招聘渠道有两种，一种是内部招聘，另一种是外部招聘。

一、内部招聘

(一)内部招聘的概念

内部招聘是指利用多种方法和手段从企业内部的人力资源储备中选拔合适的人员补充到空缺或新增岗位的活动。内部招聘是管理岗位招聘的最重要渠道，如在美国有 90% 的管理岗位空缺都是通过内部招聘填补的。

(二)内部招聘的方法

1. 内部晋升

内部晋升是从企业内部提升员工来填补高一级的职位空缺。内部晋升是企业内部选拔的重要来源，它能够促成企业内部人力资源的垂直流动。内部晋升的员工由于对本企业的业务工作比较熟悉，能够较快适应新的岗位和工作，更重要的是，这种方法给员工提供了升职的机会，激发了其他员工的工作积极性，增强了企业凝聚力。

2. 工作岗位调换

工作岗位调换也叫“平调”，即对企业内部平级人员之间进行岗位调换。这样做一来可以填补空缺，二来可以使内部人员了解企业内其他部门、岗位的工作，与更多人员有深入接触。工作调换一方面有利于人员今后的提拔，另一方面也可以使上级对下级的能力有更进一步的了解，为今后的工作安排做好准备。

3. 工作轮换

工作轮换又称轮岗，是指让不同岗位上的员工定期地轮流换岗。它与工作调换类似，但又有不同。如工作调换从时间上来讲往往持续较长时间，而工作轮换则通常是短期的。另外，工作调换往往是单独的、临时的，而工作轮换往往是两人以上有计划地进行。工作轮换可以使员工有机会了解企业内部不同岗位的工作，给有潜力的人员创造未来可能晋升的条件，同时也可以减少部分人员由于长期从事某项工作而产生的职业倦怠感。

阅读资料

索尼公司的内部招聘

索尼公司每周出版一期内部小报，刊登公司各部门的“求人广告”，员工可以自由而秘密地前去应聘，他们的上司无权阻止。

另外，索尼公司原则上每隔两年就让员工调换一次工作，特别是对于那些精力旺盛、干劲十足的人才，不是让他们被动地等待工作，而是主动地给他们施展才能的机会。

资料来源：http://www.docin.com/p-1911953850.html

4. 重新聘用

重新聘用是由于某些原因企业会有一批不在岗的人员，如下岗人员、长期休假人员，以及已在其他组织工作但关系还在本企业的人员（如停薪留职）。在这些人员中，有些恰好是内部空缺需要的人员，对这些人员的重聘可以给他们提供再为企业尽力的机会。另外，聘用这些人员也可以使他们尽快上岗，减少相关培训的费用。

5. 内部公开招聘

内部公开招聘是面向企业内全体人员，公开空缺职位，吸引人来应聘的过程。这种方法有助于员工产生公平合理、公开竞争的公平感，促使员工更加努力工作。

二、外部招聘

（一）外部招聘的概念

外部招聘亦称社会招聘，是指从企业外部进行人员招聘的方式，是在内部招聘不能满足企业的需要，尤其是当企业处于创业初期或快速发展时期或是企业因战略调整需要特殊人才时，企业借助于外部劳动力市场获取所需人员的活动。

（二）外部招聘的方法

1. 广告招聘

广告招聘是指利用报纸、杂志、电视和广播等发布招聘信息，吸引合适求职者前来应聘的一种招聘方式。广告是外部招聘常用的方法之一。广告招聘一方面可以很好地树立企业形象，另一方面招聘信息传播速度快、范围广，获得的应聘人员数量大、层次丰富，企业选择的余地大。发布招聘广告有两个关键的问题，一是广告媒体如何选择，二是广告内容的设计。

1）广告媒体的选择

一般来说，可选择的广告媒体很多，传统媒体如广播、电视、报纸、杂志等，现代媒体如网站、微信、微博等。选择哪种媒体发布广告，关键取决于所要吸引的职位候选人是哪些人。表 3-5 为招聘广告各媒体的比较。

表 3-5　招聘广告媒体的比较

媒体类型	适合情形	优点	缺点
报纸	特定地区招聘 短期招聘 候选人数量较大的岗位 高流失率行业或职位	发行量大 速度快 广告大小可以灵活	对象不明确 保留时间短

续表

媒体类型	适合情形	优点	缺点
杂志	候选人集中在某个领域 所需要的候选人分布广 不迫切	接触目标群体概率大 便于保存，较长时间有效	申请期限长 发行地域分散 预约期长
广播电视	需要在招聘时宣传形象 大量招聘 引起其他媒体广告的注意	冲击力强 如果在黄金时段，人数多 容易给人留下深刻印象	时间较短 费用高 持久性不强
网络	适合用电脑的群体 适合用智能手机的群体 紧迫或不紧迫职位都合适	不受时间空间限制 灵活快捷 成本不高	不能上网的人看不到 不使用微信、微博的人看不到
印刷品	特殊场合适合，如招聘会、校园内等 适合其他形式的配合方式	容易引起注意，激发候选人行动	宣传力度有限 有的印刷品不被关注

2）广告设计的原则

招聘广告应根据 AIDA 原则来设计，即注意（Attention）、兴趣（Interest）、愿望（Desire）和行动（Action）。

首先，要能够引起受众对招聘广告的注意。要引起受众的关注，可从广告字体大小、颜色、图案等方面入手。一般来说，新颖独特的广告会引起受众的关注，比如有吸引人标题的广告、使用不同色彩的广告、被放置在显著位置的广告等都容易引起注意。

其次，要能够引起受众对广告的兴趣。招聘广告要突出强调岗位吸引人的地方，如高薪、挑战性等。岗位描述的文字要尽量生动，能引起人的共鸣。一般生动、新颖的广告容易让人产生兴趣。

再次，要引起受众的愿望。招聘广告在吸引受众的基础上，还要符合他们的内心需求和愿望，这才会激发求职者的求职动机。因此，在设计招聘广告时，要真实地描述职位，不能夸大其辞，更不能违反法律法规。尤其要强调公司或职位中吸引人的地方，如有挑战性的工作内容、培训和发展机会等，以此激发求职者对工作的渴望。

最后，要能促使求职者行动。招聘广告中应有企业联系方式和联系人，如“如果您对我的介绍还满意，请在一周内将个人简历和相关求职材料发到下面的邮箱：×××@163.com”。招聘广告中类似的语言可以让那些对职位感兴趣的候选人立刻采取行动。

阅读资料

撰写招聘广告的注意事项

在撰写招聘广告时，要注意三点。一是真实。这是编写招聘广告的首要原则。招聘企业必须保证招聘广告的内容客观、真实，并且要对虚假广告承担法律责任。广告中涉及的对留用人员的劳动合同、薪酬、福利等政策必须兑现。二是合法。广告中出现的内容要符合国家和地方的法律法规和政策，不能违法。三是简洁。广告编写要简单明了，重点突出岗位的名称、任职资格等内容以及联系方式。对公司介绍适可而止，不能太多，以免影响广告效果。

资料来源：邵芳. 招聘与人员测评 [M]. 西安：西安电子科技大学出版社，2016.

3）广告内容的设计

在设计广告内容时，必须注意要维护和提升企业的对外形象。广告的内容不仅应明确告诉潜在的应聘者企业能够提供的职位以及对应聘者的要求，而且还应有一定的吸引力，能够激起受众对招聘企业、职位的兴趣。一般来说，招聘广告包括企业情况；岗位的部门分布和数量、岗位要求；应聘者需要准备的材料；申请方式及联系方式等等。

A. 企业情况介绍

该部分主要介绍企业名称、特色和有吸引力的特点。不可长篇大论，词不达意。在广告里最好使用企业的标志，提供企业的网址，便于感兴趣的求职者浏览公司网页以获取更多的信息。

B. 岗位介绍

招聘广告中对岗位的介绍主要包括岗位名称、所属部门、主要工作职责、任职资格要求等。需要注意的是，岗位介绍应从求职者的角度考虑，不可照搬岗位说明书，以利于读者的理解和感兴趣为主。

C. 应聘者需要准备的材料

招聘广告中应注明应聘者需要准备的材料，例如简历、证书、成绩单等。

D. 应聘申请方式及联系方式

公司一般是以电子邮件和信件的方式接收求职者简历和应聘材料，因此，招聘广告中需要标明公司的通信地址、电子邮件地址。此外，还要标明应聘的时间范围或截止日期，以保证招聘工作在有限时间内完成。

编写招聘广告词应注意语言简明、清楚，能抓住读者的注意力，促使他们深入地阅读下去；对招聘对象的条件要求要一目了然；不要给出无法遵守的承诺来误导求职者，对于晋升机会、挑战、责任要诚实列出；应有对求职者的尊重和给求职者温暖可亲的感觉。表 3-6 就是一份比较成功的招聘广告。

表 3-6　××公司招聘广告

××公司诚聘 ××公司是注册于高新技术产业开发区，主要从事计算机网络工程、数据库和应用系统开发的系统集成公司。因发展需要，经高新区人才交流服务中心批准，特诚聘优秀人士加盟。 一、软件工程师：20 名，35 岁以下，硕士研究生以上学历，计算机、通信及相关专业，优秀的本科生亦可。 二、网络工程师：3 名，本科以上学历，一年以上网络工作经验，熟悉 TCP/IP 协议集，有独立承担大中型网络集成经验。经过专业培训及取得认证者优先。 三、销售代表：2 名，27 岁以下，本科以上学历，计算机、通信及相关专业，口齿伶俐、仪表大方、举止得体、勤奋好学。一年以上工作经验。 四、市场策划：1 名，27 岁以下，本科以上学历，有过成功策划案例。一年以上工作经验。 五、平面设计：2 名，27 岁以下，专科以上学历，设计专业。熟练掌握 Photoshop、Coreldraw 或 3ds-max 等工具，有成熟设计，色彩感敏锐。了解 Internet 知识者优先。 承蒙不嫌，请于见报日起 15 日内将本人学历证书、职称证书、个人简历（附 2.5 厘米免冠近照及期望待遇）、业绩介绍、所在单位介绍或推荐信之影印件或原件寄至以下地址。 地址：广州市××路××号人力资源部，电话：××××××××，邮编：560008。

资料来源：边文霞．员工招聘实务 [M].2 版．北京：机械工业出版社，2012.

2. 人才招聘会

人才招聘会是指由一些机构或国家相关部门组织的，为企业招聘和求职者择业提供服务的人力资源活动，它是一种比较传统的招聘方法。企业通过参加人才招聘会，不仅可以了解当地人力资源素质和走向，还可以了解同行业其他单位的人力资源政策和人力需求情况。这种方法可以集中应聘者，给企业提供较大的选择余地，但不利于招聘高级人才。

人才招聘会可以分为专场和非专场两种。专场招聘会一般是由一家企业举办的招聘会；非专场招聘会则是由某些人才服务机构组织、有多家单位参加的招聘会。

企业参加人才招聘会要注意以下几个问题。

1）选择招聘会

企业在选择参加招聘会时，要重点看招聘会的层次、面向对象、招聘会组织方、招聘会的宣传情况等。

2）充分准备

（1）第一，选择有吸引力的展位。

（2）准备好招聘过程中所需材料和设备。

（3）对招聘人员进行培训，预测招聘过程中求职者可能提出的问题。

（4）与组办方沟通，一方面了解组办方的要求，另一方面提出需要对方提供的帮助，以便建立良好的合作关系，使企业招聘工作顺利进行。

（5）企业宣传。可以事先在相关媒体上做广告，如果是校园招聘会，需要通过贴广告等进行宣传，以便有足够的人员参加。

3）参加招聘会

招聘人员要提前到场，并且保持良好的精神风貌，与应聘者接触时，不要对求职者进行评价，招聘过程把握好时间。

4）招聘结果及时反馈

招聘会结束后，招聘人员要反应迅速，尽快完成对所投简历的整理、分类工作，在最短的时间内给应聘者以反馈。

3. 猎头招聘

猎头（Head Hunting）招聘是国外比较流行的招聘形式，是受企业委托，搜寻中高级的管理或技术人才的活动。猎头公司也叫"人才顾问公司或信息服务公司"，是指专门从事中高级人才招聘相关事宜的中介公司。对于高级人才和尖端人才，用传统的招聘渠道往往很难获取，但这类人才对企业的作用却非常重要，因此，猎头公司的主要业务就是向用人企业推荐素质高的中高级管理或技术人才。

1）猎头公司的运作流程

猎头公司有丰富的人才库，搜索人才速度快、质量高。此外，猎头公司对企业及其人力资源需求有较详细的了解，对求职者的信息掌握较为全面，在供需匹配上较为慎重，其成功率比较高。一般来说，猎头公司的运作主要包括以下步骤。

A. 接受委托

委托企业填写由猎头公司统一提供的"招聘委托书"及"职位说明书"，并提供企业相关背景资料及企业营业执照复印件并予以签署确认。

B. 进行职位分析及公司背景了解

猎头公司根据委托企业的需要分析每一职位的人才分布情况及寻访猎取的难易程度。根据了解到的企业背景、企业文化、薪资福利及企业的组织架构等，分析该职位人选应具备的业务素质、个性特征、行为风格、专业技能、工作履历以及形象气质等方面的要求，通过与委托企业的沟通来寻求一种有效的匹配。

C. 签约委托

双方根据对所招聘职位的分析结果，共同协商并签订"委托招聘服务合同"，署明委托方在约定期限内向猎头公司支付约定的保证金。

D. 寻猎行动

筛选并确定特定区域或行业的猎手和信息采集顾问，有针对性地进行人才访寻，认真仔细地进行甄选、测评、调查，确保为企业提供最合适的候选人员名单。

E. 初试及综合测评

对寻访采集到的入围者进行初试，对初试合格者进行多方面的综合评估，包括专业知识、能力、心理素质等，以保证被推荐人能够适应客户需求并长期稳定地工作。

F. 推荐与复试

依据测试结果出具相应人选的报告，对适合的人选以保密报告的方式提交给委托企业，企业根据猎头公司推荐的人选资料，进行面试、复试。

G. 录用

由猎头公司推荐的候选人经用人单位复试并通过、双方达成协议并在候选人与原有工作单位办妥各项手续的基础上办理正式录用手续。

H. 结算余款及后续跟踪服务

猎头公司推荐人员至委托单位报到后，在约定期限内，委托单位付清余款。之后猎头公司要定期开展供需双方合作情况的跟踪回访服务，及时对人才在委托公司的工作情况进行跟踪评估。

下面是某企业与猎头公司签订的服务合同，这个合同是双方权利和义务的书面规定，按照这个合同就可以规范双方在整个人才服务中的行为。

阅读资料

委托招聘服务合同

合同编号：

委托方：（以下简称“甲方”）

受托方：（以下简称“乙方”）

甲方和乙方经友好协商，双方同意并签订以下合同条款（以下简称“本合同”）：

1. 服务事项

1.1 甲方委托乙方在中华人民共和国境内按照甲方的职位要求，寻找合适的人选推荐给甲方。乙方应本着诚实信用之原则，投入充足合理之时间，尽全力圆满完成本合同约定的服务事项并不得采取任何非法或不正当手段履行本合同项下的义务。

1.2 甲方与被聘用人员之间的聘用关系由甲方与被聘用人员负责。乙方不对甲方与被聘用人员之间的关系负责。

1.3 本合同对甲方不构成唯一且排他合同。在本合同履行期间，甲方可以同时委托任何第三方提供与本合同项下服务同等或类似的服务。

2. 甲方的权利和义务

2.1 甲方应向乙方提供详细的职位描述。

2.2 甲方应在决定正式聘用乙方推荐人员或与乙方推荐人员签订劳动合同之日起 5 日内将该人员职位、年薪等情况通知乙方；

甲方有权决定是否录用候选人；

乙方提供的人才资料，若甲方已从其他渠道获得，甲方应在得到乙方信息后三个工作日内提出声明，则该项内容不视为乙方推荐，否则默认乙方推荐；

被甲方拒聘或在试用期被甲方解聘的乙方所推荐的人才，在此后一年内甲方不得另行聘用；否则，乙方有权要求甲方全额支付该职位委托服务费。

2.3 甲方录用乙方推荐的人选，不论最后录用为何职位，即表示甲方认可乙方的服务并同意按本协议方式付款。

3. 乙方的权利和义务

3.1 乙方保证为甲方提供的服务是合法有效的。

3.2 乙方应在收到甲方关于招聘职位的详细描述后 15 个工作日内，向甲方提供至少 3 位合适人选的简历。

3.3 在向甲方提供合适人选的简历前，乙方应做好下列工作。

3.3.1 对相关简历进行认真筛选。

3.3.2 事先面试合适人选并向甲方提交对于该人选的专业分析报告。

3.3.3 必要时协助甲方做好相应的面试安排工作。

3.3.4 甲方有意录用合格人选时，乙方应根据甲方的要求对该人选进行背景调查，并提交详细报告；若甲方在录用该人选后发现乙方提交的报告内容缺乏真实性，可要求乙方退还其已支付的所有费用。

3.4 在本合同期限内，乙方不得在为甲方寻访的同时，主动从甲方员工中为其他客户寻访候选人；在本合同终止后两年内乙方不得猎取甲方员工。

3.5 乙方推荐的人选被甲方聘用，不得在本合同期限内以及在本合同终止后两年内又将在甲方处任职的该人选推荐给另一客户，否则即视乙方违约，并退回全额服务费。

对于本合同项下的服务事项，除了甲方人事部门的相关人员外，乙方不得与甲方的任何经理或员工联系或提供服务。

3.6 乙方向甲方承诺其所提供之候选人并不受制于与其他公司之任何不竞争条款限制，并向甲方赔偿任何因乙方违反承诺而引起之一切损失。

4. 服务费用及付款方式

4.1 甲方每录用乙方推荐的一名人选，按该人选税前 __% 年薪为标准支付乙方推荐该人选的服务费。

4.2 服务费分两次支付。

每个推荐人选被正式录用，应付清该人选的服务费，付款期 7 个工作日。

付款方式：该人选收到录用通知之日起支付 __% 的服务费用；

　　　　　该人选到职之日起支付 __% 的服务费用；

　　　　　该人选试用期过后正式录用再支付余下的 __% 服务费用。

乙方必须在收到服务费用前 3 个工作日内向甲方提供上述服务费用的正式

发票。

4.3 若甲方所聘用的由乙方推荐的人选在到岗后3个月内以下列理由中的一项或数项与甲方解除劳动合同：

4.3.1 候选人不胜任本职工作；

4.3.2 候选人违反法律法规及甲方的管理规定；

4.3.3 候选人辞职。

4.4 甲方已按前款所述方式完成对候选人在职期间薪酬的支付，则甲方必须在候选人离职之日起7个工作日之内，以书面形式将该情况通知乙方。对此，乙方有义务选择履行如下条款。

4.4.1 就此职位无偿提供人选直到符合甲方用人要求为止；或提供甲方在招聘中的其他职位候选人直到合适为止。

4.4.2 退还为推荐该人选所收的甲方服务费。若甲方向乙方提出退款要求，乙方应在收到该要求后5个工作日内全额退款。

5. 保密原则

5.1 乙方应对甲方所提供的任何信息（简称“保密信息”，包括但不限于商业、技术资料及甲方员工信息）进行保密，并应保证其内部知情人员对该类信息进行保密；乙方不得将甲方提供的人员资料用于服务事项之外的任何目的，不得将甲方提供的资料再提供予任何第三方；乙方应对服务事项的整个过程进行保密并保证其内部知情人员对该过程进行保密，未经甲方书面同意，乙方不得向任何第三方披露服务事项。

5.2 甲方应对乙方所提供的人员资料保密，并应保证其内部知情人员对该类信息进行保密，不得将乙方所提供的人员资料用于聘用内部员工之外的任何目的，不得将乙方所提供的人员资料提供给甲方之外的任何第三方；同时，在获得所推荐人员的允许前，不得向其原单位（雇主）作背景调查。

6. 合同有效期

本合同的有效期为1年，自双方签订之日起生效。合同到期后双方未提出异议的，则本合同自动延续直至任意一方按照本合同第七条的约定提前30日通知对方终止本合同。

7. 合同终止

甲乙可在提前30天通知对方的情况下终止本合同，但如果乙方已成功向甲方推荐了合适人选并被甲方录用，甲方应支付乙方本合同所规定的费用。

8. 争议的解决

甲乙双方就本合同或本合同项下条款的解释或履行等发生争议时，应通过友好协商加以解决。无法协商或协商不成的，双方同意将争议提交甲方的营业场所所在地的人民法院解决。

9. 法律适用

本合同适用中华人民共和国法律法规。

10. 合同生效

本合同自甲乙双方的法人代表或授权代表签章之日起生效。

11. 其他

11.1　本合同用中文制作，一式两份，甲乙双方各执一份，具有同等法律效力。

11.2　未经双方协商一致且签订书面协议，任何本合同的修改或变更均为无效。

11.3　未经双方一致同意，任何一方均不得将其在本合同项下的权力义务全部或部分转让予任何第三方。

11.4　本合同的未尽事宜由双方另行协商决定。

甲方（委托方）：　　　　乙方（受托方）：

（签名或盖章）　　　　（签名或盖章）

年　月　日　　　　年　月　日

资料来源：https://wenku.baidu.com/view/5c83311b10a6f524ccbf8569.html

2）猎头招聘应注意的问题

企业通过猎头公司招人时，需要注意以下几方面的问题。

（1）提供标准。企业向猎头公司说明需要什么特点的人才以及理由。

（2）明确费用。企业要与猎头公司事先确定服务费用和支付方式，并达成协议。

（3）选择客户。企业要选择值得信任的猎头公司及其服务人员。

（4）了解猎头。企业需要很好地了解猎头公司的人才搜索范围，从而判断是否满足自己的需要。

（5）了解业务员。企业需要了解直接负责本企业业务的指派任务人员的能力及其特点。

（6）把握服务。企业可以向猎头公司以前服务的客户了解这家猎头公司的服务水平和服务态度。

（7）明确权责。企业与猎头公司要事先约定好双方的责任和义务，可以通过签合同的方式来明确。

4. 校园招聘

校园招聘是指企业直接从各层次的应届毕业生中招聘所需要人力资源的过程。

随着高校扩招和企事业单位用人机制的改革，校园招聘目前已成为企事业单位获取人力资源的主要方式。

1）校园招聘的方式

校园招聘的方式主要有以下 3 种。

（1）企业到校园招聘，即企业直接到校园“摆摊设点”进行公开招聘。

（2）学生提前到企业实习，即企业一般根据需要，结合企业的性质、产品、岗位的特点选择学校、专业，学校根据企业需求选派学生进入企业实习，企业可以直接进行近距离考察，了解学生的能力、素质，为正式招聘做准备。

（3）企业和学校联合培养学生，以补充企业所需要的人力资源，这些联合培养的学生从学校毕业后全部来到参与培养的企业工作，这种方式通常针对某些特殊专业的专门人才。

2）校园招聘的流程

校园招聘的流程主要包括以下 5 个步骤。

A. 准备

（1）准备好介绍企业概况的宣传材料。内容包括企业性质、企业文化、管理制度、拟招聘岗位和部门介绍等。

（2）选择进入招聘的学校和专业。根据企业自身的规模、发展阶段、薪酬水平、需求专业、需求人才层次等内容，选择进入招聘的学校是国家重点院校、普通本科院校，还是专科、高职学校。

（3）成立招聘小组。招聘小组一般由三类人员组成：人力资源管理专业人员、企业用人部门主管、熟悉学校情况的人员。选用熟悉大学校园生活的人参加招聘是为了更好地了解学生的思想动态和心理状况。如果招聘硕士或博士研究生，招聘小组中应有高学历的人，以对人才作出较准确的判断。

B. 测试

校园招聘通常只有面试，不安排其他测试，因此进入校园招聘时，应准备好面试题目。面试要达到的目标也比较明确、简单，只测试学生的基本能力和素质是否达到企业所需人才的基本条件。

C. 背景调查

企业向学校相关部门和老师了解学生在校期间的表现，这样做不仅能对求职学生有更充分的了解，而且可使招聘人员避免认知偏差带来人才选拔上的失误。

D. 初步筛选

背景调查之后，通过采用筛选简历、结构化面试、心理测验、评价中心技术等方式进行深入测试，以便为初步决策做准备。

E. 初步决策

初步筛选后确定候选人名单并上报高级管理人员。如果企业的招聘小组有决策权，可以直接确定录取人员并直接与其签约，避免优秀的求职者流向其他企业。

3）校园招聘的评价

校园招聘的优点主要有以下几点。

A. 优点

（1）针对性强。可以根据企业的需要，选择学校、选择专业、选择特长。

（2）选择面大。学校是培养人才的基地，专业广，可供选择的人数多，具备各种专长的也大有人在，因此，选择的机会要比校园外多得多。

（3）层次清晰。校园招聘可以选择学历层次较低的中专生、大专生，也可以选择本科生、硕士生、博士生，这种清晰的选择层次只有校园招聘具备。

（4）战略性强。由于校园人才层次多、人数多，可供选择的机会多，适宜进行战略性人才选择并储备部分优秀人才。

（5）成功率高。校园招聘可信度高，既无须辨认应聘者证件的真伪，又有学校相关部门的领导、老师提供其在校表现的鉴定，还能通过与应聘者本人或其他同学的交流，了解到更全面、准确、可靠的信息，因此成功率高。

B. 不足

校园招聘也有不足之处，具体如下。

（1）学生缺乏实践经验，企业的培训成本较高。

（2）学生在最初几年内的工作更换频率较高，可能会增加企业的人才重置成本。

（3）企业需付出较大努力才能把学生培养成一个合格的职场人。

4）校园招聘应注意的问题

（1）要注意了解国家在大学生就业方面的一些政策和规定。国家对大学生的就业有一些相应的政策，各个学校的毕业分配也有相应的规定，用人单位一定要首先了解这些政策和规定，以免选中的人才由于各种手续上的限制无法到企业工作。

（2）有些大学生在就业中有脚踩两只船的现象。有的学生同时与两家或几家企业签署意向协议；有的学生一边复习考研、准备出国，一边找工作，一旦考研或出国成功，他们将放弃工作。因此，在与学生签署协议时，应该明确双方的责任，尤其是违约的责任。另外，企业也应该有一定的思想准备并且留有备选名单，以便替换。

三是对学生感兴趣的问题做好准备校园招聘时，学生常常会有一些关心的问题，对这些问题一定要提前做好准备，并保证所有工作人员在回答问题时口径一致。有的企业在向学生发放宣传品时就将常见的问题印在上面或者在招聘网页上回答学生的问题。

5. 网络招聘

网络招聘是指招聘企业通过网络发布招聘信息，求职者通过网络将个人信息提供给招聘企业的招聘形式。网络招聘利用计算机及网络技术支持全部的招聘过程，它改变了传统招聘方法的运行模式，借助互联网和组织内部的人力资源信息系统，将申请过程、招聘过程及录用过程有机融合，形成一个全新的网络招聘系统，使组织能够更好、更快并以更低的成本吸引并招聘到组织所需人才。

据《东方时空》栏目和智联招聘对毕业生的调查发现，网络招聘以 87.1% 的支持率占招聘渠道的榜首。可见，由于网络招聘节省了企业与应聘者的物质成本和时间成本，已然成为目前最受认可与广为接受的招聘渠道。当前，网络招聘的方式主要有两种：一是招聘企业仅通过网络获得求职者的信息并进行初步筛选。网络仅起到发布信息、获取信息与初步筛选的作用，进一步的面试、测试在线下进行。另一种是所有的招聘工作都在网络中完成，即通过网络完成筛选、面试，网络面试又称为 E 面试，即借助网络和视频设备，招聘双方在特定场所里进行的一种新的招聘形式。这种招聘形式无论对于企业还是应聘者而言，都可以节约很大的成本，便于双方的沟通与交流，尤其对于企业来说，可以大大提高招聘效率。这种招聘形式代表了未来招聘的发展方向，是目前最便捷的招聘方式。

阅读资料

网络“视频招聘会”诞生

某日，广州市首届台资企业综合人才视频招聘会，其火爆的视讯现场、清晰的语音图像、招聘双方良性的互动以及招聘会结束后良好的效果，都让业内人士大吃一惊，也让企业和个人看到了视频招聘会的发展前景。

此次广州首届台资企业综合人才视频招聘会的成功，现场的视讯平台功不可没，其引入的视讯平台是目前全球唯一一个宽带视讯互动平台——视讯梦网运营平台，不仅在技术上运用视频领域 12 项关键创新技术建造，而且语音、视频、数据、流媒体功能强大，图像清晰、流畅，具有屏幕广播、电子白板、文档共享、协同浏览、文件传输和远程控制等强大数据功能，是集视频、音频、数据、流媒体为一体的一流视讯通信平台和视讯增值服务平台。求职招聘双方在平台中可进行面对面的即时交流及影像的在线审视，短时间内便可完成整个面试过程，达到预定的招聘效果。视频招聘过程中，可以传输大量数据，包括图片、声音和文字等，实现“一对单”或“一对多”的面对面媒体交流。

资料来源：http://www.newjobs.com.cn/news/index_dy/103582.html

网络招聘发展之所以迅速，主要因为这种招聘形式有很多优点，如成本较低，方便快捷，可以在较短时间内，通过网络搜集求职者信息，提高了招聘效率；选择的余地大，涉及的范围广，可以很容易实现全球范围的人才吸引；不受地点和时间的限制，可以在任何时间、任何地点与世界上的任何可以登录网络的人进行联系，从而实现招聘无处不在，无时不在；信息储存和检索容易，求职者简历在网络上提交后可以实现自动存储、自动检索、自动筛选，使应聘者重要资料的存贮、分类、处理和检索更加便捷化和规范化。

目前，在互联网上开展各种形式的招聘活动已经成为主流。从招聘网站数量上来看，中国目前已有招聘网站千余家，网上发布招聘广告的企业达到几百万家。人才网站的专业化程度大大提高，市场规模也将不断扩大。

工具箱

国内知名招聘网站一览表

http://www.zhaopin.com	智联招聘网
http://www.51job.com	前程无忧
http://bj.58.com	58 同城招聘网
http://bj.ganji.com	赶集网招聘
https://www.liepin.com	猎聘网
http://www.chinahr.com	中华英才网
http://www.cjol.com	中国人才热线
http://www.hr.com.cn	中国人力资源网
http://www.1010job.com	精英招聘网
http://job.sohu.com	搜狐招聘频道
http://www,cnzhaopin.com	中国人才招聘网
http://www.newjobs.com.cn	中国国家人才网
http://www.job168.com	南方人才网
http://hxrc.com	中国海峡人才市场
http://www.21cnhr.com.cn	21 世纪人才网

6. 内部员工推荐

内部员工推荐是指当组织出现岗位空缺时，组织内部的员工可以推荐他们认为合适的人选应聘。近年来，由于人才竞争的日益激烈，这种传统的招聘方法在欧美国家又开始盛行。美国微软公司 30%的开发人员是通过员工推荐招聘的。思科系统

公司 (Cisco System) 大约 10%的应聘者是通过员工相互介绍加入公司的。

内部员工推荐方式的长处是对候选人的了解比较准确，可以事先进行员工和岗位的匹配分析，较为准确地判断出二者是否“合适”。候选人一旦被录用，顾及介绍人的关系，工作也会更加努力。内部员工推荐的招聘成本也很低。这种招聘方法的缺点在于可能在组织中形成裙带关系，不利于公司各种方针政策和管理制度的落实。

阅读资料

英特尔招聘的独特渠道

英特尔的招聘渠道很多。其中包括委托专门的猎头公司帮我们物色合适的人选。另外，通过公司的网页，你可以随时浏览有哪些职位空缺，并通过网络直接发送简历。只要我们认为你的简历背景适合，你就有机会接到面试通知。

还有一个特殊的招聘渠道，就是员工推荐。它的好处首先在于，现有的员工对英特尔很熟悉，而对自己的朋友也有一定了解，基于这两方面的了解，他会有一个基本把握，那个人是否适合英特尔，在英特尔会不会成功。这比仅 2 个小时的面试要有效得多，双方相互的了解也要深得多。英特尔非常鼓励员工推荐优秀的人才给公司，如果推荐了非常优秀的人，这个员工还会收到公司的奖金。当然，进人的决策者是没有奖金的。如果因为人情招了不适合的人，决策者会负一定责任，所以决策者会紧紧把握招聘标准，绝不会出现裙带关系。

资料来源：http://news.mbalib.com/story/231914

三、招聘渠道的比较

(一)内部招聘的优缺点

1. 内部招聘的优点

(1)准确性高。由于组织对内部人员过去的工作绩效、能力、性格、工作动机以及发展潜能等方面有比较客观、准确的认识和了解，因此能提高招聘的准确性和决策的成功率。

(2)适应性快。从运作模式看，现有的人员更了解组织的运营模式，更容易接受指挥和指导，易于沟通和协调。与从外部招聘的人员相比，他们能更快地适应新的岗位和要求。

(3)激励性强。从激励方面来分析，内部招聘能够给员工提供发展的机会，强化员工为组织工作的动机，也增强了员工对组织的责任感。尤其是各级管理层人员的招聘，这种晋升式的招聘往往会带动一批人实现一系列晋升，从而能鼓舞员工士气，同时也有利于在组织内部树立榜样，形成积极进取、追求成功的氛围。

（4）费用较低。内部招聘可以节约大量的费用，如广告费用、招聘人员与应聘人员的差旅费等，同时还可以省去一些不必要的培训项目，减少了组织因职位空缺而造成的间接损失。此外，从组织文化角度来分析，员工在组织中工作了一段时间后，已基本融入本组织的文化，对本组织的价值观有了一定的认同，因而对组织的忠诚度较高、离职率低，避免了招聘不当造成的间接损失。

许多企业都特别注重从内部选拔人才，特别是高层管理者。如著名的 GE 企业董事长、对 GE 企业和全世界的企业管理都作出巨大贡献的韦尔奇就是从企业内部选拔出来的。GE 中国有限公司董事长曾坦言："韦尔奇的接班人肯定是从内部产生的，因为外部的人根本不了解 GE 这个企业的结构和管理系统……"

2. 内部招聘的缺点

尽管内部选拔有如上所述的许多优点，但其本身也存在着明显的不足，主要表现在以下方面。

（1）因处理不公、方法不当或员工个人原因，可能在组织中造成一些矛盾，产生不利的影响。内部招聘需要竞争，而竞争的结果必然有成功与失败，并且失败者占多数。竞争失败的人员可能会心灰意冷、士气低下，这样不利于组织的内部团结。内部选拔还可能导致部门之间"挖人才"现象，不利于部门之间的团结协作。此外，如果在内部招聘过程中，按资历而非能力进行选择，将会诱发人员养成"不求有功，但求无过"的心理，也给有能力人员的职业生涯发展设置了障碍，导致优秀人才外流或被埋没，削弱企业竞争力。

（2）容易造成"近亲繁殖"，抑制创新。同一组织内的人员有相同的文化背景，可能会产生"团体思维"现象，抑制了个体创新，尤其是当组织内部重要职位主要由基层人员逐级升任，就可能会因缺乏新人与新观念的输入，而逐渐产生一种趋于僵化的思维意识，这将不利于组织的长期发展。

（3）组织的高层管理者如多数是从基层逐步晋升的，大多数年龄就会偏高，不利于冒险和创新精神的发扬。而冒险和创新则是处于新经济环境下组织发展至关重要的两个因素。要弥补或消除内部选拔的不足，需要人力资源部门做大量更细致的工作。

（二）外部招聘的优缺点

1. 外部招聘的优点

（1）带来新思想、新方法。采用内部招聘，招聘的人容易受惯性思维影响，看不到组织有待改进的地方，变革、自我提高的意识和动力也不强，整个组织缺乏竞争的意识和氛围，可能出现一潭死水的现象。从外部招聘优秀的技术人才和管理人员，在无形中会给组织原有人员施加压力、激励斗志，从而产生"鲶鱼效应"。特别是高层管理人员的引进，这一点尤为突出，因为他们有能力重新塑造企业文化。例如惠普公司的董事会，出人意料地聘用朗讯公司的一个部门经理来任首席执行官，以重塑惠普公司的文化。

（2）有利于招到一流人才。外部招聘的人员来源广，选择余地很大，能招聘到许多优秀人才，尤其是一些稀缺的复合型人才，这样可以节省内部培训的费用。

（3）树立形象的作用。外部招聘也是一种很有效的交流方式，组织可以借此在其人员、客户和其他外界人士中树立良好的形象。

2. 外部招聘的缺点

（1）筛选难度大，时间长。组织希望能够比较准确地测量应聘者的能力、性格、态度、兴趣等素质，从而预测他们在未来的工作岗位上能否达到组织所期望的要求。而研究表明，这些测量结果只有中等程度的预测效果，仅仅依靠这些测量结果来进行科学的录用决策是比较困难的。为此，一些组织还采用推荐信、个人资料、自我评定、同事评定、工作模拟、评价中心等方法。这些方法各有各的优势，但也都存在着不同程度的缺陷。这就使得录用决策耗费的时间较长。

（2）进入角色慢。从外部招聘来的人员需要花费较长的时间来进行培训和定位，才能了解组织的工作流程和运作方式，增加了培训成本。

（3）招聘成本大。选择发布招聘广告或借助中介机构招聘时，一般需要支付费用，而且由于外界应聘人员相对较多，后续的选拔过程也非常繁琐与复杂，不仅耗费了很多的人力、财力，还占用了很多的时间，所以外部招聘的成本较大。

（4）决策风险大。外部招聘只能通过几次短时间的接触，就必须判断候选人是否符合本组织空缺岗位的要求，而不像内部招聘那样经过长期的接触和考察，所以，很可能因为一些外部的因素（例如应聘者为了得到这份工作而夸大自己的实际能力等）而作出不准确的判断，进而增加了决策的风险。

（5）影响内部人员的积极性。如果组织中有胜任的人未被选用或提拔，即内部人员得不到相应的晋升和发展机会，内部人员的积极性可能会受到影响。因此，外部招聘一定要慎重。

由于内部招聘和外部招聘各有其优势与不足，而且两者在一定程度上还是互补的，因此，企业在进行人员招聘时，不应该盲目依赖某种招聘渠道，而应该结合企业自身特点，如财务状况、招聘的紧迫性、招聘人员素质等，同时考虑招聘职位的类型、层次、能力要求等，来选择适当的招聘渠道。比如对于处于成长期的企业，人才需求量很大，对于公司高级管理人员，应该采用内部招聘的方式，因为这部分人员对公司非常熟悉，对新工作很容易上手，当工作变换时，对处于高速发展中的企业不会造成较大影响，同时这种晋升的机会也可以激励人才，留住人才。对于中低层次的人才，应该考虑采用见效快的招聘渠道，比如现场招聘以及时效较长的网络招聘。

总之，没有一成不变的最优招聘渠道，对于一个企业来说，只有适合当前企业情况以及招聘需求的渠道才是最好的。

案例分析

一个IT企业招聘失败案例的反思，什么更关键？

某信息电子产品研发公司的一个部门需要人，人力资源部在收到详细人才需求后与用人部门进行了讨论。讨论过程中双方在招聘方式上出现争议：人力资源部认为内部招聘应该能解决问题，用人部门却坚持通过外聘的方式解决，认为人最终是在用人部门服务的，人力资源部不懂技术，也不了解项目的实际情况，况且公司的招聘制度也规定用人部门拥有决策权，因此采用哪种招聘方式应由用人部门决定，人力资源部的职责应该是根据用人部门的需求组织和实施招聘活动，人力资源部却认为他们正在行使监督的职责。

最后，人力资源部经理找到副总经理，希望他出面作出裁决，副总经理听取了双方的意见后最终认可了人力资源部的观点，要求首先通过内部招聘来解决问题，实在不行再考虑外部招聘。

之后，就出现了有趣的现象，用人部门在内部招聘过程中，表面上积极配合并且派出了强有力的专业技术人员参与面试，但无论应聘者是谁，他们总是能找到一些理由来证明应聘者不是合适的人选，结果当然是人力资源部在预定的时间内无法完成招聘任务，用人部门从而把责任推给人力资源部。

问题：选择招聘渠道时应注意哪些问题？如何解决案例中的问题？

资料来源：http://www.docin.com/p-1196154749.html

第三节　招聘外包

一、招聘外包概述

(一)招聘外包的发展

人力资源招聘外包从概念的提出，到在现实中的应用，经历了很长的过程。1989年美国现代著名的管理大师彼得·德鲁克（Peter Drucker）提出，任何不创造营业，没有提升空间的业务或活动都可以采取外包形式。1990年美国学者哈默（Gray hamel）和普拉哈拉德（C.K.Prahalad）首次在《企业的核心竞争力》文章中提出了外包的说法，对于那些企业需要花费大量精力去管理，但并不能为企业创造很大效益的基础性工作，都可以外包给专业的外部厂商，企业借此可以集中精力发展核心竞争力。外包的概念提出后，被广泛地应用于制造业和服务业，成为企业在市场竞争中制胜的重要手段。

20世纪90年代，人事外包在国外发展迅速。1995年，一份关于314家美国大公司的调查结果显示：这些公司中已经有26%的企业将公司的退休、其他津贴业务完全外包给专业公司。人事外包迅速发展趋势表明，这种人力资源管理的形式是未来发展的选择。进入21世纪，招聘外包作为人力资源管理外包的一个新兴发展方向受到了更为广泛的关注，在国内出现了多家专门的招聘网站以及地区性专业招聘服务机构。越来越多的企业通过第三方的人力资源服务公司来获得企业所需要的人才。未来招聘外包的发展形式会根据招聘企业的需要量身定做适于企业的外包形式，有适于招聘高级人才的部分外包，有适于招聘低端劳动力的全部外包。总之，招聘外包作为一种新兴的招聘形式会越来越受到企业的欢迎。

（二）招聘外包的概念

人力资源外包是指企业根据需要将某一项或几项人力资源管理工作或职能外包出去，交由其他企业或组织进行管理，以降低人力成本，实现效率最大化。作为人力资源管理职能活动的分支，招聘外包就是将企业的全部或部分招聘、甄选工作，委托第三方的专业人力资源公司，专业人力资源公司利用自己在人才资源、评价工具和流程管理方面的优势来完成招聘工作的一种方式。

招聘外包既可以满足企业正常的人才需求，又可以让企业的人力资源部从传统的事务性招聘工作中脱离出来，更加专注于企业人力资源发展战略和履行人力资源管理职能，提高招聘效率和质量，优化招聘进程。

（三）招聘外包的特点

与传统招聘方式相比，招聘外包具有如下特点。

（1）招聘外包可以综合利用各种有效的招聘渠道，有针对性地发布招聘信息，并借助行业优势，高效率、低成本地招聘到合适的人才。

（2）招聘外包可以帮助人力资源部门从繁杂的重复性事物中解脱出来，减轻人力资源部门的负担，使人力资源部门能够专注于企业整体战略的规划，提升人力资源管理的高度及企业的核心竞争力。

（3）招聘外包操作模式比较规范，对于员工的管理及薪资的管理都有很强的抑制性，对于人力资源管理部门的工作规范性也有积极的促进作用。

（4）招聘外包费用相对较高，招聘外包本身存在风险。对于中小企业来说，招聘外包费用是一项较大的开支，如果缺乏有效监督招聘外包商的机制，就会存在商业机密泄露等风险。

二、招聘外包的形式

（一）按外包招聘岗位分类

企业在采用招聘外包时，根据外包招聘岗位的不同，可分为全部岗位招聘外包、核心岗位招聘外包、急需岗位招聘外包、偏冷岗位招聘外包4种模式。

1. 全部岗位招聘外包

企业将全部的招聘工作外包出去，企业没有设置招聘功能，所有与招聘有关的工作都外包给人力资源服务公司。

2. 核心岗位招聘外包

企业将内部涉及企业经营发展的核心岗位的招聘工作外包出去。

3. 急需岗位招聘外包

招聘通常有一定的时间要求，有些时候企业因经营需要，希望在较短时间内尽快找到合适人选，这时采用招聘外包是很好的选择。

4. 偏冷岗位招聘外包

与人力资源公司相比，企业的招聘资源较少，个别市面上不多见的岗位人才短缺，如果单靠企业人力资源部招聘可能存在较大难度，这种情况下可以将该岗位的招聘外包出去。

(二)按外包内容分类

根据招聘外包具体外包内容的不同，可以分为全面外包和特定业务外包。

1. 全面外包

全面外包是从招聘工作的开始到结束，整个招聘流程的工作都交给一家专门的人力资源招聘机构，企业品牌的建立、招聘质量的提高、外部招聘渠道的选择及供应商的管理、内部招聘渠道的整合与管理都由招聘机构负责。企业只需与招聘机构确定服务标准，例如完成时间、招聘成本、新入职员工离职率、客户反馈等，就可以得到一对一的招聘服务。全面外包是出于对人力资源管理工作的专业性和经济性考虑而采取的方式。

2. 特定业务外包

招聘中的特定业务外包也是目前较为普遍的一种外包方式。企业根据自己的实际需要，将特定的业务，如简历筛选、预约面试筛选、复试过程等内容转交给人力资源服务公司来完成，这样可实现企业自己的劣势和人力资源服务公司优势的互补，实现企业效益最大化。

四、招聘外包的流程

企业在实施招聘外包时通常遵循以下操作流程。

1. 确定招聘外包模型

要明确企业希望将什么样的岗位实施外包，是将全部岗位的招聘工作统一外包，还是将急切需要的岗位、核心岗位或在劳动力市场上不容易招到相关人才的岗位外包。

2. 编制招聘外包管理制度

企业如果希望将招聘外包工作做得规范、科学，需要制定相关的管理制度，使得企业的招聘外包工作有据可依，也便于随时查看招聘外包工作实施情况，及时发现不足并及时完善，进而不断提升企业招聘外包管理水平。

3. 选择外包服务机构

企业既然选择某种岗位招聘外包，就希望该岗位的招聘工作在相关服务公司的操作下能取得较本企业招聘更为优质的效果。这时企业就应该考虑选择在某方面较为专业的服务机构。因此，企业实施招聘外包前应该认真对招聘外包服务机构进行调研，包括服务质量、擅长项目和收费标准等。

阅读资料

外包商的选择

招聘外包商的选择是关系到整个招聘外包活动成败的关键，所以，企业要按照下列标准挑选招聘外包商。

第一，价格合理。合理的价格是合作的首要前提。企业在实施招聘外包以后，如果其承担的招聘外包成本大于企业自行招聘的成本，在招聘需求并不是迫在眉睫的情况下，招聘外包的意义就不大了。

第二，良好的服务质量和信誉。良好的服务质量是整个招聘外包工作能否顺利完成的一个关键因素，而外包商的信誉则是非常重要的参考因素。

第三，高水平的人力资源专业技能。外包服务商与企业内部的人力资源部门相比，应该具备更好的人力资源专业技能和更高水平的执业素质和水平。

第四，先进的客户服务理念。招聘外包服务商要有先进的客户服务观念，这是双方良好沟通的必要条件。

第五，优秀的项目综合管理能力。这是招聘外包商项目能够正常进行的保证。

第六，丰富的行业经验。具有丰富的行业经验的招聘外包商，可以通过其长期积累的行业经验、多方面的宣传渠道、完备的人才信息库等优质资源，迅速地为企业招到符合企业发展理念的高素质人才，减少企业的投资风险。

资料来源：凌锐. A公司招聘外包问题及对策研究 [D]. 广西：广西大学，2013.

4. 与选定对象洽谈业务

企业与选定的外包服务机构就合作内容进行细节上的协商和谈判，确定委托合同的主要内容并签订招聘外包委托服务合同。

5. 招聘外包合同执行

在双方确定了合作内容后，招聘外包服务机构便可以正式开展招聘工作，双方各自履行自己的责任与义务。

招聘外包是一个非常复杂的过程,它能给企业带来新的发展机会,但决策的失误可能导致企业浪费宝贵的资源甚至付出昂贵的代价。因此,在招聘外包工作中应注意外包商的选择。企业在选择外包商时不仅要考虑外包价格,还要综合考虑外包商的服务质量、资质、整体能力、专业技能等,在外包商的评价指标中,要重点查看对企业影响较大的指标。此外,外包企业自身是否有专业的招聘专员以及他们是否有足够的招聘知识与素养,也是企业要重点关注的问题。

复习思考题

1. 招聘计划的内容。
2. 内部招聘的方式。
3. 外部招聘的方式。
4. 什么是招聘外包?
5. 招聘外包的模式。
6. 某会计师事务所决定招聘 1 名会计和 3 名一般管理人员,请为该公司编制一份招聘计划。

阅读资料

×× 公司校园招聘方案

一、招聘实施背景

×× 公司致力于成为通信及其延伸服务行业的领跑者,对专业技术人才的要求较高。公司为了得到更快速的发展,决定通过校园招聘筛选出一批具有一定专业技术知识的人才加入公司的队伍中来。

二、校园招聘计划

根据公司需要招聘的对象、公司自身的规模、发展阶段等实际情况,制订出招聘计划表如表 3-7 所示。

表 3-7 校园招聘计划表

学校	专业	学历	计划招聘人数	时间
×× 大学	×× 专业	硕士研究生	5	月 日—月 日
×× 大学	×× 专业	本科及以上	6	月 日—月 日
×× 大学	×× 专业	本科及以上	8	月 日—月 日
×× 大学	×× 专业	本科及以上	4	月 日—月 日
×× 大学	×× 专业	本科及以上	30	月 日—月 日

三、招聘的准备工作

1. 相关资料的准备

这主要包括介绍公司概况的文件、相关设备、仪器的准备及其他相关的宣传工具、面试试题的准备、人员测评工具的准备等内容。

2. 招聘小组人员的确定

参加此次校园招聘的工作人员由 4 部分组成：公司高层领导、用人部门的主要负责人、人力资源部经理、具有校友身份的员工或了解学校情况的员工。

3. 校园招聘前期的宣传

这主要包括与学校的沟通以及企业招聘事宜的宣传两大项工作。

企业招聘事宜的宣传途径可以通过校园网站、企业网站发布公司的招聘信息或直接派人发放相关的资料等渠道。

四、招聘的实施

(一)校园宣讲

根据事先安排好的时间、地点，由公司的总经理或者相关高级经理在校园招聘会的现场进行演讲。演讲的内容主要包括公司的发展情况、企业文化、薪资福利、用人政策、大学生在企业的发展机会、校园招聘工作的流程、时间安排等内容。

(二)双方沟通

求职者根据企业前期的宣传或通过其他方式对企业有一个初步的了解后，结合企业招聘的要求及自身的情况，将个人简历及其他相关资料提交于企业招聘工作负责人。同时，求职者与招聘工作负责人在现场就招聘的相关事宜进行沟通。

(三)人员筛选

1. 简历筛选

公司对求职者应聘资料的收集主要有两种渠道：①校园招聘会上收集的信息；②求职者通过进入公司的网站，进行在线申请职位提交的相关资料。

公司根据求职者提交的招聘资料所反映的基本资料（如学校、专业、外语水平、计算机水平）、价值取向及部分行为特征等要求，作为选择的初步标准。经过筛选后，保留计划招聘人数的300%进入第二轮测试。

2. 笔试

人力资源部工作人员通知初步筛选合格的人员进入第二轮的测试——笔试。

笔试主要是对求职者进行的专业能力测试和综合素质测试，其时间为60分钟，测试后保留计划招聘人数的200%进入面试。

3. 面试

公司的面试分为3个环节：初试、复试、终试。

1）初试

对笔试合格的人员初试采取集体面试的方式进行，时间30~45分钟。一般采取如下3种方式进行，在实施过程中任选其一即可。

（1）将应聘人员分成两组，就某一有争议的话题，双方以辩论的形式展开讨论。

（2）将应聘人员分成两组，让其解决同一个问题。

（3）应聘人员根据所提供的案例分析试题，发表自己的观点或意见。

2）复试

根据应聘人员在初试中的表现，经过筛选后保留计划招聘人数的150%进入复试。

复试主要采用结构化面试的方式进行，时间为30分钟左右。面试主要考查应聘者的求职动机、思维的逻辑性、言语表达能力、应变能力以及团队合作能力5个方面。

3）终试

进入终试的人员数量大致为计划招聘人数的120%，终试由人力资源部经理、用人部门经理和公司高层领导3人组成。

五、人员录用

根据应聘者以上几轮的考核表现，确认录用人选并报总经理审核。人力资源部根据审核后的结果及时通知相关应聘人员并与其签订劳动合同。

对未被公司录用的人员，人力资源部也应及时、委婉地告知并向他们表示感谢。

六、招聘的后续工作

招聘的后续工作主要包括以下六项。

（1）招聘工作总结与评估。

（2）新员工报到。被公司录用的人员于×月×日到公司报到并办理相关手续。

（3）签订劳动合同。

（4）新员工引领，包括熟悉工作环境、安排工位、发放相关物品等。

（5）新员工入职培训和上岗培训。

（6）进行试用期考核。

资料来源：刘追 . 人员招聘与配置 [M]. 北京：中国电力出版社, 2014.

案例分析

神通公司是一个业务蒸蒸日上的咨询公司，但其部分咨询师的素质低已严重影响到公司的发展。公司人力资源部经理李生决定采用内外结合的方式选拔人才，他借助基层业务人员的个人档案提拔了王某，又请职业介绍所为其介绍咨询师。后来，没有理想的人选，他又到大学校园去招聘。大学生丁某面试合格。其知识丰富、反应敏捷，深受李生喜爱。他决定让经验丰富的咨询师赵某亲自带领，传授经验，将丁某提拔上来。两个月后，正当丁某可以独当一面时，其报考的国外学校来了通知，丁某提出辞职，李生很生气，但也没有办法，只好让他走人。而王某却始终不能独立工作，李生又陷入困境。

问题：李生在招聘中选择了什么渠道？运用了什么招聘方法？他的做法有无错误之处，如果你是李生，你将怎么办？

第四章 人才测评的原理

【学习目标】

通过本章的学习，理解人才测评的含义；了解人才测评的理论基础；重点掌握测评的信度和效度。

【引导案例】

某乳品公司招聘中的困惑

某大型公司是中国乳品行业的领头羊，在其成长和壮大的过程中，公司的管理者越来越意识到“人才”正在成为公司快速发展、有效扩张的重要因素。公司虽然有一定的人才招聘需求，但每次招聘进来的员工，总有一部分要么不能胜任工作要求，要么不能安心工作；与同行业其他公司相比，本公司人员的整体素质状况如何？其优势与不足有哪些？现有的管理干部中，他们的能力与岗位的匹配度如何？哪些员工是要重点激励的？哪些员工是具有较高发展潜力，可以作为后备人才进行培养的？这些疑问和问题也不是存在一天两天了，公司管理层与HR（人力资源人员）们也曾经尝试利用自己的力量去回答和解决这些问题，但总感觉缺乏系统性与有效性。

该公司面临的这些问题，在其他公司也同样存在。在人员招聘时，需要对求职者的哪些素质进行测评，才能找到适合公司发展和岗位要求的人才？如何做好人岗匹配？如何对员工整体素质进行评估？如何发现潜在人才，做好人才梯队建设？如何对员工进行激励，留住核心人才？要想有效解决以上问题，都需要对员工进行科学的人才测评。

第一节 人才测评的概述

一、人才测评的概念

人才测评又称人员素质测评，也称人事测评，是根据一定的目的，综合运用定性和定量的方法，对个体的知识水平、工作技能、个性倾向及特征、能力以及发展潜能等实施测量和评价的活动。这个概念包含以下4层含义。

1. 人才测评是一种有目的的活动

测评活动必须围绕测评目的来进行。根据不同的测评目的，选择不同的测评方法和测评内容。组织中常见的人才测评种类有选拔性测评、诊断性测评、鉴定性测评、开发性测评、配置性测评。每种测评类型其目的是不同的，如选拔性测评的目的是人员选拔，诊断性测评的目的是了解员工素质现状或素质开发中的问题，鉴定性测评的目的是鉴定测评对象是否具有某方面的素质或具备程度大小，开发性测评的目的是开发人员素质，配置性测评的目的是人力资源的合理配置。

2. 运用科学的测评方法

人才测评的手段和方法有很多，常见的有笔试、心理测验、面试、评价中心技术等。这些测评技术都强调科学性和标准化，这样才能提高测评结果的可靠性、客观性和有效性。

3. 测评内容主要是人的心理特征

素质包括生理素质和心理素质。生理素质的测评比较简单，而对人的心理素质进行测评相对复杂，心理素质特征内容非常广泛，既有能力和性格方面的，也有知识技能方面的，诸如认知水平、操作技能、职业倾向和发展潜力等。人才测评主要是对人的心理特征进行测评。

4. 人才测评包含了测量和评价两个过程

所谓测量（Measurement）是指根据一定的法则运用数字对人的各项素质要素进行定量的描述；评价（Assessment）是根据某种标准在这些数字的客观基础上确定测量对象的价值和意义。测量是定量分析，是客观描述；评价是定性分析，是主观判断。人才测评是测量与评价的有机结合，既提供具体、翔实的客观测量材料，又对被测评者进行价值判断。

二、人才测评的特点

（一）人才测评的间接性

所谓测评的间接性指的是对个人内在心理特征的了解只能通过观察或测量人的外显行为来进行推断。人的心理特性是内在的，看不见也摸不着，不可能进行直接测量，不能将一个人性格、智力拿出来用某种工具直接进行测量。因此人才测评往往是通过人们在面对问题情境时所表现出来的外显行为来推论其心理特质，比如智力高的人往往在涉及智力任务中表现的既快又准确；性格外向的人往往表现出活泼、热情、善于社交、合作性高等行为特点。因此，人才测评可以通过人的外在行为间接推知其内在的心理特质。

（二）人才测评的相对性

测评的相对性是测评结果正确性的相对性，虽然任何测评都力求尽量客观准确地反映被测评者素质的实际状况，但或多或少总是存在误差，所以，测评结果的正确性是相对的。

对测评结果意义的评价也具有相对性。从心理测量与统计的角度看，对个体内在心理特征的测量只有高低、多少的区别，没有全和无的区别。对个体某个方面素质的判断是依据他与其他人的比较而获得的，即看个体处于什么位置，位置具有相对性。比如，智商为 0，指的是 0 岁儿童的平均智力水平；学习成绩为 0，表明在一次考试中全部没有做对，却并不表明在所测的能力上一点水平都没有。因此，一般情况下，每个人的测评结果都在一个连续体上占据一个位置，只是从人与人之间的相对位置上，对一个人某种心理特质水平作出判断，所以说，人才测评又是相对的。

（三）人才测评的客观性

客观性要求在测评过程中尽量减少测评者和被测评者无关的主观因素对测评结果的影响。如果测评的结果受到主观因素的影响较大，那么测评的结果就缺乏精确性。任何测评都不可能百分之百地客观准确，因为任何测量都有误差，因此要尽可能地控制和减少误差，使人才测评结果尽可能地客观可靠。

三、人才测评的作用

人才测评是人力资源管理的基础，它为人才选拔、评价和发展提供了可靠而又客观的信息，使人事决策更为科学。美国某机构对公司内部提拔经理的成功率进行过调查，结果发现："采用领导推荐加人才测评的方法，提拔的成功率可以达到 78%，而仅仅采用领导推荐，其成功率仅为 37%。"可见，人才测评可以作为人才选拔的重要依据和参考。

（一）有助于人才的选拔与安置

随着社会发展，社会分工越来越细，不同的工作对人的素质要求有所不同。要做到事适其人、人尽其才，即选到岗位最合适的人，就要借助科学的人才测评技术。通过人才测评，可以对个体的能力、性格、兴趣等方面的特点进行分析，全面深入地了解人的素质状况，为实现人才的选拔和合理的安置提供信息。

（二）为人员培训与发展提供依据

通过人才测评可以描述员工的素质结构，为制定有效的培训方案提供依据，从而提高培训的针对性和效率。当前，很多企业的培训与员工的实际素质状况是脱节的。人才测评可以对员工实际状况进行评价。通过对员工素质状况的诊断，可以知道哪些方面强，哪些方面弱，从而制订相应的培训与发展计划，促进人与组织的共同发展。

（三）为人员绩效考核提供帮助

当前人事考核不仅仅局限于单纯的工作产出绩效考核，也越来越多地涉及工作中的行为、态度、胜任力等，这些内容的考核需要运用人员素质测评技术来进行。客观公正的素质测评结果既可以使员工的奖励和报酬相对公平化，还可以为人力资源管理者正确分析影响工作绩效的素质因素以及制订工作绩效的改进计划提供帮助，同时使员工个人对其在个性和能力方面的优势和不足也能有所了解。

（四）可以为团队建设提供支持

团队建设越来越受到组织管理的关注。一个好的团队，其工作绩效将远远大于每个成员工作绩效之和。而要建设一个好的团队，其关键是成员之间素质可以互补。人才测评可以对组织的人力资源进行全面普查，了解员工需求与心理状况，为团队成员的搭配与团队建设提供依据。

四、人才测评的内容

现代人才测评与传统的人才测评不同，在传统的人才测评中，更多强调对知识掌握的多少，而现代人才测评更看重的是个人稳定的素质特点，认为知识水平只是人做好事情的一些基础，不能反映人的工作能力。因此，现代人才测评把个人稳定的素质特点作为主要的考察内容。个人稳定的素质特点主要包括能力因素、动力因素、人格因素。

（一）能力因素

能力是人顺利完成某种活动所必须具备的心理特征。能力从不同角度可以分为不同的类型，按其来源划分，可分为科学智能和社会智能。科学智能来自人与自然交往过程中的直接经验或者是人通过书本学习间接经验得到的。社会智能来自于社会实践，通过人与人之间的交往、联系、竞争与合作来获得。人才测评不仅重视科学智能的测评，而且要重视社会智能的测评。

（二）动力因素

员工的工作成效不仅取决于其工作能力，还取决于其工作积极性的高低。如果某个员工能力很强，但工作积极性不高，动机不强烈，其工作成绩也不会很好。反之，当人的能力水平较低，但很想在某方面干出点成绩来，往往能在一定程度上弥补能力的不足，把工作干好。因此，动力因素是很重要的行为条件，动力因素主要包括人的动机、价值观和兴趣等。

在动力因素中，价值观是层次最高、影响面最广的因素。所谓价值观就是人们关于目标或信仰的观念，它使人们的行为带有个人的一致的方向性。如追求成就的员工和追求权力的员工在工作行为上会有很大的不同。

动机也是动力因素的重要成分。所谓动机是推动一个人行为的内在动力。人的动机受到个体价值观的影响，因为个体看重什么方面，他就可能更需要什么，而这种比较强的需要可以转化为个体在行为中的动机。动机强烈与否往往决定行为过程的效率和结果。一个成就动机强的员工在工作中往往表现出积极上进，并且最终很可能成就一番事业，反之可能会碌碌无为，一事无成。

动力因素中兴趣是层次最低的因素。兴趣是个体对某种活动或某种职业的喜好，它对人的行为表现起着重要的作用。当人的兴趣与行为相一致时，可以使行为更加有效，而当人的兴趣与行为不一致时，会影响行为的效果。例如安排一位喜欢与人打交道的人到研发岗位，他会做得很辛苦。

（三）人格因素

人格是个体在长期发展过程中形成的相对稳定的心理特质和行为倾向的总和。它是个体独特的、有别于他人的、稳定而统一的各种特质或特点的总体，主要表现为个体在适应环境时能力、情绪、需要、态度、气质、性格等方面的异同。人格因素主要包括气质、性格和行为风格方面等。

性格是一个人比较稳定的对现实的态度和习惯化的行为方式。它通过对事物的倾向性态度、意志、活动、言语及外貌等方面表现出来，是个体本质属性的独特组合。如果一个员工无论是在工作中还是在生活中都表现出对人热情诚恳，对己严格，遇事沉着冷静，这种对人对己的稳定态度和习惯化的行为方式就是该员工的性格特征。

气质是人的心理活动动力方面比较稳定的心理特征。气质作为个体典型的心理动力特征，是在先天生理素质的基础上，通过生活实践，在后天条件影响下形成的。由于先天遗传因素的不同及后天生活环境的差异，不同个体之间在气质类型上存在着差异。这种差异会直接影响个体的心理和行为，从而使每个人的行为表现出独特的风格和特点，如有的人热情活泼、善于交际、行动敏捷；有的人比较冷漠、不善言谈、自我体验较为深刻。

行为风格是个体在分析和解决问题过程中所表现出来的特点。例如有的人考虑问题关注大局，有的人关注细节；有的人考虑长远，有的人则关注短期效果。不同行为风格的人不论是考虑问题的方式还是解决问题的风格都很不一样，只有把它与具体工作联系起来，才会有适合与不适合之分。

除了上面几个考察内容外，有人认为品德因素也是人才测评考察内容之一。但在实际测评过程中，品德是很难测评出来的，因为受测者对测试问题的回答往往会与真实想法不一致，因为有些测试问题的社会敏感性太高，人们不愿意在表面上“违背”社会价值取向。所以，从应用的角度看，暂不把品德因素作为人才测评的主要考察内容。

五、人才测评的方法

（一）笔试

笔试是指被测评者按照统一时间、地点、要求，通过纸笔的形式完成测评题，评判者按照统一评分标准评判被测评者所掌握的知识和能力的一种方法。由于不同行业和不同岗位的求职者要从事的工作其性质、任职条件、岗位职责不同,所以对他们进行笔试的试题也应有所不同,以便更有针对性地考察被测评者。

(二)履历分析

履历分析是通过对求职者的个人背景、工作与生活经历进行分析,来判断其对未来岗位适应性的一种人才评估方法。履历分析对求职者今后的工作表现有一定的预测效果。

(三)面试

面试是主试通过与被测评者面对面的观察、交谈,收集有关信息,从而了解被测评者的素质状况、能力特征以及动机的一种人才测评方法。

(四)心理测验

心理测验是通过观察人的具有代表性的行为,对于贯穿在人的行为活动中的心理特征,依据确定的原则进行推论和数量化分析的一种科学手段。心理测验是对工作岗位所需要的个性特点能够最好地描述并测评的工具,被广泛用于人才测评中。

(五)评价中心技术

评价中心技术是通过设置一些与工作内容相关或相似的模拟情境,把被测评者放置于模拟情境中,通过观察被测评者在模拟情境中解决问题时的行为表现,判断并评价其各种现实领导能力和发展潜力,同时预测被测评者将来成功胜任工作的可能性。

第二节 人才测评的原理

人才测评的基本原理是在综合哲学、系统科学、行为科学、领导科学、心理学、模糊数学等科学研究成果的基础上,通过人才测评的实践,不断总结和发展起来的。它是对素质测评工程中带有普遍意义的客观规律的认识,是指导人才测评的理论依据。

一、个体差异理论

个体差异主要指个性和能力上的差异。个性差异也称为人格差异,主要指人的气质、动机、兴趣、态度、性格、价值观等方面的差异,是较为稳定的个人特征。能力差异主要有一般能力差异,如个体在感知、记忆、想象、思维等方面的差异;特殊能力差异,如设计、操作等方面的差异。个体差异主要表现在个体的态度、行为方式以及实践活动之中,例如:青年人对新生事物敏感,有朝气;而中年人比较稳重;老年人比较保守。

正由于人与人之间客观存在着个体差异,才为人才测评提供了客观的基础。在人才测评中，只有掌握了员工的能力差异和人格差异，才能系统全面地对员工进行测评，保证员工测评的客观性、准确性和合理性。

二、人职匹配理论

人职匹配理论即关于人的个性特征与职业性质一致的理论。其基本思想是，个体差异是普遍存在的，每一个个体都有自己的个性特征，而每一种职业由于其工作性质、环境、条件、方式的不同，对从业者的知识、能力、技能、心理素质的要求也不同。进行人才选拔时，就要根据一个人的个性特征来选择与之相对应的职业种类，即进行人职匹配。如果匹配得好，则个人的特性与职业环境协调一致，提高工作效率和职业成功的可能性就大大提高；反之则提高工作效率和职业成功的可能性就会降低。所以，人职匹配理论是现代人才测评的理论基础，其中最有影响的是“特质－因素理论”和“人格类型理论”。

（一）特质－因素理论

特质－因素理论是用于职业选择、职业介绍的经典性理论，也称特性与素质理论，最早由美国波士顿大学教授帕森斯（F.Parsons）提出，之后由美国职业指导专家威廉逊（E.G.Williamson）发展而成。

特质－因素理论的前提是可测评性、匹配性和可行性，每个人都有自己独特的能力和人格特点，人才选拔时要充分考虑两大要素：一是特质，包括个性的态度、能力、兴趣、特长、局限和其他特征；二是因素，即职业的要求，主要指职业成功所需的知识以及岗位所具有的优势、劣势和补偿、机会和前途等。在了解了个人特质和职业后，帮助个人寻求个体特征和具体职业要求之间的最佳程度的匹配，使适当的人从事适当的职业，充分发挥每个人的作用。 根据特质－因素理论，职业选择与岗位安排可以分为以下 3 个步骤。

1. 个人特质分析

首先，通过科学的心理测评及其他手段对被测评者进行分析，获取被测评者的身体状况、能力倾向、兴趣爱好、气质与性格等有关的个人资料；其次，通过面谈、调查获得个人家庭背景、学业成绩、工作经历、社会关系等方面的资料；最后，对这些资料进行分析与评价，总结出被测评者的特质。

2. 职业因素分析

职业因素分析即收集并分析有关的职业信息，研究职业的用人要求以及高效完成工作的职业标准。尤其注重对人员条件的分析，了解职业所需要的专业知识、特殊技能以及人员必须具备的生理和心理特征。

3. 人职匹配

在了解个人特质和职业因素的基础上，第三步就是将个人特质与职业相匹配，选择适合个人特质而又有可能获得的职业。

由此可见，特质－因素理论的焦点是人职匹配，即通过对求职者和职业两方面的全面深入分析，寻找人与职业之间的最佳匹配。

（二）人格－职业类型理论

人格-职业类型理论是由美国职业指导专家J•霍兰德（J.Holland）提出的。他认为人格可以分为现实型、研究型、艺术型、社会型、企业型与传统型六种类型。这六种人格类型会有与之相对应的6种职业类型。不同的职业类型具有不同的职业特点，具体见表4-1。

表4-1 霍兰德职业人格类型

人格类型	主要特点	职业类型
现实型（Realistic,R）	喜欢有规则的具体劳动和需要基本操作技能的工作，但缺乏社交能力，不适应社会性质的职业	技能性职业（如一般劳动者、技工、维修工、农民等）和技术性职业（如摄影师、制图员、机械装配工等）
研究型（Investigative,I）	具有聪明、理性、好奇、精确、批评等特征，喜欢探索和从事创造性的活动，不喜欢遵循固定程序，对具体操作不感兴趣	研究方面的职业（如科技研究人员、工程师、实验研究人员等）
艺术型（Artistic,A）	具有想象、冲动、无秩序、情绪化、理想化、有创意、不重实际等特征，喜欢艺术性质的职业和环境	艺术方面的职业（如演员、导演、艺术设计师、雕刻家等）、音乐方面的职业（如歌唱家、作曲家、乐队指挥等）和文学方面的职业（如诗人、小说家、剧作家等）
社会型（Social,S）	具有合作、友善、助人、负责、圆滑、善社交、善言谈、洞察力强等特征，喜欢社会交往，关心社会问题，有教导别人的能力	教育工作者（如教师、教育行政人员）与社会工作者（如咨询人员、公关人员）等
企业型（Enterprising,E）	具有冒险、野心、独断、乐观、自信、精力充沛、善社交等特征，喜欢从事领导及企业性质的职业	政府官员、企业领导、销售人员等
传统型（Conventional,C）	具有顺从、谨慎、保守、实际、稳重、有效率等特征	秘书、办公室人员、行政助理、图书馆管理员、出纳员、打字员等

这6种职业类型存在一定的相关性，有的职业之间联系比较紧密，有的则距离较远。把这6种职业领域及它们之间的关系用一个六边形表示出来（见图4-1），图中的6个角代表6种职业类型和人格类型。每种人格类型的员工与职业之间的关联程度以连线表示：连线距离越短，说明两种类型的关联程度越大，适应程度就越高。当员工人格类型与职业类型在一个点上时，表明这个职业选择到了最适合的员工，这是最好的人才招聘。如果连线距离越长，表明员工与职业的适应性越低。

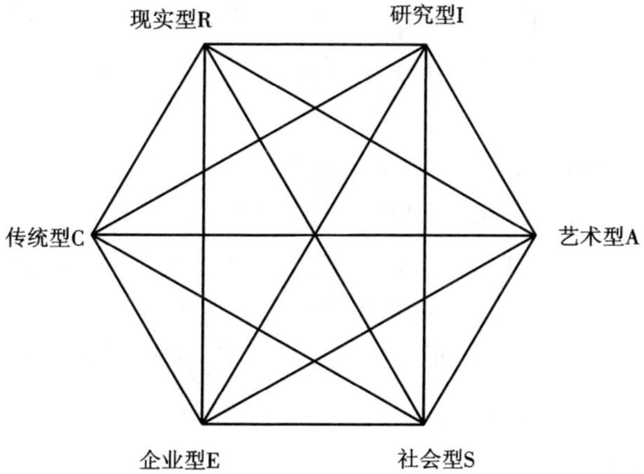

图 4-1　霍兰德职业人格类型关系

通常来说，人在择业时会倾向选择与自我人格类型相匹配的职业环境，比如现实型的人会倾向选择现实型的职业环境，在这样的工作环境中容易获得乐趣和内在的满足，也最大可能发挥自己的潜能。同样地，企业在选人时，也会倾向于选择与职业环境匹配的人格类型的求职者。但是，在实际招聘过程中由于种种原因可能没有选到与职业环境完全匹配的人，甚至是选择了完全不匹配的求职者，比如艺术型的职业环境招到了一个传统型人格类型的人，不仅员工个人难以体会到工作带来的快乐，对于企业来说也会降低工作效率。因此，人格类型与职业环境匹配在人才测评中是非常重要的。

三、人才素质模型理论

人才素质模型理论也称胜任特征模型理论，是由美国哈佛大学的麦克利兰提出的。1973 年，美国哈佛大学的麦克利兰在《测量胜任特征而不是智力》一书中定义了胜任特征，他认为组织在人员的选拔中采用传统的智力测验、学校的学术测验，这并不能预测其从事复杂工作和高层次职位工作的绩效或在生活中是否能取得成功。他认为决定员工能够把工作干好的因素并不是通常人们所认为的与个体智力相关的知识、技能或经验，而更重要的是个体的态度、价值观、自我形象和动机等潜在的深层次特征。

他认为胜任特征是由以下两种要素构成的。

（1）员工个人外在的知识、技能等要素。这些要素属于显性素质，是个人在工作活动过程中以及工作结果中所表现出来的别人能够看得见的知识的深度和广度、对工作技能掌握的熟练程度等。这类素质可以依据个人工作行为观察及工作结果分析进行评价，它是胜任工作和产生工作绩效的基本保证。

（2）内在的态度、动机、自我概念、品质、价值观等内在的心理特征。这些潜在素质不易被人发现和比较，但却是决定员工能否把工作干好、影响工作绩效的决定性因素。

胜任特征模型能够很好地区分绩效优秀的员工和绩效一般的员工，并能很好地解释导致两者绩效差异的原因。因此，很多企业在人员招聘时，淡化了专业要求，更看重求职者的综合素质。基于胜任特征模型的人才选拔，依据岗位对任职者的素质要求，通过一定的测试方法，对求职者的胜任特征尤其是与工作相关的深层次胜任特征进行评价，成为甄选的重要依据。这种基于胜任特征的招聘既能体现企业的长远发展战略，又能确保企业获得合适的员工，将企业战略、经营目标、工作与个人联系起来，提高招聘选拔的质量。

四、心理测量理论

心理测量是人才测评的主要学科基础。人才测评的理论基础和方法手段主要来源于心理测量学的研究成果。现代测量观认为，人才测评就是运用心理测验方法和技术对人的心理素质进行测量的过程，因此，心理测量理论在人员选拔与职业指导中占有重要地位。测量学理论主要解决测量量表的编制方式、测量参数估计的方法以及对测量结果的解释方法。对人才测评最有影响力的测量理论有经典测量理论、概化理论和项目反应理论。

借助经典测量理论和项目反应理论可以编制出既有信度又有效度的量表，因为测量质量的评价标准之一是有效性。运用项目反应理论，企业可以编制大型人才测评题库，为人才测评活动储备技术工具资源。概化理论的核心思想在任何测量情境下，都有数个变异来源，而测量的重要目标是试图辨识及度量造成测量误差的变异成分，进而采取策略来降低误差来源对测量的影响。运用概化理论能够根据不同的研究目的对测验过程进行调整，从而大大降低测验中的各种误差，提高构想效度。

第三节　人才测评的信度

信度是衡量人才测评工具质量的重要指标，若测量工具的信度不理想，测量结果就无法被认为是应试者的一致、稳定和真实的行为表现，测量就没有任何意义。

一、信度的概念

信度（reliability）指应用测验或量表测量某一对象所得结果的可靠性或一致性的程度。也就是说，希望在不同时间、不同测验条件下所得分数之间保持一致，事实上无论是物理测量还是素质测评，若对同一人或物施行若干次测量，每一次测得的结果都不可能完全一致，这是由于测试时会有多种因素对测试结果产生影响，测得的结果可能会偏离真实的情况，可能会造成测试的误差。误差大，分数的可靠性就会降低，测评的信度也就越低。一个好的测评工具不仅要有尽可能高的精度，还必须能把误差控制在一个有规律的范围以内，这样测量得到的结果才能比较稳定可信。

信度的高低通常用相关系数（reliability coefficient）来表示，它是指同一样本所取得的两份数据的相关度，理论上用实得分数和真分数的相关系数平方之比来表示。

二、信度的测量要求

信度的相关系数越大，信度越高。当系数为 1.00 时，说明测试的可靠性达到最高程度；而系数是 0.00 时，则测试的可靠性降到最低。一般情况下，系数不会高到 1.00，也不会降到 0.00，而是在两者之间。一个测验的信度达到多少，才可以接受呢？一般来说，信度系数不能低于 0.70，当信度系数大于 0.70 时，可以用于团体间的比较；当信度系数大于 0.85 时，可用于鉴别个人的某些特征。不同的测评工具对信度的要求也有一定的差别，实践中对不同类型的测评工具有不同的标准。具体见表 4-2。

表 4-2　几种测量工具的信度系数

测量工具	信度		
	低	中	高
成套成就测验	0.66	0.92	0.98
学术能力测验	0.56	0.90	0.97
成套倾向性测验	0.26	0.88	0.96
客观人格测验	0.46	0.85	0.97
兴趣问卷	0.42	0.84	0.93
态度量表	0.47	0.79	0.98

三、信度的测量方法

（一）重测信度

重测信度（test-retest reliability）是测验中使用较多的用于确定测量的稳定性的指标，又称稳定系数。这种测量方法是，使用同一测评工具，在不同时间对同一群体施测两次，这两次测量分数的相关系数即为重测系数。它反映的是两次测验的稳定程度。重测信度越高，说明测量的结果越一致、越可靠。例如，用智力测验测量某儿童的智商，第一次的测量结果是 100（中等智商），一周以后再测，结果发现他的智商变成 150（超常儿童），若没有特殊原因，一个儿童的智商不应该在一周内发生如此大的变化，由于两次测量的结果不一致，我们很难断定这个孩子的智商是多少。所以，一般情况下，会认为这个测验的重测信度很低，是不可信的。

重测信度的误差主要来源于时间变化带来的随机变化，因此，在测量时，时间间隔的选择很重要，应根据不同的测量内容而有所不同。时间间隔太短，被测评者会产生较强的记忆效应和练习效应，由于使用的是同一套测验，很可能会记得上次的答案。时间间隔过长，测量结果又会受其他因素影响，如两次测量之间所经历的事件、社会环境影响、家庭影响、被测评者的身心特质改变的影响等等。因此，重测间隔时间的长短，必须根据测验的性质和目的来确定。从经验来看，两次测量的时间间隔为半个月到半年比较合适。

重测信度的使用也受很多因素影响，特别是重测期间的学习或其他重大生活事件的作用，这导致一些测验不能使用重测信度指标。如情绪情感测验或态度测验，如果一次测验之后被测评者经历长假，或遇到重大挫折，会对重测信度造成很大影响，这种情况下，最好使用其他信度指标。

（二）复本信度

复本信度（alternative-form reliability）又称等值性系数，是指用两个功能等值但表面内容不同的测验复本（如 A、B 卷）来测量同一组被测评者，然后求被测评者在这两个测验上的相关系数。复本信度的高低反映了两个复本测验在内容上的等值程度。两个等值的测验互为复本。

计算复本信度的主要目的在于考察两个测验复本的题目取样或内容取样是否等值。例如同样是测量数学运算能力的测验，如果一个测验复本侧重于考查加减法运算，而另一个复本侧重于考查乘除法运算，两者之间的相关必定不会太高，即复本信度低。

复本信度的优点在于，能够避免重测信度导致的记忆效果和练习效应，适用于进行长期追踪研究或调查某些干涉变量对测验成绩的影响。它的不足在于，有些测验的性质会由于重复而发生改变，如某些问题解决型的测验，如果掌握了解题原则，就有可能产生迁移。另外有些测验很难找到合适的复本。

（三）内部一致性信度

内部一致性信度（internal consistent reliability）是指测验内部题目之间的一致性。它反映了一个预考察某种素质的测验中各题目是否都测量相同素质的程度。一个信度高的测验，其内部一致性信度也是比较高的。内部一致性信度可分为同质信度和分半信度。

1. 同质信度

同质信度（homogeneity reliability）测量的是反映同一特质的多个测验题目得分的一致性。例如测验成就动机的条目中有 20 个反映的是追求成功的动机，那么，被测者在这 20 个条目上的一致性即为同质信度。同质信度测量的是单一特质，如果测题掺杂了该特质以外的东西，其同质性就会受到很大影响。有时，一套完整的测验把某个内容分为多种特质来进行，如 Y-G 性格测验，从 12 个特质来测量性格特征，每一个特质有 10 个题目，那么，反映同一特质的 10 个题目的一致性的指数就是其同质信度。

2. 分半信度

分半信度（split-half reliability）是将测验分成两个部分，然后计算这两个部分测验的相关系数。这个相关系数实际上代表的是两个相同测验内容取样的一致性程度。这种信度系数的获得较为简单，只需一次测验就可以实现，如在测验之后将测验分成等值的两个部分，分别计算被测评者在两个部分测验上的得分，然后求出这两部分的相关系数。

一般采用奇偶分半的方法，即将测验按奇数题和偶数题分成两半。要说明的是，前后各取一半内容的划分方法是不足取的，因为，被测评者在前后部分答题时有更多的其他因素会造成二者之间的误差，如被测评者的疲劳程度、练习程度、准备状态、重视程度等对前面的和后面的答题会产生不同的影响，进而影响这种测定方法的信度。

（四）评分者信度

评分者信度（raters reliability）是指评分者对相同的对象进行评定时所具有的一致性。简单的估计方法就是随机抽取若干份答卷，由两个独立的评价者打分，再求出每份答卷两个评判分数的相关系数。如果评分者在三人或三人以上，则根据应聘者的表现对其进行评分，如果想了解评分者评分的一致性，可采用肯德尔和谐系数来求其信度。

四、影响信度的因素

影响测试结果的因素既有被测评者自身因素（如他们的心理状态及对测试的认识和理解程度），也有来自外界的因素（如主试者的影响、环境的影响以及试题本身的问题等）。这些影响越大，测试的信度就越低。

（一）样本团体的性质

样本团体的性质对信度的影响主要有以下 3 个方面。

1. 样本团体的分数分布

任何以相关系数表示的信度系数都会受样本团体分数分布的影响。分数分布越广，信度系数就会越高；分数分布越窄，信度系数就会越低。

2. 样本团体的异质性

信度系数还受到样本团体异质性的影响。一般来说，取样团体的异质性越大，信度系数就相对越高。例如，用一项数学测验来测试 A、B 两组应试者，A 组应试者较为同质（数学实验班的学生），分数分布为70~90分；B组应试者较为异质，（多个学校的各类学生），分数分布为20~90分。显然，由于B组应试者的分数分布比A组要广得多，所以，以B组应试者为样本团体得到的信度要比采用A组应试者得到的信度高。

3. 不同团体间能力水平的差异

测验所施测的团体的平均能力水平的不同也会对信度产生影响。例如，在斯坦福－比奈智力测验量表中，不同年龄组的信度从0.83到0.98不等。因为，对于年幼的团体，他们的平均能力水平低，他们的分数基本上是凭猜测获得的，其靠猜测的测验结果总是不会很稳定的，所以信度较低。这种情况导致的信度偏差，很难用一般的统计公式来校正，只有通过对各种年龄及能力水平的检验来确定。

（二）样本的长度

信度会受到抽样样本多少的影响，一般来说，样本越多，取样越充分，信度值就越高。举个例子，要测量10万根钢筋的抗拉强度，如果从中随机选出30根，经过试验，其合格率为98%，不能保证10万根钢筋的合格率就是98%，因为只是抽取了很少一部分样本。但如果把10万根钢筋全部拿来做抗拉试验，得出合格率为98%，这个测验结果百分之百可信，信度最高。但实际上不可能将所有样本都拿来做试验，因此，我们可以适当地增加样本的长度，以求得一个较高的信度。

（三）测验的难度

如果一个测验的难度太低，测验分数会非常集中并聚在高分端，即出现天花板效应（如百分制的测验中得分都在90分以上）；或者难度太大，所有分数都集中在低分端，出现地板效应（即得分都很低，全部不及格），都会使测量得到的分数分布太窄，导致信度降低。

只有当测验的难度水平能够使测验分数分布范围最大时，测验的信度才会比较理想。一般来说，当所有应试者的平均分为测验总分的一半（50%），并且分数从零分到满分均匀分布时，测量的信度最高。由此我们可以看到，测验的长度和难度会共同起作用。如果只增加测验的长度，但没有控制难度，使测验分数不能充分散开，那么增加长度的努力也会是徒劳的。

一个好的测量需要尽可能地避免一些干扰因素，在量表的开发、测量程序的标准化、对测试者的培训以及数据的收集等任何一个环节出问题，都可能影响到测量的信度。

第四节 人才测评的效度

一、效度的概念

效度(validity)是应用测评量表对于所要测量的特性或功能所达到有效性的程度。测量结果与考察的内容越吻合则效度越高,反之,效度越低。例如,在一项考查管理人员逻辑推理能力的测验中,如果题目的文字表述过于晦涩,行文让人费解,过多使用生僻的词,可能决定测验分数高低的主要是被测评者的语文理解水平,而不是逻辑推理能力。这样的测验就没有测量到其本应该测的素质特征,其结果无法用于评价被测评者相应的能力,其效度就会很低。

从测量学的意义来说,效度是指与测量目标有关的真实分数方差与总分方差的比率。

二、效度的评估方法

(一)内容效度

1. 概念

内容效度(content validity)是指测评内容反映测量目标特质的程度。一项测评往往对于测量的内容有详细的范围规定,这个范围是考察内容效度的基础。如智力测评的内容主要涉及观察能力、记忆能力、思维能力、想象能力等。智力测评题目应反映智力的这些内涵。如果测量题目过于偏重知识经验积累,可能会偏离智力测评的目标,其内容效度就会受到严重影响。

内容效度的评估很难有量化指标,只能靠内行与专家的推断来进行。专家根据测评题目和假设的内容范围作系统的比较判断,如果专家们认为测评题目恰当地代表了所测内容,则测评具有一定的内容效度。但这种方法也存在一定的问题,即缺乏一种数量化指标来描述内容效度的高低,不同专家的判断可能不一致。

好的内容效度要求测评内容范围具体明确,有的还要求尽可能具有可操作性,能够在题目上具体反映出来。此外,测评内容的选取要具有代表性。在编制测评题目时,首先要确定总体的范围,描述有关测评的知识点、技能以及应用等情况,并据此来确定条目内容;其次,可列出有关内容的双向细目表,使测评内容按一定的比例编制;最后,让专家评判有关测评编制的适用性等。

2. 应用

内容效度最适合于评估教育和职业成就测验。在这种应用中,通过对内容效度的评价可以回答以下两个问题:一是该测验是不是应考察的某种技能和知识的代表性样本;二是测验的成绩是否不受无关因素的影响。其中,内容效度对校标参照测验尤为重要,因为在校标参照测验中,被测评者的表现往往以测验内容来解释。校标参照测验应用的基本条件是具备足够的内容效度。

内容效度也适合于某些用于选拔的人事测验。这些测验中,测验内容是实际工作的一个样本,应包含实际工作所需要的技能和知识。通过对内容效度的分析来确定测验是否的确测量了实际工作中需要的知识和技能。

内容效度的评估一般不适用于能力倾向测验和人格测验。能力倾向测验和人格测验不大要求与所取样的行为领域的内在相似性,其测验题目的选择更多地受某种假设的指导,这种假设的正确与否最后由测验的其他效度形式来确定。

(二)构想效度

构想效度(construct validity)是指测评能够测量到某种理论构想或特质的程度。所谓构想,是指一些抽象的、假设性的概念或特质,如智力、创造力、语言流畅性等。这些构想往往无法直接观察到,但是每个构想都有其心理上的理论基础和客观现实性,都可以通过各种可观察的外在表现加以确定。例如,语言流畅性可以通过语速、语言的逻辑性、口误次数等可观察的指标进行确定。

确定一个测验的构想效度通常包括三个基本步骤:一是建立理论框架,以解释应试者在测验上的表现;二是依据理论框架,推演出各种有关测验成绩的假设;三是以逻辑和实证的方法来验证假设,根据这些积累材料决定这种理论是否能恰当地解释现有材料,如果不能作出恰当解释,则应该修正上述假设,直到能作出恰当的解释为止。

(三)效标效度

效标效度(criterion validity)是指测评分数与外在效标的相关程度,因此也称为效标关联效度。效标往往是一种有关的外在参照标准,而且这种标准为大家所公认,较为客观。如成就动机的测量,可采用学业成绩作为效标,如果所测得的成就动机水平与学业成绩呈中等程度的正相关,说明成就动机的测量是有效的。

在实际运用中,根据效标效度考查方式的不同,可以分为同时效度和预测效度。

同时效度(concurrent validity)是指在进行测评的同时加入或收集效标材料,以此求得测验分数与效标材料的相关度,从而获得测评的效标效度。这种方法能够快捷地获得效度指标。在招聘时,可以将大学生的选拔测评得分与其学校考试成绩相比较。同时效度的评估不需要长期追踪,所以应用更为普遍。

预测效度(predictive validity)是指效标资料在测量之后相隔一段时间才能获得,它反映的是测评分数对被测评者一段时间后的行为表现的预测程度。如在人才选拔时,测得某人的销售能力很强,这可通过其一个季度的销售业绩来检验。如果其业绩果然突出,则说明当初的测评预测效度很高;否则说明预测效度很低。

同时效度多用于诊断式测评，即诊断当前状况的测评，如绩效考评等；预测效度多用于预测性测评，如人才选拔，高的预测效度预示着该人以后在实际工作中表现很好。

对于效标效度来说，效标的选择十分重要，有时也非常困难。效标是衡量测评有效性的参照标准。从理论上讲，效标的选择应与要测定的内容密切相关，或有证据表明二者之间的关系程度。效标本身也应具有较高的信度。

常用的效标如下。

（1）学术成就或学业成绩。这种指标常作为智力测验的效标，其逻辑假定是，智力越高的人，其学术成就也应当越大。相应的常见的效标测量有在校成绩、学历、测验分数、教师对学生的智力的评定、工作中的研究成果、有关的奖励和荣誉等。这些指标也属于对学术能力倾向测量的精确描述，因此，也可以作为某些多重能力倾向测验和人格测验的效标。

（2）实际工作表现。如人才测评、选拔、晋升、奖赏甚至教育等都以实际工作表现和业绩作为效度指标。如对美国大学的评价，往往以一所大学出过多少个诺贝尔奖获得者、多少位总统等为指标；商学院的 MBA（工商管理硕士）教学评价以学员工作时的职位晋升、工资报酬的提高程度为指标。

（3）有关的著名的测评。新编制的测评往往以该领域中已经取得良好信度、效度指标的测评为效标。如人际交往能力测评可以 Y-G 性格测评中的有关维度得分为效标，可以在人际交往能力测评中加入 Y-G 性格测评中的部分条目，获得同时效度。

（4）专家评定。对一个新的测评来说，有时很难找到现成的效标，这时，可采用专家评定的方法。如对学生攻击性的测评可以家长、同学、各科教师的评价为效标。

三、影响效度的因素

影响效度的因素很多，主要有测验本身、样本、效标、信度等因素。

（一）测验本身因素

1. 测验题目的质量

测验题目指导语不明确，题目设计不合理、表达不准确、太难或太容易等因素都会影响测验的效度。

2. 环境因素

测验时应使被测评者所处的环境相对安静、稳定，不宜在嘈杂的环境、重大节假日期间施测。

3. 应试者因素

应试者的反应定式、测验动机、情绪和身心状态都会对测验的结果造成影响，所以，测验时应使被测评者保持良好的心理状态和稳定的情绪，以便于其正常发挥。

4. 测验长度

增加测验的长度通常可以提高测验的信度，而效度系数能否达到最大值也受信度的影响，因此，增加测验的题目往往也能提高测验的效度。不过，效度增加的前提是这些增加的题目必须与测量的目标相关。

（二）样本的选择

样本的选择一定要严格遵循抽样的原则标准，否则会得出片面的结论。如要了解智力对学习成绩的影响，如果只选择大学生被测评者，就会低估智力的作用，很可能会得出智力与学业成绩不相关的结论。因为大学生是经过选拔的一个特殊群体，其智力水平相对较高，所以对学业成绩高低的贡献很难通过统计分析得出合理结论。

（三）效标的性质

效标只是考察测量有效性的参照标准，不同效标的差别可能很大，应根据具体情况来解释。在采用效标关联效度时，效标的性质如何，会影响对测验效度的评价。一般来说，如果其他条件相同，所测量的行为或心理特质与效标行为或特质越相似，效度系数就越高。比如，假设要进行一项管理能力测验，现在要为这个测验选定效标，有人会考虑采用下列效标来源：学历、升入现职位的速度（年限）、近 3 年管理工作的业绩、同行的评价、上司的评价等。显然，这些效标与测验内容的同质性并不相同，将测验分数与它们求相关时，得到的效度值大小也就不同。

四、信度和效度的关系

在人才测评中，信度和效度是两个很重要的概念，任何一个完善的测验都必须具有这两个要素，信度考虑的是随机误差的影响；效度的误差还包括与测验目标无关变量所引起的系统误差。要提高效度，除了要提高信度外（减少测评过程中的随机误差），还要减少由测量工具所造成的系统误差（提高测量工具的精确性，并使测评程序标准化）。

一个有效的测评首先是有信度的，如果没有较高信度，就不可能得到很高的效度。但是信度很高的测验并不意味着就一定能得到很高的效度。人员招聘与选拔过程中如果不讲信度和效度，就可能犯两种错误：一是错误认可，即错误地选拔、任用了不够条件的人员；二是错误拒绝，筛选掉了够条件的人员。不管出现哪一种错误，都会给管理工作带来影响。

人才测评的信度和效度究竟多高才合适，当然是越高越好。相比较而言，信度应该高一点，因为人力资源管理工作涉及面广、情况复杂，因此，人事工作力求稳妥、可靠。而对于效度，则要根据测评的目的而定。如果测评的目的是为了分析个体的性格与能力，则测量的效度愈高，其可靠性越大。如果测评的目的是选拔人员，只要区分出优劣即可，因此，效度系数不一定要求很高。

复习思考题

1. 人才测评在企业人力资源管理中的作用。
2. 人才测评的内容有哪些？
3. 人才测评的原理。
4. 什么是信度？影响信度的因素有哪些？
5. 什么是效度？影响效度的因素有哪些？

阅读资料

人才测评帮助公司走出招聘困境

某电力股份有限公司成立于 1993 年，1997 年在深圳交易所上市，总注册资本为 21.63 万元，主营业务为：水处理、化工、仪器仪表、热工、机电一体化、计算机应用等。公司有 11 家控股子公司。为满足发展需要，公司董事会制定了新的战略，集团公司主营业务向环保领域转移，主要方式为环保工程总承包，以输出技术和管理为主；具体业务分为火电厂的烟气脱硫和污水处理两大类。

当时公司面临两大困境：一是人员数量严重不足，当时公司实行改革后总公司只有 80 余人；二是现有人员的专业结构及经验不足，基本上没有从事过大型工程管理经验的人。其解决的基本办法就是面向全国公开招聘。通过媒体发布招聘信息后，共有 3 000 余人报名，经过材料审查、电话沟通等方式的筛选，初步入围近 500 人，又由公司董事会和高管层及人力资源部组成多个面试小组赴全国各地进行面试，最后确定 343 人入围。由于所招聘的人员大部分都要从事比较重要的岗位，这些岗位人员的使用不仅成本高，而且有较高的风险性，因此，公司领导层决定聘请专业的测评机构对这些应聘的人员进行综合素质测评。

分析：

专业人才测评咨询机构承接这一项目后，通过双方的沟通发现，该电力股份公司面临的最大问题是无法将最后入围的 343 人有效区分，这也是很多企业在大规模公开招聘中经常会面临的实际问题。该电力股份公司借助外部测评机构的目的如下。

（1）通过科学方法将入围者区分优劣，传统方法已经无法解决这个问题。

（2）最大限度降低用人风险，提高人才回报率：在测评中表现优秀的人是适合企业的并且能够给企业带来实际利益的人才，而不是“考得好”或者“说得好”的人。

了解了上述目的，专业人才测评咨询公司认为该电力股份公司的困难之处在于企业的传统招聘方式只能看学历、知识、经历，而无法真正识别人才的能力和素质这些与工作绩效高度相关的特征。人才测评，正是通过运用科学的方法，定性或定量地测量出人的能力和素质并将这些与企业的实际情况相匹配，以人的能力素质与企业及目标岗位匹配度的高低来区分人才的优劣，这也正是解决该电力股份公司面临问题的关键。在双方对上述观点达成一致认同后，专业人才测评咨询公司提出了如下解决方案。

（1）根据该电力股份公司的实际情况 (包括企业的宏观要求和具体岗位的要求)，拟定了一个针对性的评估模型。

（2）根据确定的评估模型，设计了一个包含多种测评方法的系统性综合测评方案。

（3）制定严密的测评实施流程，包括实施场地的选择和测评专家的配备都做到最大限度符合测评方案要求。

（4）根据每个测试对象和各个测试项目上的反应情况，测评专家把数据汇总进行了综合分析并针对每个应聘岗位的要求作出推荐意见。推荐意见共分五个等级：五级为最高级，即特别优秀者，四级为优秀者，三级为合格者，二级为慎重使用者，一级为完全拒绝者。

公司执行以上方案后，取得很大成效。该电力股份公司的董事长给专业人才测评咨询公司亲笔写的感谢信中是这样评价的：“人才测评不仅帮我们选聘了一批优秀人才，而且帮助我们公司的决策层和管理层对‘人才’二字有了科学的理解。我们认为人才测评技术对我们的帮助是巨大的，我们的收益也是巨大的，我相信人才测评技术将会为我国更多的企业提供有益的帮助。”

资料来源：江波 . 人力资源管理心理学 [M]. 上海：华东师范大学出版社 ,2014.

案例分析

李总的困惑

卓凡房地产公司老板李总最近的心情实在不佳，公司内外的一些事情很是令他郁闷：好长时间一直拿不到一个合适的项目，而且到明年春天，公司就无项目可做了！两天前，公司楼道里两个小员工谈论公司无项目可做，赶紧找退路的话，让李总不经意间听到了。看来连普通员工都开始紧张起来了。企业到底该何去何从？

烦心的事儿不单单是一桩。这半年李总骂下属（包括几位副总）的次数越来越多了，挨骂最多的是他一手带出来的子弟兵——王副总。想当初公司起步那几年，这个年轻人，脑子活、勤快，找关系拿项目总是能出其不意，可企业规模大了、部门多了、项目多了，这个家伙却好像不会干了。做部门经理时，部门的工作相当出色，井井有条。可现在呢，作为常务副总，他分管的几个部门矛盾重重，他总是协调无力。管理上嘛，眉毛胡子一把抓，从外部引进的部门经理，还有几个资历深的副总，都不买他的账。而王副总本人也挺郁闷，几次和老板谈话都表达了对其他几位副总的不满，认为大家不支持他的工作。

其他的几个副总呢，履历很相似，都是工程专业背景。每次开会，总是有两种声音，用李总的话来讲："打官腔、谈工程"是卓凡公司总经理办公会最大的文化特色。

公司早已从项目制管理转为集团化管理，虽然成员企业不多，但麻雀虽小，五脏俱全，高层管理者的不适应、不转变，使李总很为难。换人？下不去手，都是一起打拼出来的兄弟。不换？人的阻碍又是客观摆在面前的问题。

为了解决人的问题，李总花重金从港资企业挖来了总经理，希望带来新的管理思路，适应公司集团化发展的需要。可三个月不到，问题出现了，总经理的规范管理思想遭到了子弟兵、元老派的统一反对。他们之间矛盾依然存在，但相对于执行总裁来讲，却变成了内部矛盾，统一对其发难、制造麻烦，管理又是一片混乱。卓凡公司看起来问题很多，李总处于困惑中。李总在想，在这两天无论如何得先有个思路，行动起来！

资料来源：http://www.bnet.com.cn/2011/0525/2037890.shtml

问题：1. 你认为李总当前面临的主要问题是什么？针对这些问题他应当从什么地方开始着手解决？

2. 请你根据人职匹配理论解释分析卓凡公司高层管理团队的问题以及应当怎样去解决这些问题。

第五章　人才测评的设计与实施

【学习目标】

通过本章的学习，理解测评方案设计的影响因素；了解测评活动实施的步骤；重点掌握测评方案的内容。

【引导案例】

某公司招聘装配工人的测评实施过程

某公司要招聘一批生产线上的装配工人，招聘前经过设计，决定选用职业操作能力测验、多项人格测验及面试3种方法。确定测评方法后，公司决定委托人力资源服务公司测评招聘工人。由此，该公司的人力资源部主任李某找到了服务公司的小刘商议此事。经过双方商议，小刘满心欢喜地接下了这个活，并开始组织落实施测人员、布置测试场地。

招聘的那天，小刘早早地来到招聘现场，胸有成竹地开始指导整个测评的过程，结果事情完全出乎他的意料。整个招聘现场乱成了一锅粥，面试室门口和两个操作测验室门口挤满了等待参加测试的人。他们在门口公开地谈论着这种新奇的招聘方式，严重地影响了这些测试的正常进行。人格测验室更是像一个菜市场，做完了测验的人出来，还没有做测验的人又陆续进去，人来人往，非常混乱。

一天折腾下来，小刘就像散了架似的，似乎测试了很多人，但是完整地完成3项测验的人没有几个，而且测试的场所太嘈杂，整个测验的过程受到了很多无关因素的干扰，小刘实在不敢保证有多少测验结果反映了受测者的真实情况。

案例中的小刘在没有科学地设计测验实施程序的情况下就开展了人员测评，一方面使测试的过程受到了很多无关因素的影响，另一方面也造成了人力、物力的浪费。因此，在实施测评项目前要做好各项准备工作，控制测评的影响因素，以保证测评工作的有效开展。

第一节　测评方案的设计

人才测评是一个复杂、综合、系统的过程。在进行人才测评前，要对测评活动所涉及的诸方面进行总体设计和部署，根据测评的目的，判断科学的测评程序，选择适合的测评方法和工具，才能保证测评结果的准确、客观和公正。

一、测评方案设计的影响因素

测评方案也称测评计划，是对某一测评活动所涉及的诸要素进行的总体设计、部署和安排。设计测评方案时要考虑以下几个因素。

（一）测评目的

在制定测评方案前首先要明确测评目的，因为目的不同，所采用的测评方法、测评工具也不同。企业开展人才测评一般有以下几个目的：以选拔为目的、以培训为目的、以考核为目的、以资源配置为目的、以工作分析为目的、以诊断为目的和以激励为目的。以招聘选拔为目的的人才测评，一般采用简历筛选、笔试、面试等测试方法即可。而以诊断为目的的测评，需要全方位了解、诊断企业员工的特点与不足，为企业的未来发展和员工个人发展提供诊断报告，所以需要请外部测评专家综合运用心理测验、面试、评价中心技术等多种测评技术和方法。

（二）评价要素

评价要素的确定需要借助岗位胜任特征模型。胜任特征模型可以为评价要素的确定提供很好的参考，同时考虑到外部环境的变化、企业未来的发展、与目标岗位相关的团队构成等因素。一般来说，评价要素的数量在 7 个以内为宜，超过 7 个，评价者就很难对要素进行有效区分。但在使用评价中心技术测评时，评价要素平均要达到 10 个左右。

（三）被测评者的数量

被测评者数量也是测评方案设计要考虑的要素之一。在初步筛选阶段，测评人数较多时，用较少的测评方法即可达到目的。而在决定录用的测评阶段，要从几位候选人中选出一个人，测评的准确性要求比较高，这时选用的测评方法就会增多，以此保证测评的准确性和客观性。

（四）预期结果

测评的预期结果也会影响到测评方案的设计。当只需对被测评者进行简单排序时，对测评方案的设计要求不高。当需要给每位被测评者提供个人职业发展报告时，对测评方案的设计要求就很高。

（五）组织实施

测评方案设计前还需要考虑测评的组织实施。如果在组织实施中测评人员的数量比较少，就不可能分多个组同时对被测评者进行测评，测评实施可能需要好多天，这种情况下，考虑到测评题目的保密性，就需要事先设计多套难度大体相当的测评题目。

（六）测评预算

预算的多少实际上直接关系到测评的精确性。通常情况下，招聘一个人的平均预算越多，选用的测评方法往往也越多，测评的效果就越好。我国很少有人对测评的投入产出比进行过系统的测算。美国有测评专家经过测算得出，在对企业中层管理人员的测评中投入几千美元，其实际回报能达到几百万美元。

二、测评方案的设计

一个完整的测评方案通常包括测评标准体系的设计和审查、测评方法的选择、测评工具的选用和编制、测评人员的组成以及测评时间和场地的确定等。测评方案是整个测评活动的蓝图和指南，直接关系到测评工作的顺利开展和测评结果的有效性。

（一）测评标准体系的设计

测评标准体系设计是测评活动的中心环节，它是对测评对象进行测评时的“标尺”。测评标准体系由测评指标（要素）、测评标志和测评标度 3 个要素组成。

1. 测评指标

测评指标也称测评要素。在测评标准体系里，测评要素是不能再分解的测评指标，是对测评内容的细化条目。设计测评标准体系的第一步就是制定测评指标。在组织中，人才测评指标一般包括知识、技能、能力、个性、品质等。

2. 测评标志

测评标志是为每一个测评指标确立的关键性考核标准，要求必须是可辨别的、易操作的特征，通常一个测评指标由多个测评标准来说明。

3. 测评标度

测评标度是指描述测评指标的程度差异与状态水平的顺序和度量。测评标度的一般表现形式有等级式、数量式、符号式、数轴式、定义式等几种。

（二）测评方法的确定

人才测评的方法有很多，既有适用于个体的，也有适用于团体的，还有针对不同层次的人才测评方法。测评人员要依据测评对象与测评目标确定测评方法。科学合理的测评标准体系必须搭配合理的测评方法才能发挥最大的效果。目前，常用的测评方法有：履历分析、笔试、面试、心理测验、评价中心技术等。

表 5-1 测评方法的质量比较

方法	效度	公平度	可用性	成本
智力测验	中	中	高	低
能力测验	中	高	中	低
心理测验	中	高	中	低
面试	低	中	高	中
履历分析	高	中	高	低

续表

方法	效度	公平度	可用性	成本
同行评价	高	中	低	低
自我介绍	低	高	中	低
评价中心	高	高	低	高

每一种测评方法都有利有弊，既没有一种方法完全可靠有效，也没有一种方法毫无价值和用处。在应用这些方法时，应结合测评的目的、对象、内容等因素扬长避短，综合运用，发挥整体互补的功能，使素质测评达到最佳的效果。

（三）选用和编制测评工具

在选用测评工具时，已有的测评工具中，一些标准化的心理测验量表是可以直接使用的。有的则需要进行修正后才能使用，例如知识测验可以借鉴并加以调整和修订。而在有些测评中，则需要测评人员开发和编制测评工具，例如针对某些特定岗位的面试，需要测评人员自行设计题目，才能满足测评的要求。但总体来说，无论是选择标准化的心理测验，还是对现有工具进行改造或是自行开发测评工具，都是专业性和技术性很强的工作，需要测评专家、心理测量专家以及人才测评的实践人员共同合作才能实现。

（四）测评人员的组成

测评人员是测评活动的具体实施者，他们的质量和数量对测评工作起着重要的作用。合理的人数和人员搭配，能使测评的标准体系发挥预定的效果甚至可以弥补某些不足，达到最终的测评目的。测评人员要具有以下条件：具有测评的专业知识和经验；熟悉待测岗位的素质要求与具体评分标准；了解待测人员的基本背景情况；具有较好的口头表达、沟通、应变与观察能力；善于独立思考，处事公正等。

测评人员可以是测评领域的专家、组织的管理者或人力资源部门人员。尽管要求测评人员要具有相应的测评知识和技术，但在具体测评实施前还要对所有测评人员进行培训。培训的内容包括测评纪律、方法、操作流程、突发事件处理及应对方法等。培训的目的是使测评人员熟悉测评的每个环节和内容，掌握各种测评方法，保证测评工作的顺利实施。

（五）测评时间及环境的确定

1. 测评时间的确定

不同的测评方法和工具所花费的测评时间也不尽相同：初步筛选的结构化面试一般会在 1 小时内完成，而针对管理人员的评价中心技术可能需要数天时间才能保证测评的效果。因此，在测评实施前，测评人员要按照每项测评方法的特点合理制订时间计划，同时确定不同测评项目的先后顺序以及时间间隔。

2. 测评环境的确定

测评环境的选择主要考虑测评现场是否适合被测评者正常水平的发挥，有效地完成所测任务。如果测试环境嘈杂、光线昏暗，容易影响被测评者的思考。因此，测评环境要保证安静、光线充足、宽敞，使测评对象注意力集中在测试问题上，从而提高测评的有效性。

阅读资料

A 公司选拔分公司总经理的测评方案

A 公司是一家全国性的大型医药公司，目前在全国有 10 余家分公司。根据公司业务发展需要，A 公司现面向全国招聘河南分公司总经理 1 名。招聘信息发布后，公司共收到 100 多名应聘者的简历，经过初步筛选，共有 20 人进入最终的测评环节。为了能选拔出与岗位最为匹配的候选人，A 公司决定与 B 测评机构合作，利用人才测评技术，协助完成本次的招聘，以提高决策的科学性和准确性。

表 5-2　A 公司选拔分公司总经理的测评方案

职位与人数	A 公司河南分公司总经理，计划录用 1 人
测评对象	通过初步筛选的应聘者
测评内容	专业知识与英语水平、组织领导能力、协调沟通能力、态度与价值观
测评方法	履历分析 笔试：专业知识考试、英语水平测试 心理测验：管理者能力倾向测验、管理者行为风格测验、管理者组织行为动机测验 面试：结构化面试、半结构化面试 评价中心技术：无领导小组讨论、文件筐测验
测评实施流程	1. 资格审查。对应聘者的各种应聘资料和有关信息进行综合分析和全面筛查，剔除那些不具备基本资格条件的人员，确定参加笔试的人选 2. 第一轮测评。进行专业知识和英语水平笔试以及管理者能力倾向、管理者组织行为动机和管理者行为风格三项心理测验。根据测评结果淘汰未达到要求的候选人 3. 第二轮测评。结构化面试，根据面试结果，淘汰能力较低的候选人，确定下一轮测评的人选 4. 第三轮测评。评价中心技术，运用无领导小组讨论和文件筐测验，进一步优中择优，按照 1∶3 的比例确定进入最后一轮面试的人员 5. 第四轮测评。半结构化面试，更加全面和深入地了解应聘者，力争更加准确、有效地选定拟录用者、降低用人风险 6. 测评结果的分析和整合。对几轮测评结果进行数理统计分析、归类与整合，撰写详细的个人综合测评报告，为录用决策提供参考依据

续表

职位与人数	A 公司河南分公司总经理，计划录用 1 人
测评 组织分工	B 测评机构负责测评的总体设计，进行工作分析和制订测评方案；负责各种测评工具的设计和技术实施；参与笔试阅卷工作；分析、整合测评结果，撰写测评报告，提供录用使用参考建议。 A 公司人力资源部负责人员报名和资格审查；负责各种考试、测试及笔试阅卷的组织实施工作；协助组织各类测评的技术实施工作；及时通知应聘者参加每一轮测试；提供必要的人员、场地、物品及经费的支持保障
测评 时间安排	2013 年 8 月 在网站发布招聘信息，收集简历，并对简历进行初步筛选 2013 年 9 月 2 日 第一轮测评：上午　笔试 下午　心理测验 2013 年 9 月 5 日 第二轮测评：结构化面试 2013 年 9 月 8 日第三轮测评：上午　文件筐测验 下午　无领导小组讨论 2013 年 9 月 10 日 第四轮测评：半结构化面试
测评场地	A、B 两间会议室，其中 A 会议室作为测评场地，B 会议室作为候选人等待和休息的场地
测评工具	测评的试题、文件筐测试中需要的文件、评分表、答题卡、文具等

资料来源：王淑红 . 人员素质测评 [M]. 北京：北京大学出版社，2012. 有删改 .

第二节　测评标准体系的设计

一、测评标准体系的概念

测评标准体系是进行人才测评时所依据的统一测评标准。它是由一群特定组合、彼此间相互联系的测评指标组成的，而且每个测评指标又有自己的独立性，一个测评指标只代表人员素质的某一侧面，所以，测评标准体系反映了人才测评要检测的各个方面，是人才测评工作的基础。表 5-3 是测评标准体系构成的一个具体示例。

表 5-3　交往能力的测评标准体系

测评指标	测评标志	测评标度		
交往能力	1. 流畅地表达自己的观点 2. 善于同各类人建立广泛的沟通和联系 3. 合理协调上下级间的关系 4. 善于赢得他人的支持	流畅 善于 合理 善于	一般 一般 一般 一般	混乱 不善于 不合理 不善于

二、测评标准体系的内容

一项完整的测评标准体系由测评指标、测评标志和测评标度 3 个要素组成。后两者称为测评标准，它是衡量测评指标的“尺子”。

（一）测评指标

测评指标是测评内容的细化条目，即确定测评内容到底有哪些方面。一般而言，测评内容是多方面、结构化的，因此，需要数个指标来细化这些测评内容，这样的一系列测评指标就构成了测评标准体系。设计测评标准体系的第一步就是建立测评指标体系，列出测评可能涉及的素质维度，并将每一个维度细化，得到具有可操作性、全面而准确的素质条目。例如测评内容“智力”可以分解为“记忆力”“思维力”等具体测评指标。

在组织中人才测评指标一般包括知识、技能、能力、个性等。根据测评对象的不同，这些测评内容可以再分解为测评者所需要考察的亚指标，形成测评指标体系。

（二）测评标志

所谓测评标志，就是对能够反映测评指标的行为表现或行为特征进行的描述。例如“语言表达能力强”的标志就是“能够清楚地进行自我表达”。测评标志是为每一个测评指标确立的关键性特征描述或特征界定，以此作为考核标准。这些特征要求可辨别、易操作。通常一个测评指标要由多个测评标志来说明。测评标志依据表现形式，可以划分为判断式、设问式和限定式三类。

1. 判断式标志

判断式标志又称为评语短句式标志，是采用简单短句作为测评标志，这些短句是对测评指标的简短判断与评论。例如“逻辑思维能力”的测评指标，可以将测评标志设为表 5-4 中的问句形式。

表 5-4　判断式标志

测评指标	测评标志	测评标度		
逻辑思维能力	1. 回答问题层次是否清楚 2. 论述问题是否周密 3. 论点论据照应是否连贯	清楚 周密 连贯	一般 一般 一般	混乱 不周密 不连贯

2. 设问式标志

设问式标志是以问题形式来表现测评对象的行为特征。一般来说，这些问题是针对测评指标所应具有的规范化行为提出的，不同的答案可以将测评对象置入不同的分数级别。

表 5-5　设问式标志

测评指标	测评标志	测评标度				
		优	良	中	及格	差
组织能力	1. 能够组织不同个性的人在一起工作吗 2. 能够组织一项校级学生活动吗 3. 能够有效利用不同的人的优势、长处吗					

3. 限定式标志

限定式标志又称为方向指示式，这种测评标志只限定了应从哪些方面着手测评，并没有规定测评的标志和标度，而是让测评者在大方向已知的情况下自己去把握细微的操作。

表 5-6　限定式标志

测评指标	测评标志	测评标度
业务经验	主要从应聘者所从事的业务年限、熟悉程度、有无工作成果等方面进行考评	根据具体情况把握

（三）测评标度

测评标度是指用评价标准对测评指标进行衡量后的结果表现形式，常常表现为对素质行为特征或表现的范围、强度和频率的规定。测评标度可以是数量的，也可以是语言的；可以是精确的，也可以是模糊的。测评标度的形式主要有等级式、数量式、符号式、数轴式、定义式以及综合式几种。

1. 等级式标度

等级式标度是用一些等级顺序明确的字词、字母或数字揭示测评标志状态、水平变化的刻度形式。例如“优”“良”“中”“及格”“差”。

2. 数量式标度

数量式标度是以分数来揭示测评标志水平变化的一种刻度。它有离散型与连续型两种形式。离散型是用一些规定好的离散数量来标度标志水平，数量之间没有其他的过度水平；而连续型是设定一些数量变化的区域，允许用区域中任一个数量表明标志水平。表 5-7 是同一测评指标的两种标度表现形式。

表 5-7　解题能力指标标度

测评指标	测评标志	测评标度	
		离散型	连续型
解题能力	正确解答问题	10 分	7~10 分
	基本正确解答问题	5 分	3.5~7 分
	错误解答问题	0 分	0~3.5 分

3. 符号式标度

符号式标度是以一种简便的符号来提示测评标志的不同水平。例如，“○”“△”“×”分别表示“上”“中”“下”3 种水平。

4. 数轴式标度

数轴式标度是用一个带有刻度的数轴来表示测评标志的不同水平。这种标度方式直观而灵活，能在较大程度上允许测评者根据具体的差异自主变化。图 5-1 是关于工作满意度的测评指标设计。

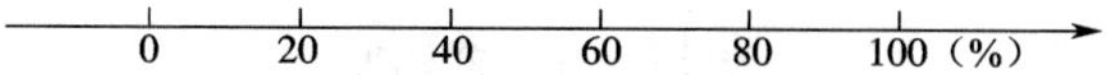

图 5-1 数轴式标度

5. 定义式标度

定义式标度是用许多字词规定各个标度的范围与级别差异，相当于对测评指标的评语式标志赋予了一个等级，是评语式标志与等级式标度的结合。

表 5-8 定义式标度

测评指标	三级标度定义			测评结果
	A：含义	B：含义	C：含义	直接上司填写栏（ABC）
团队合作意识	团队意识强，主动获取他人信任与支持，主动协助他人	团队意识较强，但缺乏主动与他人合作、协作他人的意识	缺乏团队概念，不愿意寻求与他人的合作，不愿协助他人工作	

6. 综合式标度

综合式标度是综合上述两种或更多的标度形式来揭示测评标志不同状态与水平变化的情况。

一个完整的测评标准体系往往由多个测评指标组成。测评指标又可以分解为一级指标及对应的二级指标、三级指标，各级指标不断细化，直到出现具有可操作性的标志和标度为止。表 5-9 为某公司中层管理人员素质测评指标体系。

表 5-9 中层管理人员素质测评指标体系

一级指标	二级指标	三级指标
知识素质	公共知识	公共知识
	专业知识	政治理论
		管理知识
		技术知识

续表

一级指标	二级指标	三级指标
能力素质	科学决策能力	综合分析
		预见性
		发扬民主
	组织领导能力	决断能力
		指挥能力
		应变能力
	交往协调能力	语言表达能力
		沟通技能
		协调能力

三、测评标准体系的设计

测评标准体系设计的关键是确定需要测评的指标和衡量这些指标具体标准的过程。在这个过程中，我们需要遵循相关的原则、程序和方法，进行设计和构建。

（一）测评标准体系设计的原则

1. 针对性原则

针对性原则要求在构建测评指标时，应根据测评目的有针对性地选取有代表性的测评指标。例如，搬家公司在招聘搬运工时，就必须选取“体力”作为重要的测评指标，如果选取“语言表达能力”就不具有代表性，不能达到测评的目的。

2. 完备性原则

完备性原则要求在建构测评指标时，对于具有代表性的测评指标，不应该有遗漏。如公司招聘财务经理，在进行素质测评时，不仅要考核其财务管理的专业知识，还要考核部门经理应具有的管理能力、组织能力，同时不能遗漏作为管理者应具有的道德素养和心理素质。这样建构起来的测评指标才够完备。

3. 可操作性原则

测评指标应该是具体的，可以与事实相联系，能够切实操作测量的。但有时有些测评指标很难操作，例如“思想素质”，这样的测评指标要进行逐一分解，最终确定的指标一定要具有可操作性。

4. 简练性原则

简练性原则要求在建构测评指标时，表述测评指标的语言应该简明扼要，最好都使用短语，而不是句子，特别是长句。例如，应该用“外语能力”而不用“应聘人员可以说……种语言、达到……水平”这样的语句来表述。

5. 明确性原则

明确性原则是为了避免建构出来的测评指标意思不明确，难以操作。例如，“专业知识技能”这个测评指标是不明确的，因为“专业知识”与“专业技能”具有不同的含义，一个具有汽车驾驶知识的人不一定能够驾驶汽车。

6. 独立性原则

独立性原则要求在建构测评指标时，指标体系内同一层次的各项指标必须是相互独立的、不得相互重叠、交叉、包含。例如，对于销售人员来说，“业务能力”与“销售额”这两个测评指标就不是互相独立的，前者包含了后者的信息。

（二）测评指标体系设计的方法

测评指标是测评标准体系的关键，因为它来决定测评什么，不测什么；哪些素质是关键的，哪些素质是无关紧要的。具体的设计方法有以下几种。

1. 工作分析法

工作分析是采用科学的方法收集工作信息，并通过分析与综合所收集的工作信息找出主要工作因素，为工作评价与人员录用提供依据的管理活动。在测评指标确定的过程中采用工作分析法，既可以根据已有的工作分析结果，即工作岗位对任职者的素质要求来确定测评指标，也可以直接针对要测评的工作岗位进行工作分析。不过，这时所进行的工作分析不需要分析工作性质和内容，只需要分析从事该岗位工作的人需要具备的素质条件，履行职责与完成工作任务应以什么指标来评价。同时提出这些素质条件与评价指标中哪些更为重要，哪些不那么重要等。

2. 胜任特征法

胜任特征是能将工作中表现优异者与表现平平者区分开来的特征，它为某一特定组织、工作或角色提供了一个成功模型，反映了某一既定工作岗位中影响个体成功的所有重要的行为、技能和知识。胜任特征模型中的知识、技能、能力、态度、个性特征等指标能够帮助测试者全面考虑测评的指标有哪些。通常胜任特征模型由4~6项与工作绩效密切相关的素质要素构成，而这几项素质要素便是建构测评指标的依据。

3. 演绎法

演绎法是一种通过从企业使命、愿景、战略以及价值观中推导特定员工群体所需的核心人才素质方法。人才素质模型作为对任职者的一套个人特质的要求，其终极目的是有益于愿景、战略等组织根本性目标的实现并体现组织的核心价值观。演绎法实际上是一个逻辑推导过程，其基本步骤如下：一是明确组织愿景、使命、战略和核心价值观；二是推导关键岗位角色和职责；三是推导核心人才素质。

通过分组结构化集体访谈的方式来完成这个推导过程。分组访谈的对象既包括素质模型的直接对象，也包括其他了解情况的人员。这样有利于保证推导逻辑和立场的完整性。结构化集体访谈的结果经过筛选、分类、分级等专业处理过程，最终形成组织核心人才素质模型。

4. 个案研究法

个案研究法是选取若干具有代表性的典型人物、事件或岗位的绩效特征进行分析研究来最终确定人才测评的指标体系。具体操作步骤如下：首先，明确测评的目的与对象；其次，依据测评目的与对象在调查的总体范围中选择一个或几个有代表性的单位或个体，作为典型的样例进行调查；再次，选择各种方法从这些样例中分析出典型的特征；最后，在众多的特征内容中找出最主要的特征，确认为最为实质的测评指标。

5. 问卷调查法

问卷调查法是通过被调查者填写问卷来获取与测评指标有关的信息以确定测评指标的方法。这种方法可以快速全面地从被调查者那里获得信息，但这些信息的质量取决于问卷本身的设计是否合理，同时受到被调查者的文化水平、填写问卷的态度等因素的影响。

6. 文献查阅法

文献查阅法主张从相关的文献资料中查寻有关的测评指标，利用前人的研究成果来建构所需要的指标。例如销售人员的测评指标可以通过查阅"国际标准职位分类中销售人员的任务与素质要求""我国职位分类中销售人员的任务与素质要求"相关文献获得初步的素质要求。

（三）测评指标权重的确定

权重是测评指标在测评体系中的重要性或测评指标在总分中应占的比例。加权即对所有测评指标进行纵向比较，然后根据每个指标在体系中的重要性，把总体的"1"逐一地分赋到每个指标，使其分赋到的数字能够恰当地表示该指标在总体中的地位。确定指标权重的方法主要有以下几种。

1. 主观加权法

主观加权法是加权者依据自己的经验权衡每个测评指标的轻重，直接给出权数。如选拔德才兼备的管理干部，若认为德、才同样重要，就分别赋 0.5 分；若强调能力，则赋予"德"0.3 分，赋予"能"0.7 分。

2. 专家加权法

专家加权法即聘请测评领域的专家，要求他们各自独立地对测评指标进行加权，然后对每个测评指标进行统计，取其平均值作为权重系数。这种方法比主观加权法可靠，也较简单。

3. 德尔菲法

德尔菲法又称专家咨询法，是一种集中各方面专家意见得出结论的方法。这种方法首先选择有关方面的专家，请他们预测各指标的权重，每位专家从一开始到结束，相互之间都不进行沟通；统计专家意见并把结果反馈给每位专家；专家根据反馈的结果，对自己的意见再次进行修订；重复前面的步骤，直到专家不再修改自己的意见；对专家的意见进行综合处理，如专家的意见不统一，需要对专家的意见进行进一步处理，如采用加权平均法、中位数法等，最终得出各个指标的权重。

需要注意的是，在对专家进行反馈的时候，应该做到匿名，不能说出发表某一意见的专家的具体姓名。修订过程中，重点是请与其意见偏差较大的专家尽量作出新的意见预测。

4. 比较加权法

比较加权法是首先确定测评指标中重要程度最小的那个指标，把其他测评指标与它进行比较，作出重要程度是它多少倍的判断，然后进行归一化，即得到各个测评指标的权重系数。例如，对于销售人员来说，假设在专业知识、语言表达能力、人际关系技能、团队精神、创新能力 5 项测评指标中，专业知识被认可重要程度最小，将其定为 1，其他 4 项指标与它比较，它们的重要性分别是专业知识的 2.5 倍、3 倍、3 倍、2.5 倍。将它们相加得到 12，再分别用 1、2.5、3、3、2.5 除以 12，即得到这 5 个测评指标的权重系数，分别是 0.08、0.21、0.25、0.25、0.21。

5. 层次分析法

层次分析法是一种定性与定量相结合的决策分析方法，它将专家的经验认识和理性分析相结合，是决策者对复杂系统的决策思维过程模型化、数量化的过程。应用这种方法，决策者通过将复杂问题分解为若干层次和若干因素，在各因素之间进行简单的比较和计算，就可以得出不同方案的权重，为最佳方案的选择提供依据。由于层次分析法需要各测评指标之间两两对比判断，因此，要制定一个比较判断矩阵。

层次分析法是测评领域中应用十分广泛的方法。这种的方法的步骤如下。

首先，针对同一层次的各个测评指标，运用两两比较的方法建立判断矩阵。通常用表格表示，有几个测评指标就是几乘几的矩阵。如果有 A、B、C、D 四个测评指标，则需要建立 5×5 的表格。

表 5-10 测评指标矩阵

测评指标	A	B	C	D	权重
A	1	2	1/4	1/3	
B	1/2	1	1/8	1/6	
C	4	8	1	4/3	
D	3	6	3/4	1	
纵向加总	8.5	17	2.125	2.83	

其次，进行成对比较。面对A、B、C、D 4个测评指标，首先以各类的测评指标为基准，将各行测评指标的重要性与其进行比较。假设专家认为A的重要性是B的重要性的两倍，则在A行B列所确定的方格中记下数字“2”，同时可以确定的是在B行A列的方格中应记下“1/2”。假如专家认为A的重要性是C的重要性的1/4，则在A行C列所确定的方格中填入数字“1/4”，同时可以确定在C行A列的方格中填入数字“4”。如此将所有测评指标进行两两成对比较，最后将所有方格填满。显然，AA、BB、CC、DD这4对之间的等级数字是1。

再次，将各列数字加总，为计算权重做准备。

最后，进行综合计算，得出各测评指标相对整个体系的权重。指标权重 = 测评指标个数的倒数 ×（指标所在行的各方格等级数 / 各相应列的纵向加总）。例如，A权重 =1/4× ∑（1/8.5+2/17+0.25/2.125+0.33/2.83）。如此，可以计算B、C、D的权重。

（四）测评标准体系设计的程序

测评标准体系的设计要遵循一定的流程。只有按照程序设计测评标准体系才能保证各个环节没有遗漏。

1. 搜集信息

在制定测评标准体系前，需要搜集相关信息，作为制定的依据。重点要了解测评对象及测评目的。若测评对象或测评目的不同，则所建立的测评标准体系也是不同的。例如，技术人员的测评标准显然不同于销售人员的测评标准，人员招聘选拔时使用的测评标准也不同于对其进行开发性测评的标准。

2. 确定测评指标

根据测评目的、测评对象，借助工作分析、胜任特征、问卷调查等方法确定测评指标。在确定测评指标过程中，注意选择的测评指标要具有实际价值、切实可行。

3. 确定各测评指标的权重

对于不同的测评对象，各个测评指标的地位与作用都不相同，因此要根据各测评指标对测评目的的不同反映程度，恰当地分配与确定不同观点权重。

4. 确定测评标准

对测评标准进行清晰、准确的表述和界定，是为了使测评标准体系具有可操作性。在确定测评标准的过程中，要避免引起测评者因标准掌握不一所产生的误差。

5. 试测

测评标准体系在大规模施测前，还要进行一定范围的试测，对试测过程中出现的问题进行分析、论证并进行修正，最后形成一个客观、准确、可行的测评标准体系。在试测过程中，要尽可能选择各种层次的有代表性的对象进行试测，人数一般不少于30人。试测场景与将来正式场景无实质性差别。

第三节 测评活动的实施

测评活动的实施是测评者对测评对象进行测评以获取个体素质数据的过程。在这一过程中，测评人员按照一定的测评程序，运用特定的测评方法和工具，对测评对象进行定性和定量的描述。测评活动的实施主要包括4个阶段：测评方案的实施阶段、测评数据处理与结果分析阶段、测评报告的撰写阶段、测评结果的反馈与评价阶段。

一、测评方案的实施

测评方案是整个测评活动的指南，测评实施就是在测评方案的指导下进行的施测活动。在具体实施过程中，一方面要严格按照测评方案进行操作，同时还要有一定的灵活性，能够妥善处理各种突发情况。测评方案的实施包括测评前的准备、测评的实施两个阶段。

（一）测评前的准备

测评前主要进行3个方面的准备。

1. 测评人员的准备

在测评活动开始前，要成立一个专业的测评小组，小组成员一般由测评专家、人力资源管理部门人员及部门领导等人组成。测评前要对小组成员进行测评培训，培训内容包括施测的流程、测评指导语、施测过程中的时间控制、现场突发情况处理、测验的评分标准等。通过培训使测评人员明确测评的目的，熟悉测评的内容，掌握测评的方法。

2. 测评场地的准备

测评时应创设适宜的测评环境，安静、明亮、宽敞的测评环境能使被测评者注意力集中，发挥出正常的水平。对于一个测评者要参加多个测评项目的情况，为保证测评有序进行，应清楚地标明每一项测评所在的场地，条件允许还可以设立引导人员，引导被测评者进入测评场地，以保证测评顺利进行。

3. 测评材料的准备

测评材料包括测试题、草稿纸、面试提纲、答题纸、记录纸、评分表等。在测评实施前应检查各项测评所需要的资料是否准备齐全，在测评开始前发放给相关的人员。采用人机互动测评时，要保证所需的计算机及安装的测评软件运行正常。

（二）测评的实施

测评的实施主要包括测评指导语的宣读、具体测试、回收测评数据等过程。

1. 宣读测评指导语

测评指导语是测评正式开始前，由测评人员向被测评者说明测评进行方式以及如何回答问题的指导性语言。宣读指导语的目的是为了保证测评活动的顺利实施。通常测评指导语包括如下内容：人才测评的目的、测评所需时间、测评过程中的注意事项、测评的要求、测评结果的处理和保密等。测评指导语力求清晰、简洁，使被测评者清楚明了应该做什么以及如何对题目作出反应。测评指导语时间一般控制在 5 分钟以内为宜，过长会引起测评对象的反感。

2. 具体测试

在实际测评过程中，测评人员可以采用单独操作和对比操作的方式对被测评者进行测评。

1）单独操作

测评人员完成对某一被测者的全部测评之后，再对另一被测评者进行测试，直到完成对所有被测评者的测评为止。单独操作的方式可以使测评人员严格按照测评标准体系的内容对被测评者的素质进行测评。

2）对比操作

测评人员先对被测评者进行分组，然后参照测评标准体系，采用对比的方式，对组内的被测评者进行对比测评，直到所有指标完成后，才对下一组的测评对象采用相同的操作方法。对比操作的方式可以节省测评时间，但可能会导致测评人员对某位测评对象的评分会受到同组其他人员表现的影响，使测评结果无形中增加了主观成分。

3. 回收测评数据

测评产生的数据要由测评人员统一回收，如果是集中测评，测评人员应把收集到的全部数据当众进行封装，减少测评对象的顾虑。如果不是采用集中测评的方式，在发出测试题目时，要发给测评对象一个信封，测评结束后由测评对象自己将测评数据放进信封进行封装，之后再交给测评人员。测评数据的回收一定要按照规定的程序和步骤进行，否则，将影响测评对象对测评活动公正性的认识。

4. 测评实施过程中应注意的问题

测评实施过程中要严格依照测评规范进行，在具体施测过程中注意以下三点。

（1）要严格遵循标准化的要求进行施测，防止个人主观因素对测评结果的影响，保证结果的公正和客观。

（2）测评信息的收集要充分详细，要将测评过程中的相关信息和可能对决策产生影响的细节全部记录下来，作为决策的辅助材料。

（3）测评人员要严格控制测评现场，验证测评对象的身份，防止作弊。排除与测评无关因素的干扰，控制测评的进程。

二、测评数据的处理与结果分析

测评结束后，测评人员需要对测评结果进行统计和分析，有些测评方法是借助计算机系统完成的，它的得分和分析报告由计算机直接给出。但有些测评结果的得出运用了多种测评方法和工具，需要测评人员运用统计学、数学、测量学的知识进行综合处理和分析。

（一）测评数据的处理

测评结果的数据处理包括对测评结果的记分、统计和分析解释。在一项由多个测评方法组成的测评活动中，数据处理的第一步是将各项测评指标得分进行归类得出分项得分，获得单项指标得分后，再按照预定的权重计算出总分。需要注意的是，测评过程中获得的测评信息并不是绝对准确，常常会出现不同测评方法获得的信息相互矛盾的情况，这时需要在数据处理过程中进行适当的修正。随着计算机技术的发展，测评数据的处理可以借助计算机来完成，这样使得数据处理工作变得更加简单和高效。

（二）测评结果的分析

测评结果的分析包括两部分：个体测评结果分析和整体测评结果分析。

1. 个体测评结果分析

个体测评结果分析是根据被测评者的得分，参照测试的常模和标准，对被测评者的得分进行解释并对其各项素质指标进行评价，分析测评对象在测评指标当中的具体表现，如优势有哪些、不足有哪些等。需要注意的是，在对测评结果进行解释时，一定要参照一定的标准，这个参照的标准通常有两种形式：一是常模参照，即以某个常模团体的分数作为解释分数的参照标准；二是标准参照，是指测评的结果根据事先制定的标准来作为解释的参照标准，如英语四、六级考试等。

2. 整体测评结果分析

整体测评结果分析是对测评对象整体的状况进行分析，从而认识个体的素质水平。测评结果的整体分析主要包括 3 种方式：一是整体分布分析，即通过图表的形式分析素质测评结果的一种方法；二是总体水平分析，是通过众数、平均数或中位数的分析，来把握全部被测评者的一般水平的分析方法；三是差异分析，是用来分析一组数据的变异程度或离散程度的方法。

三、测评报告的撰写

测评结果分析结束后，测评人员要根据测评结果撰写一份详尽、科学的测评报告。报告中包括测评对象所参加的各项测试项目的得分和结果分析，并对测评对象的发展方向和管理策略作出指导建议。一份翔实的测评报告将直接影响用人单位对人才的获取、录用、开发、评价和激励等各个环节，关系到用人单位如何进行科学有效的人事决策和人力资源的最终配置。

四、测评结果的反馈与评价

测评的最后阶段是将测评结果准确地反馈给测评对象本人、领导或其他相关人员，并根据测评的目的利用测评结果开展工作，对本次测评活动进行相应的评价。

（一）测评结果的反馈

测评结果的反馈是向反馈对象说明测评对象在测评过程中的行为和表现，并进一步剖析素质特点，根据被测评者的素质特点提出发展改进的意见和方案。测评结果的反馈可以使测评对象和管理者更全面地了解被测评者的素质特征，为未来发展提供指导和建议。同时，通过反馈，可以评估测评活动的质量和有效性，为测评活动的修订和完善提供可靠依据。

在反馈过程中，测评人员应客观陈述测评结果，不能掺入个人主观意见，以保证信息的客观和真实。同时还要对测评结果进行解释，对被测评者的疑惑进行解答，帮助他们更好地理解测评结果，而不是仅给出简单肯定或否定的结论。当测评人员将测评结果反馈给测评对象的上级时，他们可以利用这些结果作出人事决策，但是在利用测评结果的时候，管理者要抱着科学的态度，一方面认识到人才测评在提高人事决策科学性方面发挥的重要作用，另一方面还要正确看待人才测评的可靠性和有效性，不应过分夸大它的精确度和适用范围，充分认识到它在精确性上存在的限制和误差，不能盲目使用甚至滥用人才测评的结果。

（二）测评效果的评估

组织实施测评的过程中，不仅要强调测评结果的科学性和有效性，还要注重收益和成本的均衡。在对测评结果进行评估时，可以采用有效性、成本评估、公平性和可用性四项指标进行评估。

1. 有效性

要确定一种人才测评方法的有效性，最有效的方法之一就是该测评工具所测得的分数与实际工作绩效之间的相关性，如果测试分数和实际工作绩效分数之间存在明显的正相关，说明该测试具有较好的效度，即对于员工的绩效有很好的预测。

2. 成本评估

测评成本是测评工作中所花费的各项成本。对测评成本的评估是对照测评预算，对测评中的各项成本进行评估，以此了解不同测评方法或测评工具所用成本的高低。对测评成本评估体现了测评结果的效率和效果的重要指标。

3. 公平性

公平性是测评活动对于每位测评对象的公平性。在测评活动中，各种测评方法、工具以及测评顺序安排对于每位测评对象要求都是一致的、条件相当的。

4. 可用性

可用性是测评活动的实际可操作性，如测评方法与测评指标的可操作性。在其他条件相同的情况下，可用性越高越好。

复习思考题

1. 测评方案设计的影响因素。
2. 测评标准体系的内容。
3. 测评标准体系设计的原则。
4. 测评标准体系设计的方法。
5. 测评方案的主要内容。
6. 测评活动实施的流程。

阅读资料

生产工艺工程师的测评与选拔标准体系设计

1. 收集信息

首先，通过查找生产工艺工程师工作相关文献和工作分析，获得并分析生产工艺工程师的工作职责和要求，工作职责分析结果如表 5-11 所示。

表 5-11　生产工艺工程师工作职责一览表

主要职责	具体内容
设计工艺方案	1. 根据产品要求，负责新产品工艺方案和工艺流程的设计工作，包括工序安排、工艺装配、工艺标准等内容 2. 负责已投产产品的二次开发和工艺准备工作，使工厂生产产出量处于最佳状态
编制文件	1. 编制工艺手册、质量控制点指导书、关键工序作业指导书等工艺文件 2. 编制工位表、检查计划、生产概况等有关生产文件
制定工艺卡	制定生产和装配工艺卡，确定装配线和装配工位，分析解决现场工艺问题
培训监督	1. 培训、指导车间员工熟练掌握生产工序和工艺要求 2. 监督各厂、各车间的生产工艺流程、方法，执行工艺纪律
更新与维修	1. 负责对企业产品进行新材料、新工艺、新技术方面的研究和应用工作 2. 制订定期的维修计划
客户支持	参与客户对产品的认可工作，应客户要求进行工装模具修改工作
与其他部门协作	1. 与产品开发部门协作，参与新产品的设计开发，对准备工作和修改工作实行管理 2. 与质量部门密切合作，分析解决生产加工中的工艺问题

通过分析生产工艺工程师的工作职责，得出生产工艺工程师需具备以下技能标准：对化工原料、溶剂的性质有较深的认识；在化工涂料异常问题的处理方面有丰富的现场实践经验；能按产品生产要求编制关键工序作业指导书；具备一定的工艺改进和创新能力。

通过以上分析，从通用素质和专业能力两个方面建立测评指标体系。

2. 确定测评指标

1）收集测评要素及内容

通过分析生产工艺工程师的职位说明书及相关资料，运用不同的方法从通用素质和专业能力两个方面来收集生产工艺工程师素质的测评要素。下面列出了所有可能的测评要素（通过工作分析法、问卷调查法、行为事件访谈法获得）。

（1）通用素质：体质、体力、精力；独立性、主动性、责任感、团队合作意识、职业适应性、价值观；智力水平、思维反应水平、创造能力、沟通能力等。

（2）专业能力：化工制造工艺知识、化工产品生产知识、工艺设计技能；机械思维能力、操作能力；计算机辅助设计软件及办公软件操作能力。

2）归纳整合确定测评要素

分析上述要素的内容及含义，将可以归为一类的尽量归类、整合，确定需要测评的要素并进行简明的定义，如表 5-12 所示。

3. 确定测评要素的权重

采用调查表的形式让相关参测人员按每个要素的重要程度为其打分（总分 100 分），调查表的结构和内容如表 5-12 所示。

表 5-12　生产工艺工程师素质测评重要程度调查表

测评要素		简明定义	重要程度打分
测评维度	测评内容		
专业能力	专业知识	工业流程知识及本专业多学科知识	
	专业技能	工艺操作与设计水平、计算机辅助设计软件操作水平	
通用素质	独立工作能力	独立性的强弱，需要指导、检查的频次	
	主动学习能力	为提高本职位的胜任水平，主观学习和努力程度	
	创新能力	创造或引入新思维、新方法对化工制造工艺的改进能力	
	沟通能力	正确倾听他人意见，理解其感受、需要和观点，并作出适当反应的能力	
	职业适应能力	测评对象的性格是否适合做工艺流程类工作	

4. 确定测评标准

确定测评标准即对测评要素进行分级定义并给以相应的分数。

根据“生产工艺工程师素质测评要素重要程度调查表”中的简明定义，对各个要素进行分级定义并附上每一级的相应得分，为测评评分提供评分标准。生产工艺工程师素质测评指标体系如表 5-13 所示。

表 5-13　生产工艺工程师素质测评指标体系表

模块结构	要素（权重）	标准与标度		
专业能力（30）	专业知识（14）	一般了解工艺流程知识，对于相关的学科知识知之甚少（1～4）	基本掌握工艺流程知识，一般性地了解相关的学科知识（5～7）	通晓工艺流程知识，掌握与本专业有关的多学科知识（8～10）
	专业技能（16）	不能独立设计生产工艺方案（1～4）	能够独立设计小批量生产工艺（5～7）	能够独立地承担企业生产工艺方案的设计工作（8～10）
通用素质（70）	独立工作能力（16）	独立工作能力较差，经常需要帮助和指导（1～4）	基本能按岗位要求工作，偶尔需要不定期检查指导（5～7）	独立工作能力强，完成本岗位工作一般不需要指导（8～10）
	主动学习能力（18）	不能从本职工作的角度补充知识，影响任务的完成（1～4）	能够按照本职工作的要求自觉学习，工作技能不断提高（5～7）	自学能力强，能够主动学习，工作技能提高很明显（8～10）
	创新能力（12）	在工作中没有创新表现（1～4）	尝试引入新方法提高生产过程中的工艺水平（5～7）	能建设性地创造新方法，持续改进工艺水平，熟练掌握相关技术并加以改进（8～10）
	沟通能力（12）	沟通能力较弱，需要在上级的帮助下完成相关沟通工作（1～4）	沟通能力一般，偶尔需要指导才能完成沟通工作（5～7）	对内、对外的沟通协调能力很强（8～10）
	职业适应能力（12）	“现实型”得分较低适应程度较低（1～4）	“现实型”得分中等，适应程度一般（5～7）	“现实型”得分偏高，适应程度较强（8～10）

5. 试测评

所谓试测评是指将预制好的测评指标－标准体系投入测评使用，在实际操作过程中发现其不足，进而可以修正。这个过程要注意倾听测评对象、相关领域专家以及其他一些与测评对象有工作联系的人员的意见。对这些意见进行分析，看问题究竟出在哪一环节，然后回到相应步骤进行重新确定。

6. 确定生产工艺工程师测评指标－标准体系

经过对试测评的修改，就可以确定测评指标－标准体系。

资料来源：刘葵，蔡圣刚. 人员测评技术[M].2 版 . 大连：东北财经大学出版社，2012. 有删改 .

案例分析

上海某医疗器械公司，是隶属于某国有医疗器械集团的下属公司，主要业务范围：一类医疗器械、化工产品（除危险品）、纺织品、机电产品的销售及相关专业领域的技术咨询。2013 年 5 月，公司对外贸易发展部急需 1 名精通法语的外贸业务员，帮助部门经理拓展海外市场。公司招聘专员征求了对外贸易发展部的意见，了解到该业务人员的岗位职责，确定了如下招聘条件。

（1）法语专业，二外为英语；

（2）有一年以上的外贸业务经验；

（3）有良好的沟通、谈判能力；

（4）有良好的合作能力；

（5）有很好的执行力；

（6）为人正直、有诚信，进取心强。

之后，招聘专员在网上发布了招聘信息，同时开始着手制定测评方案。

问题：现假设你是招聘专员，请确定本次招聘的测评指标、权重、测评标准，并试着制定一份测评指标－标准体系。

第六章　人才测评方法:履历分析

【学习目标】

通过本章的学习,了解履历分析的概念,申请表、个人简历的概念和作用;理解履历表的设计流程;掌握个人简历的内容以及简历筛选的方法。

【引导案例】

履历量化记分法选拔基层领导干部

2011 年 8 月 4 日,中山市委召开镇区新一届(任)班子成员集体谈话会议,历时 2 个月公推遴选产生的 25 名镇区领导班子副职人选也随之亮相。而首次引入的履历量化记分制度,使 7 名综合考评成绩优秀的干部落马。

此次公推遴选首次引入履历量化记分的办法。中山市委组织部专门研究制定履历量化记分细则,将基层工作经历、任职经历、年度考核和获表彰奖励情况等进行量化,和考评推荐得分一起计算总分,作为确定拟任职人选考察对象的依据。在这次履历量化记分中,由于工作经验和实绩能力相对欠缺, 7 名干部虽然考评推荐得分靠前,但在履历量化记分之后失去了竞争优势。相对应地, 7 名干部述职演讲虽稍逊一筹,却凭借基层工作经历、任职经历、年度考核和获奖励表彰方面的优势最终入围。

据悉,此次引入履历量化分析,防止简单地“以演讲取人”。“较好地把干部的考评成绩同一贯表现结合起来,实现了全面、历史、辩证地评价干部”。中山市委组织部有关负责人指出,这与中央和省委推进干部人事制度改革的方向是一致的。据了解,引入“履历量化记分”的各项加分项目,体现了注重基层、注重实绩、注重干部一贯表现的选人用人导向。

近年来,履历分析受到越来越多人力资源管理工作者的重视,不仅被事业单位用来作为领导干部选拔的工具,而且广泛地运用于企业各类人员的测评与选拔。

第一节　履历分析概述

一、履历分析的概念

履历(Biodata),概括说就是一个人的经历,是一个人学习、实践、工作的过程。履历中包含个人的基本信息、一般背景情况、学习培训经历、工作实践经历、个人性格特征、兴趣爱好特长等各方面的情况。

履历分析的概念最早来源于古希腊语“Biodata”,其本意是“昨天的印记”。舍恩费尔特(Schoenfeldt,1979)提出运用 Biodata 这一术语作为履历分析的概念,其观点认为通过人们过去的历史印记可以有效地预测其未来的行动逻辑和表现。而个人过去的履历数据可以客观公正地反映人们的过去行为。通过履历能够捕捉到一个人在社会活动中的主要维度,因此将履历分析作为人才选拔的主要工具。1991 年梅尔(Mael)提出了关于履历分析题目的规范性定义,他认为“履历分析题目的关键属性是客观反映个体的历史事件,同时能够影响个人的个性化选择和行为。”1998 年伍德和佩恩(Wood & Payne)提出履历数据的概念,他们认为“履历数据是反映个人生活经历和工作活动的真实性事实信息并包含个人的历史观点、价值观、信念以及习惯性决策等”。随着履历概念范畴的不断扩大,其含义也逐渐多元化,但最根本的定义还是认为履历是客观真实地反地个人过去活动经历和行为的信息。履历分析是通过对申请者提供的,涵盖个人生活、学习和工作的一切客观历史事实信息的分析,来判断申请者对未来岗位适应性的一种人才评估方法。

履历分析是在工作岗位分析的基础上,按照岗位的要求,对申请者的年龄、学历、工作经验、培训经历等进行细致的定性与定量分析,科学、严谨地预测个体未来行为与岗位的匹配度,使履历的筛选更加科学合理。履历分析是预测求职者未来工作表现的最好方法。一份设计良好的履历表可以提供很多有用的信息,因此,履历分析的测量范围也很广泛,包括价值取向、态度、工作动机等,这些分析可与其他因素结合起来综合评判求职者的素质。

二、履历分析的理论基础

(一)高阶理论

加拿大麦吉尔大学的社会心理学教授汉布里克(Hambrick, 1984)年提出了基于管理者的高阶理论(Upper Echelon Perspective)。其观点认为,企业管理者的有限理性决定其对外界事物的认知是一个循序渐进的过程,不同的认知基础、价值观、专业知识等相关特质决定了其对信息处理和过滤具有选择性。管理者的不同认知结构反映了对不同决策的偏好。决策偏好在一定程度上是管理者个人价值观和外部环境认知的体现。管理者个人的人口统计学特征、教育程度、工作经历以及家庭背景都会影响管理者在工作中的决策偏好和对岗位的适应性。

高阶理论对履历分析的启示是,求职者的个人基本信息和过去的履历数据都可以潜移默化地影响个人在未来工作中的选择决策和风险偏好。这种潜移默化的影响存在路径依赖,并不会随着个人工作环境的改变而在短期内发生改变。因此,在履历分析中,可以通过对求职者的基本人口统计特征的分析,可以有效地预测求职者与岗位的匹配程度。

(二)社会认同理论

社会认同理论又称为社会同一性理论(Social Identity Theory),是由英国社会心理学家塔吉菲尔等人(H.Tajfel et al. ,1982, 1987)提出的,是群际行为研究领域影响最大的理论。该理论的基本观点是,社会分类、群际比较及人们对积极社会同一性的追求,是群际冲突和群际歧视产生的根源。按照塔吉菲尔的解释,社会认同来源于个体对自己作为某个或某些社会群体成员身份的认识,以及附加在这种成员身份之上的价值和情感方面的意义。在某些情境中,个体会依据自己的群体成员身份行动。

基于社会认同理论提出的身份认同和自我激励观点,可以发现个人对于自己社会身份所属于的国籍、社团、高校、事业单位、宗教信仰等一系列的社会群体都会具有一致性的趋同认识,一旦个人对所处的社会团体具有强烈的认同感的时候,那么该个体就会潜移默化地展现出所在群体的特征并且这些社团的组织特征会对个人的行为决策产生潜移默化的影响。因此,在进行履历分析时,可以针对群体大多数成员对其所具有的学历层次、毕业学校、工作经历等组织特征的较强认同感对工作产生的潜移默化的影响。招聘选拔时,根据应聘者的毕业学校、学历层次、工作经历等指标预测其在未来岗位的胜任能力和工作绩效具有一定的意义。

(三)生态模型理论

1935 年英国植物生态学家坦斯迪(Tanstey)提出了生态系统(Ecosystem)概念。生态系统是指生物群落及其其他非生物环境共同组成的"物质—能量—信息"生态系统模型。1990 年孟福德(Mumford)提出了人力资源的生态模型理论。该理论认为,个体作为生物会通过寻找特定的经历和机会来提高个人的生存技能,从而来适应社会的生存环境。个体的行为一旦在某种环境中获得了积极的正向反馈,在后续的过程中,个体会持续寻找这种类似的环境,产生路径依赖,从而有效地进行自我强化。人力资源生态系统模型包括个人自身存在的内部环境和赖以生存的外部环境。在不同的环境作用下,个人会形成独特的思维能力、工作技能、思想道德及思维意识。个体在内外部环境不断的交互作用中,最后形成独特的个人能力。

生态模型理论对履历分析的启示是,个体以往的成功的任职经历对于其找到正确的行为模式和积极正向反馈都有一定的帮助,同时也有利于提高其对工作的适应性。同时也是个体能否适应应聘岗位的一种重要的显示信号。

二、履历分析的特点

履历分析技术用于人才测评最大的优点是测评结果较为客观,可保证测评的公正性和准确性。但也存在着履历填写的真实性有待核实,履历分析的预测效度会随着时间的推进降低等问题。

(一)依据的客观性

履历分析是以应聘者个人过去的经历作为评价依据来分析、预测其未来的职务行为倾向或成就。这种经历通常是可以核实的。因此,一旦履历分析测评系统确定以后,测评结果也会随之确定,这样就可以有效避免某些人为因素的影响,从而保证测评的公正性和准确性。

(二)考查的多维性

履历分析是通过应聘者过去的工作经历、工作表现来预测其未来表现的方法,它对人的历史发展过程进行全面的评价,这不仅能考查出一个人的既定行为和实际业绩,还可以对应试者的态度和价值观作出评判,从而有助于全面地、多角度地了解求职者。

(三)评价的公正性

履历分析相比较于传统的笔试、面试、考核等测评方法,避免了考核测评方式中可能存在的不公平现象以及面试官个人的主观意愿。只要严格地控制个人履历信息的真实性,采用履历分析可以更加客观公正地对应聘者作出评价。尤其是针对互联网时代的"海投"现象,采用履历分析可以提高招聘效率。

三、履历分析的作用

(一)用于人才初步筛选

个人履历资料,可以用于初审个人简历,迅速排除明显不合格的人员。例如医药销售人员的招聘,要求应聘者具有医学、药学专业背景,那么非相关专业的毕业生就可以立即淘汰。因此,将履历分析与面试、心理测验的测评方法相结合,可以大大降低测评成本。

(二)了解人才相关信息

求职者履历中包含了大量个人信息,如教育背景、工作经历、语言能力、户籍地、家庭情况等,一旦求职者成为组织的正式员工,这些信息可以为今后的人力资源管理工作提供很多便利。另外,从个人履历中,也可以了解求职者的求职动机、价值观等信息。这些信息的了解和掌握便于组织今后根据其需要来制定个性化的激励措施。

总之，如果认真分析求职者的履历表，能够从中挖掘到很多有用的信息，为人才的选拔与管理提供依据。

（三）为进一步人才测评做准备

求职者提供的履历表，有时可能会遗漏某些与应聘岗位有关的信息。测评人员进行履历初选发现这种现象后，需要对履历表中存在的问题进一步探究。如工作经历中出现了时间空白或重叠，有含混不清或不合逻辑的信息，有一些重要的信息没有提供等。测评人员应将这些问题标识出来并做好记录，为后面进一步的面试、测评提供问题准备。

（四）为组织人才库提供人才储备

组织建立人才库，能够满足其对于各类人才的需求，帮助组织在出现职位空缺时及时找到合适的人员来填补，特别是高级管理人才和高级技术人才的人才库尤为重要。履历表可以为组织人才库的建立提供有用的信息。组织在获得求职人员的履历表后，要详细了解求职人员的信息并确定需要进一步测评的人选。如果求职人员特别优秀，而目前却没有合适的职位提供给他/她，就应该把该求职者加入公司的人才储备库，以便将来有相关职位空缺时能及时寻找到适合岗位的人。

第二节　申请表

求职之初，求职者会向公司人力资源管理部门提供有关个人的工作、学习、生活经历的书面材料。人力资源部凭借这些书面材料信息对求职者能否进入下一轮筛选作出初步判断。一般来说，求职者提供的书面材料主要包括申请表、个人简历和推荐信等。申请表、个人简历、经历调查表等统称为履历表。其中，让求职者填写的履历表称为申请表，求职者自己设计交给用人单位的履历表称为简历。

一、申请表含义

申请表也称为求职申请表、就业申请表或求职登记表，它是用人单位为收集求职者与应聘岗位有关的信息而专门设计的一种规范化表格。申请表一般是由组织设计、申请人填写、反映求职者基本情况的表格。几乎所有的组织都将申请表作为收集求职者信息的方法，用来评估求职者参加某一组织或从事某一职业成功的可能性。

一份精心制作的求职申请表可以把握申请者以下四个方面的信息：一是可以了解申请者过去大概的情况；二是可以对一些问题作出相对客观的判断，以审查申请者是否具备岗位或企业所需要的某种素质；三是可以比较和评价申请者的相对优势和劣势；四是可以对申请者是否符合岗位和企业的最低要求作出判断。这些信息对于企业作出人力资源选拔决定是有益的。

二、申请表类型

从不同角度划分,申请表有不同的类型。

(一)从适用范围角度进行分类

从适用范围角度进行分类,可以将申请表分为通用型申请表和专用型申请表。

1. 通用型申请表

通用型申请表是普遍适用于企业所有岗位或大部分岗位的申请表。这种类型的申请表比较常见,见表6-1。

表6-1　通用型申请表

<table>
<tr><td>姓名</td><td></td><td>性别</td><td></td><td>年龄</td><td></td><td>出生日期</td><td></td></tr>
<tr><td>籍贯</td><td></td><td>民族</td><td></td><td>身高</td><td></td><td>体重</td><td></td></tr>
<tr><td>学历</td><td></td><td>职称</td><td></td><td>健康状况</td><td></td><td>婚姻状况</td><td></td></tr>
<tr><td>毕业院校</td><td colspan="3"></td><td>所学专业</td><td colspan="3"></td></tr>
<tr><td>通信地址</td><td colspan="3"></td><td>邮编</td><td></td><td>联系电话</td><td></td></tr>
<tr><td rowspan="4">教育经历</td><td colspan="2">起止时间</td><td colspan="2">学校名称</td><td colspan="2">专业</td><td>学历</td></tr>
<tr><td colspan="2"></td><td colspan="2"></td><td colspan="2"></td><td></td></tr>
<tr><td colspan="2"></td><td colspan="2"></td><td colspan="2"></td><td></td></tr>
<tr><td colspan="2"></td><td colspan="2"></td><td colspan="2"></td><td></td></tr>
<tr><td rowspan="4">工作经历</td><td colspan="2">起止时间</td><td colspan="2">公司名称</td><td colspan="2">所担任职务</td><td>相关证明</td></tr>
<tr><td colspan="2"></td><td colspan="2"></td><td colspan="2"></td><td></td></tr>
<tr><td colspan="2"></td><td colspan="2"></td><td colspan="2"></td><td></td></tr>
<tr><td colspan="2"></td><td colspan="2"></td><td colspan="2"></td><td></td></tr>
<tr><td rowspan="4">培训经历</td><td colspan="2">培训时间</td><td colspan="2">培训单位</td><td colspan="2">培训内容</td><td>相关证书</td></tr>
<tr><td colspan="2"></td><td colspan="2"></td><td colspan="2"></td><td></td></tr>
<tr><td colspan="2"></td><td colspan="2"></td><td colspan="2"></td><td></td></tr>
<tr><td colspan="2"></td><td colspan="2"></td><td colspan="2"></td><td></td></tr>
<tr><td>所受奖励</td><td colspan="7"></td></tr>
<tr><td>兴趣爱好</td><td colspan="7"></td></tr>
<tr><td>自我评价</td><td colspan="7"></td></tr>
</table>

2. 专用型申请表

专用型申请表是专门适用于某一类特定岗位、根据岗位特点专门设计的申请表格。这种表格是为了避免由求职者自发提供可能带来的信息遗漏等。见表 6-2。

表 6-2 专用型申请表（行政岗位求职申请表）

<table>
<tr><td>姓名</td><td></td><td>性别</td><td></td><td>籍贯</td><td colspan="3"></td><td rowspan="6">相
片</td></tr>
<tr><td>学历</td><td></td><td colspan="2">毕业院校</td><td colspan="4"></td></tr>
<tr><td>专业</td><td></td><td>民族</td><td></td><td>婚姻状况</td><td colspan="3">□已婚 □未婚</td></tr>
<tr><td>出生年月</td><td></td><td>血型</td><td></td><td>身高</td><td></td><td>体重</td><td></td></tr>
<tr><td>年龄</td><td></td><td colspan="2">身份证号码</td><td></td><td></td><td></td><td></td></tr>
<tr><td colspan="2">专业技能证书名称</td><td colspan="2"></td><td>政治面貌</td><td colspan="3"></td></tr>
<tr><td colspan="2">家庭住址</td><td></td><td></td><td></td><td>本人电话</td><td colspan="3"></td></tr>
<tr><td colspan="2">现住址</td><td colspan="7"></td></tr>
<tr><td colspan="2">紧急联络人</td><td></td><td>称谓</td><td></td><td>联系电话</td><td colspan="3"></td></tr>
<tr><td rowspan="4">个人技能</td><td>电脑操作</td><td colspan="3">□熟练 □良好 □略懂 □不懂</td><td colspan="4">中文打字：每分钟 字</td></tr>
<tr><td>办公软件</td><td colspan="7">会：□ Windows □ Word □ Excel □ PowerPoint □ Lotus Notes</td></tr>
<tr><td>语言能力</td><td colspan="7">懂：□普通话 □英语会话良好 □英语读写优秀 □其他：</td></tr>
<tr><td>其他技能</td><td colspan="7">（特长、爱好）：</td></tr>
<tr><td>个人要求</td><td colspan="8">期待月薪： 元</td></tr>
<tr><td colspan="3">目前工作状况</td><td>□在职</td><td>□已离职</td><td colspan="2">预计到岗日期</td><td colspan="2"></td></tr>
<tr><td colspan="9">家庭主要成员及社会关系</td></tr>
<tr><td>姓名</td><td>称谓</td><td colspan="6">工作单位或通信地址</td><td>电话</td></tr>
<tr><td></td><td></td><td colspan="6"></td><td></td></tr>
<tr><td colspan="9">学习（培训）经历</td></tr>
<tr><td colspan="2">起止时间</td><td colspan="4">学校名称</td><td>专业</td><td>学位</td><td>证明人</td></tr>
<tr><td colspan="2"></td><td colspan="4"></td><td></td><td></td><td></td></tr>
<tr><td colspan="9">工作经历</td></tr>
<tr><td colspan="2">起止时间</td><td colspan="4">单位名称</td><td>职位</td><td>月薪</td><td>离职原因</td></tr>
<tr><td colspan="2"></td><td colspan="4"></td><td></td><td></td><td></td></tr>
</table>

（二）从项目内容和呈现方式角度进行分类

从项目内容和呈现方式的角度进行分类，可以将申请表分为表格式申请表和传记式申请表。

1. 表格式申请表

表格式申请表是主要以表格形式将申请表内容呈现出来的申请表。表格式申请表一般包括 10~20 个信息，主要是一些能够确定和证实的信息。

表格式申请表通常由以下 3 个方面的项目组成。

（1）个人基本情况，主要包括：姓名、性别、出生年月、民族、教育程度、政治面貌、宗教信仰、主要家庭成员、主要社会关系、婚姻与本人健康情况。

（2）个人经历，主要包括：教育经历、工作经历、培训经历等。在经历中包括何时、何地、任何职务、证明人及其联系方式等。

（3）个人历史和工作表现情况，主要包括：何时、何地、何故受过何种奖励或处分，个人在过去工作中的具体表现，有无需要特别说明的问题等。

2. 传记式申请表

传记式申请表一般包含 50~200 个问题，这些问题除了包括个人历史和经历的资料外，还包括考查申请者态度、观念和价值观方面的问题，其设计的依据是：员工的工作能力与绩效不仅与其过去的行为是相关联的，同时也与态度、兴趣爱好、价值观等相关联，但要具体列出问题与选项，则必须进行大量的实证研究与理论分析，从中找出关键性的因素。

传记式申请表所有问题也都必须与工作标准相关。根据记分标准，应聘者选择不同的选项可以得到一个相应的分数，把各个项目的分数汇总就可以得到申请表的总分数，以此作为筛选决策的依据。具体见表 6-3。

表 6-3　传记式申请表范例

1. 性别
A. 女　B. 男
2. 年龄
A.25 岁以下　B.26~30 岁　C.31~35 岁　D.36~40 岁　E.41~45 岁　F.46 岁以上
3. 学历
A. 高中（职）　B. 大专　C. 大学本科　D. 硕士以上
4. 婚姻状况
A. 未婚　B. 已婚　C. 离婚
5. 子女人数
A.0　B.1 个　C.2 个　D.3 个及以上
6. 您曾经读过几位伟人的传记？
A.0　B.1 位　C.2 位　D.3 位　E.4 位以上
7. 在求学时期，您曾经几次当选过班长？
A.0　B.1~3 次　C.4~6 次　D.7 次及以上
8. 目前您负责赡养的亲属有几位？
A.0　B.1~2 位　C.3~4 位　D.5~6 位　E.7 位及以上
9. 在您的工作中，您是否常被视为专业人士？
A. 从不　B. 很少　C. 有时　D. 经常　E. 总是
10. 您在学生时期有多少次上台接受表扬？
A. 从未　B.1~2 次　C.3~4 次　D.5~6 次　E.7 次及以上
11. 您上班的交通工具是：
A. 公共汽车　B. 自行车　C. 摩托车　D. 小汽车　E. 步行
12. 家中经济负担，您需负责多少比例？

续表

A.0　B. 小于 1/3　C.1/3~2/3　D.2/3 以上　E. 全部
13. 青少年时期，您常在同伴活动中担任领导者吗？
A. 从不　B. 很少　C. 有时　D. 经常　E. 总是
14. 您是否有宗教信仰？
A. 无　B. 虔诚　C. 十分虔诚
15. 您目前拥有几张信用卡？
A.0　B.1 张　C.2 张　D.3 张　E.4 张以上
16. 您是否经常与陌生人聊天？
A. 从未　B. 很少　C. 有时　D. 经常　E. 总是
17. 您目前需要赚钱的程度如何？
A. 不急迫　B. 普通　C. 相当需要　D. 十分急迫
18. 您是否有随身携带记事本记事的习惯？
A. 从未　B. 很少　C. 有时　D. 经常　E. 总是
19. 您每天阅读报纸的份数是？
A.0　B.1 份　C.2 份　D.3 份　E.4 份以上

（三）从申请表是否作为选拔依据的角度进行分类

从申请表是否作为选拔依据的角度进行分类，可以将申请表分为普通型申请表和加权型申请表。

1. 普通型申请表

普通型申请表是组织为了了解申请者一般的背景信息而制作的一种规范化的表格，这种表格主要是为了避免求职者自发提供可能带来的信息遗漏等。表 6~1 的申请表属于普通型申请表。

2. 加权型申请表

加权型申请表是根据应聘岗位所需条件与工作业绩之间的关系而制作的一种可以量化的表格。它可以根据组织现有员工在某些条件上实际情况的不同，给申请表格中的信息资料赋予不同的权重，对申请表项目计算总分，根据总分筛选应聘者的申请表。

加权申请表中所有项目都根据其影响工作业绩的大小而被赋予相应的权重。将申请表各个项目的得分加权汇总就可以得到申请者的最后得分并以此作为筛选的依据。表 6-4 是对部分项目赋予权重的示例。根据对企业员工的调查，未婚员工工作出色的比例为 60%，赋予其权重 6。其他信息依次类推，把申请表中各个项目所得分数相加，就可以得到整个申请表的总分，申请表的总分可以直接用来筛选申请表。

表 6-4　申请表项目加权赋分表

项目	工作出色人数比例(%)	加权赋分	项目	工作出色人数比例(%)	加权赋分
			工作经验:无	22	2
婚姻状况:未婚	60	6	生产	43	4
已婚	80	8	行政	42	4
离婚	10	1	推销	81	8
分居	29	3	管理	77	8
寡居	43	4	专业	55	6
			其他	33	3
文化程度:小学	52	5			
中学肄业	45	5			
中学毕业	45	5	服役状况:已服	53	5
大学肄业	47	5	未服	46	5
大学毕业	61	6			
研究生	64	6			

根据表 6-4 可以计算出,一位已婚、大学毕业、具有生产经验的申请者的总分是 18 分(8+6+4)。很显然,申请表总分高的申请者与本企业工作出色员工的基本情况更接近,将来更有可能成为企业中工作出色的员工。

加权申请表不仅能够把传统的申请表的定性信息转化为定量信息,而且能使分析更趋于科学、统一、客观,提高申请表的测评效果。值得注意的是,申请表内各项目的加权赋分应建立在调查研究与事实分析的基础上,不能凭想象任意加权赋分。此外,加权赋分也并非一成不变,应根据时间、对象、职位、组织的具体情况而加以适当调整。

三、申请表的设计

申请表能否在人才测评与选拔中发挥重要作用,关键在于其形式与内容的设计上。设计一份高质量的申请表一般遵照以下流程。

(一)收集申请表项目信息

申请表包括的内容很丰富,根据不同组织、不同工作岗位的要求设计不尽相同,但所有的申请表基本包括以下信息:个人基本情况、一般背景情况、教育状况、能力资格、就业经历、社会经济地位、社会交往、兴趣爱好、个人性格与态度等。

(二)筛选分析项目

申请表项目反映的信息是评价申请者资历的重要依据,也是申请者能否进入下一轮测评的关键,因此,在项目的筛选上要结合企业的实际情况,根据各个岗位的测评指标,选取有代表性的分析项目。申请表项目的筛选一般包括项目的数量和内容两个方面。

1. 申请表项目的数量

申请表所包含的项目数量并不固定，一般根据拟任岗位的特点和评价需要而定。一般的项目数量是50个左右。有些要求很高甚至具有保密责任的岗位申请表需要的项目会更多。

2. 申请表项目的内容

申请表的内容一般包括以下5方面。

1）个人基本情况

个人基本情况主要包括姓名、性别、出生年月、民族、学历、专业、婚姻状况等，不同企业会根据各自工作岗位的要求设计不同的加分项目。

2）个人知识、技能与工作能力

个人知识、技能和能力是决定个人是否符合拟招聘岗位要求最为重要的指标之一。不同岗位对员工的专业知识、技能方面的要求是不同的，如果员工无法满足岗位对知识、技能与能力方面的要求就可能出现低绩效水平甚至会影响部门、乃至企业的整体绩效水平。因此，个人知识、技能与工作能力是申请表中不可缺少的考察内容。这项内容可以通过个人受教育情况、职业经历、接受职业培训情况来进行判断。

3）个人家庭与社会关系

家庭和社会关系情况可以作为评估个人素质特点的参考背景，也可以预测个人乃至公司未来业务发展的可能。同时，员工管理工作也需要对员工家庭和社会关系背景有所了解。因此，个人家庭与社会关系也是申请表中的一项重要内容，这项内容主要通过家庭成员情况和社会关系情况反映出来。

4）个人品质

对于个人品质的考查并不是直接的，它是通过分析个人的工作表现、奖惩情况、离职原因或个人规划等内容充分挖掘其中所隐含的个人的性格、态度等方面的情况，进而为有效的人才选拔提供参考。

5）其他

申请表的内容除了上述4项内容外，还包括上任雇主评价、推荐信、证明信等。通过分析以往雇主的评价、推荐信来挖掘申请人的同事关系、上下级关系，为人才选拔提供依据。

申请表的项目内容与拟聘工作岗位的关系并非一成不变，它会随着地区、时间以及申请者的个人情况的变化而变化。因此，测评人员应定期地对申请表的每一项内容进行研究，检查其中的内容对素质是否继续有测评价值。特别是当工作程序、社会生活或劳动力市场发生较大变化时，更需要这样做。

3. 申请表项目的筛选方法

1）经验法

经验法是根据申请表项目与效标之间的关系，对每个项目进行评价并赋予权重的方法。所谓效标是某种来自外部的、较为明显的、客观衡量测量结果有效性的标准。例如，根据经验观察，发现某一岗位上研究生学历的员工表现出更高的工作绩效，那么就可将学历作为一个申请项目并赋予较大权重。采用经验法选择申请表项目是根据项目与预测标准的相关度，通常具有较高的效标关联效度。

2）结构法

结构法是依据工作分析或者相关理论提取与职位相关的结构要素，然后依据结构要素来构建测量项目，计算测量项目之间的相关性，然后剔除相关性较弱的项目，只保留与潜在结构要素或者理论相关的项目。结构法是最能满足测评发展专业化和科学化要求的一种方法。

结构法的思路是：首先，进行职位分析和工作分析，选择一些与职位最相关的结构要素，如专业知识、能力、个性特征等建立岗位特征模型；其次，根据岗位特征模型的结构要素的分类，确定每个结构要素由多少个测评要素组成以及它们之间的关系如何；再次由一组专业人员对每一个测评要素编制若干项目，为了给下一步筛选做准备，项目需要准备较多，如每一个结构要素至少准备 20 个项目；最后将所有收集到的项目进行汇总并选择样本进行试测，修正、完善项目的筛选。

经验法和结构法都各有其优缺点，为了设计出更有效的申请表，测评人员可以结合这两种方法，经验法选取标准与绩效有更为紧密的关系，结构法设计的项目具有更好的结构效度和理论支持。两种方法结合使用可以实现理论与实践的有机结合，设计出更科学有效的申请表。

（三）确定申请表形式

在确定了申请表的项目后，接下来考虑用什么形式将项目内容呈现出来。申请表的形式有多种，在确定申请表的形式时要考虑两个因素：一是申请者便于作答；二是便于后面统计。为了便于申请者作答，申请表的语言需要以中性方式表达，同时也尽量采取选择的作答方式。为了便于统计，在设计格式时尽量考虑到后面量化和编码的问题。具体来说，要注意以下两个方面：一是项目呈现顺序，把那些区分度高的项目排在前面；二是提问方式，最好选用选择题。

（四）确定项目权重和评分标准

1. 确定项目权重

申请表中不同的项目所占的比重是不同的，其权重的大小因岗位的不同而有所不同。在确定申请表项目权重时，主要依据项目内容与未来工作岗位要求及工作绩效的相关程度，与拟聘岗位相关度高的项目应被赋予较大的权重。

项目权重设置的方法：组织会将岗位的现有员工根据工作表现分为高绩效组和低绩效组，然后让这些员工填写申请表，收回申请表之后，将员工的工作表现和他们所填写的项目进行统计分析，那些与工作表现有较高相关性的项目就被赋予较高的权重，那些与工作表现相关性较低的项目就被赋予较小的权重或者删除该项目。

M 公司计划招聘一批销售代表，这个岗位现有员工 45 名，按性别构成，有 20 名男性员工，25 名女性员工；按学历构成，本科学历的有 30 名，专科学历的有 15 名。现根据销售绩效的高低，将所有员工分为高绩效组和低绩效组，高绩效组有 20 人，其中按性别构成有 5 名女性员工和 15 名男性员工，按学历构成有 14 名本科学历员工和 6 名专科学历员工。那么女性员工的高绩效比率 5/25=20%，男性员工的高绩效比率为 15/20=75%；本科学历员工的高绩效比率为 14/30=46%，专科学历员工的高绩效比率为 40%。由此可见，性别和销售绩效有较高的相关性，而学历和销售绩效的相关性较低，因此在设置项目权重时，应赋予性别较高的权重，而赋予学历较低的权重。

2. 确定评分标准

确定每一个项目的评分标准是进行项目分析的重要步骤。对申请表中每一项目赋予权重是关键环节，主要有以下 3 种评分方法。

1）相关法

通过统计了解某项目对员工是否优秀的影响程度，如果影响程度大，则赋予较大的权重；如果影响程度小，则赋予较小的权重。

2）垂直百分比法

首先根据效标将申请者分为高绩效组和低绩效组，然后核对已填好的申请表，分别计算属于高绩效组答案和低绩效组答案的百分比，然后将两组选择的百分比互相比较，假如高绩效组的百分比较高，则其记分权重就越大，反之亦然。表 6-5 就是垂直百分比法的一个例子。

表 6-5 垂直百分比法赋予权重

经验 / 效标	长任期组（%）	短任期组（%）	百分比差异 （%）	权重
行政	25	55	－30	－1
销售	66	36	＋30	＋1
技术	51	22	＋29	＋1

3）水平百分比法

根据效标将申请者分为高绩效组和低绩效组，然后核对已填好的申请表，计算属于高绩效组答案的百分比，将比数依四舍五入换算成一位加权数，一个人的总分数就是申请表中每项加权数之和。具体见表 6-6。

表 6-6　水平百分比加权

反应类别	低绩效组	高绩效组	总分	高绩效组百分比	记分权重
未婚	35	19	54	35	4
已婚	52	97	149	67	7
离婚	25	8	33	24	2
分居	15	6	21	29	3
寡居	13	10	23	43	4

（五）计算总分

根据事先确定的记分标准，把申请人的各项得分加权汇总，求得申请表的总分，通过比较总分，就可以确定选择决策。

总分的计算公式主要分为乘法公式（P_1）、加法公式（P_2）、混合公式（P_3）3 种。假设 A 为个人基本情况得分，B 为个人知识、技能与工作能力得分，C 为个人家庭和社会关系得分，D 为个人人品或其他得分。那么，3 种公式的计算结果是有很大区别的。

1. 乘法公式

$P_1=(A\times B\times C\times D)/4$，这是最为严格的公式。这种评估意味着一旦申请者某一项内容得分为零，则其录取概率也为零。由于乘法公式的放大效应，一个明确的弱项将导致申请者整体得分大幅回落，而一个明显的强项也会使申请者的总体得分大幅提升，有助于拉开申请者的分数。这个公式主要适用于重要人员、重要岗位的人员选拔。

2. 加法公式

$P_2=(A+B+C+D)/4$，加法公式是相对宽松的评价方式。评价过程中，申请者某些方面的缺陷是可以容忍的。即使在分析中有一项或几项得分偏低，其总分也会有一定的数值，不像乘法公式那样会导致申请者的直接淘汰。当组织的管理比较规范，应聘岗位的重要性一般时，可以采用加法公式进行人员选拔。

3. 混合公式

$P_3=[(A+B+C+D)/3\times D]1/2$

混合公式兼顾了乘法公式的严格和加法公式的宽松，同时赋予了“品质”最为重要的评价。这符合很多公司的用人理念，能力强弱不重要，因为能力可以在今后的工作中培养，但人品不好的人绝不可录用。

表 6-7　申请表记分计算方法

一、项目分数和评分标准

根据对工作岗位的要求和业绩情况分析，得出每一类项目的权重大小，具体分配如下。

1. 个人基本情况：100 分

其中：

A. 年龄：50 分。调查发现，该岗位员工在 30~35 岁时，工作成绩最优，所以该年龄段的分值最高。具体记分标准见下表：

年龄记分标准

年龄	小于 25 岁	25~30 岁	30~35 岁	35~40 岁	大于 40 岁
分数	30	40	50	40	30

B. 婚姻：20 分。未婚计 20 分，已婚计 10 分。

C. 性别：20 分。男性计 20 分，女性计 15 分。

D. 家庭所在地：10 分。本地计 10 分，外地计 5 分。

2. 知识和能力：100 分

其中：

A. 学历：40 分。大专及以下：20 分；大学本科：30 分；硕士以上：40 分。

B. 相关工作经历：40 分。1 年及以下：10 分；1~2 年：20 分；3~4 年：30 分；4 年以上：40 分。

C. 相关培训：20 分。没有培训：0 分；一些培训：10 分；培训合格并有相关证书：20 分。

3. 家庭与社会关系：30 分

主要考虑的是家庭与社会关系能否促进本公司的发展。

其中：没有或者不确定：10 分；有一些促进：20 分；有较大帮助：30 分。

4. 人品：40 分

其中：有不良记录活处罚：0 分；无不良记录：20 分；组织奖励：30 分；市级以上奖励：40 分。

二、根据申请表填写情况得分

三、总分汇总

$$P_1=(A\times B\times C\times D)/4$$

四、根据录用比例作出决策

根据总分作出决策时，可以设置最低分，如果申请人的总分低于最低分，就可以直接淘汰。此外，也可以依据所有申请者的总分进行次序排名，按比例选优选择合适的申请者进入下一轮的测评。

（六）试测和修正申请表

申请表在正式投入使用之前，要进行试测，分析申请表的信度与效度，便于检验各项目对实际工作绩效影响力的大小并判断其中是否存在可能引起负面情绪或偏见的项目。在进行试测之后，要根据测评的结果与反馈，对申请表内容进行必要的修改和完善，可以通过预测结果或是专家筛选，剔除、修改不合适的项目。

四、申请表的筛选

怎样对众多的申请表进行有效的筛选？可以通过量化的评分方法，也可以通过定性的分析方法。进行申请表筛选时，要注意以下几点：①要看申请表是否填写完整；②申请者是否理解并按指示填写；③是否看懂了申请者提供的信息；④提供的信息能不能起作用;⑤制作筛选申请表的调查表,以便使申请表的筛选成为可以进一步统计的基础,通过统计结果来筛选申请表。

表 6-8 为申请表筛选调查表示例,按照申请表所包括的项目,对每份申请表与岗位的复合程度进行评价,最后通过对所有项目的综合,考察各申请表中体现出的申请人的基本情况。

表 6-8　申请表筛选调查表示例

筛选项目	A(符合)	B	C	D
能加班				
工作经历稳定				
工作中没有不能解释的间断				
工作中没有一些冒险性因素				
对报酬和工资不切实际的想法				

第三节　简历

一、简历的概述

(一)简历的概念

简历是对个人学历、经历、特长、爱好及其他有关情况所作的简明扼要的书面介绍。简历给阅读者的信息量是全面而集中的,从中可以看出求职者在业绩、能力、性格、经验等方面的综合表现。在求职择业时,它是用人单位对求职者进行分析、比较、筛选,决定是否录用求职者的主要依据。通常情况下,用人单位都是通过简历了解求职者的经历、受教育程度、兴趣、特长等,从而决定求职者能否参加进一步的笔试和面试。

阅读资料

简历与申请表的区别

简历与申请表各有特点。申请表最大的优点在于其结构的完整性与直接性。填写这种表格对申请人而言也是比较方便的。申请表要求申请人提供组织认为重要的全部信息,这样既易于统一量化评估,又减少了招聘者的额外工作负担,同时申请表也存在限制申请人的创造性、设计花费时间长、制作和分发费用较贵的缺点,但设计完成后实际实施起来既简便又省时。简历则给申请人较大的自由发挥空间，易于充分展现申请人的创造性和书面表达能力。但由于简历是个人自己制作的，因而往往会掺杂大量的冗余信息，而且有些粗心的简历制作者还会遗漏一些对组织而言相对重要的信息，这样既使自己在竞争中处于不利地位，也使组织招错人的风险增大。

申请表和简历各自的出发点是不同的，前者是服从和服务于组织需要的，后者则是服从和服务于个人需要的。组织可以根据其招聘的可操作性、经济性等原则进行选择。

资料来源：https://wenku.baidu.com/view/3d4f2c81b9d528ea81c7790f.html

（二）简历的形式

简历一般有以下 2 种形式。

1. 列表式

列表式简历即以表格形式分栏目介绍有关情况，见表 6-9。列表式简历显得清楚简洁，一目了然。

2. 叙述式

叙述式简历如同自传，可以比较详细、完整地叙述自己的经历、个人特长、学习与工作成就等。

两种形式各有利弊，可根据个人经历的复杂情况选择使用，但以表格形式居多。

表 6-9 列表式简历

姓名		性别		照片
籍贯		民族		
出生年月		政治面貌		
联系电话		电子邮件		
求职意向				
教育背景	（按时间顺序，从大学开始）			
工作与实习经历				
专业技能				
曾获奖项				
爱好特长				
个性特点	（自己的个性、工作态度、自我评价）			

（三）简历的内容

无论简历采用哪种形式，一般包括以下几项内容。

(1)个人信息。它包括姓名、性别、民族、年龄、学历、学位等。所学专业是招聘时重点关注的内容。

(2)求职意向。它主要介绍未来职业的目标定位。招聘者会通过职业定位明确求职者的发展方向是否与公司招聘职位吻合。求职者可以多准备几份不同的简历,每份简历只写一个求职意向,比如人力资源,简历的其他内容全部围绕这一主题写,这样简历看起来更有针对性。

(3)受教育、培训经历。因求职者的目标职业与教育背景相关,招聘者会参考其受教育的情况。因此,求职者要填写自己受教育、参加学习培训的经历。对求职者而言,一般要多强调与期望职业相关的信息,以突出自己的专业技能和特殊优势。

(4)工作、实践经历。这项内容一般包括工作单位、起止时间、工作内容、参与项目名称等。对于应届毕业生来说,没有什么工作经历,招聘者不会过于强调这一点,求职者可以把在校期间的实习、实践或参加社团活动的经历写上。

(5)课程。很多求职者往往只简单罗列大学期间学过的课程,没有条理性。最好把所学的课程进行分类。比如管理专业的毕业生,可以将课程分为管理类、营销类、财会类、金融类、经济类等,这样招聘者在看到课程时一目了然,更有针对性。

(6)计算机、外语水平。列举一些可熟练操作的办公软件即可,如 Word、Excel 和 PowerPoint 等。在外语水平方面,要写得具体、明确,比如获得国家英语四(六)级证书,在某某比赛中获得什么奖项,雅思、托福取得多少分等。

(7)奖励证书。一般凡是获得的奖励都要写上,如奖学金、优秀干部称号、在社会上受到的嘉奖等。技能证书会增加获得面试的机会。

(8)自我评价。很多求职者会在这部分写得很笼统,比如性格开朗、待人热情、工作细心、办事高效、能吃苦耐劳、有较强的组织能力等。这些千篇一律的描述无法突显出个性。个人评价最忌空洞,要总结出自身特点,最好能结合岗位要求及自己的专业特点进行阐述并在后面加以证明。比如,说自己组织能力强,可以列举自己独立组织过的某项活动,效果如何。与工作相关的特长一定要写,与职位无关的特长、爱好不写或少些。

阅读资料

专家解读网络简历制作误区

网投简历早已成为求职的主流方式。在“金三银四”的招聘旺季,求职者网投简历数量很多,但接到的面试通知却很少的案例并不是少数。究竟是什么原因影响了简历网络投递的效果?求职者又应如何通过调整简历内容来提高获得面试通知的几率?以下就由职业指导专家针对四种网络简历制作误区为众多求职者解惑,帮助大家有效提高网投简历成功率。

提高自我评价能力,切忌内容过于程式化。太多的 HR 反映,每天审阅的简历中,很多人习惯套用标准简历范例,复制、粘贴官方的教育背景介绍、标准的岗位职责,或者简单写出以往的工作内容,让简历成为“记叙文”,缺少对自身能力进行评价的概括总结性内容。职业指导专家指出,求职者在制作网络简历时,不仅要添加有说服力的过程描述,更要添加有感染力的结果描述,如已具备的操作技能、突出的工作成绩以及重要贡献等。

不可幻想简历越简单面试机会越多。一些求职者会把简历写得非常简单,只留下基本信息。他们觉得 HR 因为没有了解到自己更多的内容,就会通知其面谈,这样就可以增加面试和就业的机会。职业指导专家表示, HR 筛选简历的标准是企业发布的岗位要求。求职者简历中的经历与企业发布的岗位要求匹配度越高,说明此人越适合该岗位,其被通知面试的可能性也就越大。HR 一定不会把时间浪费在未知的求职者身上,所以,故意把简历写简单的求职者如果本身资历尚浅,必然会错失很多就业机会。

附件简历是最容易被跳过的简历。网络简历草草填写,并将自制简历以附件形式上传,有时附上一句“详情请看附件”,HR 会不会按照求职者的指引去查看附件简历呢?职业指导专家表示,企业一般会避免查看简历中的附件,以防范附件夹带病毒的风险,更有企业会直接屏蔽带附件的邮件,由此看来,上传附件简历的做法并不明智。因此,建议求职者以最直观的形式将简历呈现给 HR,直接将网络简历的内容添加完整,争取在有限的时间内让更多有价值的信息被企业浏览到。

照片太花哨,职业化印象分骤降。网络简历要不要上传照片?上传一张什么样的照片最能够展示自己?蒋文静挑选了一张外出游玩时拍摄的照片并经过了处理,很有文艺范儿,但经过几次面试,她发觉似乎因为这张照片,面试官对她是否适合化工工艺员的岗位产生了些许怀疑。职业指导专家分析,图像比文字能够给人留下更深刻的印象,因此建议求职者在简历中上传自己的照片,但并不建议求职者上传如生活照、艺术照等类型的照片,因为这样会显得不够正式,也有失职业化,会降低面试官对自己专业技能、职业化素养的评价,因此最好是选择一张近期免冠一寸证件照来展示自己的职业气质。

经过对以上 4 种网络简历制作误区的解读,职业指导专家提醒求职者,不仅仅要制作出有质量的网络简历,更要把握住网络简历的投递技巧,避免盲目海投。简历投递前一定要根据自己的实际技能情况认真匹配岗位要求,对符合要求的岗位进行投递并且要保证简历投递的数量,这样才能够获取更多有效的就业机会。

资料来源:https://wenku.baidu.com/view/20f10031cfc789eb162dc808.html

二、简历的制作

简历在制作时要突出以下几个特点。

(一)简练、明确

简历不能太长,一到两页足够了。简历的文字表述要简练,可以借鉴工作描述的书写方式。为了更好地传达自己的优势,每部分需要重点强调的地方,都需要加以明确。

(二)信息与岗位相关

简历中的信息必须与岗位相关,要避免自传式的简历。

(三)优点突出

简历通常是将求职者的优势自我展示出来,但不能太过于夸张,也不能过于谦虚,需要以关键的词语客观地把所做过的、可以作为优势的内容展示在简历上。

(四)给人深刻印象

制作简历时,要把最为关键的也是岗位最需要的信息放在最前面或最为显眼的地方,以便让简历筛选者马上有眼前一亮的感觉。

(五)信息全面

制作简历时,在追求简练的同时,不要忽略对求职者的全面总结。过于强调某些方面会成为简历的败笔。

三、简历的筛选

有研究表明，95%被调查的求职者说自己在求职时至少提供过一条错误信息。可见,简历筛选是一项非常重要的工作。为了提高简历筛选的有效性,应掌握一些技巧和方法。

案例分析

从人才招聘会回来,人力资源部王经理看着桌上堆积如山的简历有些发愁。公司这次要招聘8名新员工,却收集了500~600份简历。粗粗地翻阅了几份简历,每个人都将自己描绘得十分出色,从简历上实在很难挑选出谁是真正合适的人才。然而,若要逐一面试,人力资源部所有人员都来做这项工作也得忙一个星期。采取何种方式才能既便捷又高效地从这批应聘者中选拔出合格的优秀人才呢？王经理感到十分困惑。

问题:如何快速地选出适合岗位需要的人？

（一）筛选的方法

1. 系统自动筛选法

随着人力资源管理信息系统的普及化，很多企业通过计算机程序设计，实现对简历的初步评价和选择。毕业院校、所学专业、学习成绩、英语和计算机能力、工作经验等信息成为自动筛选的指标。通过计算机初步的筛选，将明显不符合条件的简历剔除出去。计算机筛选可以大大减少招聘人员的工作量，提高招聘效率。

2. 人工筛选法

人工筛选法就是采用人工手段来筛选简历。这种方法有助于招聘方对求职者进行全面的了解，减少错失岗位胜任者的概率，但也增加了招聘工作的时间。因此，为了提高简历筛选效率，减少招聘时间成本，招聘人员可以通过以下技巧提高筛选的速度。

1）优先考虑“硬性指标”

硬性指标通常包括性别、年龄、工作经验、学历、专业等。不同的岗位对硬性指标要求不同，如前台、文秘岗位通常要求女性；研发岗位通常要求本专业硕士研究生以上学历等。有的岗位对硬性指标要求比较严格，有些比较宽松，如果求职者所聘岗位对某些硬性指标要求很严格，则在筛选简历时首先应该关注这些硬性指标，凡是硬性指标中有一项不符合岗位要求的可以直接筛选掉。

2）警惕“含糊”信息

为了达到自我宣传的目的，求职者在撰写简历时，有时会刻意隐藏不利信息，而达到这个目的的常用方式就是运用含糊表达方式。例如，一位大学毕业生的简历中这样描述：“英语水平：具有较强的听说读写译的能力”。这就是一种含糊的表达方式，不能确定该名毕业生大学英语水平到底如何。再如，有一位求职者在简历中这样写的：“1999—2003，×× 大学管理学院；2004—2006，×× 有限公司”。如果从时间上看，似乎很连续，但实际上这里的空隙很大。如果 2003 年 7 月毕业，2004 年 7 月就职，中间有一年的空当；如果 2003 年 1 月到 2004 年 12 月，中间则有两年的空档。因此，用人单位在筛选简历时要特别注意是否存在模糊不清的信息。

3）分析“逻辑性”

在筛选简历时，要关注简历中有关信息的逻辑性，如简历中的描述是否符合逻辑性，是否符合应聘者的真实身份，是否有自相矛盾的地方等。例如，一位求职者在简历中有这样信息：“1999 年 9 月—2003 年 7 月，武汉 ×× 大学本科，2002 年 6 月—2004 年 8 月，广东 ×× 公司。”从简历上看，学习和工作的地点在两个不同的地方，大学四年的时间有两年不在学校，不符合一般大学生的情况。后来经过查实，发现该名求职者的大学教育是函授形式。再如，一位求职者在自我评价中自称“细致耐心”，可招聘人员却发现简历中存在多处错别字。简历中类似这样自相矛盾的地方除了在筛选时要注意,在后续的面试中也要进一步核实。

4)关注“匹配性”

筛选简历时还要考虑求职者的信息与应聘岗位是否匹配。首先要关注的是求职者的专业匹配度,主要通过查看求职者所学的专业及求职者过去的工作经历来分析求职者的专业是否与应聘岗位匹配。其次要关注的匹配问题是求职者曾经工作过的公司、岗位与应聘公司的背景、工作岗位是否相似,如所在行业是否一致、公司性质是否相似、面对的下属是否相似等。最后要关注求职者的任职稳定性与应聘岗位的要求是否匹配,如果求职者在过去工作中频繁跳槽或换岗,则可以推断其工作稳定性较差,如果应聘岗位对任职的稳定性要求比较高,则这个简历可以直接筛选掉。

阅读资料

简历筛选的技巧

简历作为求职者第一次向招聘人员展示自己的一种形式,其重要性无论是求职者还是招聘方都非常重视。那么,作为管理者或者人力资源管理人员应该如何从众多简历中作出选择。做好最初的求职者筛选工作呢?

第一步:分类

当招聘广告发出后,招聘人员往往会收到大量的简历,无论是电子版的还是手写版的,都需要作出初步的筛选。这项工作无疑是个体力活,经常会听到这样的话,“看得我头都大了”“看了那么多谁跟谁我都分不清楚了”等。确实如此,当大量的简历涌入我们的视野时,怎么做才能提高工作效率呢?

当面对着大堆要浏览的简历时,可以使用两步法来处理它们。

第一次筛选中,从学历、年龄、工作经历等方面淘汰那些起码工作要求都不符合的求职者,这部分我们称为拒绝类。

第二次筛选中,在合格求职者中比较他们之间细微的差别,然后拿出最有希望的求职者名单,并在这些名单中标明哪些是基本类,哪些是重点类。所以,第一步就是通过初步筛选将简历分为拒绝类、基本类、重点类。

第二步:审视

选出拒绝类很容易,例如很多组织对人员的入职都有非常明确的要求,如身高、年龄、学历等,所以不用看完简历的所有内容就可以列出拒绝类。那么,又怎么去在合格求职者中找出基本类和重点类呢?

当拿到一份简历应该看什么?以什么顺序看?应该注意哪些方面呢?

(1)总体外观。简历是求职者第一次自我简介,如果他重视这份工作,同样地,他也应该重视简历的书写。那么,他的简历是否整洁?书写是否规范?态度是否认真？是否有语法错误？是否有文字错误？简历制作草率的人，不会把事情做好。如有错别字，说明他不愿意花时间校对。这投射出他做事不认真、不负责的性格特质，不是需要的员工。

(2)生涯结构。求职者在岗时间是否连贯？

(3)经验。求职者事业进程是不是符合逻辑？有没有刚毕业进入工作单位就当主管的“超人”经历？他过去做了什么？

(4)教育培训。教育水准如何？有没有取得岗位需要的专业证书？他所受的教育培训与岗位需求有没有相关性？

(5)参加组织。他以往工作的单位是不是专业机构？

(6)证明人。简历有没有附带推荐函？岗位职务证明人的填写是不是详细？

第三步：设问

多数求职者既然来应聘就是因为他喜欢、需要这个岗位，而他的喜欢、需要会转变成他对简历的重视，使他的简历看起来“像那么回事”。在审视简历的过程中要多设问，这样才能降低“加料”简历带来的招聘风险。例如：

(1)警惕冗长的简历，因为多余的解释可能表明办事不利索或用以掩盖基本努力和经验的不足。

(2)仔细寻找与成就有关的内容。

(3)对教育背景的过多介绍。求职者可能没什么工作经验，他又十分清楚组织单位需要求职者有工作经验，所以，他就过多描述自己的教育背景来掩饰自己工作经验的缺失。

(4)背景中有明显的缺口。

(5)如果求职者只提及自己的工作和自己的工作职位，但是对工作成果只字未提，这也是反常的行为，要么是他的工作没有什么成果，要么是他的这段简历有“掺水”的可能。那么，哪些是表示工作成果的信息呢？如薪酬定位、稳定性或职业定位等都可以。要看一看，有没有这些方面的描述。

(6)任何一个公司都希望留住优秀的人才，也愿意给优秀人才更多的机会，如果他是优秀的，那么他的简历中有没有持续上升的职业发展呢？

(7)与职位一致的职业目标。干一行爱一行，干什么工作总是要把自己的职业目标与本职位紧密联系在一起的。眼高手低的求职者，到新单位仍然不能全心付出。

有人说招聘就是一次博弈，如果想在这次博弈中取得最后的胜利。就要做好充分的事前准备。而面对无从“下手”的求职者，怎么才能做好知彼呢？背景调查当然是很好的一种手段，但是，没有哪个HR或管理者在最初就对每一个求职者作背景调查，那样成本太高了。其实可以从求职者的简历中去看，通过分类、审视、设问三步了解求职者，打好面试的“提前量”。

资料来源：贺新闻．招聘管理 [M]. 北京：高等教育出版社, 2016.

（二）简历筛选调查表

为了更好地对每份简历进行具体比较，减少筛选简历的主观性，可以通过制作简历筛选调查表（表 6-10）的方式来筛选简历。筛选完简历后，可以根据各简历统计的初步结果来进行筛选。

表 6-10　简历筛选调查表

筛选项目	A（符合）	B	C	D（不符合）
总体外观				
布局				
经验				
所受的教育和其他证书				
参加的组织和活动				
证明人				

阅读资料

识别简历中虚假信息的方法

★ 在时间上存在矛盾的简历

最常见的虚假信息就是在工作经历和教育经历上作假。通常，这种作假更容易一些。在这方面作假很容易留下的“痕迹”就是时间上的不一致。例如，一名 1990 年以后出生的应聘者在简历中声称自己有过某大型企业高级职位的工作经历，这显然不符合常理。对于那些过于年轻的应聘者，简历中声称的那些曾在高级职位工作过的经历是值得怀疑的。

★ 简历中有缺省项

在姓名、性别、年龄、学历等个人信息中，要特别注意是否有缺省项出现。一般来说，简历中存在缺省项的原因主要有两个：一是应聘者因为粗心而忘记，但这样的应聘者并不多，毕竟找工作是关系到前途的重要事情；二是不希望自己的某些信息出现在简历中，这种情况大都是应聘者在这方面存在缺陷，希望通过缺省来使应聘人员忽略此信息。

★ 简历中有异于常规的信息

有些应聘者在简历中声称本科上了五年，而一般院校本科学制为四年（医学、建筑等专业是 5 年），由此我们可以推断出要么这份简历存在虚假信息，要么就是应聘者在上学时有过留级或休学现象，这两种结果都提醒我们要谨慎聘用。

★ 简历中有中断的信息

在工作经历和个人成绩方面,要注意是否有间断的经历。如果简历中有一年的经历没有写,那么要特别关注应聘者这一年做了什么,是为了提升业务水平参加了脱产学习,还是由于特殊原因在家待业,不同情况要不同对待。

★ 工作经历与应聘职位存在矛盾

有些应聘者在简历中描述自己的工作经历时,列举了一些著名的公司和一些较高级的职位,而他来公司应聘的却是一个较普通的职位。这就需要注意,是什么原因使得他愿意屈就。有的简历中写着应聘者在许多领域获得了很高的成绩,或是曾获得了很多证书,但是从他的工作单位和职位来分析,他很难有这样的条件和机会。对这样的简历也应格外注意和警惕。

★ 虚假学历

虚假学历是当下常见的简历造假手段之一,而且这种信息往往不是凭看学历复印件能识别出来的。现在分辨真假学历较为权威的方法是去学历颁发学校或中国高等教育学生信息网(http://www.chsi.com.cn)去查询。值得注意的是,现在网上有很多虚假的学历信息查询网站,权威机构公布的学历查询网站仅有"中国高等教育学生信息网"一家。

★ 工作经历中对工作业绩有所忽略或夸大

工作经历和工作业绩在应聘者的简历中往往是重头戏。招聘人员应学会通过其以往的工作业绩,对应聘者的工作能力作出评估。此外,由于工作经历无法像学历那样方便查询,使得这部分也是虚假信息的"高发地带",最常见的就是对工作业绩的忽略或夸大。

★ 过多地提供与应聘职位无关的爱好

如果一名应聘研发经理的应聘者,在简历中过多地描述自己对音乐的热爱,那么他可能是在使用"障眼法"来转移招聘人员的注意力。自己的简历中有价值的内容太少,便以此来扩充版面。这样的人即使能胜任工作,也很难说他有很强的研究能力,而且这种"顾左右而言他"的做法恰恰说明了他是个善于耍小聪明的人。

总之,识破简历中虚假内容的要点就是看简历是否有条理,是否符合逻辑。作为招聘人员,应该充分地审查简历中的基本信息,努力找出当中的矛盾、疑点,并用铅笔将其标注出来,在今后的面试中作为重点提问的内容。

资料来源:李文勇. 做个高效面试官 [M]. 北京:机械工业出版社, 2015.

第四节　推荐信

一、推荐信的概述

(一)概念

推荐信一般是由既熟识求职者又与招聘方(雇主)有密切关系的第三者,以书信形式向招聘方(雇主)介绍求职者的文字资料。推荐人一般是求职者的导师、同事、上司或与求职者熟悉的有威望的学者。鉴于三者相互间的情感、信誉与责任,推荐信在人才测评与录用中发挥一定的作用。尤其是知名人士的推荐信,往往可以起到关键性作用。推荐信一般在高层职位人员录用中较为常见。

(二)效度

一般而言,大多数推荐信都过于肯定被推荐者,所以推荐信被认为与求职者工作表现的关联性不强。有研究表明,推荐信对人才测评的效率不高。其原因主要是:①推荐人对拟聘职位要求不了解,大多根据自己的理解进行推荐;②被推荐者往往对推荐人施加一定的影响,被推荐者往往请那些能够赞扬和肯定自己的人写推荐信;③当被推荐者不清楚信的内容时,推荐信会更为真实可靠,如果被推荐者要看信的内容,则不那么可靠。因为人总是有一种不愿当面对别人进行否定评价的倾向。

在一项对“推荐信的价值程度”的调查中,占所选样本 12% 的人力资源经理认为推荐信“很有价值”; 43% 认为“有些价值”; 30% 认为“只有很小的价值”; 6% 认为“无价值”。当问及是偏好书面推荐还是电话推荐时, 72% 的人力资源经理选择电话推荐,因为电话推荐允许更坦率的评价和面对面的交流。

二、推荐信的内容

一般而言,推荐信主要包括 4 个方面的内容:①推荐人的身份主要说明何时认识被推荐人,认识多长时间等;②被推荐人的工作表现,例如工作能力、工作成就等;③被推荐人在工作中的人际关系,例如与领导的关系、与同事关系等;④被推荐人的专业技能水平,例如有哪些专业特长等。

三、推荐信应用中注意的问题

推荐信对于求职者未来工作的预测作用虽然不一定很大,但这并不意味着所有的推荐信都没有效果,有时一封简单的推荐信也可能有很大的预测性,这点是不容忽视的。

要使推荐信发挥作用,写推荐信的人通常满足 4 个条件:①他们对被推荐者的情况非常熟悉或者有相当多的时间与机会观察被推荐者;②推荐人有能力对被推荐者作出正确的评价;③推荐人愿意也敢于给出自己的真实意见;④推荐人有能力正确表达自己的推荐意见,以便招聘者能理解推荐人的意见。

此外,关注推荐信的具体内容,而非推荐者对被推荐者的肯定程度,可以提高推荐信作为一种测评工具的效度。根据推荐人对被推荐者个性特征的描述,有时可以作出录用判断。例如,在招聘中,两个应聘者均出示了对自己给予积极评价的推荐信。其中,第一位应聘者的推荐信中提及该应聘者是一个细致的人,第二位应聘者的推荐信中将该应聘者描述为一个友好的、乐于助人的人。用人部门就可以根据应聘职位的需要决定录用取舍:如果需要的是热情友好的客户关系维护人员,那么他们就会录用后者;而如果需要的是秘书,显然细致的应聘者更符合职位要求。

复习思考题

1. 什么是履历分析?
2. 履历分析的特点有哪些?
3. 申请表的类型有哪些?
4. 如何设计申请表?
5. 简历的内容有哪些?
6. 简历筛选的方法有哪些?
7. 简历为什么可以作为素质测评的有效手段?
8. 写推荐信应注意的问题有哪些。

阅读资料

名企的简历筛选

投放简历是求职者找工作的第一步,而简历也就成了求职的敲门砖。是否有机会参加下一步的考核赢来工作的机会,全看这敲门砖好不好。各大企业又是如何筛选简历的呢?

一、中国移动通信集团公司:先看专业再挑学校背景

中国移动采取多种方式进行招聘,包括招聘会、报纸、杂志、猎头等,用得最多的是网络招聘。同时,还会针对招聘项目,进行校园招聘、社会招聘和内部竞聘。移动已经将很多工作外包给专业人才网站,因而在筛选简历、笔试和面试时都遵循着一个既定的程序和标准。一个优秀人才应聘中国移动,需要经过以下程序:软件系统筛选

简历—人工筛选简历—第一轮面试—笔试—第二轮面试。

自动软件系统会通过考查 5 个方面挑选简历，即学校和专业、学习成绩、班级排名、英语能力和项目经验。这些都是应聘中国移动的门槛。中国移动青睐那些来自重点院校、专业对口的大学生，而名校背景、突出的英语能力以及担任过班长、学生会干部、社团组织者的经历，都会成为应聘中国移动的加分亮点。

二、ABB(中国)有限责任公司:言简意赅的简历最受欢迎

首先，ABB 是根据每个职位的岗位描述和招聘需求来筛选简历的。其次，人力资源经理把选中的简历发到对应的业务部门进行第二轮筛选。在业务部门经理和人力资源经理沟通、协商之后，产生面试名单。一份干净整洁、言简意赅的简历是最受 ABB 欢迎的，长度在 2~3 页纸比较合适。个人信息、工作经验的叙述越接近招聘职位的要求越容易赢得入围机会，而那些特别精美或者花里胡哨的简历并不见得就受欢迎。简历的真实内容才是考核的重点。对于应届毕业生的简历，ABB 会比较注重对方的相关社会经历，如参加过哪些社会活动、是否当过学生干部等。而招聘社会人员时，对方的工作经验是最受关注的。实际上，ABB 集团的销售人员也需要丰富的专业教育背景和行业工作经验。

三、乐百氏挑选简历的三道工序

乐百氏(广东)饮用水有限公司(以下简称“乐百氏”)有自己独特而鲜明的选才理念——求同存异。所谓求同，就是要求与乐百氏企业文化相融，即开放的心态、热忱向上、亲和信赖，渴望与乐百氏共同发展。招聘官初次浏览一份简历的时间平均为 1 分钟，主要针对一些硬性指标进行筛选。因此，招聘官不会对长篇大论的简历感兴趣，最好是简洁、条理清晰、有实在内容的简历。

第一道程序，对硬性指标如年龄、工作年限、学历、专业、相关职业背景、期望待遇水平、选择工作地域等信息进行快速筛选淘汰，同时根据不同的岗位进行分类。

第二道程序，将初选的资料传送到相关的用人部门，由用人部门对候选者的具体岗位经历、工作内容、业绩进行筛选，确定可面试者，将名单交人力资源部跟进。

第三道程序，由人力资源部向面试者发出邀约，进行笔试、面试和实操。经过这 3 个步骤筛选后，确定最终候选人员，人力资源部将会同用人部门，对候选者进行评价，人力资源部门享有建议权，最终录用权归属用人部门。乐百氏青睐擅长学习的人，仅仅对自己过往的学习和工作经历以流水账形式书写的简历，乐百氏一般不予考虑。乐百氏看重应聘者过去学习过什么、做过什么，但更看重其现在实际掌握了什么、在过去作出过什么业绩。希望简历中有具体的事迹来证明应聘者具备胜任该岗位所需要的特质、能力或经验，所以应聘者写简历时应该有针对性地重点推销自己的

优势，最好还能提到期望加入本企业的原因。

乐百氏不迷信名牌大学，但对有技术要求的岗位，要求从正规院校毕业生中挑选。另外，乐百氏也看重应聘者毕业后的在职进修、培训经历以及是否获得相关职业资格证书或更高的学历。乐百氏需要具备较强学习能力、吸收能力和持续学习热情的人才。

资料来源：https://wenku.baidu.com/view/fb68c2706c175f0e7dd13743.html

案例分析

利用职位申请表筛选某公司的外销业务员

一、招聘岗位及要求

公司规模：100~499人

公司性质：外商独资、外企办事处

公司行业：电子、微电子、通信、汽车、摩托车

招聘岗位：外销业务员

学历要求：不限

招聘人数：1人

工作地点：昆明

二、职位要求

（1）有1~2年的外销工作经验及市场客户管理经验

（2）具备良好的语言沟通能力及应变能力，有团队合作精神

（3）能够经常出差并能承受一定的工作压力

（4）专业要求为经济管理类相关专业

（5）有汽车电子元器件销售经验者优先考虑

三、应聘人员信息（略）

四、测评流程

（1）运用简单计分法给每位求职者竞争力加分

（2）运用加权计分法给每位求职者竞争力加分

（3）根据各种方法评分结果确定面试后备人选

五、项目实施

首先，根据职位要求和岗位分析说明，选择一些与岗位最相关的结构要素，建立岗位特征模型，得出该企业外销业务员的胜任特征模型为：工作经验、语言沟通／团队合作、压力承受、专业对口、优先条件是否具备等。

其他步骤如下。

(1)运用简单计分法给每位求职者竞争力加分

求职者	A	B	C	D	E
工作经验	0	1	1	1	1
语言沟通/团队合作	1	1	1	1	1
压力承受	1	1	1	1	1
专业对口	0	1	1	1	0
优先条件是否具备	0	1	0	1	1
综合评分	2	5	4	5	4
处理结果	筛除	进入面试	筛除	进入面试	筛除

(2)运用加权计分法给每位求职者竞争力评分

求职者	权重	A	B	C	D	E
工作经验	5	0	1	1	1	1
语言沟通/团队合作	4	1	1	1	1	1
压力承受	3	1	1	1	1	1
专业对口	2	0	1	1	1	0
优先条件是否具备	1	0	1	0	1	1
综合评分		7	15	14	15	13
处理结果		筛除	进入面试	进入面试	进入面试	筛除

(3)根据各评分结果确定面试后备人选

如果选择2位面试者是:B和D。

如果选择3位面试者是:B、C和D。

问题:1. 你认为该公司在招聘时利用职位申请表进行初步筛选是否有必要?为什么?

2. 你认为该公司应该如何设计和完善其职位申请表?

3. 你认为哪些职位适合利用职位申请表进行初步筛选?

第七章　人才测评方法：面试

【学习目标】

通过本章的学习，理解面试的含义、面试的内容；了解面试的种类；重点掌握面试的方法，行为化面试。

【引导案例】

IT 公司仓促的面试

随着业务的不断扩大，某 IT 企业预招聘技术人员若干名，招聘广告发布一周后，就收到上百份的求职简历，经过初步筛选，有 20 位候选人进入面试环节，人力资源部欲对 20 位候选人进行结构化面试和心理测验。在结构化面试开始前，人力资源部的马经理建议将公司技术部的技术主管小张请来参加面试。于是，人力资源部的招聘主管立刻给小张打电话，请他马上赶到会议室，参与技术人员的面试工作。由于事先小张对此事一无所知，所以在面试过程中，他总是在不断翻阅应聘人员的资料，低头阅读简历，然后提出相应的问题，之后又忙于了解下一位应聘者的情况。就这样小张在忙碌地阅读应聘材料的过程中结束了对 6 名应聘者的面试工作。

面试是招聘与人才测评最常用的方法之一。与其他测评方法相比，面试是面试官与应聘者面对面交流的过程。这种测评方法能更加直观、灵活和深入地了解应聘者的外部表现以及内在特征。如果面试前没有做好相应的准备工作，不熟悉面试流程，不懂面试的技巧和方法，在面试过程中，就不能与求职者进行充分的交流，影响面试的有效性。因此，作为人力资源管理工作者，熟悉面试相关内容并能灵活运用是提高面试有效性的重要保证。

第一节　面试的概述

一、面试的概念

面试（interview）是指在特定的时间和地点，由面试官与应聘者按照预先设计好的目的和程序进行面谈、相互观察、相互沟通的过程。在面试过程中，面试官可以根据应聘者当场对所提问题的回答,考察其运用专业知识分析问题的熟练程度、求职动机、个人修养、实践经验、思维的敏捷性、语言表达能力等。为了更好地理解这个概念,关键要把握以下几点。

(1)面试是“有一定目的”的活动。面试工作主要有3个目的:①评价应聘者胜任工作岗位的能力;②评价应聘者适合具体工作、部门和组织的程度;③补充在简历、申请表筛选阶段没有获得的、与岗位有关的信息。

(2)面试是“经过精心设计”的活动。面试不是一般性的交谈、聊天,是有计划、有目的的活动。面试前要准备好具体的面试题目、评分标准,要对考官进行培训。

(3)面试是“在特定场景下”进行的活动。日常交谈是在自然场景下进行的,而面试是在特定场景下进行的,这个场景对应聘者是有压力的,或多或少都会产生紧张感。

(4)面试是“面对面地观察、交谈等双向沟通”的活动。面试不同于一般的口试、笔试、背景调查,其本质上是一个双向交流的过程。在这个过程中,面试官应注意倾听、询问、分析及判断。

(5)面试关注和评价的是应聘者与工作或岗位相关的素质。这就要求面试必须根据工作分析、战略分析或胜任特征模型分析来实施,事先给出面试需要评价的指标和标准,整个面试过程围绕着这些指标和标准进行交流。

面试是人才测评的有效方法之一,招聘人员并不是运用它去测评应聘者所有的素质,而是去测评面试最能测评的内容和维度。通常,面试测评的内容包括:仪表风度、工作经验、知识广度和深度、工作态度和求职动机、应变能力、口头表达能力、分析判断和综合概括能力、自我控制能力、情绪的稳定性等。

二、面试的特点

面试与其他人才测评方法相比,具有其独特的地方,主要体现在以下几个方面。

(一)内容的广泛性和灵活性

面试测评的内容非常广泛,既涉及语言表达、逻辑思维、分析判断、综合概括等能力要素,也涉及兴趣爱好、求职动机、情绪稳定、工作态度等个性倾向要素。

面试内容的灵活性主要表现在以下方面。首先,面试内容因工作岗位不同而不同。不同岗位的工作内容、任职条件、职责权限不同,因此,对不同岗位求职者面试的内容也有所不同。其次,面试内容因求职对象学习、工作经历不同而不同。一个应届毕业生和一个有几年工作经验的求职者,面试的问题是有差异的。最后,面试内容因测评目的不同而有所不同。与内部考评选拔人才相比,外部选拔录用员工面试内容要更加丰富。

（二）形式的直接性

面试是以面试官和求职者面对面的交流为主要形式的。面试官可以直接观察求职者的外在表现，通过提问和引导的方式进一步了解求职者的求职动机、职业兴趣、个性特征、能力倾向等，为准确地选拔人才提供保障。

（三）评价的主观性

面试是面试官依靠个人的逻辑来推测的过程，因此，与其他测评形式相比具有判断的主观性和直觉性。面试过程中，面试官的专业知识、选拔技能、面试经验等自身原因会影响到评价结果的准确性。另外，晕轮效应、情感效应、首因效应等心理因素的影响，会增加评价结果的误差，因此，为提高面试的客观性和有效性，应尽可能减少面试官主观因素对评价结果的影响。

（四）交流的互动性

面试是面试官与求职者面对面地观察、交谈的双向沟通活动。在这个过程中，面试官通过观察和交流可以获取求职者的信息。求职者也不是完全处于被动地位，也可以通过面试官来了解应聘单位、岗位的情况，以此决定是否接受这一工作。因此，面试不是面试官单方面对求职者的考察，是招聘双方双向交流的互动过程。

三、面试的类型

面试的类型有很多，按照不同的标准，可以分为不同的形式。

（一）根据面试的标准化程度划分

根据面试的标准化程度，可以将面试分为结构化面试、非结构化面试和半结构化面试。

1. 结构化面试

结构化面试，也称规范化面试，是对面试的内容、题目、程序、评价标准、考官组成等要素进行统一明确的规定，面试官严格按照事先拟定好的程序、题目对每个应聘者进行相同的提问，整个过程不允许面试官随意调整。这种面试的优点在于对所有的应聘者按照同一标准进行，可以提供结构与形式相同的信息，便于分析、比较，减少了主观性。但这种面试方式过于僵化，难以随机应变，所获得的信息也受到限制。因此，在应用结构化面试时，要注意以下问题：①面试前做好充分的准备工作；②注意对整个面试过程进行引导和控制；③对面试结果的评价要将应聘者的实际技能与工作需要技能进行客观比较。结构化面试要求做到程序的结构化、题目的结构化和评分标准的结构化。

2. 非结构化面试

非结构化面试，是指在面试中没有固定的结构，也不使用有确定答案的固定问题的面试。在面试过程中，面试官的提问也是开放式的问题，其目的是给应聘者充分发挥自己能力与潜力的机会。面试过程中面试官可以“随意”地向应聘者提出问题，而且对应聘者来说也没有固定的答题标准。即使是对应聘同一岗位的不同求职者，面试官也可以问他们各不相同的问题。但应注意的是，这种“随意”并非海阔天空的闲聊，从面试官的角度来说，必须在谈话过程中观察应聘者，从总体上把握面试的效果。

某独资企业欲招聘若干管理人员，通知所有应聘者在某月某日某时整在位于某某大厦公司总部同一时间面试。结果等到面试那天，公司派人提前在该大厦大厅内接待前来应聘的人员并请大家在大厅内恭候，等到所有应聘人员到齐后，接待人员告诉大家一个不幸的消息：电梯坏了，需要大家由接待人员带领，爬几十层楼梯到公司的办公室参加面试。有些人听后立即就走了，有些人爬到一半后也放弃了，只有少数几个人坚持到最后。结果，就是这些坚持到最后的应聘者被录用了。这就是一个典型的非结构性面试的例子。事实上，读者可悟出电梯根本就没有坏，主考官就是想借此考一考应聘者的吃苦耐劳的精神和坚忍不拔的意志。然而，许多应聘者却由于不具备“磨难精神”而失去了此次机会。

3. 半结构化面试

半结构化面试，半结构化面试介于结构化和非结构化之间，对于面试的一些关键因素进行限定，如面试流程、评价标准等，但面试过程中，面试官可以依据具体情况对面试问题、时间进行随机调整。因此，相比结构化面试和非结构化面试，半结构化面试具有较强的适应性，可以在多种情境下使用。

（二）根据面试实施的方式划分

根据面试实施的方式，可以将面试分为单独面试和小组面试。

1. 单独面试

单独面试，又称序列化面试，是指面试官与每一位应聘者单独交谈的面试形式。这是一种最基本、最普遍的面试方式。单独面试又有两种类型：一种是面试过程中只有一个面试官对一个应聘者提问；另一种是面试中有多个面试官，他们依次对同一个应聘者进行提问。由于单独面试比较费时，所以比较适合在小规模的招聘过程中使用。

2. 小组面试

小组面试，又称同时化面试，是指面试官同时对若干个应聘者进行面试的形式。这种面试方式主要用于考查应聘者人际沟通能力、洞察与把握环境的能力、思考问题的能力、口头表达能力及与他人合作精神等。

（三）根据面试内容的侧重点划分

根据面试内容的侧重点，可以将面试分为行为性面试和情境性面试。

1. 行为性面试

行为性面试是通过对应聘者过去行为的了解，来预测其未来工作表现的面试方法。在行为性面试中，应聘者一般会被要求对过去的某件事或某种经历进行描述，包括面临的情境、要完成的任务、采取的行动和最后的结果等，通过其描述，来推断求职者未来工作的可能性。

2. 情境性面试

情境性面试，是让应聘者处于某一假设的情境中，根据应聘者在该情境中的一些行为来观察其各方面能力的面试形式。情境性面试突破了常规面试中一问一答的模式，引入了情境模拟中的一些方法。这种面试的方式灵活多样，面试的模拟性、逼真性强，应聘者的才华能得到更充分、更全面的展现，面试官也能对应聘者的能力作出更全面、更深入、更准确的评价。

（四）根据面试的目的划分

根据面试的目的，可以将面试分为压力面试和非压力面试。

1. 压力面试

压力面试，是指面试官有意对应聘者施加压力，使其焦虑不安的面试形式。在面试中，面试官故意提出一些挑衅性的问题或对应聘者刻意刁难，以考察应聘者在压力情境下能否保持思维的逻辑性和条理性、情绪稳定性及灵活的应变能力。这种面试的目的是鉴别出那些具有较高压力承受能力的应聘者。

2. 非压力面试

非压力面试，与压力面试相反，面试是在努力营造轻松、平和的氛围，以引导应聘者在无压力的情境下对问题作出反应。

第二节 面试的设计

一、面试评价标准的设计

面试设计的关键是设计面试评价指标和评价标准。评价指标是指面试需要考察应聘者哪些方面的素质和特点。评价标准是对每个面试指标的具体化和水平的划分，也就是对每个指标分为几个评价等级。

（一）评价指标的确定

面试评价指标的确定受几个因素影响。

1. 工作分析

面试开始前面试官要了解招聘岗位的工作内容、任职条件，尤其是影响工作成功的典型的因素有哪些。这些职位信息可以通过工作分析后形成的工作说明书和工作规范了解到，为确定评价指标提供依据。

2. 岗位胜任特征模型

岗位胜任特征模型对企业人力资源的能力素质提出了明确的要求,那就是一名工作绩效优秀的员工所应具备的素质特征。面试时以岗位胜任特征为评价指标,才有可能招聘选拔到工作绩效突出的人才。

3. 组织文化

工作分析为人职匹配奠定了基础,在招聘过程中除了要考虑人职匹配外,还要考虑人与组织文化间的匹配。因为人与组织的良好匹配,是实现长期雇佣关系,降低离职率,提高员工工作绩效的关键。在招聘面试中,面试官从组织文化和个体价值观是否一致、组织期望与个体目标是否一致两个角度考虑应聘者与组织的匹配度。

人才测评的内容是多方面的,主要包括知识、技能、能力、个性等。作为人才测评方法之一的面试由于其特点、形式不同于其他测评方法,因此,评价内容主要集中在工作能力、求职动机、个性特征等方面。评价指标的确定方法可以依照人才测评指标体系的设计方法。

面试评价指标确定后,还要确定各指标在整个面试评分中所占的比重,各指标权重主要考虑指标对工作绩效的影响和贡献程度,也就是该评价指标对岗位目标的实现,对部门目标的实现乃至组织目标的实现重要程度如何。这可以采用主观加权法、专家加权法、德尔菲法、比较加权法和层次分析法来评价得出。

(二)评价标准的确定

面试评价指标确定后,需要根据评价指标制定面试评价标准,即面试各指标的组成要素及其水平等级。评价标准中最难的是对各指标不同水平的解释。这个解释是面试标准的核心所在,它是面试的直接依据。评价标准中对各指标不同水平的解释又称为评价标志,水平等级称为评价标度。评价标志作为考核标准,对考核要素的描述要求是可辨别、易操作的。在面试中,对典型的工作行为进行描述,来解释求职者在各要素上所达到的水平,这是一种比较可行的、准确的评分标准呈现方式。如果行为化描述设置得比较精确,可以直接作为面试的评分标准。通常一个评价指标要由多个评价标志来说明。

评价标度是对素质行为特征或表现的范围、强度和频率的规定。评价标度可以是数量的,也可以是语言的;可以是精确的,也可以是模糊的。评价标度的形式可以参考人才测评标度的几种形式。

面试评价指标和标准最后集中体现在面试测评的量表系统,具体体现为面试评价表。见表 7-1。

评价指标和标准确定后,为了保证指标和标准更客观,可在员工中进行试测,对不标准之处进行修改和完善。修改后的面试评价标准可作为面试官培训的指导性材料,提高面试官对各测评要素的认识,提高判断力,以保证评分的统一客观。同时一个好的评价标准可以弥补由于面试官水平的参差不齐而造成的评分误差，也可以规范面试官的评分行为。

表 7-1　面试评价标准

姓名			序号	工作单位及岗位		
要素	1. 战略规划能力	2. 沟通协调能力	3. 组织管理能力	4. 分析和解决问题能力	5. 责任感	6. 个人魅力和影响力
满分	10	10	10	10	10	10
权重	20%	20%	20%	15%	15%	10%
评分标准	（7~10）通过各种途径对问题相关信息进行搜索，不断对未来进行思考，制定符合长远方向的近期目标 （4~6）利用有效途径对问题相关信息进行搜索，有时也对未来进行思考，有时能制订符合长远计划的近期目标 （1~3）通过很少途径对问题相关信息进行搜索，很少对未来进行思考，制订的近期目标不符合长远计划	（7~10）能通过各种方法与上下级进行交流和协调，能很好地听取他人意见，很好地协调高层与基层各领导以及各部门之间的关系。 （4~6）与上下级沟通协调一般，也能听取他人意见，对高层与基层领导以及各部门之间的关系也能进行协调。 （1~3）与上下级沟通效果不好，不太考虑和听取他人意见，不能很好地协调上下级之间以及各部门之间的关系	（7~10）能很好地组织大家一起进行工作，进行详细的分工并激励大家积极地工作 （4~6）能够把大家组织起来，对大家的激励一般 （1~3）不能把别人很好地组织起来，不能激励别人很有积极性地工作	（7~10）能全面、深刻地分析问题的原因，在分析问题原因的基础上找到很好解决问题的措施 （4~6）能比较全面、深刻地对发生的问题进行分析，也能比较好地解决问题 （1~3）对发生的问题分析不够全面和深刻，问题解决也不太好	（7~10）主动承担责任，帮助他人，做一些不是工作范围内的事情 （4~6）能比较主动地承担责任，也能较为主动地帮助他人，一般只做自己工作范围内的事情 （1~3）不能主动地承担责任，不能主动帮助他人，自己工作范围内的事情也做得不太好	（7~10）有吸引力，行为具有榜样示范作用，别人对其说话信服度高 （4~6）吸引力一般，行为表现也一般，别人对其说话的信服度一般 （1~3）不太具有吸引力，行为不具有示范作用，说话不太能够为别人信服
得分						
计算总分					考官签名：	

二、面试问题的设计

(一)设计原则

1. 针对性原则

面试题目的设计一是要针对招聘岗位任职条件的要求,二是要针对评分指标和标准。所设计的题目反映了招聘岗位典型的、稳定的能力素质要求。

2. 延伸性原则

面试题目在形式上具有一定的延伸性,避免经常提出答案为"是"或"否"的问题,多采用开放性问题。另外,在内容上也要有延伸,最好在一组题目之间存在内在联系,便于面试官追问。

3. 鉴别性原则

面试题目应具有将不同素质的应聘者区分开来的能力。题目既不能太难,出现"天花板效应";也不能太简单,出现"地板效应"。题目的难度要适中,要有很好的区分度。

4. 确定性原则

面试题目的表述要清晰、准确,不能模棱两可、含糊其辞,以免给应聘者带来歧义,影响面试的结果。

(二)面试问题

面试的题目类型很多,不过,在当前的面试中,最常用的有以下几种面试题型:背景性问题、智力应变性问题、意愿性问题、情境性问题、压力性问题以及行为性问题等。

1. 背景性问题

背景性问题是有关应聘者个人基本情况的问题。在面试开始时,往往用 3~5 分钟时间来了解应聘者的个人基本情况、教育背景和工作经历。如请应聘者用两三分钟的时间简单介绍自己的基本情况。

提问背景性问题的目的主要有以下 3 点。

(1)为了求证应聘者提供的简历信息与当面回答的信息是否一致。一旦发现两类信息不一致,也不要急于追问,最好在提问一段时间之后再回头变换一个角度进行追问、确认。

(2)打破尴尬沉闷的局面并与应聘者建立一种相对轻松的氛围,使应聘者不至于过于紧张。

(3)面试官想了解应聘者简历中没有提供的其他信息,以便于面试官按照自己的意图进行深度追问与挖掘。

2. 智力应变性问题

智力应变性问题是通过向应聘者提出一些有难度甚至两难或多难问题让其回答和分析，以此考查应聘者的逻辑思维能力、分析判断能力。这类问题通常是一些专业或者逻辑推算的问题，需要应聘者具有一定的专业知识、逻辑推理的能力。

智力应变性问题示例如下。

（1）为什么下水道的盖子是圆形的？

（2）你估计北京有多少加油站？

（3）你所见过的最大的“阴影”是什么？

（4）两条不规则的绳子，每条绳子的燃烧时间为1小时，请在45分钟内烧完两条绳子。

对于智力应变性问题，面试官并不是想得到“正确”答案，往往也没有什么标准答案，每个应聘者都可以说出自己的结论或者答案，但在给出答案之后，面试官一定要问为什么是这个答案？理由何在？提问智力应变性题目的目的有两点：①考查应聘者分析问题的逻辑思路；②考查应聘者能否透过现象看到事物的本质。需要说明的是，智力应变性题目不是所谓的“脑筋急转弯”的问题，也不是人际技巧层面的问题。

3. 意愿性问题

意愿性问题一般测验应聘者在职业选择方面的考虑，内容会涉及应聘者的价值取向、求职动机、职业兴趣等多个方面的特征。其目的为：①了解应聘者的求职动机；②了解应聘者个人价值观与企业价值观、企业文化的融合程度；③了解应聘者个人职业发展目标与企业人才建设总目标以及企业管理资源的匹配度；④了解应聘者在职业选择中最看重的因素。

意愿性问题示例如下。

（1）你刚才讲到你在上一个公司表现很好，人际关系也不错，那么你为什么要离开这家公司呢？

（2）你怎么看待有些公司要求员工很多时间加班，但是却不严格按照国家标准给加班费的问题？

（3）5年之后你的职业发展目标是什么？

（4）每个人在选择职业时，都会有一些关键考虑因素，你在职业选择中最看重什么？

4. 情境性问题

情境性问题是指面试官向应聘者提出拟招聘的目标岗位在实际工作中一定或可能发生的具体难题，请应聘者提出解决方案。设置情境性题目的目的是为了判断应聘者分析和解决本企业现实问题的能力，是否有处理问题的方法、技巧及灵活应变能力。例如你在主持一次会议时,各部门为了各自的利益而发生了激烈的冲突,以致又牵扯了以往的个人恩怨。作为新来的人,你并不十分清楚以前的纠葛,但你知道大家都在等待着你的决定,你将如何处理?

情境性问题设置要注意以下3点:①问题应是在真实工作中必定或者有可能遇到的事情,那些不发生或很少发生的事情,提问没有意义;②提问时要作出一个具体的细节描述,最好设定一种两难或者多难的困难,使应聘者难以兼顾;③提出的问题要有一定的难度和挑战性。

情境性问题示例如下。

(1)当清晨第一缕阳光照在草原上的时候,羚羊大喊:“快跑,不然会被狮子吃掉!”狮子也大喊:“快跑,不然会饿死”。请由此进行即兴演讲。(交通银行广东分行2012年面试题)

(2)零售业是很辛苦的,如果你爸妈喊你回去考公务员,而且已经找好了门路,你会怎么做?(优衣库2012年面试题)

(3)假如你接待一家单位的拜访,对方的人到了之后才发现先前预约的会议室被另一部门领导占用且正在开会,这时你的领导也因为有事恰好不能来招待对方,你怎么办?(招商银行深圳分行2012年面试题)

5. 压力性问题

压力性问题是故意给应聘者施加一定的压力,看看其在压力情景下的反应,以考查应聘者在有压力的情景中能否保持思维的逻辑性和条理性等。如我公司近年来发展速度很快,内部组织调整的周期越来越短,而你长期在一个单位工作,怎么能适应我公司的环境?你不认为自己的年龄应该早就升到更高的位置了吗?

压力性问题示例如下。

(1)刘小姐,坦白地说,这次来应聘我公司这个岗位的优秀人才很多,从各方面来看,不少应聘者的综合条件一点都不比你差,你能否告诉我们,为什么我们应该录用你而不是录用其他人?

(2)杨先生,我们已经聊了快1个小时了,说实话到现在为止,我还真没有发现与其他应聘者相比你有什么独特的优势。

点评:这两个问题都是通过让应聘者感到自己独特的优势不明显来增加其心理压力。对这种问题的回答往往能反映出一个人的心理素质、自信心和自我认知的情况。

6. 行为性问题

行为性问题关注的是应聘者过去的行为,所问的是应聘者在实际上做了些什么?怎么做的?有什么结果?而不是他们知道什么,或者他们将会做什么。行为性问题的基本假设是,在类似的情景下,一个人过去的行为表现是预测其未来表现的一个良好根据。如在最近3年中，由你负责或参与的，最令自己满意的事情是什么？请你具体谈一个事例。

阅读资料

企业最常用的面试10问

1. 请你用不超过3分钟的时间，简单地介绍一下自己，内容包括：本人的基本情况、最大的优势或者特长。（背景性问题）

2. 请介绍一下你过去工作（或学习、生活）中最能体现你个人××能力的一件事，你是如何做的？（行为性问题）

3. 请介绍一下你过去工作（或学习、生活）中所遇到的最大的挑战或挫败，你是如何应对的？（行为性问题）

4. 你认为我们正在面试的这个房间，最多可以装得下多少个你手中那样的盛水杯子（水杯可以套叠，但不可折压）？（智力应变性问题）

5. 你在选择一个企业工作的时候，最看中的5个要素是什么？你为什么要离开原来的单位？在上一份工作中，最让你感到有成就感的是什么？最让你感到焦虑的是什么？（意愿性问题）

6. 能否告诉我，5年之后你的职业发展的目标是什么？（意愿性问题）

7. 请你在5分钟之内把你自己的手机推销给我。（情境性问题）

8. 假如你正在向公司各部门经理和领导层汇报你主持设计的工作方案，你看到包括副总们在内的大多数与会者对你的方案都表示了支持和赞许，但公司总经理却认为你的方案设计不合理，其实你很清楚这是由于老总自己对公司的某些真实情况不太了解，请问接下来你如何与老总沟通来处理此事？（情境性问题）

9. 这次来应聘这个职位的优秀人才很多，一些候选人的条件都不比你差，能否告诉我，为什么我们要聘用你而不是其他人？（压力性问题）

10. 请问你有什么问题要问吗？（了解应聘者主要关注点）

资料来源：彭荣模．招聘面试经典六问 [M]. 广州：广东旅游出版社, 2015.

三、面试计分系统的设计

面试结束后，面试官要把面试中搜集到的应聘者的信息与所申请岗位、评价指标相比较，对其打分评价。可以一次性判断应聘者的素质水平，给出具体的分数；也可以先根据对方的表现进行层次归类（如高、中、低），然后在具体层次上再给出具体的分数。打分后再对多位面试官的评价结果进行综合，根据综合评价的结果，给出面试的结果。

表 7-2　面试分数汇总表

姓名:王××　性别:男　编号:A25　应聘职位:销售经理　所属部门:销售部							
评价要素	表达能力	人际协调能力	分析判断能力	综合规划能力	组织协调能力	责任心	平均分（加权分）
权重	15%	20%	20%	10%	15%	20%	
主考一	8	8	9	7	5	8	6.75
主考二	7	7	8	6	5	8	6.15
主考三	8	7	8	6	4	7	6
主考四	9	8	7	7	5	8	6.6
主考五	8	7	8	7	6	8	6.6
主考六	7	6	7	5	4	8	5.55
总　分							37.65
评价标准	好:9~7 分　中:6~4 分　差:3~1 分						

第三节　面试的实施

一、面试实施过程

面试是一个系统的过程。面试的组织实施过程分为 3 个阶段:面试的准备阶段、面试的实施阶段和面试的评价阶段。

(一)面试的准备阶段

面试前的准备是非常必要的,它可以使招聘者明确面试的目的以及通过面试获得哪些信息。充分的准备可以使面试工作取得好的效果。面试的准备分为面试官的准备和场地的准备。

1. 面试官的准备

1)熟悉工作说明书

对岗位的描述和说明是面试官在面试中判断应聘者能否胜任该岗位的依据。因此,面试官在面试前要准确掌握招聘岗位的任职资格、必要的工作要求及理想条件,还要了解该岗位的工作环境、工资及福利状况、员工发展机会等,这些信息有些是人力资源管理部门已经掌握的,有些则需要与业务部门沟通。

2)熟悉应聘者的有关材料

认真阅读应聘者的简历或申请表,其目的有二:①全面了解应聘者的基本情况;②确定面试时需要深入了解的信息。在这一过程中除了要了解应聘者的专业、教育背景、工作经历是否满足岗位要求外，还要格外留意应聘者的工作经历中是否有时间空白或重叠、工作变化的频率、有无遗漏的信息以及含混不清的信息等。

3）准备面试问题

准备面试问题是整个面试准备过程中最重要也是难度最大的环节。面试问题的质量直接影响到面试的质量。面试问题的设计要参照工作说明书中的工作内容与任职资格，参照岗位胜任特征模型，做到有针对性地考察。

4）确定评分标准

面试题目确定后，要针对不同的面试问题设计评分标准，评分标准中最难的是对标准的解释，它是面试评价的直接依据。一般来说，评分标准划分为几个等级，每个等级有不同的含义，以此作为评价的依据。

2. 面试场地的准备

面试场地的选择和设计也是面试前的一项重要工作。一般说来，面试场地的选择要注意以下 3 点。

（1）面试地点所在环境必须无干扰、安静。像案例中的这种情况就影响到面试的效果，因此，在面试场所选择的时候，一定要在安静之处，排除各种干扰。

（2）场地面积应适中，一般以 30~40 平方米为宜。

（3）温度、采光要适宜。

案例分析

“在我与制造部李经理面谈的过程中，李经理桌上的电话不时响起：有人告诉李经理某种材料缺料，要求尽快到位；有人通知李经理下午那个会很重要，千万要参加……还有他的秘书拿来一沓单子让他签字。我们的谈话不时中断，再加上外面过道上货车走过的轰隆隆的声音，旁边针式打字机吱吱嘎嘎的声音，我变得心烦意乱，想尽快结束这断断续续的面试。”

问题：面试中存在什么问题？

面试场地的布置也应该加以注意。就面试官与应聘者的位置安排来说，通常有下面几种模式。

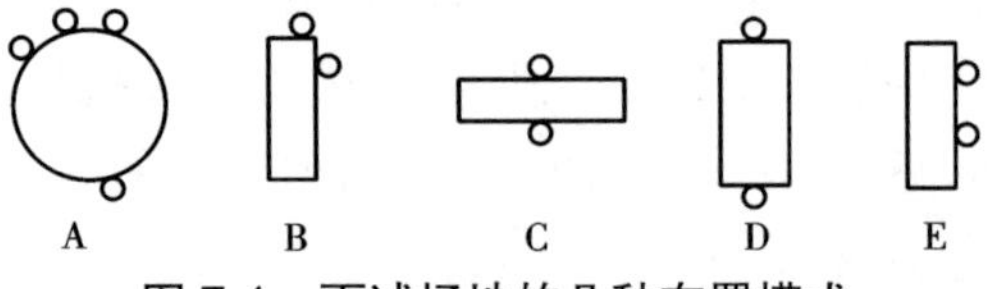

图 7-1　面试场地的几种布置模式

（1）圆桌会议的形式，多个面试官面对一位应聘者。（图 7-1A）

（2）一对一的形式，面试官与应聘者成一定的角度而坐。（图 7-1B）

(3)一对一的形式,面试官与应聘者相对而坐,距离较近。(图 7-1C)

(4)一对一的形式,面试官与应聘者相对而坐,距离较远。(图 7-1D)

(5)一对一的形式,面试官与应聘者坐在桌子的同一侧。(图 7-1E)

上述面试官与应聘者不同的位置安排产生的面试效果是不同的。究竟采用哪种形式比较好呢?

若采用第三种形式,面试官与应聘者面对面而坐,双方距离较近,彼此目光直视,容易给对方造成心理压力,使得应聘者感觉自己好像在法庭上接受审判,从而紧张不安,以致无法发挥其正常的水平。

若采用第四种形式,双方距离又太远,不利于面试官的观察和双方交流,同时空间距离过大也增加了彼此之间的心理距离。

若采用第五种形式,面试官与应聘者在桌子的同一侧,心理距离较近,也不容易造成心理压力,但不利于面试官对应聘者的表情、姿势进行观察。

采用第一种形式,应聘者不会觉得心理压力太大,同时气氛较为严肃。

采用第二种形式,面试官与应聘者成一定的角度而坐,避免目光过于直视,可以缓和心理紧张,同时也有利于对应聘者的观察。

因此,建议最好采用第一、第二两种位置来安排面试。

(二)面试的实施阶段

面试的实施是面试的具体操作过程。在此阶段,面试官与应聘者直接对话,相互交流,沟通信息。事实上,这一过程是以面试官的主导控制为主的,因此,面试的效果充分反映了面试官的能力和面试技巧。一般来说,在实施阶段主要包括以下步骤。

1. 建立关系阶段

在面试正式开始前,首先要感谢求职者应聘及前来面试,同时可与应聘者谈论一些与工作无关的话题,如天气、交通等,营造出一种轻松、自然的氛围,减少应聘者的紧张感。

在这个阶段,面试官还可以向应聘者介绍一下公司的基本情况和招聘岗位的情况,如:公司规模、公司的业务范围、公司的经营目标、岗位职责和内容、工作条件等,使应聘者对应聘单位及应聘岗位有一个深入的了解。这个阶段占整个面试的 2% 左右。

2. 导入阶段

面试开始时,面试官需要对应聘者的基本情况进行大致了解,围绕应聘者的简历进行提问,如“请你介绍一下你的工作经历”“请你介绍一下你在管理方面的主要工作经验”等。这样设计的目的,是为了减轻应聘者的紧张感。在这一阶段,面试官一般提问一些应聘者有所准备的、比较熟悉的题目。

此外,在这一阶段,面试官还要核实和验证应聘者在简历或申请表中提供的信息以及对简历或申请表中一些含糊不清和遗漏的信息进行澄清、补充。这个阶段一般占整个面试的8%左右。

3. 核心阶段

面试中最重要的环节就是核心阶段。这个阶段主要是对应聘者的素质、能力进行评估和预测，问题也是围绕岗位的任职要求提出的，以此判断应聘者是否符合特定岗位的要求。一般来说，这个阶段占整个面试的80%左右，而且60%多的问题都是针对岗位胜任特征来设计的。所提的问题主要是一些行为化或情景化的问题。例如，请你介绍一个由你策划的成功的营销案例？在这个项目中，你具体承担了哪些工作？采取了什么措施？结果怎样？

应聘者也有可能不愿意将自己的真实情况完全呈现，因此面试官要通过精心设计的问题和提问技巧，去了解应聘者能力、素质的真实情况。这一阶段不仅是对应聘者的考验，也是对面试官的挑战。

4. 确认阶段

这一阶段主要是面试官对核心阶段所获得的信息进行进一步确认，以便更全面、客观地考察应聘者的素质水平。在这个阶段，通常采用开放式提问方式，如"你刚才提到工作中经常做一些协调性工作，你能举例说明你做过哪些协调性工作吗？""刚才我们讨论了具体的案例，你能概括一下安排新员工培训工作的程序吗？"这个阶段在整个面试中占5%左右。

5. 结束阶段

所有的信息了解后，就进入到了面试的最后一个阶段。在结束阶段，面试官检查是否遗漏了某个方面的能力特点，可以加以追问。在这个阶段也可以给应聘者一个提问的机会，问他有什么想了解的问题。

值得注意的是，不管录用与否，都应该诚实礼貌地结束面试并告知应聘者不久将会得到面试结果的信息反馈，不要在面试后立刻给予应聘者答复。这个阶段在整个面试中一般占5%左右。

（三）面试的评价阶段

面试结束后，根据每位面试官的评价结果对应聘者的面试表现进行综合分析与评价，形成对应聘者的总体看法，以便提出录用决策的建议。面试结果的处理包括三个方面，具体如下。

1. 综合面试结果

面试结束后，将面试记录进行整理并根据面试记录对应聘者进行评语式或评分式评估。然后，将面试中每位面试官对应聘者独立的评价结果综合，形成对应聘者的统一评价。

表 7-3　面试评分表

序号		姓名		性别	
毕业学校		专业		学历	
应聘岗位				应聘时间	
考评项目	权重	考核内容		分值	考核得分
仪容仪表	10%	穿着打扮		5	
		气质		5	
知识技能与工作经验	40%	专业知识		10	
		专业技能		10	
		相关知识		10	
		实际工作经验		10	
个人能力	40%	语言表达能力		10	
		解决问题能力		10	
		应变能力		10	
		创新能力		10	
工作态度	10%	工作主动性		5	
		工作责任感		5	
合计	100%			100	
面试评价	考核得分	90~100 分 ____ 80~89 分 ____ 70~79 分 ____ 60~69 分 ____ 60 分以下 ____			
	录用决定	予以录用 ____　有待进一步考核 ____　不予考虑 ____			

2. 反馈面试结果

将面试的评价建议通知给用人部门,共同讨论后,作出录用与否的决定。有些公司在作出录用决定后,还要跟录用者再进行一次录用面试,面谈内容涉及有关录用的各方面事项。总之,企业在作出录用决策后,应及时将录用通知书发送到录用者手中,对于未被录用的应聘者,企业也应及时作出反馈,以示尊重和礼貌。

3. 面试结果归档

面试工作结束后,将面试的所有资料进行归档备案。至此,面试工作全部完成。

二、面试中注意的问题

(一)面试倾听

倾听是一种听对方讲话的技巧,即把握住说话者的信息含义,了解说话者的情感,并正确理解说话者的谈话内容。面试官要做到积极有效地倾听,除了将自己的注意力全部集中在对说话者语言的精确理解上,了解其所讲内容的真实含义,准确把握信息发出者传递的信息外，还要注意以下几点。

1. 排除各种干扰

在面试过程中经常会遇到些干扰，比如电话铃声、机械设备的噪声等。因此，一般面试场所宜选在远离办公区的安静之处。面试过程中，面试官要关闭手机，保持注意力的高度集中，积极倾听应聘者的回答。

2. 要善于提取要点

在应聘者回答问题时，面试官没有必要将其所说的每一句话、每一个字都记下，而要善于从应聘者的原话中提取与岗位胜任特征有关的信息。

3. 要善于发挥眼睛和点头的作用

在面试中，面试官的目光应集中在应聘者的嘴、头顶和脸颊两侧这个范围内，这样会使面试官集中注意力，关注所听到的信息，同时还会给应聘者一种感觉，即面试官在认真地听其回答问题。此外，应聘者回答问题时，面试官可以适度点头，表示在注意听并且听懂了应聘者的回答。

4. 在倾听的同时要注意思考

研究表明，人的思考速度大概是每分钟 400 字，而说话的速度是每分钟 150 字左右。这就说明“想”比“说”要快得多。因此，在应聘者回答问题时，面试官有足够的时间进行思考，比如面试官可以分析一下应聘者所要表达的意思，使自己不仅听到了语言的表层意思，而且听到了应聘者想表达的深层次的含义。

5. 倾听时不要带着自己的观点

面试官在倾听时不要带着自己的观点。每个人对事物都有自己的想法和看法，当应聘者表达了与面试官相同的观点时，面试官很容易将自己的其他观点也当作应聘者的观点，结果听到的都是应聘者与自己相同的观点，而那些不同观点被忽视了。其实，这是面试官对应聘者本意的歪曲，也是面试中最忌讳的。

阅读资料

面试倾听的技巧

面试过程中，70% 的时间都是应聘者在陈述，面试考官更多的是要做一个好的听众。面试，实质上是一种倾听的艺术。面试的效果直接取决于面试考官的倾听水平。面试官提问的目的是为了倾听应聘者的回答并从中判断出应聘者具有的综合素质与岗位胜任能力。在倾听的过程中，积极的肢体语言无疑可以帮助应聘者放松，让其更好地表达自己，以便面试官收集到更加全面的信息。面试倾听分为静态倾听和动态倾听两种形式。

表 7-4　静态倾听和动态倾听的比较

	静态倾听	主动倾听
含义	面试官静静地坐着听应聘者说话，不发表任何意见	面试官不仅要显示出正在倾听应聘者说话，还要表示出在分析谈话的内容
具体做法	保持目光接触，表示对谈话感兴趣	不断提醒自己，防止偏离目标
	适当地点头，表示对谈话认可	对存有疑惑的内容及时发问
	“继续”手势，表示可以继续	适当总结应聘者的谈话

资料来源：贺新闻．招聘管理 [M]. 北京：高等教育出版社, 2016.

（二）面试提问

1. 提问应力求通俗、简明、有力

面试提问首先应做到通俗易懂，不要用生僻的字词和专业性太强的词汇，以免让应聘者费解。提问的内容、方式和用语要适合应聘者的接受水平。其次提问一定要简明扼要。有研究表明，一个问题描述的时间宜在 45 秒以内，不能超过 1 分半钟，超过这个限度，应聘者就会感到问题不好理解。

2. 问题安排尽量做到先易后难

面试的问题一般事先需要准备一些，尤其是一些反映岗位胜任特征的基本问题和重点问题，事先要安排好。问题与问题之间的顺序，应遵循先易后难、先具体后抽象的原则，这样有利于应聘者逐步适应，打开思路。

3. 根据应聘者的问题回答来灵活地提问

尽管面试的关键问题是事先准备好的，但面试提问并不拘泥于已准备的问题，可以根据应聘者的回答情况，围绕特定的面试目的和岗位胜任特征，灵活地进行提问。有时，应聘者对该回答的问题没有回答或者只回答了一部分，如果这个问题关系到关键胜任特征，那么就需要面试官进一步追问。

4. 应该避免直接让应聘者描述自己的能力或个性的问题

在面试中，每位应聘者总想表现出好的一面，所以，如果直接问应聘者是否具备某种能力，那么很难得到真实的回答。对于应聘者的其他个性特征的了解也同样存在类似的问题。如招聘一名营销人员，如果直接问他：“你的个性特点如何？”应聘者很可能说：“我很喜欢与人打交道，能与各种各样的人交朋友。”这样就无法验证应聘者的回答是否真实可信。比较好的办法是追问一个行为性问题，例如：“请你举一个例子来说明你在工作中是如何有效地与人打交道的？”这样应聘者就必须说出自己经历过的事例来证实自己的回答。

5. 多用开放性的问题进行提问

面试中的提问应多用开放性的问题并尽量让应聘者列举出一些实例，不要用多项选择式的问题，因为那样会让应聘者感到正确答案必然存在于几个选项之中，会根据面试官的意图作出猜测。

（三）面试观察

面试官除了倾听应聘者回答的问题，还需要观察其非言语行为。心理学家研究表明，在人际交往中言语表达占 7%，声音占 38%，体态占 55%，由此可见，非言语信息在沟通交流中占很重要的地位。应聘者的非言语行为只有通过面试官的观察才能得到，面试观察的重要性可想而知。

1. 注意应聘者言语行为与其非言语行为的一致性

在面试中需要防备的一个问题是应聘者撒谎。如何判断应试者有没有撒谎？观察其非言语行为是一条重要的途径。一般来说，人在口头表达时言语行为与非言语行为是一致的，而在说谎情况下会有一些比较典型的不一致的非言语行为表现。比如回答问题时眼睛不敢正视面试官、声音比较小等。又如面试官问应聘者是否有过某方面的实践经验，应聘者回答"是的"，同时用手指很快地摸了一下鼻子，或用手捂住自己的嘴，很可能这一点与事实不相符。一旦怀疑应聘者有说谎倾向，就可以就有关问题的细节进行追问，从而确认其是不是在说谎。当然，自信心比较差的应聘者有时候也会有这样的表现，面试官要能根据具体情况来判断。

2. 把握非言语行为的内涵

《人物志》认为，人的面部表情的变化均发自心气，"诚仁，必有温柔之色。诚勇，必有矜奋之色。诚智，必有明达之色。"当然，仅仅通过外在表现来分辨人之善恶是极不可靠的方法。但是也不能否认，各种非言语行为在面试中往往有特定的含义。如摇头代表不赞同、不相信；打哈欠代表厌倦，微笑代表满意、理解、鼓励等。对于应聘者的非言语行为，面试官应注意在面试实践中去琢磨、体会。

3. 切忌以貌取人

容貌本来与人的内在素质没有必然的联系，但是由于日常生活中的心理定式以及小说、电影、电视艺术造型的感染，在面试观察时难免以貌取人。比如有的应聘者进入面试现场时东张西望、左顾右盼，面试官可能就会认为此人不够稳重。像这种推断都是主观的，应避免。面试过程中面试官要始终保持客观，理性地去评估面试中应聘者所表现出来的行为。

4. 充分发挥感官的综合效应与直觉效应

笔试是依靠大脑的思维分析与综合，而面试则集回答、观察、耳闻与分析于一体，因此各种感觉器官有一种共鸣的信息综合效应，其中直觉效应尤为明显。因此，对于经验丰富的面试官来说，要充分发挥其直觉的作用。然而直觉不一定绝对可靠，所以，直觉的结果应该尽可能获得"证据"上的支持，应该通过具体的观察去验证、去说明。

第四节　行为化面试

一、行为化面试的概念

行为化面试（Behavioral Description Interview，BDI）是通过要求面试对象描述其过去某个工作或者生活经历的具体情况来了解面试对象各方面素质特征的方法。这种面试方法最早可追溯到20世纪60年代工业与组织心理学研究。1982年，简兹（Janz T）发表了一篇关于这种面试技术的研究报告。这种面试遵循的基本理论基础是"行为一致性原则"，即类似情境中个体的行为具有一致性，通过过去的行为可以预测将来的行为。

行为化面试关注被面试者过去实际发生过的行为，即在过去的个人经历中，有没有遇到过所要应聘的工作中可能会遇到的一些类似情景？当时是如何处理的？以此来预测其相关素质能力能否胜任未来目标岗位。因此，行为化面试的问题集中在应聘者实际做过什么、怎么做、结果怎么样，考官在面谈过程中，要尽量收集应聘者在从前工作中曾发生的"行为"的资料，收集应聘者在代表性事件中的具体行为和心理活动的详细信息，来协助估计其未来的工作表现。应聘者必须在回答中描述过去的"行为"，而非感觉、情绪、想象、判断、猜测或意见。

二、行为化面试的原理

行为化面试可以说是最有效的面试形式，原因很简单：过去的行为是未来行为的最好预测指标。一个人的行为模式是相对稳定的，不会在短时间内发生大的变化。也就是说，一个人在过去的特定情境中会产生行为反应，在以后遇到类似的情境时倾向于重复过去的反应方式。

当然，有时面试对象会是没有多少工作实践经验的大学生，但是，仍然可以从类似的工作情境中挖掘学生在学校的行为细节并以此来预测其工作中的表现。例如，为了考察大学生在工作中是否善于动脑子、主动思考问题，可以问这样的问题："请描述在大学期间，为完成老师给你布置的任务，你能够自己打破传统做法，成功完成任务的例子。"如果某位学生能够很快地举出这样的例子，那么可以推想：其将来在工作中完成上级布置的任务时，也会主动寻求更好的解决方案，而不是一味地服从。这种推想就是基于他过去实际发生过的行为来作出的，尽管会有一定的风险，但毕竟比根据他理论上说："我会怎么样"要可靠得多。

找工作能力强的人和做工作能力强的人，要哪一种？有的人善于表现自己，善于在面试中管理自己给他人的印象，但实际工作能力却一般。在很多情况下，找工作的能力和做工作的能力是两种能力。

表 7-5 找工作和做工作两种自我管理能力的差异

找工作的能力	做工作的能力
镇静自若	主动积极
和蔼可亲	善于合作
发音清晰	达成目标的能力
外表阳光	业务能力
性格外向	悟性

在招聘中，有些组织会采用演说的方式来考察应聘者的能力。由于竞聘演说的时间较短，应聘者只是将准备好的材料讲讲而已，讲的又是一些“假如我上任，我将怎么干”的理论性内容。这样，如果考官对候选人事先不了解，那么只能根据其演讲技巧和整体印象来打分。因此，竞聘演说可能考察的是找工作的能力，而不是做工作的能力。竞聘演说可以作为评价候选人的一种补充方式，但不能作为主导方法。

如果采用非行为化面试，考官则很可能受到候选人外在的、表面的个人特点的影响，过多地评价其找工作的能力，而对其做工作的能力则缺乏有效的深入考察。行为化面试则只关心候选人过去实际经历中的行为模式，而对其面试过程中的外在形象、言谈举止等表面的个人特点不太关心。

三、行为化面试的问题

行为化面试的核心思想是“过去的行为能很好地预测未来的行为”，因此，行为化面试的问题都是围绕应聘者过去经历中的一些真实发生的事例而展开的。这样看来，行为化面试的问题只有一种，即行为性问题。但从问题内容、问题形式上看，行为化面试的问题可以分为不同的类型。

（一）从问题内容上分类

从问题内容上，可以分为成功事件题、失败事件题和中性题。

1. 成功事件题

成功事件题是让应聘者讲述一个在他的工作过程中，所处理过的比较成功的一件事情。例如：在你的销售工作经历中，由你负责的成功的销售个案是什么？请具体描述当时的情形。

2. 失败事件题

失败事件题是让应聘者讲述一个在他的工作经历中，所处理过的比较失败的事情。

3. 中性题

中性题是让应聘者讲述一件亲身经历的事情,这件事情可以是成功的案例,也可以是失败的案例,并没有明确的限制。例如在由你负责的工作中,哪个活动给你留下的印象最深刻？为什么？请简单描述一下当时的情况。

为了消除应聘者的戒备,成功事件题应该在数量上多于失败事件题,因为回忆太多失败的问题会令应聘者感到不愉快,特别是在应聘者讲述成功事件后再叙述失败的事情,这样有时会有抵触情绪。

(二)从问题形式上分类

从问题形式上可以分为以下7类问题。

1. 请告诉我你过去一次这样的情况,……

例:请告诉我你过去一次这样的情况,当时要求你处理非常紧急的项目,而且时间的限制是不合情理的。请谈谈当时你是怎么做的?

2. 请你描述一个过去的情境,……使你从中学到了不少东西。

例:请你描述一个过去的情境,通过组织大家共同完成一项任务,使你从中学到了不少东西。

3. 请谈一下过去什么时候,你对自己……方面的能力最感到满意。

例:请谈一下过去什么时候,你对自己在管理决策方面的能力最感到满意。

4. 请谈谈你在做……中,最感到自豪的技能表现得最充分的一次经历。

例:请谈谈你在过去几年所做的营销工作中,最感到自豪的、技能表现得最充分的一次经历。

5. 请举例说明……

例:请举例说明你在项目管理过程中遇到的最难处理的事情。

6. 在……方面,你过去的具体经验是什么?

例:在平面广告创意和设计方面,你过去的具体经验是什么?

7. 请详细谈谈,为了……你过去采取了哪些主要步骤?

例:请详细谈谈,为了成功举办大型会议,你过去主要采取了哪些步骤?

行为化面试题目的主要形式即为以上7种。在面试实践中的行为化问题,要根据具体岗位的要求、所考察的要素和应聘者的特点来进行编制。

四、行为化面试题目的设计

行为化面试的题目设计需要建立在目标岗位的胜任特征分析基础上。需要强调的是,胜任特征分析结果不仅是确定行为化面试考察内容的重要基础,也是设计行为化面试题目的重要依据。行为化面试题目设计步骤一般分为4步。

（一）确定评价维度及其重要性

评价维度是根据胜任特征模型来确定的。例如某公司在选拔全国的区域经理时确定的 7 个评价维度，各个维度的重要性是用权重百分比来表示的，见表 7-6。

表 7-6 某公司选拔区域经理的评价维度及权重

维度	学习能力	市场开拓	组织协调	沟通表达	团队合作	执行力	进取心
权重	15%	15%	15%	10%	10%	20%	15%

这种按百分比来体现重要性的方法，对建立胜任特征模型提出了更高的要求，因为对各个维度所占权重的说明是比较细分的工作，有较大的难度。针对这种情况，常见的另外一种确定重要性的方法，即分级法。基本格式见表 7-7。

表 7-7 评价维度的分级表

评价维度	重要性等级		
	1	2	3
学习能力		*	
进取心		*	
组织协调		*	
沟通表达	*		
执行力			*
团队合作	*		
市场开拓		*	

注：等级数越大，表明该维度在胜任力模型中的重要性越高。

（二）编制题目

行为化面试题目的编制主要有两种方法：关键事件法和经验确定法。

1. 关键事件法

关键事件法是指测评专家认真收集应聘者经历的成功或失败的事件，并且试着以这些事件作为素材来设计行为化面试题目。通过这种方法设计出来的面试题目具有很高的内容效度。

阅读资料

关键事件法编制面试题目

小李是某银行市场拓展部的客户经理，他给自己安排的工作是上午拜访自己多年来巩固下来的稳定的大客户，下午去开发新的客户，几年来，他一直坚持这样的工作习惯。

某天下午，他来到一座写字楼，从这栋楼的顶层开始，一层一层地进行着“扫楼”的工作，逐个地敲门，习惯性地掏出名片，自我介绍。这样一直进行到第十层，敲开眼前这道门，他立刻敏锐地意识到，这可能是一个大客户。通过对这家公司的观察和与该公司的保洁人员的交流，他决定对这家公司进行全力以赴的营销。于是他敲开了该公司总经理办公室的大门，与总经理攀谈。从该公司总经理的话语中，他意识到这家公司的国际业务特别多，而这其中需要的很多业务，他们银行都可以提供服务，于是，他回到银行立即向行长汇报，行长马上派国际结算部的总经理与该公司老总进行洽谈。此后，小李经常走访该公司，询问公司在资金管理方面有无需要服务的地方。在这种“攻势”下，该公司将公司的一部分业务收入存入小李所在的银行。

小李在接下来的日子里并没有放松对该公司的公关，他主动向该公司领导介绍自己银行推出的个人理财业务并给他们提一些理财建议，逐步获得该公司领导的信任，最后该公司领导终于将自己的储蓄账户放到小李所在的银行并采纳了小李的理财建议，取得了较高的收益。

根据上述关键事件，可以设计客户经理的行为化面试题，如表 7-8 所示。

表 7-8　选拔客户经理的行为化面试题

考查要素	行为化面试题
客户开拓	在一个不太熟悉的环境中你如何去开拓新的客户，请结合一个类似的经历来谈谈你的主要做法以及最终达成的效果
问题解决能力	请谈谈你最近解决的一个别人看来比较棘手的客户问题，你是如何解决的？为什么在别人看来这个问题比较棘手。

资料来源：刘远我．人才测评方法与应用 [M].2 版．北京：电子工业出版社，2011.

2. 经验确定法

经验确定法是测评专家或人力资源管理者根据自己的经验，针对评价要素设计行为化面试问题，而不通过对应聘者的询问来获得关键事件。在实践中，由于时间、经费等方面的限制往往不宜实施访谈，这时就得用经验确定法来设计行为化面试题目。另外，组织中新设置的工作岗位因为无法获得关键事件，也可以采用经验法来确定面试题目。要特别关注胜任特征模型中各维度的评价标准及其行为指标，只有这样才能有助于面试官在实施面试时准确有效地进行评价。

面试维度：团队合作。

面试题目：请告诉我一件你最近在工作中与其他人共同解决问题的事件。

追问要点：这件事发生在什么情况下？与你一起工作的是什么人？（进一步了解其合作的动机）你当时承担什么样的职责？你们采取什么方式来工作？在这一过程中，你们对问题的看法有没有不同（深层次的了解）？任务完成后，你的合作者如何评价你？

评价标准：假设团队合作这一胜任素质模型共有 4 级，表 7-9 列出了 1 级和 4 级的行为表现指标。

表 7-9 团队合作维度的评价等级及行为指标

等级 行为标准	1	2	3	4
团队合作	* 不与团队成员沟通，完全按照个人设想工作 * 虽然告知团队成员自己的设想，但不回应对方提出的建议或要求 * 固执己见，很难主动改变自己的想法 * 不关心团队目标，较少参与团队活动	—	—	* 积极寻求并尊重他人的观点，促进群体的合作气氛 * 在承认团队成员因观点不同而存在分歧的基础上，通过有效的方法解决分歧，从而较好地完成任务 * 群体成员观点不一致时，能够理解彼此的思想，求同存异 * 调动群体中所有成员的积极性和参与度，提高群体的凝聚力 * 设法解决群体成员的困难，使其愿意保留在群体当中

应聘者陈述："今年 10 月份的时候，我和一个同事在编写一个应用软件时产生了一些分歧。具体地说，是在一个算法的实现上应该怎么做的问题上产生了分歧。当时时间特别紧，大概还剩 10 天的时间就要给出结果，但是就因为那个问题，我们吵了三天。我想既然是合作，肯定会有意见不一致的时候，而且争论也是有必要的，争论的结果是可以找到最好的办法。后来，我们去图书馆查了很多资料，也请教了很多人，最后达成一致意见，找到了一个较为完美的解决方案。"

结合实例，参照该特征模型可以得出：该应聘者是符合上述对团队合作第 4 级的解释的。作为面试官基本可以判定，该应聘者具备较强的团队合作精神。

（三）验证题目的有效性

行为面试题目编制出来后，在真正开始使用前，还需要对其有效性进行检验。最好的检验方法是进行预测，即寻找一些被测评者，最好是那些与真正的应聘者有可比性的对象,对他们进行模拟面试,从而考察该面试题目的有效性。题目有效性的验证是非常必要的,但是会经常被忽视,因为进行题目有效性验证会导致费用成本和时间成本的增加,而且,要找到与真正的应聘者相似的人群也不是一件容易的事情。

以测量主动性的试题为例:“请你举一个由于你的努力而使一个项目得以成功实施的例子。”这个行为性面试题目看起来没有什么问题,但经过试测就会发现有两个问题:一是有的人没有项目实施的经验,无法回答;二是许多项目的实施要求都是领导提出来的,无法体现出“主动性”这一胜任特征。于是,将提问方式进行修改:“请你谈谈这样一次经历,在没有外部要求的情况下,你通过自发的努力而出色完成一个项目或者一次活动的例子。”

(四)形成最终的面试题目

在编制行为化面试题目的时候,常常会遇到这样的情况,许多经过检验被证明行之有效的单个面试题,当把它们组合在一起形成整套面试题本时,才发现这并不是一套理想的面试题。原因在于随机组合未注意到整套题的题量和结构。

一般情况下,对于每一个胜任特征,通常要设计 2~3 个面试问题。另外,对于每一种胜任特征还要设置一个备选题,以防止“面试官认为前两个问题没能很好地考察到应聘者相应的素质或者其工作经历中没有类似经历的情况”。为此,一套完整的行为化面试题应该有 10~15 个面试题。题目太少,可能无法有效地挖掘应聘者有关胜任特征的足够信息;题目太多,也可能导致面试官对每个问题点到为止,无法深入地进行追问,从而使面试流于形式。从结构上来说,题目应以成功事件题和中性题为主,辅以少量的失败事件题。

五、行为化面试中的 STAR 原则

在实际的面试中,面试官经常有一种“抓不住”应聘者的感觉,因为有些应聘者的回答总是不符合面试官的期望,他们常常偏离行为化面试的跑道,进行一些理论性的陈述,或者陈述“他应该做的事情”,而不是“他做过了的事情”;或者描述的事例很不明确,让人觉得好像是他自己做的,又似乎是别人做的。尽管面试官努力控制面试的进程,但往往还是难以引导应聘者说出其中的关键信息,这种情况是初期主持行为面试的人常会遇到的,改变这种局面的一个经典的做法是使用面试主持中的 STAR 原则。

(一)STAR 原则

一个完整的行为事件必须包括以下 4 个要素:Situation(情景)、Target(目标)、Action(行动)、Result(结果)。这 4 个方面代表了行为化面试时提问的 4 个方向,是对应聘者所回答的行为事件的具体性进行考查的框架。

1. 情景

它是关于任务、问题背景的具体描述，即事件发生的背景。

面试官："这件事情发生的背景是什么？"

应试者："那时我们最大的竞争对手在附近开了新店，这导致我们店的客流量大大减少，营业额下降了 10%。"

通过针对情景的提问，面试官可以了解事情发生的背景和事情的难度。通过这一提问，了解到具体情况是竞争对手带来的营业额下降，使业绩受到很大影响。这样就使我们对销售经理需要面对的问题的难度有了非常明确的认识。

2. 目标

它是指应试者在特定情景中所要达到的目标、所需完成的任务。

面试官："面对这样的竞争对手，你制定了什么具体的目标吗？"

应试者："一个月内营业额增加 10%，排名第二。"

这一步的提问使面试官了解到这位销售经理当时做这件事情的动机和目标，使面试官对他做事的愿望有了一定的了解，也更有利于了解接下来的行为与这一目标和动机的一致性。

3. 行动

它是指为达目标所采取的行动，或未采取的行动。

面试官："为实现这个目标，你是怎么做的？"

应试者："我们与供应商谈判，推出了我们的新产品，减少了主营商品。"

这一步的提问使面试官了解到应聘者为了达到预期的目标所采取的具体行动。了解这些行为表现，对于评价应聘者是否具备相应的素质是非常重要的。

4. 结果

已采取或未采取的行动结果。

面试官："最后的结果怎样？"

应试者："我们的营业额增加了 12%，与几家供货商建立了好的合作关系。"

这样经过连续四步的提问，我们就全面地了解了这件事情的经过，对应聘者在该事件中表现出的素质就有了清晰、全面的认识。通过 STAR 式发问的 4 个步骤，一步步将应试者的陈述引向深入，一步步挖掘出应试者潜在的特质，为组织更好地进行决策提供正确和全面的参考，这既是对组织负责（招聘到合适的人才），也是对应聘者负责（帮助他尽可能地展现自我，推销自我），实现一个双赢局面。

（二）常见的非行为化事例

即使在面试时采用了行为化面试的问题，但由于不同应试者各具特点，所回答的问题并不会完全如我们所期望的那样，所讲述的问题不一定就是行为事例，有可能是他个人的想法或书本理论。面试会中经常遇到的几种非行为化事例主要有以下几种情况。

1. 模糊 STAR

它是指应聘者作了听起来很好的一般性描述，但是实际上并没有陈述清楚他实际上到底做了什么。例如：当我发现可能在最后期限前不能完工，我便带领我们的小组全力投入工作，终于完成了任务。

2. 意见 STAR

它是指应聘者的回答只反映了其个人信仰、判断或观点。如：“我认为作为一个班干部，关键是关心同学。”“我认为在团队中及时地与下属进行沟通是非常重要的。”“认为”是一种主观的看法，并不能说明应聘者曾经有过该行为，也就不能推测应聘者是否有这方面的能力。

3. 理论 STAR

它是指我们从中了解应聘者“将”“愿意”或“否则”会做的事情，但是实际上呢？他并没有做实际的事情，只是假设而已。例如：“如果由我来决定，我会在设计规格获得批准后才开始生产……”，“会”是用得最多的词，它说明应聘者的论述是基于某种理论或假设。但我们关心的不是应聘者是否知道这些理论，而是他是否具有这方面的能力。

复习思考题

1. 什么是面试？
2. 面试中应注意哪些问题？
3. 面试的类型。
4. 什么是行为化面试？
5. 如何进行行为化面试？

阅读资料

世界 500 强企业面试题目精选

索尼公司面试题目

问题 1. 你家里有什么索尼产品？

考察重点：1. 考察应聘者对索尼公司的认知程度；
　　　　　2. 考察应聘者是否对索尼产品有感情。

问题 2. 病房遇上司

假如你的一位朋友生病住院了，你买了补品去看望他，当敲门进入病房后却发现自己的上司正躺在病床上，这时你才意识到你走错房间了，原来上司正巧也在住院。上司看到你后热情地招呼你坐下并表示很高兴你来看望他。碰到这种情况你如何处理？

考察重点：1. 考察应聘者解决问题的能力；

2. 考察应聘者是否诚实；

3. 考察应聘者做事是否目标明确。

问题 3. 如何处理误会

如果你的一名同事在大庭广众之下无端地指责你偷了她的钱包，而事实上她的钱包不知为何就在你身上，你会如何处理？

考察重点：1. 考察应聘者面对压力是否冷静；

2. 考察应聘者的修养。

松下公司面试题目

问题 1. 黑夜过河

有 4 个女人过一座桥，她们都站在桥的一边，要让她们在 17 分钟内全部通过这座桥。这是在晚上，她们只有一个手电筒，最多只能让 2 个人同时过桥，不管是谁过桥，不管是 1 个人还是 2 个人，必须带着手电筒，手电筒必须传来传去，不能扔过去。每个女人过桥速度不同，第 1 个女人过桥需要 1 分钟，第 2 个女人需要 2 分钟，第 3 个女人需要 5 分钟，第 4 个女人需要 10 分钟。两个人过桥的话必须以较慢者的速度过桥。

考察重点：1. 考察应聘者的智商：

2. 考察应聘者的逻辑推理能力。

微软公司面试题目

问题 1. 假如你在飞机上遇到一位高尔夫球的生产商，向你询问中国每年消耗的高尔夫球的数量，你怎么回答？

考察重点：1. 考察应聘者的反应能力；

2. 考察应聘者的逻辑思维能力。

问题 2. 如果客户对 Windows 的一套授权码仅能激活一台的规定有抱怨，你如何解释？

考察重点：1. 考察应聘者能否理解微软的企业文化；

2. 考察应聘者能否安抚客户的情绪 .

问题 3. 门外三个开关分别对应室内三盏灯，线路良好，在门外控制开关时不能看到室内灯的情况。现在只允许进门一次，确定开关和灯的对应关系。

考察重点：1. 考察应聘者的反应能力；

2. 考察应聘者的逻辑思维能力。

IBM 公司面试题目

问题 1. 一个人买了一只鸡，花了 8 块钱，接着他以 9 块钱的价格把这只鸡卖掉了．但是他又觉得亏了，所以，又花了10块钱把这只鸡买了回来，然后再次以11块钱的价格把这只鸡卖掉了。请问，他赚了多少钱？

考察重点：1. 考察应聘者的智商；
2. 考察应聘者的逻辑思维能力；
3. 考察应聘者的经济头脑。

问题2. 有两根长短不一的香，每根香烧完的时间都为1个小时。请问：你如何根据烧香的时间来断定15分钟？

考察重点：1. 考察应聘者的反应能力；
2. 考察应聘者的逻辑思维能力。

家乐福公司面试题目

问题1. 购买红酒

假设你在家请客，客人来后发现没有某品牌红酒，你会怎么办？有三种选择：第一是赶紧去附近便利店买其他品牌红酒替代，第二是到专卖店花高价买同一品牌的红酒，第三是去大卖场排1个小时队买同一品牌红酒。你选择哪种？

考察重点：1. 考察应聘者是否熟悉大型超市的运作；
2. 考察应聘者处理紧急情况的能力；
3. 考察应聘者是否具备服务意识。

问题2. 如果顾客和收银员产生矛盾，你怎么处理？

考察重点：1. 考察应聘者处理紧急情况的能力；
2. 考察应聘者是否具备服务意识。

问题3. 你认为家乐福应该怎样和麦得龙及中百竞争？

考察重点：1. 考察应聘者对大型卖场的理解是否符合家乐福的企业文化；
2. 考察应聘者对卖场竞争的理解。

花旗银行面试题目

问题1. 如果你很努力地工作，却得不到领导和同事的认可，你会怎么办？

考察重点：1. 考察应聘者的抗压能力；
2. 考察应聘者的人际交往能力。

问题2. 如果给你足够的资金，你如何在北京买一块地，然后单独开展工作？

考察重点：1. 考察应聘者的经济头脑；
2. 考察应聘者的执行能力。

问题3. 有没有读过有关花旗的新闻或文章？

考察重点：1. 考察应聘者求职的诚意；
2. 考察应聘者对金融行业的关注程度。

海尔集团面试题目精选

问题 1. 如果你和客户正在谈生意，忽然有人闯进来对客户破口大骂，这时你会怎么办？

考察重点：1. 考察应聘者的判断力与反应能力；

2. 考察应聘者的交际能力。

问题 2. 如果你成为海尔公司本地代理，你会如何宣传海尔公司？

考察重点：1. 考察应聘者对工作的熟悉程度；

2. 考察应聘者对海尔是否作过详尽的调查。

问题 3. 请说一件你认为最有成就感的事情。

考察重点：1. 考察应聘者的价值取向；

2. 考察应聘者的成就欲望。

华为公司面试题目精选

问题 1. 假设你经营一家茶馆，有一天走进一名客人想要喝咖啡，请问你会怎么办?

考察重点：1. 考察应聘者的反应能力；

2. 考察应聘者的处世方式是否与企业理念相符。

问题 2. 思科公司是华为公司的主要竞争对手，请说明你为什么选择华为公司，而不是思科?

考察重点：1. 考察应聘者是否真心想进入华为公司工作；

2. 考察应聘者对于华为公司、思科公司以及行业的了解程度。

问题 3. 假设华为公司每个月为你报销 1 000 元电话费，而你打了 900 元，其中有 10 元是打给你家人的，请问你会不会找华为公司报销这 10 元话费。

考察重点：1. 考察应聘者的反应能力；

2. 考察应聘者是否诚实。

资料来源：李文勇 . 做个高效面试官 [M]. 北京：机械工业出版社, 2015.

案例分析

王芳是某 IT 公司的部门经理，因为一次偶然的机会，由她负责公司销售主管的招聘，以下是王芳招聘的主要过程。

第一步，撰写工作说明书，发布招聘启事。

王芳通过网络搜索引擎工具，参考其他公司相关职位条件，结合自己和同事的看法，写出如下招聘启事。

本科以上学历，计算机应用、工商管理、市场营销专业或相关行业两年以上市场营销工作经验；

年龄为 28~40 岁；

吃苦耐劳，能适应经常性出差，为人乐观开朗，积极进取，有较强的人际关系处理能力。

王芳在当地比较有影响力的网站上发布了招聘启事。每天来自各地的应聘信都如雪花般飞来。

第二步：筛选简历

在简历筛选过程中，王芳发现许多应试者的工作经历与本公司要求不符合：他们是其他产品的营销人员，跟本公司的营销模式完全不同，或者是读市场营销专业但没有过营销的工作经验。在这个环节，王芳淘汰了一个条件非常符合的应试者，主要原因是此人拥有 MBA、MCSE（微软认证），而他的证书和他的职业经历毫不相干。王芳担心公司成为其跳板，因为这个人投入很大资本充电，必然会要求比较高的回报。还有一个人，无论是硬件还是软件好像都符合，只是他现在的年薪是 60 000~70 000 元，却开出 100 000~120 000 元的要求，王芳觉得不保险，也淘汰了他。还有几个外地的，条件也不错，但王芳觉得距离太远，成本较高，也就放弃了。

第三步：初步面谈

第一个面试的是一个南方人，此人工作经历非常符合，但刚一见面，王芳对他的印象就大打折扣，那个人满口的南方口音让王芳觉得非常不舒服，王芳想，现代职场，语言沟通非常关键，普通话都说不好的人是很难脱颖而出的。所以，王芳就毫不犹豫地淘汰了他。

现在都实行结构化面试，王芳觉得自己也应该如此。如下几个问题是他在面试过程中会问的主要问题。

（1）说一说你能胜任这个岗位的理由。

（2）这个岗位需要经常出差并且工作量很大，需要经常加班，你能承受吗？

（3）我们这个岗位需要比较强的沟通能力，你觉得自己沟通能力如何？

（4）你是如何理解团队合作的？

……

在面试过程中，王芳的态度非常和蔼，有时她还会和他们热烈讨论。虽然很辛苦，但王芳觉得，其实面试也还是非常有意思的。不过，遇到那些牛气十足或者性格很闷的应试者，王芳通常几句话就把他们打发了。在面试过程中，王芳将对应试者的评价标注到他们的简历上，最后再确定下一阶段的面试人选。

一个月过去了，王芳为公司招到了一个她认为非常理想的销售经理。看来招聘并不像人力资源部那些人所说的那么难嘛，王芳心里暗自有些得意。

问题：王芳的招聘存在哪些问题？应如何改进？

第八章　人才测评方法:心理测验

【学习目标】

通过本章的学习,理解心理测验的含义;了解心理测验的类型;重点掌握能力测验及人格测验。

【引导案例】

心理测验在航空公司中的作用

1985年,美国某航空公司进行了一项调查,结果显示:在过去的20年中,世界各地共发生50 000多起空难事件,其中,只有1/5属于机器故障。这项调查报告发表以后,受到了各大航空公司的重视,他们开始着手改变只凭技术、资历和飞行时速对驾驶员进行测评的惯例,开始引进新的测验技术——心理测验。

第二次世界大战更是促进了心理测验技术的不断完善和普及,因飞行不佳而被淘汰的人数开始下降,其中,美国空军被淘汰率由70%降至36%,在法国,则由61%降至36%。

有人计算过,培养一名飞行员的费用不少于70 000美元,而淘汰成绩不佳者一般是在培训进行了1/3时进行的,等于浪费了约25 000美元。使用心理测验技术前,每培养100名合格飞行员,要对397名学员进行培训,而使用心理测验技术后,只需预先培训156名学员就足够了。这样培养100名飞行员就可节约600万美元的开支。因此,心理测验技术不仅大大降低了飞行员的被淘汰率,同时还提高了职能部门和培训部门的经济效益。

在过去的人员选拔工作中,人们往往注重一个人的专业和业务方面的能力,而忽视人的个性方面的特征。其中一个很重要的原因是,人们认为个性与职业成功之间没有什么关系。但是自20世纪80年代以来,心理学家研究发现,成功的人确实未必具有特定的个性心理特征,但某些个性心理特征又确实是许多成功人士的共同特点。有些工作更适合具有某些心理特质的人来承担,有些人更适合与具有某种个性特征。的人共同工作。合理的人事安排可以带来更高的工作效率。因此,进入21世纪以后,在人才测评与选拔过程中,心理测验的应用受到人们的广泛关注。

第一节　心理测验概述

一、心理测验的概念

心理测验（Mental Testing）是能够对人的智力、潜能、气质、性格、态度、兴趣等心理素质进行有效测度的标准化测量工具。它是企业选拔人员的一个重要手段，是选拔合格人才并做到人尽其才的重要保证。

科学的心理测验始于20世纪初。世界上第一个心理测验是1905年法国心理学家比奈（A.Binet）和西蒙（T.Simon）编制的用于鉴别弱智儿童的智力测验。后来心理测验从智力测验扩展到一般能力测验、个性测验和成就测验，也成为人才招聘、选拔、测评的主要技术和工具。第一次世界大战期间，美国政府出于甄选新兵的需要，委托将心理学家编制了陆军甲种和乙种测验，这是一些非言语形式的能力测验。这是将心理测验应用于人员选拔的开端。第二次世界大战期间，美国要选拔飞行员，开始只采用传统的生理指标作为选拔的依据，这样选拔的人员在地面训练时成绩很好，而进行到飞行训练时，合格率仅为35%，后来军方请来了心理学家，在选拔程序中加入了心理测验，合格率提高到了72%。由于心理测验在军事上的成功运用，二战后，这种方法被广泛地应用于各行各业的人员评价、选拔、配置等实际工作中。

二、心理测验的作用

（一）通过心理测验评定应聘者的能力水平、性格特征，实现人职的最佳匹配

使用心理测验，招聘单位就不仅仅能看到简历中呈现的平面化的信息，而且能了解到应聘者的能力水平、性格特点等各方面的情况，能看到一个立体化的应聘者。有了这些丰富的信息作为参考，招聘和选拔就会变得更容易和更准确。国内某大型IT集团的人力资源部主管曾总结道："单纯通过面试招人的准确率是40%，而加入心理测验可将招聘的准确率提高到60%。"因此，使用心理测验可以提高员工与岗位的匹配度，达到人尽其才的目的。

（二）可以评估应聘者未来的发展潜力，减少企业对人员调整和培训的成本

依据应聘者简历选拔人才，反映的是一个人当前是否具备从事某岗位的条件，而在此岗位的发展潜力和空间有多大不能很好地评估出来。心理测验可以弥补这个不足，能及早鉴别那些有发展潜能的人才，减少企业对人员调整和培训的成本。

三、心理测验的特性

(一)心理测验的间接性

物体的物理特征是看得见、摸得着的,比如人的高矮胖瘦、物的长短轻重。因此,物理测量可以直接以某种测量工具测出人或物的物理特征水平。然而,人的心理特性却是内在的,看不见也摸不着,不可能进行直接测量。不能将一个人的性格、智力用某种工具直接进行测量。因此心理测验往往是通过人们在面对问题情境时所表现出来的外显行为来推论其心理特质。例如智力高的人往往在涉及智力的活动中表现得既快又准确;气质外向的人往往表现出活泼、热情、善于社交、合作性高等行为特点。因此,心理测验可以通过人的外在行为推知其内在的心理特征,具有间接性。

(二)心理测验的相对性

任何测量都必须有参照点,即把事物及其属性数量化时,必须有一个计算的起点。现代测量中有两种参照点,一是绝对零点,二是相对零点。在心理测验中,没有理想的绝对零点,只有相对零点。例如智商为 0,指的是 0 岁儿童的平均智力水平;学习成绩为 0,表明在一次考试中全部没有做对,但并不表明在所测的能力上一点水平都没有。一般情况下,每个人的心理测验结果都在一个连续体上占据一个位置,只是从人与人之间的相对位置上,对一个人某种心理特质水平作出判断,所以说,心理测验又是相对的。

(三)心理测验的客观性

任何测量都不可能是百分之百的客观准确,因为任何测量都有误差,心理测验更不例外,因此要尽可能地控制和减少误差,使测量结果尽可能地客观可靠。

四、心理测验的类型

(一)按测验的内容分类

按测验的内容,可分为能力测验、人格测验和成就测验。

1. 能力测验

能力测验是测量个人能力的心理测验,如智力测验、语言能力测验、反应能力测验。

2. 价格测验

人格测验是测量个人性格特征及相关心理品质的测验,如 EPQ、16PF、MBTI、大五人格测验。

3. 成就测验

成就测验是测量个体学习成绩或学业成就的测验。

(二)按测验的对象范围分类

按测验的对象范围,可分为个别测验和团体测验。

1. 个别测验

个别测验是每次只能测量一名被测评者的测验类型,通常由一位主试与一位被测评者在面对面的情形下进行。个别测验的优点是主试对被测评者的行为反应有较多的观察与控制机会。缺点是费时,不易大量施测,而且对主试要求高,一般人不易在短期内掌握。

2. 团体测验

团体测验是在同一时间内由一位主试同时测量多名被测评者的测验形式。团体测验的优点是省时省钱,便于大量施测,但主试对被测评者的行为不易控制,易产生测量误差。

(三)按测验的表现形式分类

按测验的表现形式,可分为文字测验和非文字测验。

1. 文字测验

文字测验是将文字组成的各种问题作为刺激呈现给被测评者,并通过分析其应答反应的结果来推断其相应的心理特征。文字测验的优点是实施方便,但易受被测评者文化水平的影响。

2. 非文字测验

非文字测验的题目多是对图形、实物、工具、模型的辨认和操作,因而受文化水平影响不高,但费时费钱,不利于大量的团体施测。

(四)按测验的主体分类

按测验的主体,可分为自评测验和他评测验。

1. 自评测验

自评测验也称为自陈式测验,即测验时让被测评者评价自己的行为表现或心理特点。在自评测验中,每个测验题目由被测评者对自己的情况作出评价,然后综合各个试题的得分情况来分析被测评者的心理特征。

2. 他评测验

他评测验是由其他主体对被测者的行为表现或心理特点进行评价,得出相应的测评结论。

(五)按测验的时间分类

按测验的时间,可分为速度测验和难度测验

1. 速度测验

速度测验是测量被测评者在限定时间内完成任务的程度,因而题目并没有超过被测评者的能力水平,测的是反应速度。

2. 难度测验

难度测验不限时间，即每一题目都有时间去做，但有些题目不见得能做出来，测的是解题的最高能力。

（六）按测验的要求分类

按测验的要求，可分为最高作为测验和典型行为测验。

1. 最高作为测验

最高作为测验要求被测评者尽可能做最好的回答，而且有正确答案。能力测验属于此类测验。

2. 典型行为测验

典型行为测验要求被测评者按日常习惯回答，无标准答案，所有人格测验均属于典型行为测验。

五、使用心理测验应注意的问题

心理测验是一种科学的测评方法，但在其发展中，存在两种极端的观点：一是测验万能论，认为心理测验可以从各个方面对个体作出迅速有效的测评，因而盲目崇拜测验，一次测验定终身；二是测验无用论，认为心理测验误差大，根本没有科学性，结果即不可靠也不准确，因而全盘否定测验甚至排斥测验。这两种观点都是片面的，对于心理测验，既要充分重视其发展和应用，也要对其局限性有所认识。

（一）正确对待心理测验

心理测验是一种定量化程度很高的测量技术。心理测验的编制十分严格并且经过标准化处理，因此测验结果是准确可靠的。实践证明，心理测验比心理测量的其他方法更准确、更客观。而且，心理测验还可以在较短的时间内搜集到大量的定量化资料，因而它是研究个体心理的一种重要工具。

但心理测验也存在着一定的局限性。首先，不同的心理测验所依据的理论基础不尽相同，所测特质的定义、观点及概念系统也不同，因此同样性质的测验测量的可能是不完全相同的心理特质；其次，心理测验是对人的心理特质的间接测量与取样推论，不可能完全准确；再次，作为指导测验编制的“测量理论”有一些比较脆弱的假设；最后，测验过程中的一些无关因素的干扰很难完全排除，会影响到测验结果的稳定性和准确性。因此，在利用心理测验结果做辅助决策时要考虑到心理测验的局限性问题，正确看待心理测验的结果。

（二）科学使用心理测验

为了准确地把握个体的个性特点，必须正确使用心理测验。如果使用不当，不仅不能达到了解他人的目的，相反还可能造成不良的后果。为使心理测验能够最大限度地发挥其功效，使用心理测验要注意以下两点。

1. 使用标准的心理测验

心理测验有优劣之分。目前很多报纸杂志为吸引读者刊登了不少心理测验,但不能拿来使用,必须采用按照科学方法编制的、经过标准化处理的心理测验。心理测验软件必须通过专家鉴定并配有使用手册方可使用。此外,心理测验的常模是某一标准化样组在一定时空中实现的平均成绩,地区不同,常模也不同。因此,不能把一个标准化的心理测验,不分时间、地区到处乱用。

2. 由专业人士施测

心理测验是一项专业技术很强的工作,测验人员必须是经过专门训练并具备相应资格的人。测验的选择、施测、结果的解释等都必须由训练有素的专业工作者来完成。只有专业人士施测,才能把误差控制在最小的范围内,才能提高施测结果的科学性、可靠性、客观性和有效性。

第二节　能力测验

一个人要想顺利地完成某项工作,必须具备一定的能力。能力就是人们顺利完成某种活动所必须具备的条件,它是在遗传的基础上,经过教育培训并在实践活动中发展起来的。在日常生活中,如果一个人解决问题速度快、解决问题的效果好,我们便会说这个人能力强。而能力测验是用来测定被测评者成功完成某些活动所必须具备的个性心理特征。它一般包括一般能力测验(智力测验)、职业能力倾向测验和特殊能力测验。

一、智力测验

什么是智力?可以说仁者见仁,智者见智。但有几点是学者们的共识:①智力是在实践中学习的能力和实际解决问题的能力;②智力是适应环境的能力;③智力包含了观察力、注意力、记忆力、思维力、想象力等几个基本成分。基于这些观点,可以对智力作一个描述性的定义:智力是一组综合能力,主要包括观察力、注意力、记忆力、思维力、想象力等成分,它是遗传和环境交互作用的结果,是学习和实际解决问题的能力。

智力测验是对智力的科学测试,它主要测验一个人的思维能力、学习能力和适应环境的能力。简单地说,智力测验是由一系列难度不同的问题构成的。利用这些问题在一定的条件下,对被测评者进行测验并对其结果进行统计处理,将个人的智力水平放在一定的智力量表上进行衡量,这就是智力测验。在能力测验中,最早产生与发展并得到广泛应用的是智力测验。科学的智力测验起始于20世纪的法国,比奈和西蒙(Theodore Simon)用语言、文字、图画、物品等形式编制了世界上第一个智力测验量表。目前,国际常用的智力测验量表主要有:斯坦福 - 比奈智力测验量表、瑞文标准推理测验量表、韦克斯勒智力测验量表等。

(一)瑞文标准推理测验

瑞文标准推理测验(Raven’s Standard Progress Matrices, SPM),是英国心理学家瑞文(R.J.Raven)于 1938 年设计的一种非文字智力测验。1947 年和 1956 年对该测验作了小规模的修订。自这个测验问世以来,许多国家对它作了修订,直至现在仍被广泛使用。

瑞文标准推理测验共有 60 个题目,每个题目都有一个主题图,但是每张主题图都缺少一部分,主题图下有 6~8 张小图片,其中有一张小图片可填补在主题图的缺失部分,从而使整个图案合理与完整。被测评者的任务就是从每题下面所给的小图片中找出适合填补主题图的一张。如图 8-1 所示。

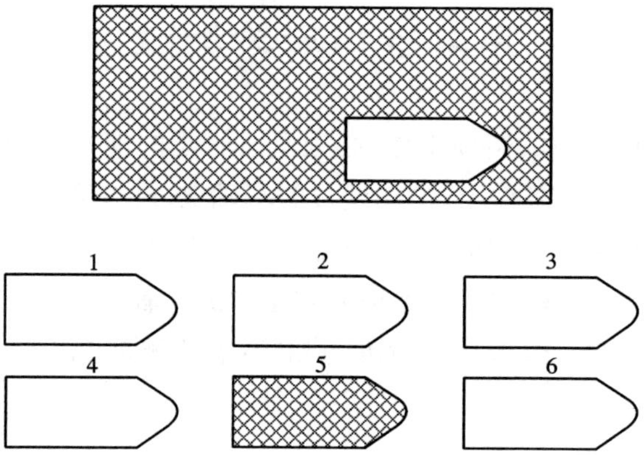

图 8-1 瑞文标准推理测验

瑞文标准推理测验的 60 个题目分为 A、B、C、D、E 5 组,每组 12 道题。每组题目的难度是逐步增加的,每组内部题目也是由易到难排列的,每组都有一定的测试主题:A 组主要测试知觉辨别能力、图形比较能力、图形想象能力;B 组主要测试类同、比较、图形组合能力;C 组主要测试比较、推理、图形组合能力等;D 组主要测试系列关系、图形组合、比拟能力等;E 组主要测试互换、交错等抽象推理能力。

瑞文标准推理测验具有一般文字智力测验所没有的特殊功能,由于该测验由一系列图形组成,测验对象不受文化、种族与语言的限制,还可以用于有语言障碍的被测评者,因此,可以看作一种公平测试。瑞文标准推理测验使用方便,结果可靠,既可以个别施测,也可以团体施测,施测时间短,结果解释直观简单,而且具有较高的信度和效度。

瑞文标准推理测验经常被用于智能诊断和人才的选拔与培养,该测验是我国企业在人员招聘和选拔时所用能力测验中使用最多的一种。

(二)韦克斯勒智力测验

韦克斯勒智力测验也称韦克斯勒成人智力量表(Wechsler Adult Intelligence Scale,简称 WAIS),是世界上最有影响力和应用最为广泛的智力测验,是由美国心理学家韦克斯勒(Wechsler)1939 年编制的。韦克斯勒成人智力量表包括言语量表和操作量表两部分。言语量表由常识、数字广度、词汇、算术、理解和类同 6 个分测验组成;操作量表包括填图、图片排列、积木图案、物体拼凑、数字符号 5 个分测验,整套测验由 11 个分测验组成,这些分测验从各个侧面来测量智力。韦氏成人智力测验量表的内容与结构见表 8-1。

表 8-1　韦氏成人智力测验量表示例

分测验名称		所预测的内容	测验题目示例
言语量表	常识	知识的广度、对日常事物的认识以及长时期的记忆能力	例:巴拉圭在下列的哪个洲? A. 非洲　B. 南美洲
	数字广度	注意力和短时记忆能力	例:顺背"76485214391"
	词汇	言语理解能力	例:找出与"确信"意义最相近的词
	算术	数学推理能力、计算和解决问题的能力	例:6()6()6()=1
	理解	判断能力和理解能力	例:人如果倒立着喝水,能不能喝进去
	类同	逻辑思维和抽象概括能力	例:请说出"汽油与食物"的相似之处
操作量表	填图	视觉记忆、辨认能力、有视觉理解能力	例:要求被测评者指出卡片上的图画所缺部分
	图片排列	知觉组织能力和对社会情境的理解能力	例:要求被测评者把几张图片在规定的时间内排列成一个有意义的故事
	积木图案	分析综合能力、知觉组织及视动协调能力	例:要求被测评者用 4 块或 9 块红白两色的立方体积木摆出给定的几何图案
	图形拼凑	概括思维能力与知觉组织能力	例:要求被测评者把零乱的拼板拼出一个完整的图形
	数字符号	知觉辨别速度与组织能力	例:要求被测评者按照对应方式迅速在每个数字下填上相应的符号

韦氏成人智力量表是典型的个别施测智力测验,它要求主试者严格按照测验手册的说明对被测评者施测。如果在人员招聘和选拔中使用类似测验,无疑会加大工作量,但由于该量表在提供结果时,不仅可以给出一个可与他人进行比较的总智商分数,还可以给出每个分测验的分数及分量表的分数,进而可以得知被测评者智力的详

细情况，这在人员招聘与选拔时是非常有用的。

二、职业能力倾向测验

职业能力倾向是一个人所具有的有利于其在某一个职业领域成功的能力素质的总和，即为有效地进行某类特定活动所必须具备的特殊能力素质。也指经过适当学习或训练后被置于一定条件下时，能完成某种职业活动的可能性或潜力。职业能力倾向测验可以有效地测量人的某种职业能力，从而预测人在一定职业领域中成功的可能性，或筛除在该职业领域中没有成功可能性的个体。

在不同的职业领域有不同的职业能力倾向测验。例如，在选拔计算机操作员时，有考查被测评者计算加工、手指灵活性、协调性的能力倾向测验；在选拔汽车驾驶员时，有倾向于考查被测评者机械推理能力、空间感、手足协调能力的测验。而公务员录用考试则把对行政职业能力的评价作为一个重要方面，它有利于帮助人事部门了解被测评者从事行政工作的能力与差异。下面以国家公务员录用考试中的行政职业能力测验为例，说明职业能力倾向测验的结构和题目。

行政职业能力测验（Administrative Aptitude Test，简称 AAT）是用于测试与行政职业有关的一系列心理潜能的一种标准化考试，主要用来测试应试者从事公务员工作所必须具备的知识、技能、能力及一般潜能的一种职业能力测验。

行政职业能力测验包括 5 个相对独立的分测验，即数量关系、判断推理、常识判断、言语理解与表达、资料分析等 5 部分。共有 130~135 道题（市地以下 130 题，副省级以上 135 题），测验内容以文字、图形、数表 3 种形式出现，一律采用客观性试题。

表 8-2 行政职业能力测验的内容结构

部分	内容	题量	时限（分）	测试目标
一	数量关系	15	15	理解、把握事物间量化关系和解决数量关系问题的能力，主要涉及数据关系的分析、推理、判断、运算等
二	判断推理	40	45	测试对各种事物关系的分析推理能力，涉及对图形、语词概念、事物关系和文字材料的理解、比较、组合、演绎和归纳等
三	常识判断	20	10	测试应知应会的基本知识以及运用这些知识分析判断的基本能力。重点是对国情社情的了解程度、综合管理基本素质等，涉及政治、经济、法律、历史、文化、地理、环境、自然、科技等方面
四	言语理解与表达	40	30	运用语言文字进行思考和交流、迅速准确地理解和把握文字材料内涵的能力
五	资料分析	20	20	测试对各种形式的文字、图表等资料的综合理解与分析加工能力，这部分内容通常由统计性的图表、数字及文字材料构成
合计	—	135	120	—

1. 数量关系

数量关系测验主要用于考查应试者对数量关系的理解、计算和判断推理的能力。

例:某单位组建兴趣小组,每人选择一项参加,羽毛球组人数是乒乓球组人数的2倍,足球组人数是篮球组人数的3倍,乒乓球组人数的4倍与其他3组人数的和相等,则羽毛球组的人数等于( )。

A. 篮球组人数的3倍

B. 乒乓球组和篮球组人数之和

C. 足球组人数的1.5倍

D. 足球组与篮球组人数之和

2. 推理判断

判断推理测验是考查应试者逻辑推理判断能力的一种测验形式,主要包括图形推理、演绎推理、定义推理、事件排序和类比推理等。

例:一次聚会上,麦吉遇到了汤姆、卡尔和乔治三个人,他想知道他们三人分别从事什么工作,但三人只提供了以下信息:三人中一位是律师、一位是推销员、一位是医生;乔治比医生年龄大,汤姆和推销员不同岁,推销员比卡尔年龄小。根据上述信息,麦吉可以推出的结论是( )

A. 汤姆是律师,卡尔是推销员,乔治是医生

B. 汤姆是推销员,卡尔是医生,乔治是律师

C. 汤姆是医生,卡尔是律师,乔治是推销员

D. 汤姆是医生,卡尔是推销员,乔治是律师

3. 常识判断

常识判断涵盖政治、经济、法律、管理、人文、科技等方面的知识,考查应试者在这方面应知应会的知识。

例:"四个全面"是新一届党的领导集体治国理政的战略布局。下列与"四个全面"有关的说法正确的是( )

A. 党的十八大通过了《中共中央关于全面深化改革若干重大问题的决定》

B. 十八届三中全会通过了《中共中央关于全面推进依法治国若干重大问题的决定》

C. 十八届四中全会提出了"全面建成小康社会"的战略目标

D. 习近平总书记在江苏调研时将"从严治党"首次提升到"全面从严"的高度

4. 言语理解与表达

考查应试者对现代汉语的理解与表达能力以及理解和表达方面的综合能力、言语理解的正确性与言语表达的规范性和准确性等方面的能力。

例:世界上没有完美无缺的医疗体系,无论是免费医疗还是市场化的医疗体系,

都各有弊端，但从生存权和人的尊严的角度看，对个人免费或少量收费的医疗实乃 _____。

填入画横线部分最恰当的一项是（　　）。

A. 未雨绸缪

B. 万全之策

C. 大势所趋

D. 当务之急

5. 资料分析

考查应试者准确理解、转换和综合分析各种资料的能力。针对一段资料一般有1~5个问题，应试者需要根据资料所提供的信息进行分析、比较、计算，从几个备选答案中选出符合题意的答案。

例：2014年末全国共有公共图书馆3 117个，比上年末增加5个。年末全国公共图书馆从业人员56 071人。

2014年末全国公共图书馆实际使用房屋建筑面积1 231.60万平方米，比上年末增长6.3%；图书总藏量79 092万册，比上年末增长5.6%；电子图书50 674万册，比上年末增长34.2%；阅览室坐席85.55万个，比上年末增长5.7%。

1. 能够从上述资料中推出的是（　　）。

A.“十一五”期间全国公共图书馆总流通人次超过15亿

B.2014年平均每个公共图书馆拥有20多个阅览室坐席

C.2008—2014年间，每年平均每万人公共图书馆建筑面积同比增速均低于12%

D.2008年人均公共图书馆建筑面积增量和人均公共图书藏量增量均低于2011年

2.2014年，全国平均每个公共图书馆月均流通人次约为（　　）。

A.1万多

B. 不到1万

C.2万多

D.3万多

3.2008—2014年，人均公共图书藏量同比增速快于上年的年份有几个？（　　）

A.2

B.4

C.3

D.5

4.2012—2014年，平均每流通人次约产生多少册次的书刊文献外借？（　　）

A.1.0

B.0.8

C.0.6

D.0.4

5.2014 年,公共图书馆电子图书藏量增长册数约是图书总藏量增长册书的多少倍?(　　)

A.3

B.2

C.8

D.5

资料来源:http://www.gjgwy.net/xc/

三、特殊能力测验

特殊能力又称专门能力,指从事某项专业活动所必须具备的能力,例如音乐能力、绘画能力等。而特殊能力测验是测量一个人在某个专业领域所具有的能力及其潜力。例如音乐能力测验是一种特殊能力测验,不仅测量一个人目前是否具有音乐水平,更要测量有没有潜在的音乐能力,未来在音乐领域能否有所成就。目前,比较著名的特殊能力测验有心理运动能力测验、文书能力测验、机械能力测验、艺术能力测验等。

(一)心理运动能力测验

心理运动能力测验测量的是受个体意识支配的精细动作能力。这类测验专门测量速度、协调和运动反应等特性,大多与手的灵巧性相关,也有部分涉及腿或脚的运动。这是一种比较早的特殊能力测验,在 20 世纪 20 年代和 30 年代,这种测验广泛应用在工作和职业成绩的预测上。20 世纪 50—70 年代,弗莱西曼(E.A.Flishman)及其助手在对心理运动能力测验的相关分析中,发现了 11 种心理运动因素,即瞄准,手、臂稳定,准确控制,手指敏捷,手工操作敏捷,四肢协调,速度控制,反应时间,反应倾向,手臂运动速度,腕、手的速度。

心理运动能力测验包括大幅度运动测验、小动作运动测验及二者结合的测验。大幅度运动测验一般用于测量手指、手和手臂大幅度运动的速度及准确性。如斯特隆伯格敏捷测验(Stromberg Dexterity Test)、明尼苏达操作速度测验(Minnesota Mechanical Assembly Test)等。小动作运动测验主要测量受测者小动作的速度及准确性,常见的有奥康纳手指灵活测验和镊子灵活测验 (O’G.Paterson)、克劳福德小部件灵活测验(Crawford Small Parts Dexterity Test)等。大小动作运动测验,是同时测量手和手臂的大小动作及手指敏捷性两个方面的能力,常见的有普渡木钉板测验 (Purdue Pegboard),本纳特手－工具敏捷性测验(Bennet Hand-Tool Dexterity Test）等。

（二）机械能力测验

机械能力通常包括空间知觉、机械理解、动作敏捷性等。机械能力测验是最早用于工业或军事测验中的特殊能力倾向测验。大多数机械能力测验测量的能力很广泛，例如视－动协调因素、知觉及空间关系能力、机械推理和机械知识等。比较著名的机械能力测验为贝内特机械理解能力测验。

贝内特机械理解能力测验（Bennet Mechanical Comprehension Test, 简称 BMCT）由贝内特（Bennet）等人编制，原是第二次世界大战中用来预测飞行员飞行能力的，效果非常好，二战后广泛用于企业中。该测验主要测试被测评者在实际情境中的机械关系和物理定律的理解能力。测验的形式是每题有一幅画和一个问题，要求被测评者根据图形回答问题。图 8-2 为测验样题。

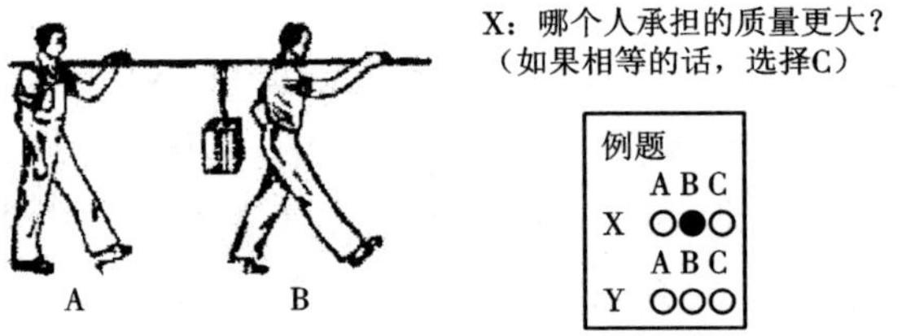

图 8-2　贝内特机械理解能力测验

（三）文书能力测验

文书能力测验主要针对文书工作中要求具有言语能力、数字能力、记忆能力、动作敏捷性及快速察觉异同点等特质编制而成的测验。该测验的特点是强调知觉速度和动作的敏捷性，但在实际的文书工作中，除了需要这两种能力以外，言语和数字能力也很重要。因此，许多文书能力测验包括与智力测验类似的题目以及测量知觉速度和准确性的题目。比较著名的有明尼苏达文书测验和一般文书能力测验。

明尼苏达文书测验（Minnesota Clerical Test）包括数字比较和姓名比较两部分，它要求被测评者检查数字的匹配和姓名的匹配是否正确。这是一种非常简单的测验，关键看被测评者在一定的时间内能完成的量有多少，准确率有多高。

例：66273894 — 66273984

527384578 — 527384578

New York World — New York World

Cerqill Grain CO — Carqill Grain CO

一般文书能力测验（General Clerical Test）是由美国心理公司发行的一种综合的文书能力测验，该测验是用来测查被测评者对事物的细微特征进行快速准确识别和判断能力的一种测验，主要测量文书速度和准确性（知觉速度和准确性）、言语流畅性和数字能力。文书能力测验多用于机关工作人员、办公室秘书、图书管理员、档案管理员的选拔。

四、创造力测验

（一）创造力概念

创造力是一个比较模糊的概念。学者们从不同角度或层面对其含义进行过阐释，但都只是揭示了创造力的某些特性。最早对创造力进行科学研究的是高尔顿，后来不同流派的心理学家从不同角度对创造力进行了研究。例如，弗洛伊德强调无意识的动机在创造活动中的作用；格式塔学派认为，创造性思维就是打破旧的框架而形成新的结构，即顿悟。这些研究限于其时代背景和研究工具，并没有对创造力作出一个很好的解释。

20 世纪 50 年代，吉尔福特（J.P.Guilford）利用心理测验作为工具，通过因素分析，发现人的思维可以分为发散性思维和聚合性思维两种。他认为发散性思维的外在表现就是一个人的创造性。在吉尔福特之后，很多学者以心理测验为工具开展研究，提出创造力主要包括敏锐的观察力、抽象概括能力、想象力、思维的灵活性等内容。

此外，也有学者从人格的角度对创造力进行研究。一个人是否取得成功，是否具有创造力，不在于他的智力，而更多地在于他的人格。创造性人格主要有 10 方面的特征：①独立性强；②自信心强；③敢于冒风险；④好奇心强；⑤有理想和抱负；⑥不轻易听从他人意见；⑦对于复杂奇怪的事物会感到一种魅力；⑧具有艺术上的审美观；⑨富有幽默感；⑩兴趣爱好既广泛又专一。

（二）创造力测验的类型

创造力测验是测量人的各种创新思维能力的测验。创造力测验典型的有：托兰斯创造性思维测验、威廉斯创造力倾向测验、南加利福尼亚大学创造力测验、芝加哥大学创造力测验等。

1. 托兰斯创造性思维测验

托兰斯创造性思维测验（Torrance Tests of Creative Thinking，TTCT）是托兰斯（E.P.Torrance）在吉尔福特关于创造性思维的 3 个特征基础上编制的。它包括托兰斯图形创造性思维测验、托兰斯语文创造性思维测验、托兰斯声音和词的创造性思维测验 3 种。该测验测量的是表现在学校教育背景中的创造力，适用于从幼儿园到研究生在内的在校学生。

2. 威廉斯创造力倾向测验

威廉斯创造力倾向测验（Williams Prefer Measurement Forms）是著名心理学家威

廉斯(Williams)总结了不同学者从人格角度研究创造力所得结果的基础上编制的创造力测验。该测验通过测量个人的一些性格特点,包括冒险性、好奇性、想象力和挑战性,来测量个人的创造力倾向。它可以用来发现那些有创造性的个体。具有高创造力的个体在进行创造性工作时更容易成功,而具有低创造力的个体则循规蹈矩,更适合进行常规型的工作。

该测验测量的维度:冒险性是敢于接受批评与失败,不畏惧挑战,不随波逐流,有勇气提出自己的不同见解并为之坚守;好奇心是个体遇到新奇事物或处在新的外界条件下所产生的注意、操作、提问的心理倾向,是个体寻求知识的动力,这是创造性人才的重要特征;想象力是在已有形象的基础上,头脑中加工创造出新的念头或思想画面的能力,平时生活中善于幻想尚未发生过的事情,能够超越感官及现实的界限;挑战性是喜欢追求刺激有难度的项目,不安于平常,乐于寻找各种可能性。

3. 南加利福尼亚大学创造力测验

南加利福尼亚大学创造力测验(University of Southern California Testing, 简称USC Testing) 是吉尔福特及其同事在大规模能力倾向研究计划中发展起来的,主要用于测验发散思维,包括:词语流畅性、观念流畅性、联想流畅性、表达流畅性、非常用途、解释比喻、用途测验、故事命题、推理结果、职业象征、组成对象、略图、火柴问题、装饰灯测验。这个测验是比较典型的创造力测验,在日常的生活学习中广泛使用。

第三节 人格测验

人格(Personality)一词来源于古希腊语“Persona”,本意是指演员演戏时所戴的面具。现代心理学认为人格是个体在长期发展过程中形成的相对稳定的心理特质和行为倾向的总和,主要表现为个体在适应环境时能力、情绪、需要、态度、气质、性格等方面的异同,它决定着人们行为的差异性。人格测验是从人格特质的角度出发,用业已标准化的测验工具,对稳定调节人的行为的人格特质和行为倾向进行定量分析,从而对人的价值观、态度、情绪、气质、性格等素质特征进行测量与评价的一种心理测试方法。

人格测验的方法很多,主要包括有自陈式测验,投射式测验等。

一、自陈式测验

自陈式测验又称结构化人格测验,是向被测评者提出一组有关个人行为、态度、意向等方面的问题,被测评者根据自己的实际情况作出真实的回答。自陈式测验有如下特征:①结构明确,被测评者需要在几个有限的选择中作出选择;②测验的目的不隐蔽,主试和被测评者双方都了解测验的目的;③记分简便、易作解释,稍经训练的人员就可以应用;④此类测验广泛应用于人格研究、精神疾病诊断、咨询、教育、职业选择等多个方面。

经典的自陈式测验,包括卡特尔16种人格因素测验(16PF)、艾森克人格测验(EPQ)、明尼苏达多相人格测验(MMPI)、YG性格测验、爱德华个性偏好测验(EPPS)等。在人才选拔中使用较多的人格测验有:16PF、MBTI测验、大五人格测验、九型人格测验等。

(一)卡特尔16种人格因素测验

卡特尔16种人格因素测验(Sixteen Personality Factor Questionnaire,16PF)是由美国伊利诺伊州立大学个性与能力测验研究所的卡特尔(Raymond B.Cattell)教授编制的,他把人的个性分为"表面特性"和"根源特质"。所谓表面特性是一个人经常发生的、可以从外部观察到的行为;根源特质是制约着表面特性的潜在基础。他把对人类行为的80种描述称为人格的表面特质,并将这种描述通过因素分析的统计合并成16种因素,称这16种因素为根源特质他认为只有根源特质才是人类潜在的、稳定的人格特征。他又据此编制了专门的量表来测量这16种特质。

卡特尔16种人格因素测验量表有187道题目,分为16个分量表,分别测量卡特尔16种人格特质。16个分量表所测量的特质名称和高低分者特征见表8-3。

表8-3　16PF各因素及高分者、低分者特征

因素	特质名称	低分者特征	高分者特征
A	乐群性	缄默孤独	乐群外向
B	聪慧性	学识浅薄	聪慧、才智
C	稳定性	情绪激动	情绪稳定
E	恃强性	谦逊顺从	好强固执
F	兴奋性	严肃审慎	轻松兴奋
G	有恒性	权宜敷衍	有恒负责
H	敢为性	畏缩退缩	冒险敢为
I	敏感性	理智、重事实	敏感、感情用事
L	怀疑性	依赖随和	怀疑刚愎
M	幻想性	现实、合乎成规	幻想、狂放不羁
N	世故性	坦白直率、天真	精明能干、世故
O	忧虑性	安详沉着、有自信	忧虑抑郁、烦恼
Q1	实验性	保守、传统	自由、批评、激进
Q2	独立性	依赖、随群附众	自立、当机立断

续表

因素	特质名称	低分者特征	高分者特征
Q3	自律性	矛盾、不明大体	知己知彼、自律严谨
Q4	紧张性	心平气和	紧张困扰

卡特尔16种人格因素测验适用于16岁以上的青年以及成年人。其优点是测验高度结构化，实施简便，解释客观，对被测评者的职业、级别、年龄、性别、文化等方面均无限制。其缺点是受到情境与人格的交互作用的影响，被测评者对该问卷的回答不一定能反映其真实情况，受测人的反应常因情境的改变而变化，测验的信度和效度会受到影响。

16PF人格问卷是一种经常使用的甄选工具，在学业预测、职业预测和心理健康预测方面得到了广泛应用。该测验是面对普通人的人格测验，因此只适用于普通工作人员的选拔，一般很少用于高级管理人员的选拔。

(二)MBTI测验

1.MBTI测验概述

MBTI测验全称是"Myers-Briggs Type Indicator"，它是一种迫选型、自我报告式的人格评估工具，用于衡量和描述人们在获取信息、作出决策、对待生活等方面的心理活动规律和行为倾向。它是1956年美国的迈尔斯－布里格斯(Myers-Briggs)母女在瑞士著名心理学家卡尔•荣格(Carl Gustav Jung)的心理类型理论基础上编制而成的。经过60多年的研究和发展，如今已经成为全球最为著名和权威的人格测试量表。

MBTI测验量表主要用于考察被测评者在组织中的贡献，领导风格、人际交往态度、偏好的工作环境等个体特征和潜力，该量表从以下4个维度来解析人格。

(1)从人们倾向将心理能量集中在外部世界还是内部世界的角度，可将人格分为外倾型(Extroversion)和内倾型(Introversion)。外倾型的人较多关注外部世界的人和事物，心理能量通常指向外部环境，他们偏好通过交谈的方式沟通，喜好社交和表达；内倾型的人则倾向于将心理能量指向自身内部的观念和经验，他们喜欢反思，不愿意与人交流，喜好独处。

(2)从如何获取信息的角度，可将人格分为感觉型(Sensing)和直觉型(Intuiting)。感觉型的人倾向于通过感觉器官获取真实存在的信息，他们有敏锐的观察力，注重具体细节，比较实际；知觉型的人往往依靠直觉来获取信息，关注现实背后的可能，喜欢寻找事物发展的可能性，想象力丰富，富有创造性。

(3)从人们如何处理信息和作出决策的角度，可将人格分为思考型(Thinking)

和情感型（Feeling），思考型的人处理信息和作出决策时依靠的是客观逻辑，擅长逻辑思维、客观分析，不以感情为转移，理性公平；情感型的人喜欢权衡事物对自己和他人的价值和意义，在决策时过多考虑人的因素而不是客观事实，具有同情心、理解力。

（4）从人们对待外部世界方式的角度，可将人格分为判断型（Judging）和知觉型（Perceiving）。判断型的人喜欢用判断的方式对待外部世界，生活有计划、有秩序，擅长使用系统有组织的方式来解决问题，做事有条不紊、有计划、有目的；知觉型的人喜欢采用灵活的方式，会随着信息的变化调整工作目标，喜欢用感知的功能来对待外部世界，容易冲动，适应性强，对事物的变化持开放态度。

2.MBTI 测验类型

MBTI 测验的 4 个维度中每一维度都有两种不同的功能表现形式，经组合可得到 16 种人格类型（表 8-4）。每个人都可以归为 16 种人格类型中的一种。每种类型都对应有相应的行为特征和价值取向，为个人的发展提供了参考。

表 8-4　MBTI 测验 16 种人格类型

ISTJ Inspector 稽查员	ISFJ Protector 保护者	INFJ Counselor 咨询师	INFP Healer/Tutor 治疗师 / 导师
ESTJ Supervisor 督导	ESFJ Provider/Seller 供给者 / 销售员	ENFJ Teacher 教师	ENFP Champion/Advocate 倡导者 / 激发者
ISTP Operator/Instrumentor 操作者 / 演奏者	ISFP Composer/Artist 作曲家 / 艺术家	INTJ Mastermind/Scientist 智多星 / 科学家	INTP Architect/Designer 建筑师 / 设计师
ESTP Promotor 发起者 / 创设者	ESFP Performer/Demonstrator 表演者 / 示范者	ENTJ Field Marshall/ Mobilizer 统帅 / 调度者	ENTP Invertor 发明家

1）SJ 偏好的“现实的决策者”

具有 SJ 偏好的人被称为“忠诚的监护人”，有很强的责任心和事业心，喜欢解决问题，忠诚，能按时完成任务，关注细节，强调安全、礼仪、规则、结构和服从，喜欢服务于社会需要。大约有 50% 左右 SJ 偏好的人为政府部门及军事部门工作，并且显示出卓越成就。

2）SP 偏好的“天才的艺术家”

具有 SP 偏好的人被称为“天才的艺术家”，有冒险精神，反应灵敏。在任何要求技巧性强的领域中游刃有余，常常被认为是喜欢活在危险边缘寻找刺激的人。为行动、冲动和享受现在而活着。

3）NF 偏好的“理想主义者”

具有 NF 偏好的人被称为“精神领袖”，在精神上有极强的哲理性，善辩、充满活力、有感染力。帮助别人成长和进步，具有煽动性，用“教导”的方式帮助他人。约有一半的人在教育界、宗教界以及心理学界等领域显示着他们的非凡成就。

4）NT 偏好的“思想家的摇篮”

具有 NF 偏好的人有逻辑性且机敏，天生有好奇心，有独创性、洞察力，有兴趣获得新知识，有极强的分析问题、解决问题的能力。NT 型的人大多数喜欢物理、管理、电脑、工程等理论性和技术性强的工作。

3.MBTI 测验作用

1）有助于实现人职的最佳匹配

不同的工作岗位对任职者的人格特征有不同的要求，具有不同人格特征的个体适合的工作岗位也不尽相同。具有与某种职业、岗位相适应的人格特征会表现出更好的职业适应性，有助于提高工作绩效。因此在人力资源管理研究和实践中，采用 MBTI 测验进行人才选拔有助于实现人职的最佳匹配。1996 年加德纳（Gardner）等人研究发现，管理者 MBTI 人格类型中居第一位的是 ST 型，其次是 NT 型，他们认为这是因为管理工作需要通过感觉获知客观且细节化的信息，并通过思考作出理性判断，而 ST 组合的人格类型与这一过程最为相符。我国学者研究表明，我国人力资源管理者最适合的类型是 ESFJ 型，比较适合的类型是 ISFJ 型、ESTJ 型和 ESFP 型；企业管理者的典型人格类型是 ESTJ 型和 ISTJ 型。

从企业用人的角度来说，使用 MBTI 测验可以有针对性地选拔那些具有岗位所需要的关键人格特征的个体，增加个体与岗位的匹配度，做到人尽其才、才尽其用，最充分地发挥和利用组织的人力资源，提高员工的工作效率。

2）有助于团队成员的配置与团队建设

企业在进行员工选拔与配置时，不仅仅要关注个体的人格特征是否与岗位的需求相吻合，还要考虑团队中不同成员的人格特征的组合。每一类型的人都是具体特征的综合体。每一类型都有令人欣赏之处，也有令人烦恼的问题。不同人格特征的组合可以直接影响到组织的整体绩效。MBTI 可以有效地帮助组织了解员工的个性特质和能力差别，从而有针对性地实施管理和团队建设。1983 年耶克利（Yeakley）提出了一种叫 CAI（Communication Adjustment Index）的沟通分析技术，通过观察不同 MBTI 人格类型的一对个体在交流过程中的行为表现确定人格类型对沟通效果的影响。研究结果表明，人格类型相似或接近的双方更容易实现轻松、高效的交流，沟通过程和谐而热烈，容易产生共鸣；而不同人格类型的双方往往要经过长时间的调整才能彼此适应，而这一过程一般比较艰难。

根据 MBTI 测验可以识别团队的优势和潜在的劣势，根据团队成员的不同类型偏好，合理搭配工作团队中同事间的个性，分配适合的工作任务，可大大减少团队摩擦，减少组织冲突发生的可能性，提高团队的整体效率。

3）可以为中、高管人员的选拔和培养提供参考

MBTI 测验作为一种人格测评工具，不仅可以了解员工当前的个性特质，还可以预测其未来的工作和管理风格，因此，MBTI 测验也常常被用在对员工未来工作能力、风格的预评中，用在对未来中、高管人员的选拔和培养中。1993 年瑞尼尔斯（Reynierse）调查了 1 952 名低、中、高层企业管理者，他发现这些人与一般人群相比在外向、思考、判断这 3 个功能上表现突出，在信息获取方式上低层管理者更倾向于感觉型，随着管理层级的升高，逐渐向直觉型过渡，高层管理者中以直觉方式获取信息者占多数。2007 年穆太菲（Moutafi）等人采用 MBTI 测验探讨了人格特质与管理层级之间的关系，结果发现，MBTI 测验中的直觉性倾向都与管理层级之间存在正相关，而内向性倾向与管理层级之间存在负相关。我国学者敖小兰使用 MBTI 修订版对我国东部、中部、西部共 745 名领导干部进行测试，得出我国领导干部的人格类型以 ESFJ 居多，其次为 ESTJ，并且更多地偏向 S、F 和 J。

通过以上研究可以推断，一个偏外向、判断型的员工未来更适宜担任企业的中、高层管理工作，这为企业中、高管人员的选拔和培养提供了一个参考依据。

此外，通过 MBTI 人格类型测验，还可以获知员工的认知风格、精力指向、生活方式等诸多信息，并综合得出其适合的职业类型，这就为员工的职业生涯规划提供了依据。

4.MBTI 测验的应用

MBTI 人格类型量表是一个理论根基扎实、实用性强的人格量表，它与传统人格类型量表相比有其独特的优势。从 1942 年到现在，MBTI 经过 Myers-Briggs 家族半个多世纪的改良，与先前版本相比其评估技术有了较大的提升。目前 MBTI 因其独到的理论根基，严格的操作规程和极强的实用性已被广泛应用于团队建设、生涯设计、教育学习以及个体与家庭治疗等领域。据统计，世界五百强的企业中大部分企业引入并使用 MBTI 作为员工和管理层自我发展、改善沟通、提升组织绩效的重要方法。

案例分析

有位女销售员在工作中一直有力不从心之感，尽管她很努力地工作，但销售业绩总是不尽如人意，这也影响了她所在团队的销售绩效。她感受到了巨大的压力，正在考虑是否该换个职业。

MBTI 测验结果显示，她的类型是 INTP，也就是内向、直觉、思考、知觉，这个结

果也得到了她本人的认同。

问题：这位销售员业绩不好的原因是什么？

（三）大五人格测验

1. 大五人格测验概述

大五人格测验又称大五人格问卷、大五人格模型（Big Five 或 FFM，Five-Factor Model），它是几代研究者共同努力的成果。关于人格分类的研究，心理学界一直存在较大分歧，研究者们从不同的角度对人格进行分类，例如艾森克提出的内外向、神经质和精神质，卡特尔提出的16种人格因素，等等。研究者们希望从所有描述人格的词汇中找出人格最基本的特质，奥尔波特（Allport）从中区分出了他认为可以很好描述人格的4 500个词。卡特尔又从中选出了35个词。菲斯克（Fiske，1949）在奥尔波特、卡特尔等人关于描述人格词汇的研究基础上，重点选出22个词汇用于分析，结果发现有5个因素总是最先出现，这就是“大五”的理论雏形，也是最早关于大五人格的研究。之后在研究大五人格因素的过程中，不同的研究者结合各自观点对提取出的5种因素进行了多种描述，Mecrae 和 Costa 的命名法被心理学界广泛接受，他们把5个因素分别命名为：情绪稳定性、外向性、开放性、宜人性和尽责性。

研究者还结合理论与实际的应用，对大五人格的测验量表进行了探索，在众多测量大五人格的量表中，最受认可的是1985年 Mecrae 和 Costa 编制的测量大五人格的问卷，即 NEO-PI（NEO Personality Inventory）。该量表有240个题目，测试起来比较费时，也容易使被测评者产生疲劳，增加测量的误差。因此，为了提高 NEO-PI-R 量表的可行性，研究者从该量表中挑选出60个题目来测量五个维度，形成 NEO-FFI-R 量表。目前，在国际范围内测量大五人格的量表以使用 NEO-FFI-R 量表的居多。此外，Rammstedt 和 John 编制的大五人格量表（BFI）在研究中也比较常用。

国内学者在借鉴国外研究的基础上进行了大五人格量表的研究、编制工作，有代表性的研究成果有周晖等人编制的人格五因素问卷和王孟成等人研究编制的中国大五人格问卷简版（CBF-PI-B），这些量表问题的设计和表述方式更加符合我国被测评者的思维模式和语言习惯，容易理解，减少了误差的概率。

2. 大五人格类型

大五人格涵盖了5个人格因素。

1）情绪稳定性

情绪稳定性（Emotional stability）是在人格测验中使用得最为广泛的人格特质。神经质评估的是情感的调节和情绪的稳定性。神经质得分高的个体倾向于有心理压力、不现实的想法、过多的要求和冲动等。在这个维度上有6个子维度，分别是焦虑、生气敌意、沮丧、自我意识、冲动性和脆弱性。

2)外向性

外向性(Extraversion)表示人际互动的数量和密度,对刺激的需要以及获得愉悦的能力。外向者非常爱好交际,通常表现为精力充沛、乐观、友好和自信。这个维度包括6个子维度,分别是热情、乐群性、独断性、忙碌、寻求刺激、积极情绪。

3)开放性

开放性(Openness)评估对经验本身的积极寻求和欣赏以及对不熟悉情景的容忍和探求,而不仅仅是一种人际意义上的开放。构成这一维度的特征包括活跃的想象力、对新观念的自发接受以及发散性思维等。这个维度是最充满争论的,对它的探索也是最少的。在这个维度上有6个子维度,分别是想象力、审美、感受丰富、尝新、思辨和价值观。

4)宜人性

宜人性(Agreeableness)考察个体对其他人所持的态度,这些态度既包括乐于助人的、信任他人的、有同情心的,也包括敌对的、无情的、多疑的等。在这个维度上有6个子维度,分别是信赖、直率、利他、顺从、谦逊和慈善。

5)尽责性

尽责性(Conscientiousness)评估个体在目标导向行为上的组织、坚持和动机,评估个体如何控制自己、如何自律。尽责性得分高的个体做事有条理、有计划,并能持之以恒。在这个维度上有6个子维度,分别是胜任力、条理性、尽责、追求成就、自律和深思熟虑。

表8-5　大五人格各因素及高分者、低分者特征

因素	特质名称	低分者特征	高分者特征
N	情绪稳定性	平静、放松、不情绪化、果断、安全、自我陶醉	烦恼、紧张、情绪化、不安全、不准确、忧郁
E	外向性	谨慎、冷静、无精打采、冷淡、乐于做事、退让、话少	好社交、活跃、健谈、乐群、乐观、好玩乐、重感情
O	开放性	习俗化、讲实际、兴趣少、无艺术性、非分析型	好奇、兴趣广泛、有创造力、有创新性、富于想象、非传统性
A	宜人性	愤世嫉俗、粗鲁、多疑、不合作、报复心重、残忍、易怒、好操纵别人	心肠软、脾气好、信任人、助人、宽宏大量、易轻信、直率
C	尽责性	无目标、不可靠、懒惰、粗心、松懈、不检点、意志弱、享乐	有条理、可靠、勤奋、自律、准时、细心、整洁、有抱负、有毅力

大五人格测验在人员选拔中受到普遍的欢迎,一个很重要的原因是这个测验具有很好的预测效度,对工作绩效能够较好的预测。

阅读资料

大五人格测评量表是人格测评常用的量表之一，其信度与效度已经得到广泛的认同，某企业应用大五人格测评量表对应聘者的全面人格进行测试，来帮助企业了解应聘者。通过5个维度、30个二级子维度的全面分析，基本上能够把握一个人的个性特征。例如，被测评者张某的大五人格维度得分见表8-6。

表8-6　张某大五人格维度得分

维度	情绪稳定性	外向性	开放性	宜人性	尽责性
得分（分）	87	100	125	125	120
结果排名	51.44%	19.83%	95.69%	47.7%	43.68%
倾向程度	中等偏下	偏弱	中等偏上	中等	中等

注：各个维度的分数范围为0~192，张某宜人性结果排名为47.7%，指在所调查的人员中，张某比47.7%的人宜人性程度要高。

根据表8-6和其他一些相关资料，对张某的总体印象可以描述为：该员工比较信任他人，认为人们一般是诚信、正值和值得信赖的，能与别人合作融洽，一般会遵循"和为贵"的处事原则，他喜欢实事求是地展现自己，对工作认真负责，能积极主动地去完成任务，也会对自己的行为负责。性格偏内向，大多数情况下不太主动与人交往。遇事较为冷静、沉稳，一般能够控制自己的冲动和欲望。具有一定的可塑性，会以一种开放的姿态来学习新的方法和途径，对不同的信念和价值可以接受，但是也对一些社会现象和一些类型的人很反感。

资料来源：http://www.docin.com/p-201393836.html,2014-05-12

（四）九型人格测验

1. 九型人格概述

九型人格（enneagram）最早起源于古代中亚地区，由两个希腊词汇ennea（九）和grammos（尖角）组成，被称为"九柱图"，关于"九柱图"的符号体系的原作者已经不详，在20世纪以前，九型人格只在一些神秘团体中传播。20世纪10—20年代，葛吉夫（Gurdjieff）最早将九型人格介绍到俄国，在莫斯科等地集中讲授九型人格，并在20世纪上半叶逐渐传播到巴黎、伦敦、纽约等西方国家城市。

20世纪60年代，智利心理学家奥斯卡·依察诺（Oscar Ichazo）将九型人格的描绘总结出来并完善了现代九型人格理论。依察诺被认为是现代九型人格的真正创始人。但真正将九型人格运用到现代心理学研究中的是智利精神病学家纳兰德（Claudio Naranjo)。

20 世纪 70 年代以后,九型人格被广为流传,主要通过两类群体传播,这两类群体代表着九型人格的两种视角:一类是基督教的牧师,他们传承了九型人格的神秘传统,强调“精神性”并将九型人格作为人的灵修和心灵成长的训练方法;另一类是心理学者,他们侧重于心理学视角,将九型人格作为一门心理理论体系完善发展。

20 世纪 80 年代以后,九型人格在组织管理领域的应用逐渐兴起。由于九型人格理论能够帮助人们全面了解他人的行为,越来越多的公司应用九型人格进行员工培训和机构变革。九型人格在培养人们的沟通技巧、解决分歧、领导力开发、团队合作、战略规划以及企业文化变革等方面发挥了巨大作用。

2. 九型人格类型

九型人格按照人们的核心价值观和注意力焦点的不同,可将人格分为 9 种基本类型,具体如图 8-3 所示。

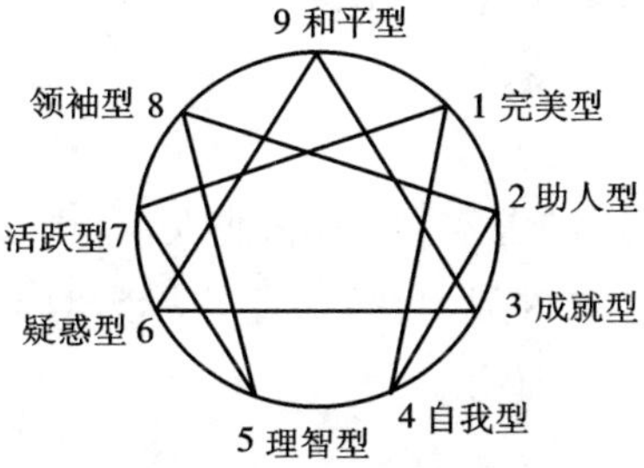

图 8-3　九型人格示意

1)完美型

这种类型的人有极强的原则性,不易妥协,对自己和别人要求甚高,追求完美,希望把每件事都做得尽善尽美,希望自己或是这个世界都更进步。此类性格的人可能成为非常睿智的精神偶像。

2)助人型

这种类型的人渴望得到他人的认同,甘愿迁就他人,很在意别人的感情和需要,愿意付出爱给别人,看到别人满足地接受他们的爱,才会觉得自己活得有价值。他们温和友善,随和,绝不直接表达需要,婉转含蓄。此类性格的人乐于助人,富有同情心。

3)成就型

这种类型的人有强烈的好胜心,喜欢权威,以成就衡量自己的价值高低,注重外表形象,希望能够得到大家的肯定,希望与众不同,受到别人的注目、羡慕,成为众人的焦点。此类性格的人可能成为领导者、推销员和团队的领军人物。

4)自我型

这种类型的人情绪化,追求浪漫,惧怕被人拒绝,易受情绪影响,倾向追求不寻常、具有艺术性而富有意义的事物。他们性格内向、敏感，具有艺术气质。

5）理智型

这种类型的人孤僻，喜欢远离人群，不善表达内心感受，不愿干涉别人的生活，想努力获取更多的知识来了解环境。此类性格的人可能成为优秀的决策制定者、大学学者和修道士。

6）疑惑型

这种类型的人做事小心谨慎，不轻易相信别人，多疑虑，为别人做事尽心尽力，不喜欢受人注视，安于现状，相信权威，跟随权威的引导行事，然而另一方面又容易反权威，性格中充满矛盾。团体意识很强，需要被接纳并得到安全的保障。此类性格的人可能成为团队中的好成员、忠实的战友和朋友。

7）活跃型

这种类型的人乐观，富有童心，不喜欢承受压力，对事物的认识较肤浅，爱冒险，喜欢刺激，渴望享受生活，从来不愿作出承诺，做事常常半途而废。此类性格的人可能成为优秀的综合管理者、理论家和艺人。

8）领袖型

这种类型的人追求权力，讲求实力，不靠他人，有正义感，具有很强的保护能力，愿意保护他人，主动负责，喜欢挑战，自控力差，易怒，具有攻击性。此类性格的人可能成为出色的领导者。

9）和平型

这种类型的人温和友善、忍耐、随和、怕竞争，总是处于矛盾之中，容易接受他人的观点，注意力通常集中在细节、次要的事情上，不喜欢被人支配，绝不直接表达不满。此类性格人可能成为优秀的调解员、顾问和谈判者。

九型人格的名称只是对这个人格类型的一个主要特征的抽象代号，并不涵盖其全部特征。九型人格的各型的核心价值观、注意力焦点、基本恐惧和主要特征的概括性见表 8-7。

表 8-7　九型人格各型基本特征

型号	人格类型	核心价值观	注意力焦点	基本恐惧	主要特征
1 号	完美型（完美主义者）	按照标准做到正确、完美	错误、缺陷	事情做错、混乱、失序	极强的原则性、认真负责、追求完美、关注规则
2 号	助人型（给予者）	首先付出爱才能赢得喜欢	他人的需要	不被需要	在意别人感受、乐于助人、友善、含蓄
3 号	成就型（实干者）	获得成就和他人的认可	目标	事情失败	有强烈的好胜心和目标感、执行力强、喜竞争、适应性强

续表

型号	人格类型	核心价值观	注意力焦点	基本恐惧	主要特征
4号	自我型（悲情浪漫者）	个性独特,自我存在感	真实的感受	失去自我认同和存在感	真实、敏感、情绪化、注重感觉和品味、想象丰富
5号	理智型（观察者）	弄懂客观世界规律	信息的来源	无知	孤僻、不善表达、理性思考、不干涉别人、探索现象背后的本质
6号	疑惑型（忠诚者）	确定、支援和保障	安全	不确定的危险	小心谨慎、疑虑、安于现状、忠诚、稳重、务实
7号	活跃型（享乐主义者）	快乐、自由、多种选择	与快乐有关的事物	痛苦、束缚、沉闷	乐观、开朗、爱冒险、创造力强
8号	领袖型（保护者）	强大、掌控、保护他人	权力、影响	失控、软弱、被侵犯	追求权力、讲义气、负责、自控力差、易怒
9号	和平型（调停者）	安宁、平静、和谐	周围的环境	冲突、折腾	温和友善、怕竞争、贪图安逸、逃避冲突

目前,九型人格风行欧美的学术界及工商界,被广泛地应用于人力资源管理的各个方面。通用汽车、花旗银行、汇丰银行、惠普、可口可乐等世界500强企业以及美国中央情报局等机构也将九型人格作为企业管理培训的内容,以此培训员工,提高员工的执行力。

二、投射式测验

所谓投射,就是让人们在不自觉的情况下,将自己的态度、动机、内心冲突、价值观、需要、愿望、情绪等人格特征反映出来的过程。向被测评者提供一些未经组织的刺激情景,让被测评者在不受限制的情景下,自由表现出他的反应,通过分析反应的结果,可以推断出他的人格结构。利用这种投射技术编制的测验叫作投射测验。通过投射测验所获得的资料来揭示人格深层的无意识内容。

与其他人格测验相比,投射测验具有以下特点。

（1）投射测验使用的是非结构的任务,允许被测评者有各种各样不受限制的反应。刺激材料也是含糊、模棱两可的刺激。在这种情况下,被测评者对材料的知觉和解释就可反映他的思维特点、内在需要、焦虑和冲突等人格特征。

（2）测量目标具有隐蔽性。被测评者一般不可能知道他的反应将作何种心理学解释,从而减少了伪装的可能性。

（3）投射测验强调解释的整体性,它关注人格的总体评估而不是单个特质的测量。

投射测验的种类很多,最常用的有罗夏墨迹测验、主题统觉测验、房－树－人测验、句子完成测验。

(一)罗夏墨迹测验

罗夏墨迹测验(Rorschach Inkblot Method, 简称 RIM)是由瑞士精神病医生罗夏(H.Rorschach)创造的一种投射测验,他最早用墨迹图来测量精神病人的人格特征。测验中给被测评者呈现一组不规则而对称的墨迹图,要求被测评者根据自己的想象对墨迹图作出描述并记录下被测评者对每张图片的情绪、时间间隔等反应,主试通过观察、记录询问被测评者对图片刺激的反应来打分。

罗夏墨迹测验是基于知觉与人格之间有某种关系这一基本假说,即在个人知觉中反映着人格。测验要求被测评者描述在墨迹中"看到了什么"并说出自己的知觉体验。在进行这样的测验时,被测评者必须以自己独特的方式进行反应。在这些反应中,他们无意地、不知不觉地将真实的自己,有时甚至是自己完全意识不到的某些侧面暴露出来。

实施罗夏墨迹测验是非常复杂的,只有那些专门培训过并有丰富经验的人才能使用。

罗夏墨迹如图 8-4 所示。

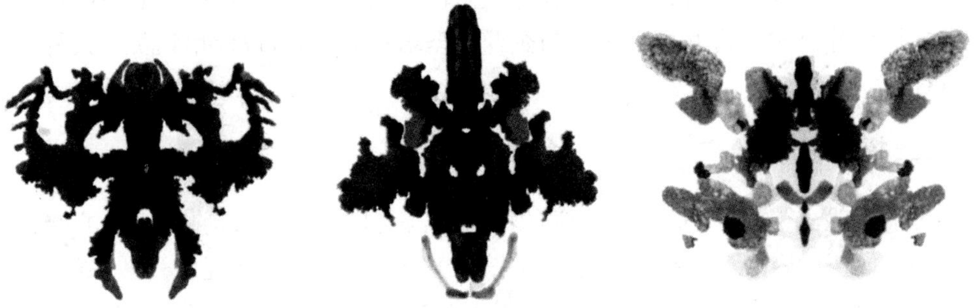

图 8-4 罗夏墨迹

(二)主题统觉测验

主题统觉测验(Thematic Apperception Test, 简称 TAT)是美国哈佛大学的莫里(Murray)和摩根 (Morgan) 于 1935 年编制而成的。后来经过多次修订,逐渐推广应用,成为一种重要的人格投射测验。测验中向被测评者呈现内容隐晦的图片(例如图 8-5),要求被测评者对图画上事件发生的过去和将来的情形加以描述。主题统觉测验的基本假设是,个人对图画情景所编造的故事与其生活经验有密切的关系,被测评者在编制故事时,不自觉地将隐藏在内心的冲突和欲望穿插在故事情节中,借故事中的人物行为宣泄出来,把个人的心理历程投射到故事中。

图 8-5　主题统觉测验

(三)房 - 树 - 人测验

房 - 树 - 人测验(House-Tree-Person Technique, 简称 HTP),又称屋 - 树 - 人测验,是由美国心理学家 J.N. Buck 于 1948 年发明的。该测验要求被测评者只需在三张白纸上分别画屋、树及人就完成测试。后来,学者们在临床实践中发现,分 3 次描绘 3 张图形使被测评者心理压力较大,尤其不适于那些精力不足、情感淡漠、注意力不集中的精神病患者,于是将房子、树、人三项合画于一张纸之中,不仅可大大减轻被测评者的负担,扩大测验对象,提高成功率,而且能简捷有效地探测被测评者的人格特征。

(四)句子完成测验

句子完成测验是由联想测验发展而来的。测验时,给被测评者提供一些未完成的句子,要求其自由地填写余下的部分,以表达其真实情感、态度和观念。例如"我喜欢 ________""我爱 ________"。

第四节　工作动力测验

动力是决定一个人的发展方向、促进人的行为的根本原因。人在工作中除了要具备基本的专业知识和技能,具有一定的工作能力及适合岗位要求的性格外,还有一个重要因素是工作的积极性。一名员工即使工作能力强、性格好,但如果没有较高的工作动力,工作效率也不会很高。因此,在人才测评及选拔过程中,对求职者职业价值观、成就动机、职业兴趣等因素进行评价具有重要意义。

一、职业价值观测验

（一）价值观概述

价值观是推动并指引一个人作出决策和行动的原则、信念和标准，它决定了人们可能会选择什么行为方式、手段和结果来生活和工作。例如，有的人重视社会地位，那么他在进行职业选择时会以是否有利于社会地位的提高为标准；而有的人认为经济利益是最重要的，经济收入越高越能表明人生的价值，这样价值观的指导下，他会以是否能赚更多的钱来衡量一切。

价值观是建立在需求基础上的，一旦确定下来则反过来影响、调节人进一步的需求活动。人们对各种事物（学习、劳动、享受、贡献、成就等）是有主次之分的，对这些事物的重要性和优劣进行排序构成一个人的价值观体系。价值观体系是决定一个人行为及态度的重要因素。一个人的价值观是出生后在家庭和社会的影响下形成的。一个人价值观的形成受其所处的社会生产方式及经济地位的影响。具有不同价值观的人会产生不同的态度和行为。

从不同的角度看价值观可以分为不同的类型，美国心理学家奥尔波特是最早对价值观进行分类的学者，他划分了 6 种价值观类型：①理论型，重视以批判和理性的方法寻求真理；②经济型，强调有效和实用；③审美型，重视外形与和谐匀称的价值；④社会型，强调对人的热爱；⑤政治型，重视拥有权力和影响力；⑥宗教型，关心对宇宙整体的理解和体验的融合。

奥尔波特据此编制了问卷，以测量 6 种价值观对每位被测评者的重要程度，并以此确定每位被测评者的价值观类型。结果发现，在不同的工作环境下，这 6 种价值观对人有不同的重要性。比如对于宗教领导者来说，宗教价值观是最重要的，而经济价值观是不重要的。而对于采购代理商来说，经济价值观是最重要的。

（二）职业价值观含义

由于人的身心条件、教育背景、家庭影响、兴趣爱好等方面的不同，人们对各种职业有着不同的主观评价，这些评价形成了人的职业价值观并影响着人们对就业方向和具体职业岗位的选择。职业价值观是人们对待职业的一种信念和态度，或是人们在职业生活中表现出来的价值取向。职业价值观决定了人们的职业期望，影响着人们对职业方向和职业目标的选择，决定着人们就业后的工作态度和劳动绩效水平，从而决定了人们的职业发展情况。什么样的岗位适合自己？从事某项工作的具体目的是什么？这都是职业价值观的具体问题。

（三）职业价值观测验

职业价值观测验中测验维度的确认是至关重要的，国外学者从不同角度对职业价值观进行了维度划分。

1961 年，奥康纳（O' Connor）和金南（Kinnance）提出了 6 个维度：独立性和多样化、工作条件和同事、社会和艺术、安全和福利、名望、创造性等。1971 年，沃莱克（Wollack）等人在职业价值观调查中将行为偏好、工作参与、工作自豪感、对收入的态度、社会地位和向上发展列为考察的内容。也有学者将职业价值观分为以下 13 种类型。

（1）即利他主义：总是为他人着想，把直接为大众谋幸福和利益作为自己的追求。

（2）审美主义：能不断地追求美的东西，并从中得到享受。

（3）智力刺激：不断进行思考、学习和探索，善于面对和解决新问题。

（4）成就动机：不断努力，做自己想要做的事情，不断得到别人的赞扬。

（5）自主独立：具有高独立性和自主性，按自己的方式和想法去做事，不受他人干扰。

（6）社会地位：从事在人们心目中有较高地位的工作，赢得他人的重视和尊敬。

（7）权力控制：获得对人或事物、资源的控制权，调遣和指挥他人与他事。

（8）经济报酬：获得优厚的报酬，使自己的生活过得富足。

（9）社会交往：能建立比较广泛的社会联系和关系，和各种人交往。

（10）稳定：能有较为安稳的工作和经济保障。

（11）轻松舒适：追求比较舒适、轻松、自由、优越的工作条件和环境。

（12）人际关系：希望能有愉快、融洽的同事和领导关系。

（13）追求新意：追求不断变换的工作内容和生活，拒绝单调。

我国学者在职业价值观测验方面的研究开展得较晚，但也做了不少探索。1998 年，我国学者马剑虹等人对 6 家企业 64 名员工的职业价值观的主成分分析，抽出组成职业价值观的工作行为评价、组织集体观念、个人要求 3 个因素。工作行为评价因素反映在努力工作、做好工作、承担更多的工作职责和任务、忠诚于事业等工作行为衡量标准上。组织集体观念因素，表现为遵守组织和规章、服从上级、服从组织、服从大局、忠于组织等评价标准上。个人要求因素包括个人利益与理想、个人发展前途、工作本身的意义等方面的考虑。

1995 年，凌文辁等人对大学生职业价值观的内容结构进行了分析，抽出了声望地位、保健、发展 3 个主成分因素。声望地位因素包括易成名成家、单位知名度高、有较高社会地位、单位级别高、有较高经济地位、晋升机会多、有出国机会、单位规模大、单位在大城市；保健因素包括有劳保、职业稳定、福利好、有住房、能解决两地分居问题、职业环境优雅、收入高；发展因素包括符合兴趣爱好、能学以致用、能发挥自己才能、机会均等、公平竞争、交通便利快捷、自主性大不受约束、能提供受教育机会。

二、成就动机测验

（一）动机概述

动机是推动人们去从事某种活动、达到某种目的、指引活动满足一定需要的意图、愿望和信念。动机是人们一切行为的内在动力，是人们从事某种活动的直接原因。比如，人渴了要喝水，就会产生找水的动机，饿了要吃食物，就会产生购买食物的动机。

动机是在需要基础上产生的一种心理倾向，当人们有了某种需要而又不能满足时，心里便会产生一种紧张和不安，这种紧张和不安就成为一种内在的驱动力，促使个体采取某种行动。由于人的需要复杂多样，与之相应的动机也多样复杂，一般来说，只有最强烈的动机才可以引发行为。人们在动机的推动下，向着目标前进，目标达到后，需要得到满足，紧张和不安的心理状态就会消除。随后，又会产生新的需要，引起新的动机和行为，这是一个循环往复、连续不断的过程。

（二）动机类型

动机的类型有很多，不同的心理学家有不同的划分方法。美国心理学家大卫·麦克利兰（David McClelland）在对动机特质的研究过程中将人的动机分为成就动机、权力动机和亲和动机 3 种类型。

1. 成就动机

成就动机即追求卓越、争取成功的内驱力。成就动机对个体的活动具有重要的作用，高成就动机者与低成就动机者的区别在于他们想把事情做得更好。具有高成就动机的人，对工作的成功有强烈的要求，他们乐于接受挑战性的工作，不喜欢凭运气获得成功。在选择工作目标时，会回避特别容易和特别困难的工作，喜欢中等难度的工作。目标对于他们很重要，所以他们希望得到有关工作绩效的及时明确的反馈信息，从而了解自己是否有所进步。因此，高成就动机的人往往选择专业性职业，或从事销售、参与经营等活动。

2. 权力动机

权力动机是一种影响和控制其他人的欲望，是试图改变环境的一种内驱力。麦克利兰认为，权力动机强的人喜欢支配、影响他人，喜欢对别人“发号施令”，注重争取地位和影响力。喜欢具有竞争性和能体现较高地位的场合和情景，他们追求出色的成绩，但他们这样做并不像有高成就需要的人那样是为了个人的成就感，而是为了获得地位和权力或使自己与已具有的权力和地位相称。

3. 亲和动机

亲和动机是一种愿意与别人保持友好和亲密关系的内驱力，亲和动机反映的是个体对建立、保持和恢复与他人或群体的积极情感关系的关注。麦克利兰认为高亲和动机的人更倾向于与他人交往，渴望友谊，这种交往会给自己带来愉快，喜欢合作而不是竞争的工作环境，他们对环境中的人际关系较为敏感。有时，亲和动机也表现为对失去某些亲密关系的恐惧和对人际冲突的回避。

(三)成就动机测验

成就动机测验主要有两种测评方法:一是主题统觉测验;二是自陈式测验。主题统觉测验就是给被测评者呈现4~6张图片,要求被测评者回答每张图片中发生了什么事?为什么会发生这样的事?将来会怎样?最后依据被测评者的回答是否与成就动机有相关的联想而评定分数。自陈式测验比较有名的是1978年亥尔莫瑞斯和斯彭斯编制的工作家庭取向量表,该量表分别测量个人的成就动机对家庭的态度。

此外,我国人才测评专家编制了"生活特性问卷",该测验从风险动机(决策时敢于冒险,敢于使用新思路、新方法,不惧怕失败的动机)、权力动机、成就动机和亲和动机4个方面描述被测评者的动机模式和强弱程度。该测验有助于预测员工的行为表现、稳定性,为有效地选拔合格的应聘者提供重要的信息。

三、职业兴趣测验

(一)职业兴趣概述

兴趣是喜欢或者不喜欢的一种持久的倾向,表现为对某种事物、某种活动的选择性态度和积极的情绪反应。当兴趣直接指向与职业有关的活动时,即成为职业兴趣。职业兴趣是对职业或具有职业特征的活动的心理倾向。职业兴趣在人们的职业活动中起着重要的作用,从事符合自己职业兴趣的工作将增加个人的工作满意度、职业稳定型和职业成就感。

(二)职业兴趣类型

国外研究者开发的职业兴趣测验工具较多,代表性的有:斯特朗 - 坎贝尔职业兴趣量表(Strong-Campbell Interest Inventory)、霍兰德职业兴趣问卷(Holland Vocational Preference Inventory)、库德职业兴趣量表(Kuder Preference Record- Vocational)、杰克逊职业兴趣调查表(Jackson Vocational Interest Survey)。其中最有影响的是霍兰德职业兴趣问卷。

霍兰德职业兴趣问卷是美国霍普金斯大学心理学教授霍兰德基于对职业性向测试的研究编制而成的。霍兰德认为个体的职业兴趣可以影响其对职业的满意程度,当个体所从事的职业和他的职业兴趣类型匹配时,个体的潜在能力可以得到最彻底的发挥,工作业绩也更加显著。企业在招聘新员工时,有必要对求职者进行职业兴趣测评,了解求职者的职业兴趣人格类型。通过测试可以得知企业所提供的职业是否与求职者的职业兴趣类型相匹配。

霍兰德把职业兴趣也划分为6种类型,分别为现实型、研究型、艺术型、社会型、企业型、常规型6种。

1. 现实型(Realistic,R)

现实型的人动手能力强,手脚灵活,动作协调,有较好的身体技能。他们可能在自我表达和向他人表达方面感到困难。他们喜欢在户外活动，喜欢使用和操作工具。他们宁愿与机械和工具打交道，也不愿意与人打交道。这种类型的人喜欢的职业领域包括机械制造、建筑、渔业、野外工作、试验技师、工程安装以及某些军事职业等，适合各类工程技术工作、农业工作，如工程师、技术人员、维修工人、矿工、木工、电工、测绘员等。

2. 研究型（Investigative，I）

研究型的人抽象思维能力强，求知欲强，对科学研究和科学探索有热情，善思考，不愿动手，对周围的人并不感兴趣。喜欢独立的和富有创造性的工作，知识渊博，有学识才能。他们喜欢通过思考在头脑中解决所面临的难题，而并不一定进行具体的操作。在科学领域中，他们常常具有非传统的观念，倾向于创新和怀疑。这种类型的人适合从事科学研究和科学实验工作，例如自然科学和社会科学方面的研究人员、专家，化学、冶金、电子、飞机等方面的工程技术人员等。

3. 艺术型（Artistic，A）

艺术型的人有创造力，乐于创造新颖、与众不同的成果；喜欢以各种艺术形式的创作来表现自己的才能，实现自身价值；做事理想化，追求完美，不重实际；具有特殊艺术才能和个性。这种类型的人适合各类艺术创作工作，如音乐、舞蹈、戏剧等方面的演员、编导、教师；文学、艺术方面的评论员；广播节目的主持人、编辑、作者；绘画、书法、摄影家等。

4. 社会型（Social，S）

社会型的人喜欢与人交往，善言谈，愿意教导别人。喜欢参与解决人们共同关心的社会问题，渴望发挥自己的社会作用，喜欢通过与他人讨论以及调整与他人的关系来解决存在的难题。这种类型的人适合从事直接为他人服务的工作，直接与人打交道的工作，如教育工作者、公关人员、咨询人员等。

5. 企业型（Enterprising，E）

企业型的人精力充沛、自信、善交际，具有领导才能；喜欢竞争，敢冒风险，有野心和抱负；喜爱权力、地位和物质财富；喜欢从事有领导责任的社会工作；缺乏从事精细工作的耐心，不喜欢需要长期智力劳动的工作。这种类型的人适合从事影响他人共同完成组织目标的工作，例如经理、政府官员、部门和单位的领导者、管理者等。

6. 常规型（Conventional，C）

常规型的人喜欢按计划办事，习惯接受他人指挥和领导；不喜欢冒险和竞争；工作踏实，忠诚可靠，遵守纪律。这种类型的人喜欢办公室工作，不喜欢在工作中与别人形成过于紧密的联系，对于明确规定的任务可以很好地完成。这种类型的人适合从事各类与文件档案、图书资料、统计报表之类相关的科室工作，如会计、出纳、统计人员、打字员、办公室人员、图书管理员、保管员、邮递员、审计人员等。

通常来说，人们倾向选择与自我人格类型匹配的职业环境，如现实型的人在现实型的职业环境中工作和学习,容易感到乐趣和内在满足,也最可能充分发挥自己的潜能。但是,在现实生活中由于种种原因可能很难选择到完全匹配的职业类型。因此,有可能会不断妥协,退而寻求与之相近的职业环境,比如,现实型的人最后选择了在研究型的职业环境中工作和学习。在这种环境中,通过努力是可以适应并获得成功的。但如果选择了对立面上的职业环境,比如,常规型的人在艺术型的职业环境中工作,就意味着进入了与自己的类型完全不匹配的职业环境,那么可能感到自己很难适应这份工作,或者难以体会到工作带来的快乐甚至还每天工作得很痛苦。

图 8-6 中的 6 个角代表 6 种职业类型和人格类型。每种类型的人格与职业之间的关联程度以连线表示:连线距离越短,说明两种类型的人关联程度越大,适应程度就越高。当人格类型与职业类型在一个点上时,表明这种类型的人从事了最适宜的工作,这是最好的职业选择。如果连线距离越长,表明劳动者与职业的适应性最低。

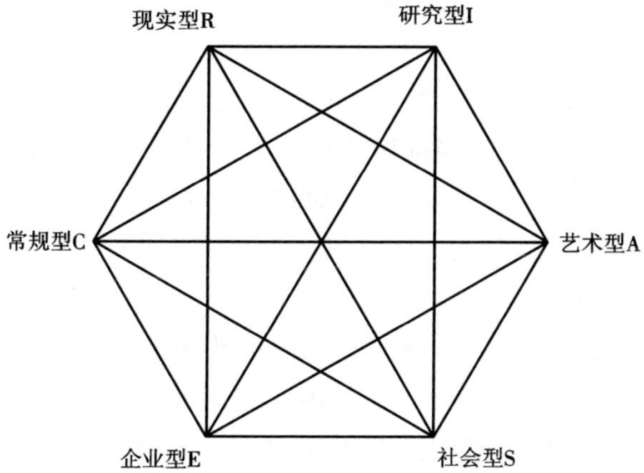

图 8-6　霍兰德职业兴趣六种类型

企业在选拔人才的过程中,如果能够坚持以霍兰德的职业兴趣理论为指导,不仅可以招聘到适合本企业的人才,还可以在招聘工作中减少盲目性,通过职业兴趣的测试,企业还可以给予新员工最适合的工作环境,以期最大限度地在工作中发挥他们的潜能。

复习思考题

1. 什么是心理测验?心理测验可以分为几类?
2. 什么是人格测验?人格测验的类型有哪些?
3. 行政职业能力测验的内容有哪些?
4. 霍兰德职业兴趣测验的类型有哪些?

5. 使用心理测验时应注意什么问题？

阅读资料

英特尔公司的招聘标准化心理测验

英特尔公司在经营中需要技术、财务、管理等多方面的人才。在确定了自己所需人才的基本条件后，英特尔公司的招聘就围绕着这些要求展开。

一、初步面试

通常，初步面试由公司的人力资源部主管主持，通过双向沟通，使公司方面获得有关应聘者学业成绩、相关培训、相关工作经历、兴趣爱好、对有关职业的期望等直接信息，同时，也使应聘者对公司的目前情况有个大致了解。面试结束后，人力资源部要求对每位应聘人员进行评估，以确定进入下一轮应试的人员名单。

具体操作如下。

(1)就应聘者的外表、明显的兴趣、经验、合理的期望、任职能力、受教育水平、能否马上胜任、过去工作的稳定性等项目从高(10 分)到低(1 分)打分。

(2)根据与职位密切相关的方面(如对以往职务的态度、对职业生涯的期望等)作具体评议。所有应聘者提供的书面材料也供评价参考。

二、标准化的心理测验

由公司外聘的心理学者主持，通过测试进一步了解应聘者的基本能力素质和个性特征，包括基本智力、认识的思维方式、内在驱动力等，也包括管理意识、管理技能技巧。目前，这类标准化的心理测试主要有 16 种人格因素问卷(16PF)、明尼苏达多相人格测验、适应能力测验、欧帝斯心智能力自我管理测验、温得立人事测验等。心理测验的结果只为最后确定人选提供参考。

三、进行模拟测试

这是最后的面试，也是决定应聘者是否入选的关键。其具体做法是，将应聘者划分为小组，根据工作中经常遇到的问题，由小组成员轮流担任不同的角色，主要测试其处理问题的能力。整个过程由专家和公司内部的高级主管组成专家小组来监督进行，一般历时两天左右。最后，对每一位被测评者作出综合评价并提出录用意见。

模拟测试最大的优点是，应聘者的智商和情商都能集中表现出来，它能客观反映应聘者的综合能力，使公司避免在选择人才时“感情用事”，为今后的发展打好基础。英特尔最注重应聘者在面试尤其是最终面试中的表现，这个面试是由业务部门组织的。面试考官不仅限于公司管理者，也经常有应聘者将来的同事，被 10 个人面试后才进入英特尔的人并不少见。

点评：本案例中，英特尔通过标准化心理测验招聘技术、财务、管理等多方面的人才，它首先确定自己所需人才的基本胜任力特征，然后通过初步面试、标准化的心理测试以及情景模拟测验，考察应聘人员的基本能力素质和个性特征，包括基本智力、认识的思维方式、内在驱动力等，也包括管理意识、管理技能技巧等。测试的结果为最后确定人选提供了依据。

资料来源：刘远我．人才测评方法与应用 [M].2 版．北京：电子工业出版社，2011.

案例分析

2011 年上半年，在连续数周内，A 网络公司需要招聘几十名电话销售人员，经过了 4 轮严格的招聘程序，即先由招聘主管进行初次面试，随后由销售主管进行情境模拟面试，再由销售总监进行面试，最后一轮则是由总经理把关。此次招聘，可以说公司相关各级管理者花费了不少的精力，招聘工作也顺利完成，所需的人员如期到位。但在后来的试用期考核中，HR 和一线经理却发现，很多候选人根本不能有效解决工作中遇到的困难，更令人感到惊讶的是不少在面试中表现良好的候选人，面对实际的工作困难和压力却往往特别不适应，与招聘时的预期大相径庭。最后，很多人不是主动离职就是被劝退。面对这样结果，A 公司招聘主管陷入了沉思：如何提升招聘工作的有效性？2012 年公司又要招聘 53 名电话销售。这次公司请来了某知名网站人才研究中心协助完成其招聘工作。网站测评专家接手任务之后深入实地进行了分析研究，他们认为要找到高绩效的员工，必须了解高绩效员工与一般员工的差别，以此提取招聘依据，而了解高绩效员工与一般员工的差别，网站测评专家认为心理测验是最有效的工具，为此，他们团队对 A 网络公司进行了全面调查研究，选取了公司优秀员工和一般员工各几十名，分别提取他们过去的工作绩效数据，并对他们用卡特尔 16 种人格因素测验量表进行测验，结果见表 8-8、表 8-9 和图 8-7。

表 8-8　业绩优秀员工的测评数据

2008 年上半年平均完成率	社会愿望						16PF						
	争取成功	权利愿望	亲和愿望	回避失败	风险决策	社会称许性	乐群性	聪慧性	稳定性	支配性	活跃性	规范性	敢为性
211.8%	80	73	55	52	71	22	9	8	6	7	10	6	8
179.5%	77	64	61	41	54	27	10	9	9	8	10	6	10
179.1%	71	58	48	50	58	24	9	8	7	8	6	5	6
169.5%	69	59	48	56	56	26	7	9	6	7	7	3	6
169.4%	72	52	48	44	66	26	6	8	6	8	8	4	7
165.0%	72	58	48	49	49	26	6	8	6	6	6	4	6

表 8-9 业绩一般员工的测评数据

2008 年上半年平均完成率	社会愿望						16PF						
	争取成功	权利愿望	亲和愿望	回避失败	风险决策	社会称许性	乐群性	聪慧性	稳定性	支配性	活跃性	规范性	敢为性
79.1%	75	71	57	37	67	26	8	6	7	10	9	6	9
76.7%	67	63	57	44	72	23	9	4	8	9	9	3	7
75.4%	63	53	55	40	53	26	7	9	6	9	7	5	6
74.8%	85	64	59	29	73	31	6	6	9	6	8	7	9
73.9%	63	63	54	42	55	29	9	8	5	6	8	2	6
71.6%	78	64	60	36	63	29	8	7	7	7	10	6	8

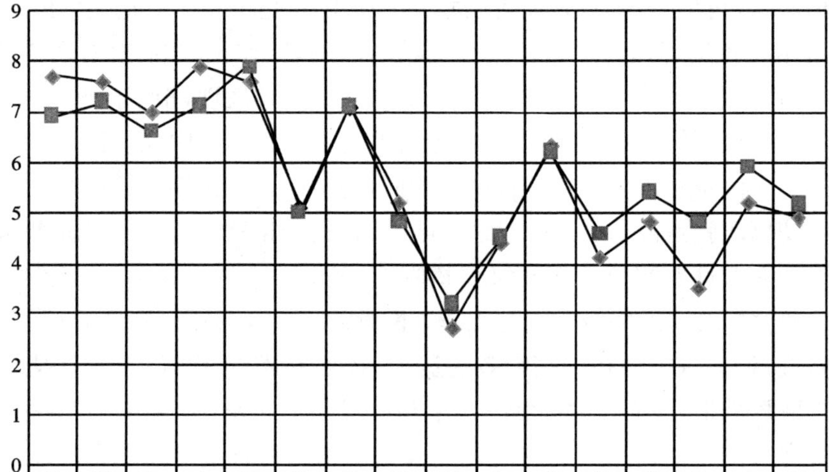

	乐群性	聪慧性	稳定性	支配性	活跃性	规范性	敢为性	敏感性	怀疑性	幻想性	世故性	忧虑性	变革性	独立性	自律性	紧张性
优秀员工	7.7	7.6	7	7.9	7.6	5.1	7.1	5.2	2.7	4.4	6.3	4.1	4.8	3.5	5.2	4.9
一般员工	6.9	7.2	6.6	7.1	7.9	5	7.1	4.8	3.2	4.5	6.2	4.6	5.4	4.8	5.9	5.2

图 8-7 优秀员工与普通员工 16PF 测评数据对比

资料来源：刘葵，蔡圣刚 . 人员测评技术 [M].2 版 . 大连：东北财经大学出版社，2012. 有删改

问题：1. 从数据和对比图可以看出，高绩效、优质员工具有哪些特质？

2. 具有什么特质的人不适合从事电话销售工作？

第九章　人才测评方法：评价中心

【学习目标】

通过本章的学习，理解评价中心的概念、特点；了解评价中心的历史发展及测评范围，掌握无领导小组讨论、文件筐测验、角色扮演、案例分析的特点、类型及实施步骤。

【引导案例】

评价中心技术帮助企业实现人才培养计划

某著名医药公司计划从管理人员中选拔10名左右管理精英送到总部培训，这是该公司一项重要的人才培养计划，公司总部将严格审核每个推荐候选人的报告。为了作出客观、全面、准确的判断，该公司委托一家专业的咨询公司运用评价中心技术进行选拔。

评价中心技术是多种测评方法的有效结合，主要形式有公文筐测验、无领导小组讨论、管理游戏、案例分析等。在本案例中，咨询公司根据选拔的目的，设计了结构化面试题、文件筐测验和无领导小组讨论，心理测验部分则采用了测评公司开发的人格测验。

选拔流程如下。

一、筛选

从9 000名候选人中筛选出符合岗位资格要求和英语能力强的100名候选人。

(1)简历筛选。

(2)英语能力测试。

二、过滤

采用人格测验，对筛选通过的100名候选人的典型行为风格，如人际交往风格、思维风格、应对压力的风格以及影响力、团队角色、潜在的发展优势和不足等方面进行全面、深度的测评。

三、聚焦

采用结构化面试、无领导小组讨论、文件筐测验，对候选人的领导力、合作、竞争、言谈举止、灵活应对能力等方面进行测评。

1. 结构化面试

主试通过与被测评者相互交谈、问答，观察、评价被测评者的言谈举止、气质风度等外部行为特征和表达能力、应变能力、自信心和控制力等智能要素以及工作动机、工作和学习经历、个性与追求等内容，对被测评者进行初步评价。

2. 无领导小组讨论

讨论问题为“财务问题”，被测评者作为某食品公司的高级顾问，去帮助解决两个问题。

（1）该公司一个分支机构的财务混乱、资金流失的问题。

（2）根据公司的财务状况和市场调查报告，是否应该扩大生产规模，怎样筹集扩大生产所需资金等。主试给出该公司的各种财务资料和其他有关信息，要求被测评者提出解决问题的办法和方案并分别在 8 分钟内口头说明；然后再将被测评者分成小组进行讨论；最后形成统一的建议报告。

3. 文件筐测验

要求被测评者模拟某公司一个部门经理处理各种信函、报告、备忘录、申请书、电话记录等公文。被测评者要浏览所有文件，分清各种工作的重要性和紧迫程度，依次处理，并按照自己权限情况分别对待：或上报上级主管、或自行处理或授权下级解决。同时做好计划、组织、监督工作，使各种文件得到相应的处理。主试者在观察了被测评者处理公文的过程、审阅了被测评者的处理办法和处理意见后，同被测评者进行 1 个小时的面谈，详细了解其在处理每一件公文时的想法和理由，以获得更多的信息。

经过上述 3 个阶段的测评，咨询顾问掌握了关于候选人多方面的信息，综合这些测评结果所获得的信息，作出了最终推荐报告。

评价中心是一种包括多种测评方法和技术的综合测评系统，主要面向企业中高层管理人员的招聘和选拔，评价结果具有较高的可靠性和有效性。

第一节　评价中心概述

评价中心是第二次世界大战后发展起来的一种人才测评方法，近年来凭借其测评结果的高度有效性、测评程序的高度客观性的特点，得到了越来越多企业的关注和重视，目前评价中心已成为企业和政府机构选拔、评价人才，尤其是中高层管理人才的常用测评工具。

一、评价中心概述

(一)评价中心的概念

评价中心(Assessment Center,简称 AC)又称为评价中心技术,是从多方位、多角度对被测评者的个性特征和行为表现进行标准化评估的一系列以情景模拟为核心的测评方法的总称。具体地说,就是将被测评者置于一系列与实际工作环境十分相似的模拟情景中,由专业测评人员对其进行各项能力的评价和预测,了解被测评者是否具有目标工作岗位的关键胜任力的方法。

评价中心技术是将不同的素质测评方法结合在一起的一种人才素质与能力测评技术。它通过设计一种逼真的模拟管理系统或工作场景,将被测评者纳入该环境系统中,使其完成模拟环境下对应的各种工作。由于其设计的模拟场景与实际工作环境十分相似,因此,评价中心被认为是当代人才测评技术中甄选管理人员最有效的测评方法。

(二)评价中心的发展

评价中心最初起源于德国心理学家在 1929 年建立的一套用于挑选军官的多项评价程序。德国心理学家利用多项评价程序,让被测评者在指挥一组士兵时向士兵阐述问题或完成规定的任务,根据被测评者的说话动作、完成任务的方式进行观察和测评。第二次世界大战期间,英国军队(陆军部评选委员会)在模仿德国评价活动的基础上设计了一个类似的情景模拟测验。据统计,先后有 14 多万人接受过该评价,并取得了成功。后来,英国心理学家又对上述测验进行了修改,综合应用了无领导小组讨论、团队任务、5 分钟即兴演讲、角色扮演、深度面谈及投射测验等。利用这些方法和技术,测评者对被测评者作出了广泛的心理评价并试图集中评价那些对成功领导者来说极为重要的个性特征。英国陆军评选委员会的研究和实践尝试,推进了评价中心在实践中的应用和发展。1945 年,英国文职人员委员会开发并使用了多阶段的评价中心技术,在挑选中级、高级文职人员时应用了 8 种评选方法。这是首次将评价中心概念应用于非军事领域,使情景模拟测验的本质变成了领导和管理能力的测评。

1956 年工业心理学家布雷(Bray)负责组织实施的“管理进步研究项目”运用评价中心技术对美国电话电报公司(AT&T 公司)的 400 多人进行了评价,测评采用了面试、文件筐、管理游戏、无领导小组讨论、投射测验以及纸笔测验。通过 8 年的跟踪研究发现,被测评者 8 年前最初的测评结果与实际职业发展状况存在高度相关,晋升至中级管理岗位的员工有 78% 与 8 年前测评结果(具有潜在管理能力)相吻合,未晋升的员工有 95% 与 8 年前测评结果(缺乏潜在管理能力)相吻合。此后,评价中心技术开始逐渐被大公司所采用。1973 年第一届国际评价中心大会正式召开。1978 年雇佣机会平等委员会在美国成立，致力于推广和应用评价中心技术。1989 年第 28 届评价中心国际会议对评价中心的定义作了明确的规范。至此，标志着评价中心的研究趋于规范和成熟。

20 世纪 90 年代以后，评价中心技术在实践中得到了更广泛的推广和应用，也逐渐被我国企业所关注和熟悉，目前，中国的很多企业及事业单位也开始使用评价中心技术来选拔人才。

二、评价中心的特点

评价中心是根据岗位的具体特征来设计相应的测评方法，一般需要在实施测评前设计一套与日常工作环境十分相似的模拟情景，然后要求被测评者在这种模拟的工作情景中完成目标岗位的日常管理工作。与其他测评技术相比，评价中心具有以下几个特点。

（一）情境模拟性

评价中心是通过多种情境模拟测评形式观察被测评者特定行为的方法。这些情境模拟包括市场问题分析报告、发表口头演说、处理公文信函、应对某用户产品质量投诉问题等。它可以如实地模拟特定的工作条件和环境并在特定工作情境和压力下实施测评。它不仅可以测评被测评者一般的心理素质，还可以测评被测评者是否具备解决实际问题所需的管理素质。

（二）综合性

评价中心综合运用了笔试、面试、公文处理、无领导小组讨论、管理游戏、角色扮演等多种测评技术，发挥了各测评技术的优势，取长补短，互相补充，可以大大提高测评的有效性。

（三）全面性

评价中心的测验材料涉及市场、人事、客户、财务、公共关系、政策法规等方面的内容，能够对中高层管理者进行全面的评价。它在测评内容上不仅能够很好地测试被测评者的实际工作能力，而且还可以测评出被测评者其他方面的素质和能力。

（四）标准化

评价中心尽管活动繁多，形式多样，但其实施程序是标准化的。对于同一批测评对象而言，他们的题目是相同的，测评程序是相同的，评分标准也是相同的，这种程序上的标准化保证了测评结果的客观性。

（五）整体互动性

评价中心技术大多是在群体互动中进行的，对于每项素质的测评，不是进行抽象的分析，而是将被测评者置于动态的观察之中，不断向被测评者发出该环境下所发生的各种变化的信息，要求其在一定时间内和一定情境压力下作出决策，在动态的环境中充分展示自己的能力。

三、评价中心的测评范围

评价中心的测评范围指的是它能够测评到的特性和能力。作为一种情景模拟技术,评价中心主要通过测评对象在实际工作情景中表现出来的行为来测评其内在特性,因而,在特性和能力的测评效度上要优于其他测评方法。常用的评价中心技术包括无领导小组讨论、公文筐测验、角色扮演、管理游戏、案例分析、演讲等形式。各个测评形式的使用频率及测评范围见表 9-1。

表 9-1　评价中心各形式测评范围及使用频率

复杂程度	评价中心形式名称	主要测评范围	实际运用频率(%)
更复杂 ↑	管理游戏	领导决策能力、战略规划能力、团队合作能力等	25
	文件筐测验	决策能力、授权能力、计划控制能力、分析判断能力	81
	角色扮演	语言表达能力、人际交往能力、随机应变能力等	没有调查
	无领导小组讨论	语言表达能力、人际交往能力、组织协调能力等	59
	演讲	语言表达能力、沟通能力、说服力、逻辑思维能力等	46
↓ 更简单	案例分析	理解综合能力、文字能力、业务能力、价值观等	73
	事实判断	决策能力、判断事实能力	38

资料来源:乔治•C. 桑顿三世. 评鉴中心在人力资源管理中的应用 [M]. 上海:复旦大学出版社, 2004.

从表中可以看出,评价中心技术中各种方法的复杂程度不同,应用频率也有高有低。这些核心技术具有各自的功能和特点,针对不同的测评目的应当使用不同的测评技术,不能因为某种测评方法的测评效度高、使用频率高而千篇一律地使用该方法应对一切能力的考察。

四、评价中心的评价

(一)评价中心的优点

评价中心作为一种现代化的人才测评技术,主要有以下优点。

1. 突破了传统测评方法的局限

评价中心技术综合了管理学、心理学、社会学、行为科学等各门学科的最新研究成果，是对传统测评思想的重大改进。它不仅能考察到传统笔纸测验、面试能测评的认知能力、书面和口头表达能力，还能够对测评对象的人际交往能力、领导能力、承受压力能力等重要管理能力进行测评。

2. 测评的效度以及测评带来的效益较高

评价中心的每一个情境测试都是从许多实际工作样本中挑选出来的并经过了技术处理，使许多与测评内容无关的因素得到了有效控制，经过组合加工，又把不同时段和不同工作中的活动综合在一起，既提高了测评的全面性与准确性，又提高了测评的深度和难度，对被测评者的未来有较高的预测效度。

3. 集测评与培训为一体，扩大了测评的功能和用途

一些传统的测评方法往往功能比较单一，而评价中心的测评过程既是一个素质测评过程，又是被测评者在模拟工作中自我学习、自我提高的锻炼过程。通过信息反馈，测评者将测评结果以及不足之处的改进方向告知被测评者，有助于其进一步了解自己、提高自己，将测评过程转入培训过程。

（二）评价中心的不足

评价中心也存在一定的不足，具体如下。

（1）模拟情景如果设计不当，与实际工作情景有差距，测评误差就难以避免。

（2）操作难度大，没有一定的管理经验和经过专门训练的测评者难以胜任测评工作，因此考官必须接受专门的培训，否则难以作出准确、有效的评定。

（3）如果评分维度定义的不够具体和可操作化，就会增加评分难度。因此评分维度的界定要清晰、明确，避免概念上的重叠和混淆。

（4）测评内容主要以管理技能和个性特征为主，难以反映被测评者的思想品德等内容。

第二节 无领导小组讨论

一、无领导小组讨论的概念

无领导小组讨论（Leaderless group discussion，LGD）是评价中心技术中经常采用的一种测评技术。这种方法是通过给一定数目的应聘者（5~7 人一组）一个与拟任岗位相关、性质相近或者一般性的问题，让应聘者在一定时间内（1 小时）讨论，进而考察应聘者的组织协调能力、口头表达能力、辩论说服能力、处理人际关系的技巧、非言语沟通能力等是否达到拟任岗位的要求，由此来评价应聘者的优劣，决定应聘者是否能被录用的过程。

这里的“无领导”是表示参加讨论的这一组应聘者，在讨论问题情景中的地位是

平等的，并没有哪一个人充当小组的领导者，而评价者并不参与讨论的过程，他们只是在讨论之前向应聘者介绍一下讨论的问题，给他们规定所要达到的目标以及时间限制等。

阅读资料

招聘故事——巴顿将军的选人标准

美国四星上将巴顿在提拔下属之前，通常会把所有的候选人集中到一起，然后将一个需要解决的问题摆在他们面前。

一次，巴顿说："伙计们，今天我要在仓库后面挖一条八英尺长、三英尺宽、六英寸深的战壕。"说完，他就走开了。其实这只是装装样子，在那帮候选人旁边，有一个带着窗户的仓库，巴顿就待在里面悄悄观察外面的人。

那些人领到工具以后议论纷纷，他们奇怪为什么要挖这样一条战壕。

"六英寸深，连个人都藏不住！"有人大声嚷嚷。

"这样的战壕不行，待在里面一定很冷。""不，是很热。"也有人这样争论。

"这种事情怎么能叫军官来干？"还有人提出质疑。

最后，有个人对大家喊道："让我们把战壕尽快挖好再赶快离开这个鬼地方吧，那个老畜生想用它干什么都和我们没关系。"这个人后来被巴顿提拔了。

巴顿总结说："我必须挑选不找任何借口完成任务的人。"

感悟：巴顿将军将这种将候选人全部集中到一起的面试方式用现代语汇来讲就是无领导小组讨论，是一种面试官常用的面试方法，但很明显的是巴顿将军用得很到位，他按照自己的选人标准，选择了无条件服从的人作为提拔对象，是因为服从是军人的天职。同理 HR 在招聘时也要选定自己的招聘标准，在招聘时一定要选择符合自己招聘标准的人，因为你要招聘的是能干这份工作的人，而不是通晓一切的天才。

资料来源：https://article.liepin.com/20130228/163678.shtml

二、无领导小组讨论的类型

无领导小组讨论从不同的角度来看，可以分为不同的类型。

（一）无情景的无领导小组讨论和有情景的无领导小组讨论

根据讨论背景的情景性，可以将无领导小组讨论分为无情景的无领导小组讨论和有情景的无领导小组讨论。

无情景的无领导小组讨论，是让应聘者就一个开放性的问题展开讨论，阐述自己的观点并试图说服别人，一般会要求应聘者在规定的时间内得出一个一致性的结论。

有情景性的无领导小组讨论，是将应聘者置于某种假设的情景中，让他们从情景所要求的角色的角度去思考某个问题，寻找解决问题的思路和办法。

案例分析

A 公司是一家生产电子仪器仪表的小公司，由于经营状况不佳，现在面临着一个严重问题：裁减职员。这是比较困难的问题，因为这家公司从未解雇过员工，公司向来以公平对待员工著称，但现在由于形势所迫，总经理不得不找来几条生产线的工长，讨论并排出以下 4 名员工的裁员顺序 (4 名员工的情况略)。

问题：假定你们是各条生产线的工长，请你们排出裁员的顺序并写出理由，然后进行小组讨论。

(二)定角色的无领导小组讨论和不定角色的无领导小组讨论

根据是否给应聘者确定角色，可以将无领导小组讨论分为定角色的无领导小组讨论和不定角色的无领导小组讨论。

定角色的无领导小组讨论，是在讨论的过程中给每个被测评者分配一个固定的角色，他要履行这个角色的责任，完成这个角色所规定的任务：如几个城市申办城市运动会，参加讨论的 6 个人分别代表 6 个竞争城市负责这项工作的领导，在这次讨论任务中，每一个人的角色是随机分配的，当你成为了某个候选城市的申办代表，你会拿到关于这个城市的情况介绍，然后根据自己的优势与其他人进行竞争，争取申办权。

不定角色的无领导小组讨论，是在讨论的过程中并没有给被测评者分配一个固定的角色，他仅仅是阐述自己的观点或充当小组中的一个与其他人没有什么差别的角色。

(三)竞争性的无领导小组讨论和合作性的无领导小组讨论

根据小组成员在讨论过程中的相互关系，可以将无领导小组讨论分为竞争性的无领导小组讨论和合作性的无领导小组讨论。

竞争性的无领导小组讨论，有些无领导小组讨论的情景中，每个小组成员都是代表他们各自利益或他们各自从属的群体的利益，小组成员之间的目标是相互冲突的并且存在着对某些机会或资源的争夺问题，这就是竞争性的无领导小组讨论。例如奖金分配问题。

合作性的无领导小组讨论，有些无领导小组讨论的情景中，要求小组成员之间相互配合来共同完成某一项任务，每一个成员的成绩都依赖于合作完成这项任务的结果，同时也取决于他们在合作完成这项任务的过程中所作出的贡献。如：搭积木的游戏，给应试者一些积木，让他们合作搭出一座建筑物。

三、无领导小组讨论的设计

一套完整的无领导小组讨论题本包括3类文档:测验题目、评分表和实施指南。其中,题目和评分表要根据具体的测评目的和要求进行专门的设计开发,设计过程中重点做好以下几项工作。

(一)确定测评指标

测评指标的确定是针对目标岗位或职位设计的,因此,首先要进行工作岗位分析,总结出那些与组织的愿景、价值观、发展战略等相关的活动,分析其特征并由此概括出胜任该工作所需具备的能力。根据工作分析得出的能力要求,再结合管理人才的素质结构要求来确定评价指标,如计划能力、组织协调能力、个性特征和行为风格等等。

(二)设计讨论题目

无领导小组讨论中的题目应该能够体现出目标工作的典型情景。具体要符合三个方面的要求:首先,讨论题目必须有争论性;其次,题材为大家熟悉,能保证人人有感可发;再次,题目的内容不会诱发被测评者的防御心理,尽量让被测评者展现自己的风采。一般来说,题目类型有以下5种。

1. 两难问题

两难问题是让应聘者在两种互有利弊的答案中选择其中的一种。主要考察应聘者分析能力、语言表达能力以及说服辩论力等。如“你认为对于团队的一名成员来说,能力与合作精神哪个更重要?”此类问题不仅通俗易懂,而且能够引起被测评者的充分辩论。另外,设计此类题目需要注意的是两种备选答案一定要有同等程度的利弊,不能显示出其中一个答案比另外一个答案有很明显的选择性优势。

2. 多项选择问题

多项选择题是让被测评者在多种备选答案中选择其中有效的几种或对备选答案的重要性进行排序。主要考察被测评者分析问题实质、抓住问题本质的能力。如“某信息中心收集了15条信息,只能上报5条,请讨论出结果。”对于评价者来说,这类题目的编制较难,但对于评价被测评者各个方面的能力和人格特点则比较有利。

3. 资源争夺问题

资源争夺问题适用于指定角色的无领导小组讨论,尤其是让处于同等地位的被测评者就有限的资源进行分配,从而考察被测评者的语言表达能力、辩论说服能力、发言的积极性和反应的灵敏性。如让被测评者担当各个部门的经理并就有限的资金进行分配,要想获得更多的资源,自己必须要有理有据,必须能说服他人。所以此类问题可以引起被测评者的充分辩论,也有利于评价者对被测评者的评价。但是资源争夺问题对试题的要求较高,即试题本身必须具有角色地位的平等性和准备材料的充分性。

4. 开放式问题

开放式问题是指所讨论问题的答案范围可以很广，可以没有固定答案。主要目的在于考察被测评者思考问题时考虑的是否全面、是否有针对性、思路是否清晰、是否有新的观点和见解。如“假如你们是人力资源部经理，现在你们部门的一个年轻骨干写了一份辞职报告给你，你该如何解决。”对于评价者来说，编制开放性问题题目相对容易，但是不容易对被评价者进行评价，因为此类问题不太容易引起被测评者之间的争辩，所考察被测评者的能力范围也有限。

5. 操作性问题

操作性问题是给被测评者一些材料、工具和道具，让他们利用所给的这些材料，设计出考官指定的物体来。操作性问题对被测评者操作行为的考察要多一些，同时情景模拟的程度要大一些，但对言语能力方面的考察则较少。

（三）设计评分表

评分表的设计一般包括：被测评者编号、评委姓名、评价指标和标准、评委观察记录、评分范围、定量评价、评语等。具体见表 9-2。

表 9-2 无领导小组讨论评分表

评价指标	沟通协调	分析思维	—	—
	沟通意愿	逻辑性	—	—
被测评者编号	分数：	分数：	分数：	分数：
观察记录				
评语				
总评分原则（注：评委打分时应有一定的区分度）				
等级	评分标准			
差（1~4）	被测评者在所有维度均没有表现或表现较差			
中（4.5~8）	被测评者在所有关键维度中均有中等表现，可根据部分关键维度与加分维度上的表现酌情加分			
优（8.5~10）	被测评者在所有关键维度上有中等以上的表现，可根据部分关键维度与加分维度上的表现酌情加分			
评价时间：			评委：	

(四)试测及修订题目

题目初稿确定后,为了确保其质量,可进行试测,其目的是为了消除设计中的错误和其他问题。如果试测效果好,则不需修订,可以直接使用。否则需要重新修订,直至满意为止。

四、无领导小组讨论的实施步骤

通常一个无领导小组讨论的实施可分为准备阶段、开始阶段、讨论阶段、汇报阶段和评价阶段等 5 个阶段。

(一)准备阶段

无领导小组讨论实施前要进行 4 个方面的准备。

1. 材料的准备

需要准备的材料包括应试者的材料和考官的材料。应试者的材料包括讨论问题的背景信息、讨论的主题。考官的材料包括讨论的问题、评分表和记录纸等。

2. 考官的准备

考官最好由人事部门、用人部门和测评领域的专家组成,人数一般要求 7 人,每位考官应熟悉所选用的讨论题、讨论实施程序、指导语、时间限制、评价维度和评分标准等。

3. 应试者的准备

可将应试者分成讨论小组,尽量将报考同一职位或相近职位的应试者安排在同一组,每组 5~7 人。

4. 场地的准备

讨论的场所要整洁、安静、采光良好。座位可摆成圆桌形,以便于讨论,考官的座位与应试者的座位保持一定的距离,便于观察。无领导小组讨论座位安排如图 9-1 所示。

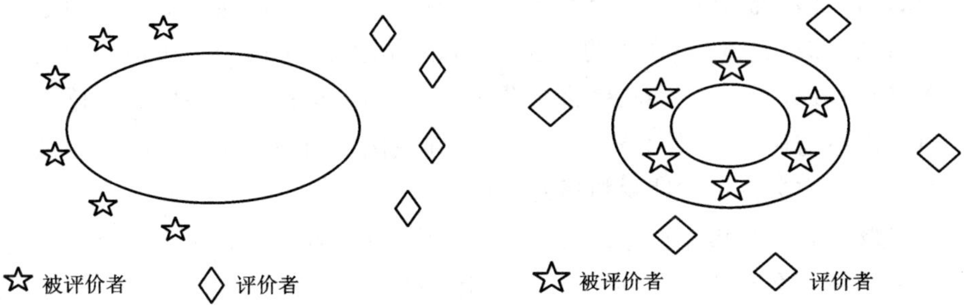

图 9-1　无领导小组讨论座位安排

（二）开始阶段

首先考官要提前 10 分钟入场，其次应试者入场，由工作人员给每人发一份讨论资料，应试者有 20 分钟左右的思考时间，然后主持人宣读指导语，应试者进行讨论准备，独立思考，列出发言提纲或具体内容。

（三）讨论阶段

讨论阶段是无领导小组讨论的关键阶段，主持人首先宣布讨论要求，说明讨论的具体规则、时限和小组要达成的目标。讨论时间为 40~60 分钟。在讨论期间，小组的任务一方面是要形成一个解决问题的一致意见，另一方面是讨论结束后选派一名代表向考官报告讨论情况和结果，然后应试者轮流发表自己的意见，按要求展开讨论。在讨论开始时，每个人在 2 分钟内阐述自己的观点，然后是自由发言，每个人每次发言不得超过 3 分钟。考官在此阶段，观察应试者的表现并重点记录以下内容：①每位应试者发言次数；②应试者提出了哪些观点；③应试者是否善于提出新见解和方案；④应试者能否抓住问题本质，从不同角度分析问题并提出有针对性的解决方案；⑤当别人观点与自己观点不同时怎样处理；⑥应试者是否坚持自己认为正确的提议；⑦应试者是否善于倾听别人的意见，是否尊重别人，是否侵犯别人的发言权；⑧是谁在引导讨论的进程；⑨是谁经常进行阶段性总结；等等。

（四）汇报阶段

主持人宣布讨论结束，应试者停止讨论，推荐一人进行总结汇报，其他人可以进行适当的补充。

（五）评价阶段

考官整理记录，并根据每位应试者的综合表现进行评分，必要时可写出文字评价意见。

无领导小组讨论应用案例示例

指导语

大家好！首先祝贺你们有机会参加这次测试。我们即将进行的是无领导小组讨论，主要目的是选出一位最合适的人选作为我公司派往 A 地分公司担任副经理的人选。在讨论中，你们每一位参与者都是公司高层领导，地位是平等的。主持人只负责主持考场，不参与讨论，有什么疑问请在讨论前提出。讨论背景材料将在测试开始时发给大家，请大家在仔细阅读材料后发言讨论。

讨论过程中，我将根据讨论的实际情况提供一些新的材料，供大家参考。讨论结束后，我们会根据各位在讨论中的表现对相关能力进行评分。下面向大家介绍这次讨论的规则和要求。

讨论规则如下。

（1）总时间控制在60分钟以内，其中阅读资料并做准备5分钟，小组讨论为50分钟左右（含个人总结自己观点的时间，2分钟/人）。

（2）讨论分个人观点陈述和自由讨论2个环节。个人观点陈述环节每人不超过3分钟。自由讨论环节，总时长为30分钟，欢迎大家发表自己的观点，每次发言时间（含插话超过时间）最多不超过3分钟，违反规定者被制止发言且被扣分。

（3）自由讨论结束后，必须选派一名成员进行总结，阐述小组的最终结论（3~5分钟）。如果在规定时间不能得出统一意见，则每人的成绩都会受到影响。

（4）讨论过程中请大家关闭手机等所有通信工具。

（5）讨论过程中请使用普通话交流并互相称呼编号。

讨论问题

各位领导，会议现在开始。

今天讨论人事问题。由于分公司发展需要，董事会决定选派一名合适人选担任A地分公司副经理。经过公开选拔，最后有3名人选入围，这3名候选人都非常优秀。今天召开会议，请到会的各位领导对这3名候选人进行讨论，最终确立一位担任A地分公司副经理。

我的身份是总经理办公室秘书，我把3名候选人的考察材料和背景资料提供给你们，请各位充分发表意见，确定最终人选。

候选人资料

3名候选人的资料如下。

吴某，现任我公司总经理助理，41岁，大专学历。从公司建立之初便在公司从事相关的管理工作，认真负责，踏实肯干，管理经验丰富，人际关系好，由于在公司工作时间较长，所以对公司各方面情况比较熟悉，也曾多次陪同总经理去各分公司考察，工作上取得了较好的成绩，多次被评为公司先进个人。

石某，现任A地分公司办公室主任，女，33岁，获MBA学位。是三年前分公司从外部引进的优秀人才。本科毕业后，曾在某跨国公司从事3年行政管理工作，因工作出色很快被提升为综合行政部部长。读研期间，参与多项管理课题研究，也曾参与多家企业的咨询项目，能较好地将理论与实践结合起来。到本公司后能很快适应工作环境，工作能力强，做事果断，有魄力，处理工作游刃有余。

丁某，现任竞争对手B公司的营销部部长，29岁，本科学历，毕业于北京某名牌大学商学院工商管理专业。工作勤恳，认真细致，思维敏捷，有开创精神。在短短的4年内，由一名营销代表晋升为营销部部长。营销经验丰富，市场把握较准确，拥有大量的客户资源。

补充材料一

吴某，市政府某领导来电询问人员选拔一事，该领导曾是吴某岳父的下属，公司经理常有事找该领导帮忙。

石某，由于其出色的表现深受分公司经理器重，分公司经理曾几次在不同场合谈到要大胆提拔使用像石某这样既有学历又有能力的人。但也有人反映石某恃才傲物，对有些同事不够尊重，有时做事太武断，不考虑别人的意见。

丁某，去年曾与B公司的某位高层领导因对某事的做法有分歧而发生激烈的争执，致使双方关系僵化，丁某觉得心情不舒畅，想带领手下几个优秀的营销人才一起离开公司。

补充材料二

吴某，两年前不幸患上了痛风，经常不定期发作，去年曾两次住院。

石某，石某的丈夫在苏州工作，结婚3年来一直与丈夫分居两地，家人希望其回到苏州发展，石某正在犹豫中。

丁某，个性外向，不愿受束缚，虽然将自己的部门管理得很好，但却经常对上级领导的管理产生抵触情绪。

结束语：无领导小组讨论到此结束，谢谢各位！

测试程序

(1)主试人主持考场，宣讲具体事宜。

(2)工作人员分发第一手背景资料及讨论规则。

(3)被测评者阅读资料。

(4)讨论。

(5)工作人员分发补充资料1，继续讨论。

(6)工作人员分发补充材料2，继续讨论。

(7)个人总结自己的观点。

(8)测试结束。

测试要素

(1)事业心与进取心。

(2)领导与控制局面能力。

(3)决策能力与魄力。

(4)思维能力与分析、解决问题能力。

(5)口头表达能力与辩论艺术。

(6)文字表达能力、综合概括能力。

(7)仪表、气质。

评分依据和标准

(1)善于消除紧张气氛，以理服人，调解争议问题，创造积极、活跃的发言气氛，把众人的意见引向一致(15分)

（2）分析问题中肯、深刻，系统全面（15 分）

（3）有决策能力和决断魄力（15 分）

（4）能肯定或支持别人的正确意见以及坚持自己的正确意见（10 分）

（5）善于倾听别人的不同意见（5 分）

（6）具有很强的语言表达能力，有效把握时间，思维敏捷（10 分）

（7）发言具有主动性，反应灵敏（5 分）

（8）讨论总结文字简练，能清晰反映讨论实际（15 分）

（9）综合评价包括仪表、气质、自信心、承受压力能力等（10 分）

资料来源：曹晖，陈新玲．人员招聘与配置 [M]. 北京：中国劳动社会保障出版社, 2008.

五、无领导小组讨论应注意的问题

(一)测评对象的特定性

无领导小组讨论并非对所有岗位的人员选拔都适用，主要适用于中高级管理人员。因为从测评效度看，无领导小组讨论的测试要素主要集中在与中高层管理岗位相适应的能力和个性品质上，如言语沟通能力、分析问题能力、辩论说服能力、情绪稳定性等。而基层岗位人员所需要的能力要素，可以通过其他成本较低的测评方法得到。因此，无领导小组讨论更适用于中高层管理人员。

(二)题目设计要有针对性

无领导小组讨论的题目设计应建立在对工作岗位分析的基础上，测试题目要呈现岗位所要求的关键能力，反映拟任岗位的工作特点，应是现实工作中已发生的或与现实相似的事件或问题，能够体现具体的现实工作情景特点和所需具备的各种技能、品质等要素。此外，测试题目内容要被每个被测评者所熟悉，使每个被测评者有话可讲，才有利于讨论的展开，有利于被测评者的充分表现。

(三)重视评价者的选择与培训

无领导小组讨论中评价者的水平是决定测评效果的关键环节。评价者的选择一般由人才测评专家、人力资源部门主管、目标岗位的直接上级等人员构成。在评价者的培训方面，要对全体评价者进行培训，培训内容包括无领导小组讨论的含义、功能、题目设计的思路和形式、实施流程、评价标准、评分方法，等等。通过培训，统一规范评价者的评分标准，保证评价结果的客观和公正。

六、无领导小组讨论的评价

(一)无领导小组讨论的优点

无领导小组讨论克服了传统测评方式的单向度缺陷，是一个更为客观、科学的测评方法，具体表现在以下 4 个方面。

1. 讨论角色的平等性

顾名思义，“无领导小组讨论”就是没有领导的讨论，在讨论中每个人的地位是平等的。由于没有人为赋予的“核心人物”的存在，所以有助于实现地位上的“去中心化”，使讨论显得更加平等。这样有利于每个参与者不受限制，充分展示自己的能力和才华。

2. 讨论活动中的赛马场效应

传统一问一答的面试测评方式缺乏被测评者之间的直接竞争。无领导小组讨论改变了传统面试的形式，它使被测评者之间的间接竞争转为直接竞争，为应聘者提供了一个“赛马场”，有利于企业识别出最具潜能的“千里马”。

3. 测评方式的仿真模拟性

无领导小组讨论是就一个实际问题展开的，在整个过程中，每个人各抒己见、以理服人，最后形成一个统一的意见。这种群体讨论决策的方式，在某种程度上与组织决策者们集中商讨问题的方式极为相似。虽然说在讨论中是无领导的，但是面对诸多的竞争对手，被测评者如何表述自己的观点、如何说服别人、如何争取他人的认可、如何对待不同意见、如何巧妙地控制讨论的局势，这些都能反映出被测评者的能力以及潜在的素质。

4. 评价的公平客观性

这种公平效应主要体现在评价者对被测评者的评价判断上。在传统的面试中，面试者容易受光环效应、刻板效应等认知偏差的影响，使评价结果不够客观。而在无领导小组讨论中，由于评价者主要从可观察的、可比较的行为表现去评判评价对象，有别于一般的价值判断，因此能较好地克服认知偏差，得出相对公平、客观的结果。

（二）无领导小组讨论的缺点

1. 适用对象的特定性

无领导小组讨论主要采取自由发言的方式考察应聘者，看被测评者是否有较广泛的知识面和较强的逻辑思维及言语表达能力。这种测评方式适合于管理岗位，特别是领导岗位的人才选拔。而对于操作、研发类的岗位不太适合采用此种测评方法。

2. 成本较高

一般来说，一个无领导小组讨论要持续 1 个多小时，这相对于面试和心理测评来说，时间成本较大。此外，整个无领导小组讨论测评活动需要事先精密设计，包括工作岗位的分析、测评试题的编制、评价维度的确定、评价者的召集与培训以及事后相关数据的分析、反馈报告的撰写等，这些都需要花费很大的时间成本和机会成本。

3. 被测评者的性格易导致评价偏差

无领导小组讨论是通过讨论形式来评价被测评者能力素质的方法，因此，对于言语表达能力强、善于人际沟通的被测评者来说,会有一定的优势。而对于沉默寡言的内向型的人来说,这种讨论方式会影响其能力的展现和水平的发挥,容易给评价者的评判带来偏差。此外,熟悉无领导小组讨论的被测评者比不熟悉的被测评者更能把握机会展示自己。因此,人才测评时尽量几种测评方法结合使用,弥补单一测评方法的不足。

第三节　文件筐测验

文件筐测验作为一种测评技术已经得到越来越广泛的应用。在国外,文件筐测验是评价中、高层管理人员的重要测评工具,也是评价中心技术中应用最多的一种情景模拟手段。

一、文件筐测验的概念

文件筐测验(In-Basket)又叫公文处理测验,是情景模拟测验中最常用和最核心的技术之一。该测验是模拟公司的管理环境,提供给应试者一份装有众多文件材料的"公文筐",应试者通常扮演某一管理者或领导者的角色,处理公文筐中的文件材料,形成公文处理报告,测评者通过观察应试者在规定条件下处理公文过程中的行为表现和书面作答,评估其计划、组织、领导、预测、沟通、决策等能力的评估方法。

文件筐测验中的材料主要包括通知、报告、信函、电话记录、备忘录等,内容涉及人事、财务、市场、客户关系、工作程序等多个方面。这些材料通常放在办公桌的文件筐内,文件筐测验因此而得名。文件筐测验要求被测评者在规定的时间(1~3 小时)、条件(时间和信息有限、独立无援、任务紧急)下对各类文件进行现场处理,主要考察被测评者资料分析能力、信息处理能力、组织协调能力、分析判断能力、决策能力等。文件筐测验主要适用于企业中高层管理人员的选拔。

阅读资料

美国电报电话公司应用"文件筐测验"评估管理人员

第二次世界大战期间,美国情报机构在向纳粹德国派遣敌后情报员的过程中,试用情景模拟法物色可靠人选,结果大获成功。情报机构的这一"发明"刺激了商界精英的管理灵感,20 世纪 50—60 年代,美国电报电话公司率先将该创意由"军用"转向"民用",先后为本企业 422 名年轻经理人实行了一种别具一格的、以工作情景模拟为核心的测验。该测验重点评估管理人员的知识、技能、价值观和个人职业追求,同样取得了轰动性效果,这其中就包括被称为"管理者实战演习"的文件筐测验。

在美国，除了电报电话公司外，包括福特汽车、通用电气在内的1 000多家知名企业均将文件筐测验作为企业管理人员选拔、测评的重要手段。

资料来源：刘远我．人才测评：方法与应用[M].2版．北京：电子工业出版社，2011.

二、文件筐测验的设计

文件筐测验的设计是整个测验的核心环节，是影响测评效果的关键因素。如果这个环节做得不好，那么测评实施与结果评定也难以保证，文件筐测验的有效性和可靠性就无从谈起。

（一）确定测评要素

测评要素的确定要依据以下2个方面。

（1）通过工作分析或胜任力特征分析来澄清拟任岗位的要求，通常需要分析岗位职责与任职要求，这可以通过查阅有关工作说明书来了解。同时还要与任职者或者上级领导进行深入细致的访谈，以澄清拟任岗位的关键任务指标和胜任力特征。通过上述方法，可以确定拟任岗位的能力素质要求。

（2）要充分考虑文件筐测验的特点并进行取舍。文件筐测验方法不一定对所有的测评要素都适用，这就需要根据方法本身的特点进行选择。通常来说，文件筐测验可以考察以下几种能力：统筹计划能力、组织管理能力、分析和判断问题的能力、文字表达能力等。通过这一步骤，可以确定文件筐测验要测评的要素，哪些要素可以得到充分测评，各个要素应占多大的权重。

（二）设计编制文件

1. 搜集文件素材

文件筐测验的文件素材不是凭空杜撰的，应该从任职者的实际工作中获得。一种比较有效的办法是请工作出色的任职者或他们的直接上级回忆自己在工作中处理过的印象比较深刻的各种事件即关键事件，要求他们将工作过程写下来。一位任职者的回忆常会引起另外一位任职者的回忆，为了不使他们写出的事情偏离测评的目的，事先应该将测评要素及其内涵告诉他们，让他们回忆能反映这些要素的事件。

2. 筛选、加工文件素材

运用关键事件法得到的大量素材中，有一些可能不符合要求，比如有的事件根本就反映不出任何的测评要素，这样的事件就不能用。如果能反映出所要测的要素，则把这个事件归类到相应的要素上。经过这样一个过程，可以得到反映每个要素的大量工作事件。然后对每个要素下的诸多事件进行文字加工。文字加工要求表述清楚，文句简明扼要，表意确切，不致使被测评者费解或产生误解，但也不要遗漏解题所依据的条件。

3. 编制文件

根据各种事件编制出有关的文件,如信函、备忘录、报告、请示、便条等,这些编制的文件应力求做到:文件具有典型性,文件的主题突出、难度适中等。文件编制完成后,还要依据一定的管理情景和假定的被测评者的身份对被测评者提出问题或作业要求并对各种文件进行组合,从而构成一个文件筐测验的整体。

(三)制定答案及评分标准

文件筐测验编制完成以后,制定评价标准是最为关键的。为使评价标准有针对性和实用性,需要收集各种答案,即文件的各种处理办法。一个比较有效的方法是将编制好的文件筐测验试题让在职人员作答,他们所在的岗位,就是应试者将来拟任的岗位。人数不能太少,通常应有几十人,否则难以获得有统计价值的数据。测验的实施过程与情景尽量与将来正式测试时相近,但时限可稍宽一些,以便被测评者把所有的文件都处理完,这样收集到较充分的资料,使统计分析的结果更为可靠。最后将这些人的答案进行汇总分类,罗列出来。在试测时要特别注意文件筐测验的保密性,试测前要对被测评者提出明确要求。

答案汇总后,让有经验的高层管理人员或主管对上述所有答案用三级量表评定(好、一般、差),并进一步确认题目所测试的要素以及答案可能反映出的被测评者的能力水平,在此基础上把所得结果进行总结性的统计和组织,即得出各种文件的可能答案及评分标准。

(四)试测和修订

在正式使用文件筐测验前要对其进行试测。试测的目的:一是进一步修正测验题目和对应的评分标准;二是对评价者进行培训,让他们对测验流程、测验题目和评分标准有进一步的熟悉和了解。

三、文件筐测验的实施

(一)准备阶段

准备工作是文件筐测验能否顺利实施的关键。测评前的准备工作范围很广,包括指导语的设计、各种材料的准备、测试场地的安排等。准备阶段要注意以下两点。

(1)所有文件都应有编号并随机排放在文件筐中。

(2)考场要尽可能模仿目标岗位的日常办公环境,使被测评者在最自然、真实的情境下呈现出日常工作的行为表现与特点。

(二)开始阶段

进入测评前,主试要宣读测验指导语并对测验要求作简要介绍,同时强调有关注意事项。开始阶段的关键是让被测评者尽快进入情景,明确自己的角色,以便开始作答。被测评者在这个阶段有任何不清楚的问题可以向主试提问。这个阶段大概需要

10分钟左右的时间。

（三）正式测评阶段

正式测评阶段要求被测评者独立完成任务，没有机会与外界进行其他方式的交流。被测评者在这个阶段有任何问题，都不得向主试提问。测评结束前主试可提醒被测评者作最后的检查。这个阶段通常需要2个小时左右。

（四）评价阶段

每一被测评者的文件要有两位以上的考官进行评阅，也可以由几位考官批阅所有文件，对同一测评指标的评价还应在不同被测评者之间进行对比，总之，要保证评分尺度的统一。此外，主试一般在评价被测评者的实际回答时，不仅要看被测评者的文件处理方式方法，还要结合被测评者对每个文件处理办法背后的理由说明。有时候，尽管两位被测评者的处理办法相同，但不同的处理理由往往反映出其不同的能力水平。

四、文件筐测验应注意的问题

在使用文件筐测验时，要注意以下几点。

1. 文件筐测验的题目设计必须高度模拟目标岗位的工作情景

文件筐测验是模拟工作场景的测试，因此，在题目设计上要充分考虑工作中发生的实际业务、管理环境。具体要考虑以下几个要素：企业所在行业特点、企业内外环境状况、企业文化、工作职责和权限、工作性质、工作方式、工作活动内容、工作时间、工作关系等。

2. 文件筐测验对评价者的要求较高

文件筐测验的评价者要能够独立、客观、公正地对被测评者进行评价，要做到这一点，评价者要熟悉企业的基本情况，对目标岗位的职责权限和任职资格进行过系统研究；能够独立或与他人合作设计测验题目，熟悉测验题目的各种可能答案以及题目之间的内在联系；明确题目的评分标准以及测评要素的含义；能够恰当地开展考评问询等。

3. 文件筐测验评分不以参考答案为唯一标准

评分时不应将参考答案作为唯一的正确答案，要根据被测评者的处理依据或理由判断其处理方法是否合理。对于处理比较简单、依据或理由描述也比较简单的情况，应该在多位评价者充分讨论的基础上打分，同时对该被测评者的评价可建议“参考其他测评方式的结果”。

五、文件筐测验的评价

文件筐测验把被测评者置于模拟的工作情景中去完成一系列工作，提供给被测评者的测验材料及被测评者的作答都是以书面形式完成的，这是考虑到被测评者在日常工作中需要接触和处理大量文件，也是为每一位被测评者提供了条件和机会相等的情景。因此，文件筐测验兼备了情景模拟技术和纸笔测验的优点。

（一）文件筐测验的优点

1. 测评情景具有很高的仿真性

文件筐测验的最大特点是测评的情景与实际工作情景很相似，被测评者并非进行角色扮演，而是对他们实际工作情况进行模拟。由于这一特点，被测评者在文件筐测验中会非常投入，就好像他们已经在相应的岗位上工作一样。

2. 考察的范围广

人才测评所要考察的背景知识、业务知识、操作经验以及能力要素都包含于文件材料之中，文件材料内容涉及政策法规、人事、财务、公共关系等组织中各方面的事务，以此考察应试者计划、组织、授权、决策、分析等综合管理能力。

3. 开放性强

在文件筐测验中的问题不是封闭性试题，而是可以灵活处理的开放性问题，因此被测评者作答的自由度很高，主动发挥的空间很大。

4. 预测效度高

文件筐测验所提供的文件内容是实际工作中经常发生的经营管理事件，能够有效收集被测评者的一些行为表现和能力特征，从而更好地预测其在未来岗位上的匹配程度，具有较高的预测效度。

（二）文件筐测验的缺点

1. 评分比较困难

一个文件的处理，对于不同的组织往往具有不同的评价标准，评价结果的差异也很大。如果评价者的评分标准与被测评者的处理方式存在很大差异，就容易导致评价的主观性。鉴于此，文件筐测验结果的评价应有专家指导，否则会由于评价尺度把握不准而无法取得好的效果。

2. 难以测定被测评者某方面的能力

由于文件筐测验实施中评价者与被测评者之间通常没有互动的交流，所以此法难以测量被测评者口头沟通、人际协调等方面的能力。

3. 开发成本高

文件筐测验的设计、实施和评分都需要很长时间才能完成，必须投入大量的人力、物力和财力，只有这样才能保证测验具有较高的效度。因此，文件筐测验相对其他测验而言开发成本高。

第四节 评价中心其他技术

一、角色扮演

（一）角色扮演的概念

角色扮演（Role play）是一种用以测评被测评者人际关系处理能力的情景模拟活动。测评者设置一系列尖锐的人际矛盾和人际冲突，要求被测评者扮演某一角色，模拟实际工作情境中的一些活动，去处理各种问题和矛盾，以此考察被测评者心理素质和潜在能力。例如，要求被测评者扮演营销员，向零售单位推销产品；或者要求被测评者扮演车间主任，请他处理车间发生的一起生产事故等。

在角色扮演中，测评者主要从以下几个方面对被测评者进行评价。

（1）对角色的把握能力。被测评者能否迅速地进入角色情境，按照角色规范的要求去采取相应的对策行为。

（2）角色的表现。被测评者在角色扮演中所表现出的能力素质如何，如行为风格、口头表达能力、思维敏捷性、对突发事件的应变性等。

（3）角色的衣着、仪表与言谈举止是否符合角色及当时的情境要求。

（4）角色扮演过程中缓和气氛的能力、化解矛盾技巧、达到目的的程度、行为策略的正确性、情绪控制能力、人际关系技能等。

（二）角色扮演的主要类型

角色扮演的形式有很多，如即兴式扮演、固定角色扮演、预演式扮演、互换角色的扮演、集体角色扮演等。根据不同的划分标准，可以分为不同的类型。

1. 固定角色扮演与非固定角色扮演

根据角色扮演事先是否分配角色，可以分为固定角色扮演与非固定角色扮演。

1）固定角色扮演

固定角色扮演是根据活动的目的和要求，设置一个固定的活动情境和角色，让被测评者扮演该角色，所扮演的角色有详细的角色说明，被测评者只需要按照说明进行表演即可。这种形式的角色扮演不仅在招聘中，在团体心理辅导、培训等领域应用也十分广泛。

固定角色扮演示例

测评岗位：人力资源部经理、各业务部门经理。

测评要素：说服能力、言语表达能力、问题解决能力、领导艺术。

测评设计：让被测评者以部门经理的身份找一个员工（考官的合作者）谈谈，目的是辞退该员工。

情景设计:被测评者(部门经理)与员工拿到各自的角色定位和面谈任务,看10~15分钟以后,开始进行模拟面试。

被测评者的角色

情景:你是一家民营计算机公司的人力资源部经理,公司的人习惯称你为“王经理”。公司创办于1988年,现有员工400多人,资产规模1.5亿元,主要业务领域为金融系统的信息管理系统设计与维护。由于近年IT行业竞争激烈,公司处于亏损边缘,为此,公司高层决定裁员20%。

你主管的人力资源部现有5人,按规定必须裁1人,考虑到员工的表现及工作发展的需要,你打算将分管培训工作的小张辞掉,尽管他已在公司干了5年,没有大的工作失误,但业绩与表现很一般,工作不求创新,越来越不适应公司人力资源管理发展的要求。为此,你准备就此与他进行一次面谈。

你的任务:你的任务是要通过15分钟时间的面谈,让小张知道公司的这一决策并根据人力资源部的具体情况来说服他心平气和地接受公司决定,不要给公司留下任何后患,所以这次面谈对你来说是很重要的。

谈话扮演者的角色

情景:你是一家民营计算机公司人力资源部的员工,分管培训工作,公司的人习惯称你为“小张”,由于近年IT行业竞争激烈,公司处于亏损边缘,为此,公司高层决定裁员。员工们近来都在议论此事,生怕自己“下岗”。你在人力资源部的业绩虽不突出,但进公司5年一直勤勤恳恳。王经理要与你谈话,你估计与这次裁员有关。

你的任务:在15分钟的面谈中,无论如何得竭力说服经理让你留下来工作,一方面,你是三口之家的主要“经济支柱”;另一方面,你也愿意努力做好本职工作,而且本部门其他人也比你好不了太多。所以,你的任务是在面谈中,尽量说服经理,让他留下你。

资料来源:刘远我.人才测评:方法与应用[M].2版.北京:电子工业出版社,2011.

2)非固定角色扮演

非固定角色扮演是指所扮演的角色没有明确说明,被测评者在完成任务过程中自行进行角色定位,按照自己的理解去扮演。

2. 有助手参与的角色扮演与无助手参与的角色扮演

根据角色扮演中有无助手参与,可以分为有助手参与的角色扮演与无助手参与的角色扮演。

1)有助手参与的角色扮演

有助手参与的角色扮演是指角色扮演中有一个以上的助手在情景中承担一定的角色任务并参与整个角色扮演的过程。助手一般要根据测试情景事先安排好,并接受专门的培训和练习。在角色扮演情景中,“助手”根据测评的要求对被测评者进行相关的提问或“刁难”，适当地引导和激发被测评者的行为。整个角色扮演过程中，助手的行为必须按照规定的行为标准进行，以保证助手行为的一致性和有效性。

2）无助手参与的角色扮演

无助手参与的角色扮演是指角色扮演过程中没有任何助手的参与，可以是单个被测评者扮演规定情景中的某个或某些角色，也可以是几个被测评者分别扮演规定情景中的不同角色，共同完成角色扮演。但后者在观察、评分时，对评分者的要求更高。

（三）角色扮演的评价

1. 角色扮演的优点

（1）角色扮演是一项参与性的活动，任何一个参与者为了获得较高的评价，一定会充分表现自我，施展自己的才华。因此，角色扮演法可以充分调动被测评者参与的积极性。

（2）角色扮演具有高度的灵活性。角色扮演的形式和内容是丰富多样的，为了达到测评的目的，评价者可以根据测评目标设计测试主题和场景，不会把被测评者限制在固定的空间里。

（3）角色扮演是在模拟状态下进行的，被测评者在作决策时应尽可能地按照自己的意愿去完成，而不必考虑在实际工作中决策失误会带来工作绩效的下降或失败等问题，它是一种可反馈、可反复的行为。被测评者只要充分地扮演好角色就可以，不必为自己的行为担心。

（4）在角色扮演过程中，角色之间需要配合、交流与沟通，因此可以增加角色之间的情感交流，培养人的沟通表达、相互认知等社交能力。

2. 角色扮演的缺点

（1）如果没有精湛的设计能力，在情景和角色设计上可能会出现简单化、表面化的现象。

（2）由于角色扮演不是团体施测，测验题目的安全性是一个需要考虑的问题。

（3）如果被测评者由于自身的原因不乐意接受角色扮演的测评形式，或者被测评者参与意识不强，没有完全进入角色，就不能测出被测评者的真实情况。

（4）对考官及其“助手”的要求很高。在角色扮演中，往往需要第三者来扮演与被测评者进行交流的人，如果扮演助手的人在与不同被测评者交流时表现的差别很大，那么就会影响测评实施过程的标准化。因此，角色扮演对考官及其“助手”的要求很高。

二、案例分析

（一）案例分析的概念

案例分析通常是以书面形式阐述某案例的情境条件，要求被测评者根据指定的社会角色来进行一系列分析或决策的测验方法。一般先让被测评者阅读一些材料（案例），了解某个组织或个人所面临的问题，要求被测评者对材料进行综合分析，然后提出一系列解决建议。有时还会要求测评对象撰写一份书面的分析报告或在小组讨论会上做口头发言，评价者根据分析报告的内容、形式和发言情况，对被测评者的综合分析能力或者管理、业务技能进行评定。

（二）案例分析法的特点

（1）每个案例均是一个独立的实际决策问题。这些问题通常都是非确定性的，这使被测评者进行案例分析与提供决策方案时，无法依靠一种固定不变的程序来解决，其成败主要依靠被测评者本身的知识、经验、决断能力和敢担风险的魄力等。

（2）每个案例均是一题多义、一题多解。每个案例的分析与判断，都有多种可供选择的方案，每个方案均有利弊甚至潜藏一定的风险，因而要求被测评者务必运用多种学科知识，综合自己各方面的才能，经过认真详细的分析，才能作出合理分析或选择。

（3）案例分析中使用的实例基本来源于实际工作，因而案例的情境条件和分析要求与指定社会角色的实际工作十分接近，给人以亲切实用之感。

表 9-2　案例分析的优缺点

案例分析优点	案例分析缺点
1. 把问题置于具体案例情境中，使问题显得生动而不呆板，且给被测评者提供了条件和机会相同的情境 2. 既可以采用书面形式，也可以采用口头形式，操作方便且易于控制	1. 案例设计非常困难，且案例本身内容与设计好坏直接影响到案例分析信度和效度 2. 评分较为主观，难以制定一个客观的评分标准

案例分析法示例

Y 先生是 A 公司的总裁，这是一家生产和销售农业机械的企业，2009 年产品销售额为 6 000 万元，2010 年达到 7 400 万元，2011 年预计销售可达 8 700 万元，每当坐在办公桌前翻看那些数字、报表时，Y 先生都会感到踌躇满志。

这天下午又是业务会议时间，Y 先生召集了公司在各地的经销负责人，分析目前和今后的销售形势。在会议上，有些经销负责人指出，农业机械产品虽有市场潜力，但消费者的需求趋向已有所改变，公司应针对新的需求，增加新的产品种类，来适应这些消费者的新需求。

身为机械工程师的 Y 先生，对新产品研制、开发工作非常内行。因此，他听完了各经销负责人的意见后，心理便很快算了一下，新产品的开发首先要增加研究与开发投资，然后需要花钱改造公司现有的自动化生产线，这两项工作约耗时 3~6 个月。增加生产品种同时意味着必须储备更多的备用零件并根据需要对工人进行新技术的培训，投资又进一步增加。

Y 先生认为，从事经销工作的人总是喜欢从自己业务方便的角度来考虑。不断提出各种新产品的要求，却全然不顾品种更新必须投入的成本情况，而事实上公司目前的这几种产品，经营效果还很不错。结果，就像以往的会议一样，他仍不考虑新品种的建议，目前的策略仍是改进现有的品种，以进一步降低成本和销售价格。他相信，降低产品成本、提高产品质量并开具有吸引力的价格，将是提高公司产品竞争力最有效的法宝。因为，客户们实际考虑的还是产品的价值。尽管他已作出了决策，但他还是愿意听一听顾问专家的意见。

请仔细阅读下述案例，并就下面问题发表您的看法。

问题：1. 你认为该企业的外部环境中有哪些机会与威胁？

2. 如果你是顾问专家，你如何评价 Y 先生的决策？

资料来源：王淑红．人员素质测评 [M]. 北京：北京大学出版社, 2012.

三、管理游戏

（一）管理游戏概念

管理游戏（Management games）又称商业游戏，是一种以完成某项“实际工作任务”为基础的标准化模拟活动。一般由几个被测评者组成一个小组，小组成员各被分配一定的任务，要求解决一些管理中常遇到的现实问题，被测评者必须合作才能完成任务。管理游戏与一般的情景模拟相比，还包括体力活动，因而更接近于组织中“真实的生活”。管理游戏的情景模拟范围相当广，可以涉及行政、财务、人事等管理工作。管理游戏趣味性很强，能够使测评对象感到心情愉悦，有参与的动力。但管理游戏实施起来比较复杂，所以，在实际中使用频率不是很高。

（二）管理游戏的方式

管理游戏最常用的方式主要有几种。

1. 小溪练习

小溪练习的实施，首先测评者要给被测评者分配工具，主要包括滑轮、铁棒、木板、绳索等，要求被测评者将一根粗大的圆木和一块较大的岩石运到小溪对岸。这一项任务单凭个人的能力无法实现，必须依靠小组中的所有成员共同协作才能够完成。通过对被测评者表现的观察，考官可以对其领导能力、组织协调能力、合作精神、有效的智慧特征以及社会关系特征进行客观评价。

2. 键盘销售

6 个应聘者一组扮演企业的管理委员会，对于给定的具有不同利润的键盘，每个小组成员均要投资、购买，对股票控制及销售问题发表意见。主考官通过对应试者行为表现的观察,关注小组成员的组织能力、思维的敏捷性、分析问题的能力以及在压力条件下的工作情况等。

3. 建筑练习

建筑练习是一项个人练习,活动中需要2名测评人员的辅助。首先考官要求被测评者使用木材建造一个很大的木结构建筑。两名测评中心人员充当“农场工人”A和B,辅助被测评者一起建造房屋,A和B按照预定的要求安排活动,A表现出被动和懒惰的特征,如果没有明确的指令,他什么都不干。B表现出好斗和鲁莽的特征,在建筑过程中采取不现实和不正确的方式。A和B以各种方式干扰被测评者的想法和方案。通过这一项练习,测评者可以针对被测评者的领导能力、心理素质以及情绪稳定状况进行有效评价。

4. 正方形绳子

随机安排5位面试者,分别蒙住他们的双眼。使他们在15分钟内共同将3条绳子先首尾接成圆形,再各自拉住圆形的一点将绳子最终变为正方形。

这是一类当下比较流行的团队协作型的任务类游戏。在整个游戏的过程中,考官随机抽调面试者形成临时小组并且不会在事先进行任何角色分配。在游戏进行的过程中,随着面试者自然形成的团队分工以及由此显示出的行为方式,可以帮助考官发掘出3类有价值的职业信息:首先是具备科学合理的决策、清晰的思路以及有效说服力的“领导者”;其次是能够很好地化解意见分歧,促进任务圆满完成的“协调者”;最后是及时根据任务进展,挑选出合理化建议并不折不扣地从的“执行者”。而那些蛮横固执、知错不改的发号施令者以及毫无主见、盲目执行的机械随从,都将被直接淘汰。

在这类游戏中,“识时务”的角色其实最讨考官的欢心。比如你一开始也是一个制定决策的“领导者”,但是当其他同伴提出比你更加明智科学的方案后,你可以随即转变为一个有效的“协调者”,或者尽心的“执行者”。再如你虽然并没有参与决策的争论与制定,但是当面临多个不同方案时,你可以很快判断出最可行的一个并且进行协调与执行。

(三)管理游戏的优缺点

1. 管理游戏的优点

(1)管理游戏趣味性强,形式活泼。管理游戏将有趣的游戏融入到复杂的招聘过程中,能够消除应聘者的紧张感,使其在游戏过程中能自由发挥。游戏结束后,测评对象能够马上获得反馈信息,加深其对错综复杂的组织内部各部门之间相互关系的认知和了解。

(2)模拟内容接近于客观实际。管理游戏是为了解决某一问题或达到招聘岗位目标而设计的,应聘者在管理游戏中要置身于真实的矛盾环境,不断进行问题的解决。因此，需要其具备良好的情绪控制力、问题解决能力、领导指挥能力，才能顺利完成工作。

2. 管理游戏的缺点

（1）难以准确观察。管理游戏中，测评对象在完成任务的过程中要来回走动，这就使测评者难以全面、准确地观察到被测评者的表现。假如测评者要同时观察几个被测评者，观察就更为困难。

（2）花费时间长，对环境、道具的要求较高。管理游戏需要花费很长时间去准备与实施，而且对实施环境和道具的要求较高，这在一定程度上增加了测评的难度。

复习思考题

1. 什么是评价中心？评价中心具有哪些特点？
2. 什么是无领导小组讨论？
3. 无领导小组讨论中应注意的问题。
4. 无领导小组讨论的实施步骤。
5. 什么是文件筐测验？
6. 文件筐测验设计中应注意的问题。
7. 什么是角色扮演法？
8. 角色扮演法的类型。
9. 什么是案例分析法？
10. 什么是管理游戏？

阅读资料

广州雅芳的人才测评技术

对于雅芳来说，无领导小组讨论可以考察被测评者的领导力，其中包括表达、思维创新、独创性以及说服他人的能力，而在讨论中又可以发现应聘者是否具有专业技能。

雅芳在人才招聘时基本从两个维度考察应聘者：一个是“硬件”，比如教育背景、能力、知识面、经验以及工作经历等；另一个是“软件”，比如观念、态度、人品等。

分公司经理根据这两方面编制出一个结构化面试题目，用来考察应聘者现在是不是具有公司所需要的行为方面的素质，然后再用其他测评技术来观察他在测试的过程中是否表现出这些行为。

从 1996 年开始，雅芳就开始开发评价中心技术，用于区域营运经理的选拔。公司先从外部购买了一些工具，然后根据自己的实际情况作了修正。对于雅芳来说，在评价中心这个技术中，效果比较好的是无领导小组讨论。通过这个讨论可以看到谁在这个过程中真正起了领导的作用。一般可以从两个方面来判断：一是这个人的意见被大多数人所接受，成为小组的意见，那么这个人就很有说服力；二是看这个小组里谁真正促进了这个讨论。有些人也许自己不太行，但是在尽量地启发大家朝着这个方向进行，能够促进这个过程，能够使得这个过程有效地进行，这也是一种能力。

对于雅芳来说，无领导小组讨论可以考察被测评者的领导力，其中包括表达、思维创新、独创性以及说服他人的能力，而在讨论中又可以发现应聘者是否具有专业技能。雅芳非常关注的 4 种领导能力都可以在这个过程中得到体现：首先是创新精神；其次是对待变革的灵活性，无论这个变革是由你引起的还是在外部压力下作出的应急反应；再次是对整个目标有非常明确的关注，对一件重要事情的关注不会被其他琐事所干扰；最后是对人员的培养和带动。

因为即使在面试中善于包装自己，但在无领导小组讨论中也会暴露出自己的不足，所以无领导小组讨论的信度会比面谈高。

雅芳通常用的案例是沙漠求生或者地震。在讨论中，雅芳会使用摄像机拍摄或者安排一两名观察员来观察小组各成员的表现。讨论前会明确告诉每一个应聘者使用了摄像机，如果被测评的候选者有 6 人，事后会有 6 个人来看这段录像，每个人负责观察一个候选人的行为，用一个标准的记录单，记录下所有的行为。记录的内容有小组成员所说的话、动作和表情，然后分析他在这样的情况下说的某句话会有什么样的行为，做某个动作用了什么样的表现形式，接着对这些进行分类，与其他小组成员作对比。

雅芳早在 1996 年作内部提拔时就采用了这种方法。因为内部提拔时，各个候选者之间是认识甚至了解的，作出提拔某人的决定以后，对其他的落选者必须有充足的理由，而记录就是最有说服力的证据。此外，落选者还可以从人力资源专家那里得到改善的建议，人力资源部也可以制订出相应的改善计划。这样一来，无论是选中的还是落选的，大家都可以共同提高。

雅芳的评价中心技术还包括案例分析。选用的案例是公司或者分公司发生的一些具体的工作事件，其中提出一些两难的问题，考察他们对问题的处理分析能力，并要求作出解决方案，然后发表见解。主要看他们分析问题所用的数据、工具是否科学，是否具有逻辑性，有没有考虑到方案的不足之处以及其他的备用方案。

此外，雅芳还应用一些量表，如 MBTI、DISC 等。MBTI 测试可以看到被测评者的沟通方式及性格倾向，测试结果一般有两种用途：一是根据销售主管的关键行为模型，在招聘时就可以通过测量应聘者是否具有这种人格特征，来确定他具有的特质是否适合这份工作；二是测量的结果也可以作为这个员工今后发展的依据，譬如可以把领导风格 DISC 量表和其他的问卷结果结合起来，看看别人对他的评价及外在的行为特征是否与要求相适应，如果不适应，可以决定如何通过培训来促使他具有岗位要求的行为特征。

资料来源：http://www.docin.com/p-1539206774.html

案例分析

文件筐测验

【情境】

华达公司是一家大型民营上市公司，业务领域涉及水利工程、环保科技和电力自动化等多个领域，其人力资源部下设 4 个岗位，分别是招聘专员、薪酬专员、绩效专员和培训专员。今天是 2014 年 7 月 9 日，你（李明翔）有机会在 90 分钟内担任该公司人力资源部经理的职务，主持公司人力资源管理工作。

现在是上午 8 点，你提前来到办公室，秘书已经将你需要处理的邮件和电话录音整理完毕，放在了文件夹内。文件的顺序是随机排列的，你必须在 90 分钟内处理好这些文件并作出批示。10 点钟还有一个重要的会议需要你主持，在这 90 分钟里，你的秘书会为你推掉所有的杂事，没有任何人来打扰。

【任务】

在接下来的 90 分钟内，请你查阅文件筐中的各种信函、电话录音以及 E-mail 等并用如下的回复表作样例，给出你对每个材料的处理意见。

具体答题要求如下：

（1）确定你所选择的回复方式；

（2）请给出你的处理意见并准确、详细地写出你将要采取的措施及意图。

【文件一】

类别：电话录音

来电人：刘 增　国际事业部经理

接受人：李明翔　人力资源部经理

日　期：7 月 8 日

李经理：

您好，我是国际事业部的刘增，去年 10 月中旬，人力资源部曾要求各部门上报 2014 年的大学生招聘计划。由于我部业务的特殊性，不仅要求有较高的英语水平，而且要求具备一定的专业知识，这类人员在校内招聘的难度很大。此外，由于我们公司薪酬水平较低，即使招聘来也容易流失，过去几年的流失率高达 74%。为此我们多次召开会议并初步达成共识：公司需要制定中长期的人才规划以吸引并留住优秀人才。但是,到底该如何操作,尚无具体方案。我刚和老总通过电话,他建议我直接与您沟通,不知您有何意见和想法,请尽快告知。

国际事业部　刘增

【文件二】

类　别:电子邮件

来件人:项怀金　招聘专员

收件人:李明翔　人力资源部经理

日　期:7 月 7 日

李经理:

您好!很抱歉,向您提出辞职申请。

我来公司 3 年,在您及前任经理的关怀和同事的支持下,也算工作有些成绩,自谓勉强称职。可近一年来,我经常对繁复的工作感到厌烦,时常有一种无价值感,心情压抑,所以想换个工作环境。

我已做好了移交工作的准备。如果由于我的辞职给公司及您本人带来不便,请您接受我诚挚的歉意。

人事部　项怀金

【文件三】

类　别:便函

来件人:章 亮　总经理

收件人:李明翔　人力资源部经理

日　期:7 月 8 日

小李:

9 号下午你是否有空?我刚刚看过上半年的绩效考评结果。综合过去两年来各部门运行情况,我觉得有必要对公司的中层干部进行调整。另外,公司明年要上一些大项目,需要有针对性地补充一些管理人员,我想听听你的意见,请准备一下相关资料,并与我联系。

章亮

【文件四】

类　别:书面报告

来件人:张越　华南分公司总经理

收件人:李明翔　人力资源部经理

日　期:7 月 8 日

李经理:

您好!

有一个重要情况向您反映。前两天我们调查发现，总公司派驻华南分公司负责人力资源工作的王吕骏，在编制2014年度人力资源培训费用预算时，采取虚报培训项目、抬高项目价格、捞取回扣、刁难培训公司等手法，违规牟利2万余元。这既给公司造成了经济损失，耽误了工作，也损害了公司的形象，更败坏了公司的风气。按照总公司的规定，由总公司派往分公司的职员如果出现问题，需上报总公司人力资源部统一处理。因此，特向您汇报此事，如何处理请您尽快指示。

华南分公司总经理　张越

【文件五】

类　别：电子邮件

来件人：马行政　市场开发部经理

收件人：李明翔　人力资源部经理

日　期：7月8日

李经理：

现呈报给您王刚同志的辞职报告。他是市场开发部的业务骨干和重点培养对象，获得过美国著名大学的MBA学位，先后3次被送往国外同类机构培训。我本人做工作未能使其回心转意。

人员流动性大始终是困扰我公司发展和经济效益的重大问题。根据最近3年的统计，有25%的职工工作不满1年就辞职了，39%的职工来公司工作2年内辞职，近50%的职工在公司工作3年就跳到其他单位。

我认为公司人员流动性大主要有以下原因。

一是，我们公司从成立起就非常重视对员工的培养，定期派员工去美国或其他国家学习，或是请专门培训机构对公司职员进行系统培训，一些职工接受培训后立即离开公司。

二是，我们公司规模小，只有4个部门，十几个人，许多业务骨干无法得到提升。

三是，我们公司的薪酬比同类的外资公司低。

四是，我们公司在管理上还存在一些问题，如没有充分地以人为本；评价体制不合理；没有形成积极向上的企业文化；人际关系紧张等。

以上是我个人的看法，供您参考。

市场开发部　马行政

第十章　人才测评结果的分析与报告

【学习目标】

通过本章的学习,理解测评数据的解释和测评结果的分析;了解测评数据的处理方法;重点掌握测评报告的撰写。

【引导案例】

某饮料公司人力资源助理岗位的招聘

C 公司是大型民营饮料公司之一,拥有 10 多种饮料品牌, C 公司每年都要在国内高校巡回宣讲,希望招收到最优秀的毕业生进入公司。2016 年 C 公司准备招聘 2 名人力资源助理,经过系列的测评,有 5 位候选人脱颖而出。下面是一位候选人的测评报告。

人力资源助理测评报告

姓名:张某　　性别:女　　年龄:22　　测评日期:2016 年 4 月 25 日

测评项目:MBTI 性格测验、无领导小组讨论　　职位:人力资源助理

MBTI 性格测试结果:

表 10-1　张 ××MBTI 性格测验结果

类型	人群指数范围	人群百分比	人群中百分位
外倾 (E)- 内倾 (I)	100%~1%	44%~56%	82
感觉 (S)- 直觉 (N)	100%~1%	46%~54%	78
思考 (T)- 情感 (F)	100%~1%	54%~46%	31
判断 (J)- 知觉 (P)	100%~1%	48%~51%	56

MBTI 测试结果为:ESFJ 型,即外倾、感觉、情感、判断。

这种类型的人非常重视与人的关系,易察觉出他人的需要并善于给他人实际关怀,待人友好、善解人意并有很强的责任心。看到周围的人舒适和快乐,也会感到快乐和满足,健谈,因此非常受欢迎。

热情,有活力,乐于合作,有同情心,机敏圆滑,希望得到别人的赞同和鼓励,需要

和睦的人际关系，对于批评和漠视非常敏感，对竞争和冲突会感觉到不愉快，因此尽力避免发生这样的事情。

做事有条理，对细节和事实有出色的记忆力并且希望别人也如此。着眼于目前，在经验和事实之上作出决策，将事情安排妥当，喜欢自己成为活跃而有用的人物。能很好地适应日常的常规工作和活动，不喜欢做需要掌握抽象观点或客观分析的工作。

喜欢组织众人和控制形势，喜欢安全和稳定的环境，支持现有制度，注重并很好地遵守社会约定规范。忠于自己的职责并愿意超出自己的责任范围而做一些对别人有帮助或有益处的事情，在遇到困难和取得成功时，都很积极活跃，希望付出能得到回报或赞扬。

无领导小组讨论测试结果如下。

(1)沟通能力：言语表达准确，能积极提出自己的观点，发言主动。但缺乏说服技巧。有效发言比率不高。

(2)合作意识：认真倾听别人意见，理性处理讨论中的分歧，言语有一定的亲和力。能为了顾全大局而放弃自己的观点。

(3)组织协调能力：主动协调各方意见，较好地控制时间。在讨论中能积极引导其他讨论者关注讨论的目的，对目标实现起到关键作用。但自主意识过强。

(4)分析问题能力：分析问题比较清晰，能够提出切实的解决办法。但缺乏相关经验，对问题的分析不够深刻。

结论及建议：从测评结果可见，被测评者性格开朗、外向，有一定的合作意识，沟通与组织能力较强，具备人事管理工作的素质与能力。建议从事行政管理、人力资源管理等管理性工作。

人才测评结束后，就进入测评结果的处理和分析阶段，在这个阶段主要对测评收集到的数据进行处理，如何对这些数据进行汇总、分析、解释和评价，如何以适当的方式将测评结果呈现出来为人力资源决策提供参考，是本阶段的主要任务。

第一节　测评数据的处理与结果分析

测评结束后，测评人员需要对测评结果进行统计和分析，有些测评方法的结果统计与分析是借助计算机系统完成的，得分和分析报告由计算机直接给出。而有些测评结果的统计与分析则需要测评人员运用统计学、数学、测量学的知识进行综合处理和分析。

一、测评数据的处理

测评数据的处理即把分散的测评指标数据综合为一个总分数的做法。常用的测评数据的处理方法有以下几种。

(一)累加法

累加法也叫加法汇总法,是将测评对象在各个测评指标上的得分直接累加,从而获得其综合素质总分的方法。其计算公式如下:

$$S=\sum_{i=1}^{n}x_i=x_1+x_2+x_3+\cdots\cdots+x_n \tag{10-1}$$

式中:S——总得分;

x_i——i 个测评指标的得分。

例如,某人的品德素质得分为 30 分,智能素质得分为 35,体质得分为 20,则采取累加法得其总分是 $S=x_1+x_2+x_3=30+35+20=85$。

累加法要求各指标的计算单位应该大致相同,否则要考虑采取加权综合法。

(二)平均综合法

平均综合法也叫算术平均法,把各项测评指标得分作算术平均数运算而求出一个总得分。当有多位专家参与测评时,对这些专家的测评结果进行汇总,最基本的方法就是求均值。其计算公式如下:

$$S=\frac{1}{n}\sum_{i=1}^{n}x_i=\frac{1}{n}(x_1+x_2+x_3+\cdots\cdots+x_n) \tag{10-2}$$

式中:S——总得分;

n——测评指标的总数;

x_i——第 i 个测评指标的得分。

(三)加权综合法

加权综合法也叫加权求和法,是根据各个指标间的差异,对每个指标得分适当扩大或缩小若干倍后再累加的一种方法。加权有两种依据,其一是按照个别指标在这个测评指标体系中的重要性来确定权重,即重要性越高,权重越大;其二是按照测评目的不同来确定权重,即依据测评是选拔、奖惩、培训还是晋升。加权综合法的计算公式如下:

$$S=\sum_{i=1}^{n}\omega_i x_i=\omega_1x_1+\omega_2x_2+\omega_3x_3+\cdots\cdots+\omega_nx_n \tag{10-3}$$

式中:S——总得分;

ω_i——i 个测评指标的权重;

x_i——i 个测评指标的得分。

（四）连乘综合法

连乘综合法即为把各指标上的得分直接相乘得到一个总得分。其计算公式如下：

$$S=\prod_{i=1}^{n}x_i=x_1\cdot x_2\cdots\cdots x_n \tag{10-4}$$

式中：S——总得分；

x_i——i 个测评指标的得分。

这种综合方法的优点是便于拉开档次，“灵敏度”非常高，但容易产生晕轮效应，当一个指标上得分很小或为零时，整个测评的总分会因此变得非常小或为零。

（五）指数连乘法

指数连乘法不但考虑了各指标上的得分，还考虑了指标的相对重要性。其计算公式如下：

$$S=\prod_{i=1}^{n}(x_i)^{\omega i}=(x_1)^{\omega 1}\cdot(x_2)^{\omega 2}\cdot\cdots\cdot(x_n)^{\omega n} \tag{10-5}$$

若两边取对数则有$S'=\sum_{i=1}^{n}\omega_i x_i'$

需要注意的是，指数连乘法有利于拉开距离，区分测评对象的档次。

二、测评数据的解释

测评数据的解释是参照测评的常模和标准，对被测评者的得分情况进行解释。测评数据解释参照的标准通常有两种形式：常模参照和标准参照。

（一）常模参照

常模参照是以某个常模团体的分数分布作为解释分数的参照标准，把被测评者的成绩与常模团体作比较，根据被测评者在该团体内的相对位置来报告其成绩。常模团体是指具有某种共同特征的人所组成的一个群体的代表性样本，也叫标准化样组。常模团体的分数分布叫作常模，通常用一个标准的、规范的分数表示，为测验分数提供比较的标准，从而对测验分数作出解释。例如，实施逻辑推理能力测验后，如果将被测评者的成绩与其他人的成绩相比较，可以知道被测评者在人群中的位置，这就是常模参照分数解释。

常模是针对一个总体的某个具体特征而言的，因此，不同的总体有不同的常模，同一总体具有不同特征的也有不同的常模。例如，中学生常模、大学生常模，常模的解释只能限定在构成此常模的总体范围内，而且也只能局限在具体的测验属性之内，如不能用中学生人格常模解释大学生人格，不能用智力常模去解释人格。

建立测验的常模，应在标准化的条件下，采用随机抽样或随机分层抽样选取有代表性的大规模样组施行测验，测验组的平均成绩可以作为常模，为分数解释提供参考。根据常模，结合该测验的信度和效度资料，就能对测验所得的分数作出比较合理的解释。常模的表示形式主要有 2 种：转化表和剖析图。

1. 转化表

转化表又称常模表，是一种最简单、最基本的呈现常模资料的方法。转化表主要由原始分数、与每个原始分数对应的导出分数（或量表分）、有关常模团体的具体描述 3 部分组成。见表 10-2。

表 10-2　中国成人（男）16 种人格因素常模表

因素	1	2	3	4	5	6	7	8	9	10	平均分	标准差
A	0~2	3	4~5	6~7	8~10	11~12	13	14~15	16~17	18~20	10.0	3.27
B	0~3	4	5~6	7	8	9	10	11	12	13	8.65	2.61
C	0~6	7~8	9~10	11~12	13~15	16~17	18~19	20~21	22~23	24~26	15.0	3.95
E	0~5	6	7~8	9~10	11~12	13~14	15~16	17~18	19~20	24~26	12.77	3.60
F	0~3	4~5	6~7	8~9	10~12	13~14	15~17	18~19	20~21	22~26	12.39	4.40
G	0~5	6	7~8	9~10	11~12	13~14	15~16	17	18~19	20	12.63	3.31
H	0~1	2~3	4~6	7~8	9~10	11~13	14~15	16~18	19~20	21~26	11.07	4.43
I	0~3	4~5	6	7	8~9	10~11	12	13~14	15	16~20	9.65	2.95
L	0~4	5	6~7	8~9	10~11	12	13~14	15	16~17	18~20	10.95	3.06
M	0~3	4	5~6	7~8	9~10	11~13	14	15~16	17~18	19~26	10.89	3.51
N	0~3	4	5~6	7	8~9	10~11	12	13~14	15	16~20	9.66	2.75
O	0~1	2	3~4	5~6	7~8	9~10	11~12	13~14	15~16	17~26	8.53	3.64
Q1	0~4	5~6	7	8~9	10~11	12~13	14	15~16	17	18~20	11.50	2.91
Q2	0~5	6~7	8~9	10	11~12	13~15	16	17~18	19	20	12.95	3.34
Q3	0~4	5~6	7~8	9~10	11~12	13~14	15~16	17	18~19	20	12.16	3.58
Q4	0~2	3~4	5~6	7~8	9~10	11~13	14~15	16~17	18~19	20~26	10.78	4.01

根据转化表进行解释时，需要注意的是，常模转化表总是特定的，即一个转化表总是来自特定的常模样本，这种转化表只能表示被测评者在常模样本内的相对等级，若要一次作出某种结论或预测，需要进一步获得信度和效度的依据。

2. 剖析图

剖析图是将一个测验的几个分测验分数在一张图上呈现出来，以便更直观地比较测评对象在几个分测验上的表现并对其在整个测验上的表现得出一个整体的印象。使用剖析图作分析，要求各个分测验所使用的常模样本必须相同，否则各个分测验分数之间无法比较。需要注意的是，使用剖析图容易夸大各个分测验间分数的差异，为避免这个问题，有些剖析图注明了多少距离代表两分数间差异显著，使用者可以依此很快地确定某对分数间是否存在差异。另一种方法是将被测评者分数用一段范围表示，假如范围不重叠，表明分数间有显著差异存在。

（二）标准参照

常模参照只能说明被测评者在某一团体中的相对位置和与常模团体相比较而言的被测评者的素质特征，不能反映出被测评者的实际能力和水平。当需要直接对被测评者的素质作出解释而不是参照他人的素质特征时，可以采用标准参照的方法来解释测验结果。所谓标准参照就是将测验结果与某种标准进行比较。标准参照的分数解释分为内容参照分数的解释与结果参照分数的解释。

1. 内容参照分数解释

内容参照分数解释是依据被测评者对某个范围中的内容或技能掌握和熟悉的程度来表示和解释的，在内容参照分数解释中，比较的对象不是其他的人，而是测验所包括的内容。内容参照分数主要用于能确定可接受的最低标准的资格测验，如职业资格测验。这类测验能够反映出被测评者所掌握的知识或技能的水平，指出被测评者知道什么和能做什么，因此，在多数情况下，这比知道一个人在团体中的相对位置更有价值。

2. 结果参照分数解释

结果参照分数解释适用于用测验进行预测的情况，它是将标准材料直接结合到测验结果的解释过程中而进行评价的分数，可以表示获得某个分数的被测评者达到某种标准水平的可能性。要得到结果参照分数必须有两个先决条件：首先，测验分数必须与一个重要的标准高度相关，也就是要有效度证据；其次，要有一个能把测验分数和标准成绩结合起来的方法，也就是要有转换分数的图表。

进行结果解释的常用表示方法是期望表，这种方法是通过一种简单图表，显示出获得特定测验分数的人得到每一种效标分数的百分比，即将测验分数用产生各种不同结果的概率进行描述，如获得 60~90 分的被测评者有 95% 的可能性达到绩效 C。

三、测评结果的分析

测评结果的分析是根据被测评者的得分，分析其在测评指标当中的具体表现，如优势在哪里，不足在哪里，等等。测评结果分析是对测评对象整体状况进行分析，从而了解被测评者的素质水平。测评结果的分析主要包括 3 种方式：整体分布分析、总体水平分析、差异分析。

（一）整体分布分析

整体分布分析是通过图表的形式来分析测评结果的一种方法。常见的有频数分布表分析和频数分布图分析。借助这两种手段可以了解数据的最大值、最小值、全距等信息，还可以通过作图来进一步了解分布的偏态和峰态，从而更加直观地反映被测评者整体分布情况。

1. 频数分布表

频数分布表也称为次数分布表。常见的有简单频数分布表、累积频数分布表和累积百分比分布表等不同形式。利用频数分布表可以使整个测评的结果一目了然。编制简单频数分布表的步骤如下。

（1）求全距：全距 = 最大值 - 最小值

（2）决定组数与组距：一般分为 10~15 组为宜，组数确定之后，组距 = 全距 / 组数，组数一般以奇数为好，也可以先确定组距，再确定组数。

（3）决定组限：组限就是每一组的起止范围，每一组以表中的最低数据为下限，最高数据为上限，组中值为上下限的平均值。

（4）登记频数：分组完毕之后，就可将每个数据归入相应的组内，并以符号丨、丨丨、丨丨丨或“正”字逐个登记，然后求出每组内的总数，这个总数就成为频数或次数。

表 10-3　简单频数表

素质测评得分	登记 (2)	频数 (3)
115	丨	1
118	丨丨丨	3
121	卌 丨丨丨	8
124	卌 卌	10
127	卌 卌 卌 卌	20
130	卌 卌 卌 丨丨丨丨	19
133	卌 卌 丨丨	12
136	丨丨丨丨	4
139	丨丨	2

续表

素质测评得分	登记 (2)	频数 (3)
142	|	1
总和		80

累积频数分布表的制作可以在简单频数表的基础上进行，一般把简单频数表制好后，只要再加上第五步：把表中的频数按由上向下或由下向上的次序逐个累加，并把所得结果填写在右边的（4）列中，显然（4）列中填写的第一个数值与其左边（3）列中的第一个数值相同，而（4）列中最后填写的一个数字即为（3）列中所有 F 的累加总和。累积百分比分布表的编制是在累积频数分布表的基础上进行的，一般在累积频数表完成后，将（4）列中各个数值除以总频数，再乘以 100，并把相应的结果填入右边的第（5）列中，就得到累积百分比表，见表 10-4。

表 10-4　累积频数分布表与累积百分比分布表

素质测评得分（1）	组中值（2）	频数（3）	累积频数（4）	累积百分比（5）
115	116.5	1	1	1.25
118	119.5	3	4	5.00
121	122.5	8	12	15.00
124	125.5	10	22	27.50
127	128.5	20	42	52.50
130	131.5	19	61	76.25
133	134.5	12	73	91.25
136	137.5	4	77	96.25
139	140.5	2	79	98.75
142	143.5	1	80	100.00
总和		80		100.00

2. 频数分布图分析

频数分布图也叫次数分布图，它是以曲线或者折线来表示相应的频数分布表的一种形式，它是频数分布表的图形化。常见的有直方图和多边图。直方图是以面积来表示频数的分布，即用位于横轴上各组上下限之间的矩形面积表示各组频数分布的情形。其操作步骤如下。

（1）作横轴：将各组上下限或者组中值分别在横轴上标出，注意在横轴的两端要留出至少一个组距的位置。

（2）作纵轴：纵轴一般用于表示频数。

（3）作平均线：按照各组的频数在纵轴上标出平行线，该平行线会与每组上下限之间相交而形成矩形，该矩形的面积就表示了该组的频次。

如果将每组矩形上边的中点标出，再将相邻中点用直线连接起来，即可得到频次分布的折线图。如图10-1所示。

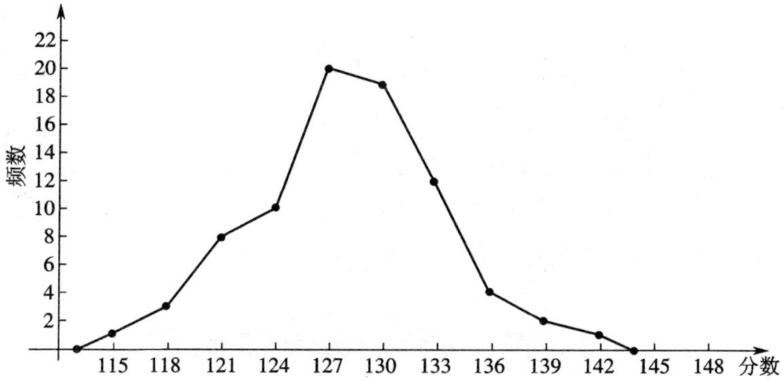

图10-1　频数分布

（二）总体水平分析

总体水平分析是从通过众数、平均数或中位数分析来把握全部被测评者的一般水平的分析方法。它反映测评数据向某点集中的情况。

所谓众数，即频次最多的那个素质特征、分数或等级，它代表了整体水平结构群中最大的典型群水平。

平均数是指所有测评结果在理论上的代表值，众数只是用出现频次最高的部分结果代表整体结果，而在平均数计算过程中，每个测评结果都会对测评的总体结果产生影响。常用的平均数有算术平均数、几何平均数、调和平均数。

中位数是另外一个反映数据的中心位置的值，它是按一定顺序排列后处于中间位置的那个数。当项数为奇数时，中位数是位于中间的那个数，当项数为偶数时，中位数是中间两数的平均值。一般来说，在没有极端值存在的情况下，中位数总是能更好地反映数据的中心位置。

（三）差异性分析

整体差异分析有两极差、平均差、方差、标准差与差异系数等不同形式。差异情况反映一组数据的变异程度或离散程度。

两极差反映了测评结果的分布范围，它的求法与全距的求法相同。

平均差是指每个测评对象的得分与整体平均水平的差的绝对值的平均数，其计算步骤为：首先算出整体测评结果的平均值，然后分别求每个测评对象得分与整体平均差的差，再将结果取绝对值。最后将所有求出的绝对值相加，再除以测评对象的人数，即可得到测评整体的平均差。

方差是指所有测评对象的得分与整体测评结果的平均值之差的平方与测评对象总个数之商，以符号 σ^2 表示，即：$\sigma^2=\frac{\sum(x_i-\bar{x})^2}{N}$

标准差是方差的算术平方根，即$\sigma^2=\sqrt{\frac{\sum(x_i-\bar{x})^2}{N}}$

差异系数又称为变异系数或变差系数，是标准差与平均数的比值，即：$C_v=\frac{\sigma}{x}$

其中：C_v 是差异系数；σ 是标准差；$\bar{x}$是平均数。

标准差、方差、平均差和差异系数都反映了总体的平均差异情况，差异量数越大，说明总体中的个体的素质差异性越大。当比较对象单位不同，仅用绝对差异量（标准差、方差）难以说明问题，要用相对差异量指标来比较。

第二节　测评报告的撰写

测评结果分析结束后，测评人员要根据测评结果撰写一份详尽、科学的测评报告，测评报告中包括测评对象所参加的各项测试项目的得分和结果分析并对测评对象的发展方向和管理策略作出指导建议。一份翔实的测评报告直接影响到企业对人才的获取、录用、开发、评价和激励等各个环节，关系到企业如何进行科学有效的人事决策和人力资源的最终配置。

一、测评报告的形式

（一）文字表述法

文字表述法是通过一定的格式、用一些比较容易理解的语言文字来表述人才测评结果的方法。这种表述法可以注意到测评结果的每一个细节，还可以分类、分系统甚至是分等级描述，有利于测评对象更好地阅读和理解测评结果。但这种表述方法也有缺点，即描述不直观、不简洁，加上文字表意存在着理解上的偏差甚至会出现多义或歧义等问题，可能会对测评结果带来负面影响。

瑞文推理测验分析示例

你有很强的自学能力，能够灵活使用多种思维方法，如图形、文字、形体动作等，想象力丰富，能从很多复杂的事物中找出共性并有逻辑地分析。学习能力一般受兴趣引导学习，尤其对感兴趣的课程，有自己独特的学习习惯。通常不关注事物的细节，更多地习惯从道理上分析提炼得出方法而不是从自己经验出发。

你的记忆力超群，记忆的速度快，并且准确，关注事情的全局，通常能够记住事情的多方面和事件的完整过程，但常出错，精确性差。对自己的判断较自信，在信息加工过程中倾向于以内部感知线索为指导，比如记忆单词通常根据、自己的编码方法，而向别人学的方法速度会较慢，很少受外界刺激变化影响。当机立断，行动快捷，好交往，能更准确预测到将发生的变化并完善自己的决定。发现和利用自己所需信息及有效适应社会生活的能力较强，通常能更快地解决问题，比同龄人在同一个事物上能获得更多的信息，能很快熟悉新环境人和气氛。

（二）表格表述法

表格表述法是对测评数据进行归类、统计，最后形成表格来表述人员测评结果的一种方法。表格表述法是一种定量表述方法，格式清楚，简单明了，前后对照形成一体，有利于测评对象一目了然地获悉自己的相关信息，也有利于测评机构归纳总结，整理归档。但由于表格中有些数据涉及专业知识，因此，要求阅读者要具有相关的测评知识。

表 10-5　16PF 人格测评报告

人格因素	原始分	标准分	低分者特征	标准分 1	2	3	4	5	6	7	8	9	10	高分者特征
A	8	5	缄默孤独	•	•	•	•	•	•	•	•	•	•	乐群向外
B	2	1	迟钝、学识浅薄	•	•	•	•	•	•	•	•	•	•	聪慧、富有才识
C	16	6	情绪激动	•	•	•	•	•	•	•	•	•	•	情绪稳定
E	14	6	谦逊顺从	•	•	•	•	•	•	•	•	•	•	好强固执
F	16	7	严肃审核	•	•	•	•	•	•	•	•	•	•	轻松兴奋
G	12	5	权宜敷衍	•	•	•	•	•	•	•	•	•	•	有恒负责
H	12	6	畏怯退缩	•	•	•	•	•	•	•	•	•	•	冒险勇敢
I	8	5	理智、着重实际	•	•	•	•	•	•	•	•	•	•	敏感感情用事
L	12	6	依赖随和	•	•	•	•	•	•	•	•	•	•	怀疑、刚愎
M	14	7	现实、合乎成规	•	•	•	•	•	•	•	•	•	•	幻想、放荡不羁
N	10	6	坦白直率、天真	•	•	•	•	•	•	•	•	•	•	精明能干、世故
O	14	8	安详沉着、有自信心	•	•	•	•	•	•	•	•	•	•	忧虑抑郁、烦恼多端
Q1	12	6	保守、服从传统	•	•	•	•	•	•	•	•	•	•	自由、批评激进
Q2	10	4	依赖、随群附众	•	•	•	•	•	•	•	•	•	•	自理、当机立断
Q3	12	5	矛盾冲突、不明大体	•	•	•	•	•	•	•	•	•	•	知己知彼、纪委严谨
Q4	20	10	心平气和	•	•	•	•	•	•	•	•	•	•	紧张困扰

（三）图形表述法

图形表述法是指对测评所得的数据进行相应的处理后，用图形加以标注表达人才测评结果的一种方法。如图 10-2 所示。图 10-2 为多种职业能力测试结果的图形表述法。其中横轴 XU 表示一般学习能力，YY 表示言语能力，SX 表示数学能力，KJ 表示空间推理能力，ZJ 表示知觉能力，CX 表示抽象推理能力，LJ 表示逻辑推理能力，JX 表示机械推理能力。

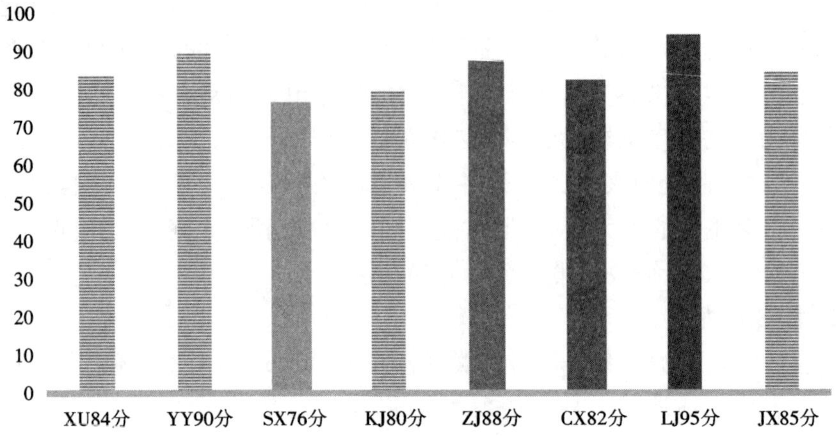

图 10-2 多重职业能力测试结果

图形表述法也是一种定量表述法，数据客观准确，简明扼要，具有很强的直观性，不会像表格表述法那么困难，也不会像文字表述法那样造成阅读误解。因此，图形表述法在人才测评中被普遍采用。

(四)综合表述法

综合表述法是运用文字表述的同时，结合表格表述或图形表述的方法，发挥不同表述方法的长处，形成一份既直观明了又丰富翔实的人才测评报告。在撰写测评报告时，可以全部用文字来撰写，却很少见到仅靠表格或图形来完成一份报告，采用综合表述法的情况比较多。

二、测评报告的内容

测评报告内容是针对被测评者参与的测试项目、测试维度、测试结果的说明。一份完整的测评报告包括以下几方面的内容。

(一)测评归类信息

测评归类信息主要包括测评编号、委托单位、测评机构名称、测评日期等。测评报告要建立一个归类系统，以便于查找、复核、咨询。

(二)被测评者信息

被测评者信息主要包括被测评者的姓名、性别、年龄、教育程度、婚姻情况、职业、职位、特长、爱好等个人信息，这些资料既是测评对象个人特征的反映，也是对测评对象真实性的一个印证资料，可以根据测评的目的进行取舍。

(三)测评项目

测评项目是测评报告的核心内容之一，主要是被测评者参加了哪些测评活动，如果是多个测评项目需要按顺序排列。

（四）测评结果

测评结果是测评对象参加的测评活动的得分和评价等级，可以用图表、文字等多种形式表示出来。测评结果包括测评对象总体概况和各项测评项目的结果。

（五）测评结果分析

测评结果分析是对测评对象在每个维度上的得分进行分析和解释，并提出建议。测评结果分析力求精确适度、完整而不主观。

（六）总评

根据测评结果对测评对象进行总体评价，包括测评对象的优点、缺点及未来发展方向等等，为其将来发展提出建议。例如公司招聘人力资源助理，测评报告应明确指出候选人是否适合这个岗位，具体哪些特点适合，哪些特点不适合，不适合之处是性格问题还是能力问题等。经过比较之后，最终推出最合适的人选。

（七）复核意见

测评报告需要经过测评专家的复核，以保证测评报告的权威性。复核的内容包括：总体评价是否全面；报告内容是否有遗漏；报告格式是否正确；测评结果是否真实有效；测评结果有无前后矛盾之处；解释是否合理适度；评价是否依据所有事实。

（八）责任人信息

测评报告的结尾要注明报告撰写人和复核专家的姓名、日期、联系方式，以便能够在出现问题时可以取得联系并提供相关咨询和解释。

如果有大量被测评者参加某项测评，那么测评人员还需要提交一份总体报告。总体报告的内容包括需求分析、测评设计、测评手段、总体特点、团体测评结果、结果分析、讨论和专家意见等。测评结果总体报告一般要从统计学角度描述测评对象全体的分数分布特点，分数的离散程度、样本的特征以及在各个具体指标上的分数分布情况等，从而使组织可以从整体上把握人员的整体素质状况。

三、测评报告撰写注意的问题

（一）测评报告的内容要客观

测评报告的客观性是对测评结果表述的最基本的要求，在对被测评者的测评结果进行分析时，如果测评者对测评的维度理解有偏差，或受到认知偏差的影响，对被测评者的素质分析或解释就会因受到撰写人主观因素的影响而影响测评结果的客观性。因此，在撰写测评报告时，应避免出现这样问题。测评者应客观分析、理解各维度的含义及行为指标，掌握各指标的评价标准，保证测评结果的客观性。

（二）测评报告语言应易于理解

测评是一种专业性较强的活动，在测评报告中会涉及许多专业术语。由于被测评者并不懂测评的技术，不理解测评的专业术语，因此在向被测评者报告测评结果时，应该注意深入浅出，将专业词汇转化为通俗易懂的语言。

（三）测评结果应综合分析

在制定测评方案时，通常需要通过两个以上测评工具测量某一个素质，在分析测评结果时，应结合不同测评项目的结果对素质状况进行综合的分析，这样可以大大提高测评结果的信度和效度。

（四）对测评内容进行复核

测评报告完成后，应请测评专家或复核小组进行复核，考察测评报告内容是否客观、全面、准确，分析及解释是否恰当，对不当之处提出修改意见。另外，还要检查测评报告撰写的是否流畅、规范，是否有语法错误等。

四、测评报告的范例

常用的人才测评报告主要有心理测验报告、面试报告、文件筐测验报告、无领导小组讨论测评报告和整体测评报告。

（一）心理测验报告

MBTI 性格评价报告

被测评者编号：20140001　　姓名：钟 ×

性别：女　　年龄：24

教育程度：大学本科　　测评岗位：人力资源助理

测评工具：MBTI 性格测验　　测验用时：18 小时 20 分

测验日期：2016-04-25　　测评次序：1

测评机构：北京联合大学人力资源管理研究所

测评项目结果分析：

通过 MBTI 性格测评，您的类型为学者型，得出了 4 个分数，分别指向外倾内倾、感觉直觉、思考情感、判断知觉，详细情况见表 10-6。

表 10-6　钟 ×MBTI 性格测验结果

类型	人群指数范围	人群百分比	人群中百分位
外倾 - 内倾	100%~1%	44%~56%	45
感觉 - 直觉	100%~1%	46%~54%	54
思考 - 情感	100%~1%	54%~46%	71
判断 - 知觉	100%~1%	48%~51%	44

图 10-3 中的数字是你的人格人群指数，人群指数的数值范围为 100%~1%。是一个统计术语，用于表明你在人群中的站位，即与他人相比你的相对位置。人群指数

越接近100，你越符合相应维度“上方”的人格特点：越接近0，越符合“下方”的人格特点。以“内向外向”维度为例：越接近100越外向，越接近0越内向。人群分析结果显示各维度中两种特点的人数并非各占一半，具体如下：

外向型人的比例占44%，内向型人的比例占56%。

感觉型人的比例占46%，直觉型人的比例占54%。

思考型人的比例占54%，情感型人的比例占46%。

判断型人的比例占49%，知觉型人的比例占51%。

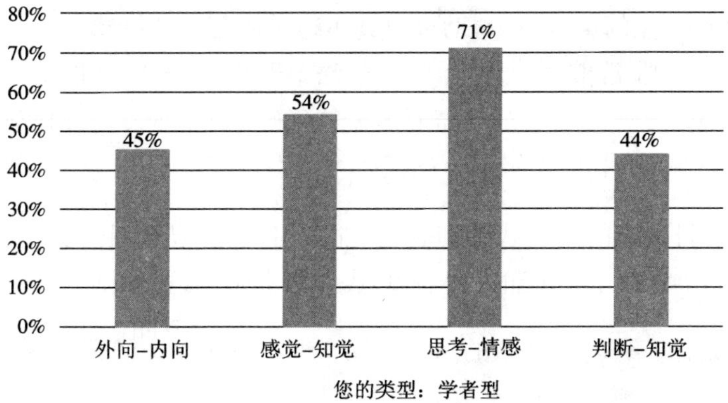

图10-3　MBTI性格测验结果

学者型——聪颖机智地解决问题

【基本描述】

你极其聪慧，有逻辑性，善于处理概念性的问题且有很强的创造灵感，对发现可能性更感兴趣。

你非常独立，有批判性和怀疑精神，深藏不露，内心通常在投入地思考问题，总是试图运用理论分析各种问题；对一个观点能作出超乎于常人的、独立准确的分析，会提出尖锐的问题，也会向自己挑战以发现新的合乎逻辑的方法。

你擅长用极端复杂的方式思考问题，看重自己的才学，也喜欢向别人挑战；你更善于处理概念和想法，而不是与人打交道。喜欢有逻辑性的和有目的性的交谈，但有时想法过于复杂，以致难与别人交流和让别人理解，也会只是为了高兴而就一点儿小事儿争论不休。

你能宽容很多不同的行为，只是在自己认为应该的时候才争论和提出问题，但是如果你的基本原则受到挑战，你就不在保持灵活性而以原则办事。

你是天才而有创意的思考者，喜欢投机和富于想象力的活动，对找到创造性解决问题的办法更感兴趣，而不是看到这些办法真正奏效。

【可能的盲点】

如果你没有机会运用自己的才能，或得不到赏识，会感到沮丧，爱打嘴仗，好争论，冷嘲热讽，消极地批判一切。

你过于注重逻辑分析，只要不合逻辑，就算对你再重要，也很有可能放弃它。

你过分理智，忽视情感和现实，觉察不到他人的需要，也不考虑自己的观点对他人的影响，以“不符合”逻辑为由，主观断定某些自己或他人看重的东西的是不重要的，不够实际。

当你把自己批判的思维用在他人的身上时，你的直率会变成无心的伤害。你需要找到自己真正在乎的事，这将帮助你更真实地对待自己的情感。

你对解决问题非常着迷，极善于发现想法中的缺陷，却很难把它们表达出来，你对常规的细节没有耐心，如果事情需要太多的琐碎细节，你会失去兴趣，也会因计划中很小的缺陷而陷入困境，你绝不容忍任何一点不合逻辑。

类型解释

【优势】

(1)能够设计有逻辑的复杂的系统并且表现出解决复杂问题的专业才干。

(2)具有理智的洞察力和判断力。

(3)能够有逻辑性地分析和思考问题。

(4)能够一针见血地看待问题的核心。

【劣势】

(1)太过抽象以致实施起来不现实。

(2)太过理智，其解释过分理论化。

(3)过分关注微小的不一致，而以团队工作的和谐为代价。

(4)将批评性分析思考转向于他人，行动起来没有人情味。

【工作风格】

领导过程中，强调逻辑的、系统的思考分析，注重现实性；更愿意面对思想观念、工作任务，而不是人际关系；为寻求自主性宁愿领导其他独立类型的人。

根据才干而非地位将人联结在一起；寻求理智而非情感方面的相互关系。

【工作情景】

需要有解决复杂问题的独立思考者；允许隐私权；培养独立性；灵活、安静、和谐的工作氛围；无结构；奖励自主。

【发展建议】

(1)需要关注实际的细节。

(2)发展坚定的实施能力。

（3）需要花力气将事情说得更简单些。

（4）需要对他人给予的信息表示欣赏。

（5）需要更多地了解他人以及他人的职业。

（二）面试报告

面试评价报告大部分内容的填写应根据面试考官在面试时的记录，面试结束后应该马上讨论填写，以保证评价的准确性。

××人才咨询公司招聘面试评价报告

本面试报告用于××旅行社的人员招聘，请注意妥善保存，未经授权及本人同意不得对外泄露应聘者的个人信息。应聘者李×的面试评价报告见表10-7。

表10-7　面试评价报告

用人单位：××旅行社				应聘职位：前台接待	
应聘者个人基本情况					
姓名：李某	出生年月：1995年4月		最后学历：大专	毕业学校：××大学	
基于胜任能力的面试评价说明					
胜任能力要求	评分(1~5)	权重	得分		总分
礼仪风度	4	15%	0.6	从坐姿看出该应聘者没有经过规范的礼仪训练，但其他表现尚可，举止大方，语速适中	3.68
情绪稳定性	4	20%	0.8	对于本岗位困难性的提问反应平静自然，整场面试过程中能保持良好的情绪稳定性，但通过其对过去挫折经历的描述表明应聘者内在的情绪稳定性方面还有待加强	
人际关系	3.2	5%	0.16	通过其对大学人际交往的描述可以看出应聘者待人热情坦率、人缘颇佳，但在处理人际关系的方式上存在太过坦率的问题，容易在交往中遇到困境	
工作动机与愿望	2.6	5%	0.13	在回答应聘本岗位的理由陈述中，表现出面试者兴趣与薪酬的矛盾，个人职业生涯规划也比较模糊	
表达能力	4.2	10%	0.42	整个面试过程中，应聘者能轻松地表达出自己的想法，口齿清楚，条理清晰，加之拥有一定的文学功底，用词用语也颇为恰当	

续表

<table>
<tr><td colspan="4">用人单位：×× 旅行社</td><td colspan="2">应聘职位：前台接待</td></tr>
<tr><td>工作责任心</td><td>3.8</td><td>10%</td><td>0.38</td><td>通过其大学期间所担任的工作及经历，表明应聘者做事认真负责且诚实可靠，在应答中宁愿牺牲个人利益也要处理好工作，但在工作主动性方面还需要进一步加强</td><td rowspan="5">3.68</td></tr>
<tr><td>配合协调性</td><td>3.6</td><td>5%</td><td>0.18</td><td>根据大学期间参加辩论赛的经历可以了解到应聘者甘当绿叶，愿意协助他人把工作做好，有较好的配合协作意识，但从对团队所作的贡献来看，应聘者还需加强配合协作的能力</td></tr>
<tr><td>客户服务导向</td><td>3.8</td><td>15%</td><td>0.57</td><td>整个面试过程中应聘者表现出良好的态度与情绪控制力，对处理客户关系的问题上也能体现出“客户至上”的精神，敢于主动承认错误，但也可以观察到其内在情绪的不稳定性，可能影响到以后办事的效果与积极性</td></tr>
<tr><td>解决问题能力</td><td>3.2</td><td>10%</td><td>0.32</td><td>在应对处理紧急事务的假设性问题时，应聘者表现沉着冷静\有条不紊，但宁可自己掏钱来解决问题的行为选择，固然精神可嘉，实际上是对通过自身能力这一途径来化解争端的否定</td></tr>
<tr><td>外语水平</td><td>2.4</td><td>5%</td><td>0.12</td><td>通过 CET-6 表明其拥有良好的英语阅读、书写能力，但通过运用英语进行的自我介绍，可以看出在口语表达上还有欠缺</td></tr>
<tr><td colspan="6">面试综合评价</td></tr>
<tr><td>优点</td><td colspan="5">举止稳重大方，表达能力强，思维敏捷，反应迅速并能在一定程度上控制表面情绪；对人坦诚热情，工作认真，具有责任意识，沟通协调能力较强，乐于帮助他人并具备自我认知能力和积极向上的精神</td></tr>
<tr><td>缺点</td><td colspan="5">缺乏工作经验和社会阅历，对旅游业相关知识熟悉程度有限；工作主动性欠缺；处理人际管理方式不老练，缺乏个性与领导能力；内在情绪稳定性一般，容易受环境变化而影响到个人心情；不擅长自我职业设计，求职动机不明确。</td></tr>
<tr><td>录用意见</td><td colspan="5">1．立即录用（ ）原因：
2．有条件录用（ √ ）原因：
该应聘者虽然在许多方面超过了该岗位的基本胜任要求，但在诸如情绪稳定、客户服务导向等重要的胜任力方面还有一定的差距。考虑到作为应届生，可塑性强，故建议给予一定的培训与适应时间，在试用期期间注意其在本岗位的发展潜力
3．拒绝（ ）原因：</td></tr>
<tr><td colspan="6">面试考官签名：李 ×× 王 ×× 路 ×× 日期：2011 年 7 月</td></tr>
<tr><td colspan="3">公司地址：</td><td colspan="3">咨询电话：6503××</td></tr>
</table>

（三）无领导小组讨论测评报告

撰写无领导小组讨论测评报告的依据主要来自于讨论现场的观察与记录，讨论结束后，应在最短时间内对被测评者进行评价。如果限于测评现场状况而无法进行及时评价，那就应该对每一场无领导小组讨论进行录像，为以后的评价提供画面回放，使评价保持准确性。下面为无领导小组讨论测评报告样例。

无领导小组讨论测评报告

测评编号：2015060030

姓名：冯 ××

本次测评的目的是为了了解被测评者在沟通能力、合作意识、分析能力和组织协调能力等 4 个方面的表现，为人才选拔提供信息。

一、测评项目

无领导小组讨论是一种可信度较高的测评形式，经常用于人才招聘与培训中。通常这样一种对真实情境的模拟测评，能够考察被测评者某些能力所达到的程度，如影响力、组织能力、决策能力、表达能力、沟通能力、合作意识等。

二、测评分数与分析

根据被测评者在此次无领导小组讨论中的行为表现，所得分数如图 10-4 所示。

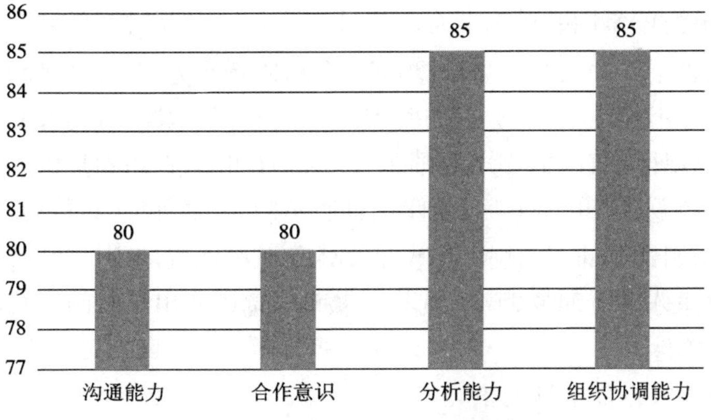

图 10-4　测评结果分析

1. 沟通能力

语言表达准确，用词符合人际沟通环境，发言积极主动，能积极提出自己主张，肯定别人意见。但说服技巧尚有欠缺，发言多但有效发言比率还应提高。

2. 合作意识

注意倾听别人意见，不随意打断，能较好地处理讨论分歧，言语有一定的亲和力，能顾全大局放弃自己的观点。对他人的意见有时没有足够重视及理解，出现了几次误解。

3. 分析能力

陈述观点时有理由，阐述理由时较全面，有大局观，当讨论出现分歧时，能分析各利益点，提出解决问题的方法，但对问题的分析深度尚显不够，相关专业的知识面还需进一步拓展。

4. 组织协调能力

保持讨论和谐进程，主动协调各方意见，有控制时间的意识，对目标实现起到核心组织作用，但自主意识过强，没能很好采纳各方面的意见，影响了完成任务的效率。

三、结论

被测评者在无领导小组讨论中的能力表现属于良好水平，很自信，整体观念强，在讨论中发挥了很好的组织协调作用，但在与人沟通时不够成熟，以自我为主的意识较强。建议增强人际沟通与业务管理两方面的技巧培训。

声明

所得成绩来源于被测评者在测评中的基本表现、与他人的比较及现场参与程度，由于各种原因可能会影响被测评者的表现。本次测评结果仅供参考。

本报告所含信息属于保密，未经测评对象本人同意不得泄露给其他人员。

（四）文件筐测验报告

文件筐测验报告的撰写主要依据被测评者对每个文件进行处理的意见及理由，然后对照“文件筐测验维度评分表”进行评分。相对其他测评形式，文件筐测验的评分难度更大，主观性也更强。这是因为每个被测评者处理的意见及理由不尽相同，对此判断需要依赖主观思考。不同测评者对同一被测评者处理的意见及理由的看法存在差异，会影响到评分的一致性。这也是文件筐测验面临的一个最大问题。所以，对文件筐测验的评分需要更多测评者对同一被测评者进行共同评分，以减少误差，保证测评报告的准确性。

文件筐测验报告样本见表 10-8。

表 10-8　文件筐测验报告

测评编号	被测评者	性别	年龄	教育程度	测评时间
LXF060307	张 ×	男	30	硕士	2008-06-30

本次测评的目的是为 ×× 公司招聘财务经理，测评指标根据岗位胜任能力分析设定。具体指标有：执行能力，组织协调，决策与授权，团队管理，人际沟通。文件筐

测验可以通过对管理工作实际内容的模拟，考察被测评者在处理具体业务中的表现，可在很短的时间内全面、准确地掌握被测评者的能力、潜能以及个性心理特征。

本测评报告所显示的结果可作为招聘决策的参考，建议结合履历分析、面试、无领导小组讨论等测评方式综合考虑。测评结果见表 10-9 和表 10-10。

本报告注意保存，未经授权及本人同意不得传阅，以免产生不必要的法律问题。

表 10-9 测评结果

<table>
<tr><td colspan="6">指标得分</td><td>加权总分</td></tr>
<tr><td>组织协调能力</td><td>人际沟通能力</td><td>团队管理能力</td><td>执行能力</td><td>决策与授权能力</td><td>财务管理 知识与能力</td><td rowspan="2">8.02</td></tr>
<tr><td>7.90</td><td>7.65</td><td>7.60</td><td>8.60</td><td>8.90</td><td>8.20</td></tr>
</table>

该被测评者的组织协调能力良好，能理解相关职能部门的职责并加以组织规划，协调时注意组织形象，适当调用各资源，但对协调后的跟踪和反馈力度不够。

人际沟通意识较强，语言表达能促成有效沟通，同时注意对信息作出相应的反馈。有一定的危机意识，注意内外部沟通的有效性和长远性，但沟通技巧不够完美。

有较好的团队管理能力，团队目标明确，适时纠正团队存在的问题并能从事实出发，采取一定的措施，但力度不够，没能很好关注团队管理措施实施的成效。

执行能力表现良好，能把握文件的轻重缓急，提出可行性方案并加以执行，执行的有效性和灵活性强，善于控制时间节点，有监督计划实施的具体方法。

决策与授权能力出色，分析清晰，决策果断，有完整的决策程序，授权意识强，能为下属提供明确的指导性建议并提出相应的监督措施。

具备良好的财务管理知识与能力，基础扎实，运用灵活，判断准确，既注重原则又不脱离实际。

表 10-10 测评结果分析

<table>
<tr><td rowspan="3">录用建议</td><td colspan="8">被测评者对于财务经理职位</td></tr>
<tr><td>最适合</td><td></td><td>适合</td><td></td><td>较适合</td><td></td><td>不适合</td><td></td></tr>
<tr><td colspan="8">说明：
该被测评者的执行能力、决策授权能力和专业知识均表现良好，组织协调能力、人际沟通能力、团队管理能力符合职位的基本要求；作为财务经理，还需要进一步提升沟通技巧，提高人力资源管理能力。如果录用，建议上岗前给予针对性的培训。</td></tr>
<tr><td colspan="9">××职业咨询公司
公司地址： 咨询电话：5418××</td></tr>
</table>

复习思考题

1. 测评结果的分析方式有哪些？
2. 测评报告的形式有哪些？
3. 一项完整的测评报告包括哪些内容？
4. 如何制定一份完整的人才测评方案？

阅读资料

个人评价报告样例

表 10-11 李 ×× 个人基本信息 单位：分

姓名：李 ××	性别：男	年龄：38	学历：硕士	专业：MBA
应聘职位：总经理		现工作单位及职务：某投资公司总经理		

（1）基本职业素质

职业基本素质较好，尤其对英语的理解运用能力十分突出。

汲取新知识的能力很强，能够敏锐的分析问题，判断十分准确。思维有时不够灵活，运用语言表达和交流想法的能力胜于对数量关系的把握，抽象逻辑思维能力不够理想。图表知识较为缺乏，理解图表含义存在困难。

经济学专业知识基础比较扎实，具有较好的覆盖面。英语水平很高，运用英语进行交流的能力很强。

（2）管理素质

管理素质良好，具有较强的管理能力和水平，熟悉企业运作和管理，敢于负责。决策果断，但有时显得比较冲动。

市场分析和风险分析能力较好，具有风险防范意识；具备必要的财务知识，财务分析能力较强；具有资金运作经验和良好的资金运作能力；具有较好的业务知识基础和运作业务知识解决问题的能力。

能够迅速准确地把握复杂事物的内在关系，能从纷乱的现象中发现问题的本质，找到问题的症结，能够在综合判断分析的基础上，权衡各种问题的解决方案并作出最优选择。

计划意识较强，做事具有明确的目标，能够权衡事情的轻重缓急，十分重视实现目标的方法步骤并能采取有效的方法手段促进目标的实现。

具有良好的组织能力。十分重视资源的高效利用和挖掘，会授权部属协调解决问题，具有利用部属之长的经验与能力，能够有效调动部属的积极性。

在控制方面，尚能争取主动、预留余地，注意了解所采取的方案、行动或措施的后果，尚能重视成本和风险的监控，具有一定的风险意识。

注意协调各种矛盾和冲突，能够促使部属团结和合作，个人利益与集体利益结合较好。

语言表达比较准确，但条理不够清晰，不能简明扼要、富有逻辑性地表达自己的想法。具有倾听他人讲述的能力，能了解讲述者的想法和感情并迅速作出恰当的回应，多数情况下能实现与对话人的良好沟通。

（3）人格特点

为人乐观、坦诚待人、乐于与人相处，有时由于过度重视人际关系而忽略组织目标。判断和处理所获信息时，不能有效排除感情因素，决策带有个人好恶色彩；能够有效执行既定的计划，完成任务；能在紧张的环境中保持情绪稳定。

追求成功，但缺乏强烈的竞争意识；敢于承担失败的责任；对权力缺乏强烈的追求；具有强烈的亲和力，努力维持良好的人际关系。

被测评者测评成绩包括成绩总览（见表 10-12）和单项测评成绩。其中，单项测评成绩又包括业务能力的单项成绩（见表 10-13）、管理素质的单项成绩（见表 10-14）和人格特点的单项成绩（见表 10-15）。

表 10-12 李 × × 测评成绩

测评项目	成绩	最低成绩	最高成绩	平均成绩	名次
专业考试	82.5	66.5	108.0	84.75	5
英语考试	131.0	88.0	131.0	113.75	1
英语口语	10.0	2.0	10.0	5.63	1
无领导小组讨论	61	53.4	65.8	61.29	6
文件筐测试	78.0	50.0	95.0	71.63	4
面试	64.53	50.6	69.8	59.53	3

资料来源：寇家伦 .HR 最喜欢的人才测评课 [M]. 广州：广东旅游出版社，2014.

表 10-13 业务能力的单项成绩

测评项目	成绩	最低成绩	最高成绩	平均成绩	名次
市场分析	44.6	37.6	50.0	44.6	5
风险分析	45.4	37.4	51.0	46.2	6
财务分析	22.6	16.6	44.4	28.4	7

续表

测评项目	成绩	最低成绩	最高成绩	平均成绩	名次
资金运作	8	3	28.6	11.4	5

资料来源：寇家伦 .HR 最喜欢的人才测评课 [M]. 广州：广东旅游出版社，2014.

表 10-14　管理素质的单项成绩

测评项目	成绩	最低成绩	最高成绩	平均成绩	名次
计划能力	8	7	10	8.2	4
控制能力	22.6	19.8	26.4	23.4	7
组织能力	9	3	10	7.1	3
判断与决策能力	48.43	43	52.5	48.2	4
表达与沟通能力	39.48	35	41.8	39.6	6
协调与合作能力	22.4	16.8	24.6	21.1	3

资料来源：寇家伦 .HR 最喜欢的人才测评课 [M]. 广州：广东旅游出版社，2014.

表 10-15　个人特点的单项成绩

测评项目	成绩	最低成绩	最高成绩	平均成绩	名次
风险意识	7	3	10	6.88	4
求实精神	22.68	21.6	25.8	23.95	7
责任心	13.6	13.6	16	14.75	8
人格魅力	23.7	21	25.8	23.81	5
在职匹配程度	55.8	21	55.8	26.93	1

资料来源：寇家伦 .HR 最喜欢的人才测评课 [M]. 广州：广东旅游出版社，2014.

案例分析

小李是某大学中文系大四学生，他学习成绩优秀，社会工作能力比较强，在系里担任学生会主席，马上要毕业了，为了自己的将来，他也和其他同学一样开始了奔忙。有很多单位都在招人，面对各个招聘单位，选择着各种工作，他不禁困惑："我到底应该去哪个公司呢？好像我干什么都可以，但是到底干什么最能发挥我的特长呢？我究竟适合什么样的工作呢？"

不仅小李有着这样的困惑，很多和他一起面临毕业找工作问题的同学也有着这种烦恼。他们虽然在大学学习了 4 年，但对自己、对社会的了解都不多，在这人生的十字路口，难免会迷失。为此，小李找到了职业介绍中心的指导老师赵老师，赵老师听完小李的述说，便建议他接受心理测试，通过测量来全面了解自己各方面的素质，以便有针对性地找工作。

小李一听也让他做心理测验，不禁兴奋了起来：“好呀！我早就听说心理测验可以帮助人了解自己，找到适合自己的工作，我马上就做。”看到小李高兴的样子，赵老师很快就安排他做了一般职业能力测验、求职者多项人格测验以及职业兴趣测验。几天之后小李拿到了一份这样的测评报告。

测评报告

1. 职业能力

智力水平较高，在同等年龄人群中处于 1.5 个标准差以上，文字表达能力较强，思考问题有逻辑性，决断力强。

2. 人格特征

（1）责任感很强，能按时完成分内工作，在工作中积极主动，懂得激励自己并愿意监督他人工作。

（2）情绪稳定性较高，大部分情境下心平气和，能够很好地控制自己，保持冷静，但在巨大的压力下，容易焦虑。

（3）乐群，喜欢与人交往。看重与他人建立并保持融洽、和睦的关系，在处理人际问题时，表现出有耐心、容忍、不急躁，希望给人留下良好的印象，但有时显得自以为是，不能很好地接纳他人的意见。在团队中愿意充当领导者。

3. 职业兴趣

兴趣以社会型、企业型和艺术型为主。

看完这份测评报告，小李不由得又是一头雾水。这都是什么呀？对自己每个方面都有些描述，但是大部分描述自己都看不太懂。什么叫“在同等年龄人群中处于 1.5 个标准差以上”？“社会型、企业型和艺术型”又都是什么呢？这样的结果对自己找工作又有什么样的帮助呢？难道心理测验最终给人的就是一团雾水吗？

资料来源：http://info.psychcn.com//enpsy//200111/284931345.shtml.

问题：1. 为什么小李看了测评报告感觉一头雾水？

2. 小李的测评报告存在什么问题？

3. 这个案例给我们什么启示？

第十一章　录用与评价

【学习目标】

通过本章的学习,理解招聘评估的指标体系;了解录用决策的方法、背景调查的内容;掌握新员工入职的程序。

【引导案例】

天诚公司失败的招聘

天诚公司是一家发展中的公司,随着生产规模的扩大,为了对生产部门的人力资源进行更为有效的管理,公司决定在生产部设立一个处理人事事务的职位,主要工作是协调生产部与人力资源部的工作。人力资源部经理王量、生产部经理李初对应聘者进行了筛选,最后留下了两人,这两个人的简历及具体情况如下。

赵安,男,32岁,企业管理硕士学位,有5年人事管理及生产经验,在以前所从事的两份工作中均有良好的表现。

面谈结果:可录用。

钱力,男,32岁,企业管理学士学位,有7年人事管理及生产经验,以前曾在两个单位工作过,第一个单位的主管对他评价很高,没有第二个单位主管的评价资料。

面谈结果:可录用。

看过上述资料和进行面谈后,生产部经理李初与王量商谈何人可录用。李初说:"两位候选人的资格审查都合格了,唯一存在的问题是,钱力的第二位主管给的资料太少。虽然如此,我也看不出他有什么不好的背景。你的意见呢?"

王量说:"很好,李经理,显然你我对钱力的面谈表现都有很好的印象,人嘛,有点圆滑,但我想我会容易与他共事,相信在以后的工作中不会出现大的问题。"

李初说:"既然他将与你共事,当然由你作出决定更好,明天就可以通知他来工作。"

于是,钱力被公司录用了。进入公司6个月以后,钱力的工作成效远远达不到公司的要求,对指定的工作,他经常不能按时间完成,有时甚至表现出不能胜任工作的行为,引起了管理层的抱怨。显然,钱力不适合此职位,必须另找人选。

第一节　录用决策

录用阶段是组织招聘工作的重要环节，企业通过一系列测评后，对合适的人选作出录用决策，这个决策常常是最难做的，因为它关系到整个招聘工作的成败。

一、录用决策

(一)录用决策的标准

人员录用应参照一定的标准才能保证招到的人既能满足岗位需要，又能适应企业文化。在录用决策时应参照以下标准。

1. 人员标准

通过各种测评方法所得到的测评分数和通过各种渠道所获得的信息即录用决策的依据。在录用决策时，根据应聘者测评得分最高的一项为其安排职位。

2. 岗位标准

录用决策前，招聘者要收集目标岗位信息，以岗位为标准，按照岗位要求选拔最适合的人选来录用。

3. 双向选择标准

单纯以人为标准和以岗位为标准进行人员选拔都有其不足之处。因此，要将二者结合起来使用，即以双向选择为标准。这样选择的结果可能并不是让最好的人去做每一项工作，也不是把每个人都安排到其得分最高的职位上去。但因为平衡了两方面的因素，又比较现实，因此，总体上看，效果是最好的。

表 11-1　10 位应聘者在 5 种岗位上的综合测评得分

岗位＼应聘者	A	B	C	D	E	F	G	H	I	J
1	4.5	3.5	2.0	2.0	1.5	1.5	4.0	2.5	2.0	1.0
2	3.5	3.0	2.5	2.5	2.5	2.0	3.5	2.0	2.5	0.5
3	4.0	2.0	3.5	3.0	0.5	2.5	3.0	3.0	1.0	1.5
4	3.0	2.0	2.5	1.5	2.0	2.0	3.5	2.0	0.5	0.5
5	3.5	4.5	2.5	1.0	2.0	2.0	1.5	1.5	1.0	0.5

假设岗位 1、2、3、4、5 所需的最低测评分数分别为 3.5、2.5、2.5、3.0、3.5，要从这 10 位应聘者中选出 5 个人来担当不同的岗位，那么依据双向选择为标准的岗位配置结果见表 11-2。

表 11-2 以双向选择为标准岗位配置结果

岗位＼应聘者	A	B	C	D	E	F	G	H	I	J
1	4.5	3.5	2.0	2.0	1.5	1.5	4.0	2.5	2.0	1.0
2	3.5	3.0	2.5	2.5	2.5	2.0	3.5	2.0	2.5	0.5
3	4.0	2.0	3.5	3.0	0.5	2.5	3.0	3.0	1.0	1.5
4	3.0	2.0	2.5	1.5	2.0	2.0	3.5	2.0	0.5	0.5
5	3.5	4.5	2.5	1.0	2.0	2.0	1.5	1.5	1.0	0.5

根据测评结果只能是岗位 1 配置人员 A，岗位 2 配置人员 E 或 I，岗位 3 配置人员 C，岗位 4 配置人员 G，岗位 5 配置人员 B。其录用人员的平均得分为（4.5+4.5+3.5+3.5+2.5）/5=3.7。

（二）录用决策方式

1. 多重淘汰式

多重淘汰式是指在人员招聘选拔过程中采用了多种测评方法，每种测评方法依次进行，而且每种测评方法都具有淘汰性，应聘者只要在一种测评中没有达到要求或标准即被淘汰。应聘者要想通过筛选必须在每种测评中都达到要求。最后，通过全部测评者，再按最后综合分数排出名次，择优确定录用名单。

2. 综合补偿式

综合补偿式是不同测评的成绩可以互为补充，最后根据应聘者在所有测评中的总成绩作出录用决策。如分别对应聘者进行笔试与面试，再按照规定的笔试与面试的权重比例，综合算出应聘者的总成绩，决定录用人选。

3. 结合式

结合式是在选拔过程中的测评方法由淘汰性测评和补充性测评共同组成，测评的顺序是首先进行淘汰性测评，再进行补充性测评。淘汰性测评中，有一项不通过者即被淘汰，淘汰性测评全部通过者再进行补充性测评。最后综合应聘者的总成绩，决定录用人选。

（三）录用决策方法

录用决策的质量与两个要素有关：一是与录用决策有关的信息的准确性；二是对有关资料分析的正确性。在这两个要素中，信息的准确是基础和基本要求，没有准确的信息资料，再好的分析方法也不能取得好的结果，而准确的信息又来自于对信息的有效收集与整理。同时，分析也很关键，没有正确的分析方法，再准确的信息也只能导致错误的决策。

1. 经验法

经验法是招聘者根据自己的经验对各种信息凭直觉进行判断。这种方法整体性较强，招聘者能够从整体上对各种因素进行综合考虑，不仅考虑了各要素的相对重要性，而且考虑了各因素之间的相互关系。

2. 成绩评定法

成绩评定法是根据测评对象的测评成绩高低进行人员录用的方法。成绩评定时采用将各测评结果乘以权重，然后再相加得到总分的方法。

另外，成绩评定法也可以将各测评结果分为 2 个等级：合格与不合格，无论多少项测试，只要有一项不合格，被测评者即被淘汰。这种方法比较适用于各种测试不具有互补性的情况，其最大优点是计算简便、操作简单；缺点是对各项指标均合格的可接受人选，没有进行排名，在名额有限的情况下，无法选出最佳人选。

3. 群体决策法

群体决策法是为了充分发挥集体的智慧，由多人共同参与决策分析并制定决策的方法。参与决策的人构成了决策群体。决策群体的成员为相关专业领域的专家及企业内部有关部门的负责人。由于成员的专业背景、工作经验不同，为决策提供了更多的意见和信息，因而能使企业从不同的角度对应聘者进行评估，这在一定程度上削弱了决策者的主观因素对决策结果的影响，提高了招聘决策的客观性。

随着企业招聘管理工作的不断完善，录用决策的方法也在不断完善，除了以上几种招聘录用决策方法外，还存在一些其他的录用决策方法。无论选择哪种录用决策方法，企业都需结合自己的实际情况有针对性地选择，以保证录用决策的有效性。

（四）录用决策应注意的问题

一个录用决策的正确性受多种因素影响，其中除了信息的准确、方法的正确外，还要注意以下几个问题。

1. 录用适合岗位要求的人

企业在录用决策时，一定要把握这样一个原则：录用最合适的人，而并非最优秀的人。因为一个优秀的求职者如果承担了一项远低于其能力的工作，工作本身不能给他 / 她带来价值感和成就感，就不会安心工作，有可能短时间内离职，这对企业和个人都是一个损失。因此，在录用决策时，一定要根据岗位的要求和特点，招聘合适的人，而不是把标准定得过高，录用最优秀的人。

2. 留有备选人员

企业在录用决策时，一定要给录用决策工作做好后期的准备，因为后面还需要对初步录用人员进行背景调查，还会与他们进行进一步的面谈。如果在背景调查或面谈时发现不合格者，那么企业就要重新进行选择，所以，在备选名单中一定要留有备选人员并且对备选人员排个顺序，为顺利录用做好准备。

3. 尽快作出录用决策

企业在录用决策时，审慎是必要的，但一旦有了意向就要尽快作出决定，否则可能出现人才在漫长的等待中花落别家的情况，因此，在人员测评结束后要尽快作出录用决策。

二、背景调查

(一)背景调查概念

背景调查(background check/reference check)是指企业通过各种合理合法的途径，来核实求职者的个人履历信息真实性的过程，它是保证招聘质量的重要手段之一。员工背景调查是舶来品，在欧美国家比较盛行。近几年，员工背景调查也逐渐在中国流行起来，通过搜索相关信息来核实求职者提供的个人资料的真伪，这是企业精选人才、降低用工风险的有效方法。通过背景调查，可以核实求职者的真实身份、教育经历、工作经历和工作能力等情况，为企业挑选合适人才和优秀人才提供保障，避免不必要的用工成本和用工风险。

(二)背景调查内容

我国《劳动合同法》规定，用人单位有权了解与劳动合同直接相关的劳动者的基本情况，劳动者对此应当如实说明。这一规定对用人单位进行员工背景调查作了明确的内容限制，用人单位在进行背景调查时，注意调查范围设定要合理，不能过宽，也不能过窄。设定过宽，就会突破法律的限制，构成违法调查；设定过窄，很有可能达不到背景调查的目的。具体背景调查内容范围包括以下几个方面。

1. 基本信息

基本信息主要包括求职者的姓名、性别、年龄、身份证号码、曾用名、有无犯罪记录、户籍所在住址、经常居住地址、有效联系方式和主要家庭成员构成状况等信息。核查求职者的基本身份信息对于用人单位来说，有两方面的意义：①用人单位可以最大限度地避免求职者利用虚假信息对用人单位进行欺骗；②用人单位在某些特殊情况下能够拥有比较可靠的联系方式，以便联系求职者或者向求职者发送各种法律文书。不过，用人单位在进行求职者基本信息调查时，需要保护求职者的隐私权不受侵犯。

2. 受教育情况

受教育情况主要包括求职者接受教育和培训的主要经历和学习效果。用人单位一般会了解以下两方面内容：①求职者的毕业院校、所学专业、入学时间、毕业时间、学历证书和学位证书等信息；②求职者的职业和岗位培训经历、职业技能证书和其他证书以及获得的奖励等信息。

3. 工作经历

工作经历主要包括求职者的工作变动、历来的工作表现和工作能力等情况。用人单位可以对以下信息进行较为深入的调查：①求职者从事的每份工作开始和结束的时间、职务、基本职责、工作表现、工作单位的评价、主管的姓名与职务以及离职后的经济补偿等情况；②求职者是否与其他用人单位仍有未到期的劳动合同；③求职者是否属于法律规定的用人单位不得招聘的人员。

4. 身体健康状况

用人单位在工作前对求职者进行常规的身体检查和适当的职业病检查是十分必要的。如果用人单位没有对求职者进行健康检查，求职者患有不适合工作的疾病时，用人单位是不能以欺诈为理由解除求职者的劳动合同的。如果用人单位不能够证明求职者的职业病是先前用人单位的职业病危害造成的，造成职工职业病的责任就要由用人单位自行承担。

5. 与劳动关系相关的其他基本情况

这主要包括求职者的个人诚信状况和社会保险信息。个人诚信状况主要包括个人资信状况、人品、个人忠诚度等。个人诚信状况一般难以准确核实，但是核实个人诚信状况的意义非常重要。社会保险信息用于了解劳动者缴纳社会保险的情况，包括社会保险号、投保状态、保险账户等信息。社会保险信息对于用人单位核实劳动者的劳动关系状况有重要意义。

（三）背景调查的材料及方法

背景调查主要借助申请表、履历表和人事档案等材料，在这些材料中记录着求职者的教育经历、工作经历、家庭状况、社会关系、组织评价等信息。

背景调查的方法有很多，包括电话、访谈、要求提供推荐信等。背景调查核实也可以委托调查代理机构进行，这些代理机构通过对应聘者过去的雇主、邻居、亲戚和证明人的书面或口头上的沟通来收集资料。

表 11-3　背景调查表

<table>
<tr><td>被调查者姓名</td><td></td><td>应聘岗位</td><td></td><td>调查时间</td><td></td></tr>
<tr><td></td><td></td><td>工作经历调查</td><td></td><td></td><td></td></tr>
<tr><td>被调查公司</td><td></td><td>联系人</td><td></td><td>联系方式</td><td></td></tr>
<tr><td colspan="6">您好：
我公司需要证实一下贵公司前员工　　女士 / 先生提供的信息。他（她）正在申请到我公司工作，希望贵公司能配合我们的工作。
谢谢！</td></tr>
<tr><td colspan="6">1. 该员工在贵公司的工作时间是从什么时间至什么时间？</td></tr>
</table>

续表

2. 该员工在贵公司担任何种职务？主要工作职责有哪些？
3. 该员工在工作期间表现如何？
4. 该员工在工作期间与同事和上司关系如何？有无相关奖惩？
5. 该员工工作期间的薪水是多少？
6. 该员工离职的原因是什么？
7. 如果从整体表现上给该员工打分，10 分为满分，贵公司会给该员工打几分？
非常感谢您的配合。您还有其他情况需要补充吗？

第二节　入职与培训

一、员工入职

录用决策确定后，接下来就要为拟聘人员办理入职手续。一般来说，办理入职要以下几个步骤。

（一）通知录用人员

录用决策一旦确定后，一定要通过书面或其他方式通知所有应聘者，既要通知录用人员，也要通知未被录用人员。

通知录用人员时，要注意通知使用的语言要亲切、热情，使录用人员感觉受到尊重和欢迎。在录用通知书中，应该讲清楚什么时候报到，在什么地点报到，应附上如何抵达报到地点的详细说明和其他应该说明的信息。

录用通知书

先生 / 女士：

您应聘本公司　　职位，经面试考核通过，依本公司任用规定予以录用。现热诚欢迎您加入本公司的行列。有关报到事项如下，请参照办理。

报到日期：　年　　月　　日前。

地点：

报到时需携带的资料：

1. 录取通知书
2. 居民身份证原件
3. 最高学历证书原件
4. 资历、资格证书（或上岗证）
5. 体检报告
6. 一寸照片 3 张

按公司规定，新进员工需试用 3 个月，试用期薪资　　元。

以上事项若有任何疑问或困难，请与公司人力资源部联系。电话：××××××

×××公司人力资源部
年　月　日

没有被企业录用的人员也要及时向其发出谢辞通知，这个通知可以是书面形式，也可以是电话形式。需强调的是，谢辞通知书要以委婉的方式说明对方未被录用的原因，这是对未被录用者的尊重。

谢辞通知书

先生 / 女士：

非常感谢您应聘我公司　　职位，您应聘时的表现良好，给我们留下了深刻的印象，但由于此次招聘名额有限，暂不能录用，请多谅解。

我们已经将您的有关资料备案至人才库，如有新的职位，会再与您联系。再次感谢您对我们公司的关注，祝您早日找到理想的工作。

×××公司人力资源部
年　月　日

（二）体检

入职体检不同于一般的身体健康检查，它包括健康检查、身体运动能力测试。企业员工不仅要有健康的体魄，而且必须具备一定的运动能力。体检的主要目的是确定应聘者的身体状况是否能够适应工作的要求，特别是能否满足工作对应聘者身体素质的特殊要求。体检还可以降低缺勤率和事故率，发现员工可能不知道的传染病。

（三）录用面谈

新员工录用面谈是指在签订劳动合同之前，企业与员工之间更深层次的交谈。面试过程中，企业对应聘者可能了解得并不全面，有些信息可能没有涉及，比如求职者的家庭情况、思想顾虑、有无经济负担等，通过录用面谈可以加强企业对求职者的了解。另外，通过面谈，可以向新入职人员介绍企业目前经营状况、规章制度、薪酬福利待遇、企业文化等，可以使求职者对即将工作的企业和岗位有更深的了解，做好心理准备，便于新员工在走上工作岗位后能快速适应企业环境和工作岗位。

录用面谈执行者的人选要根据录用岗位权级高低来确定。通常高级管理人员的面谈，由总经理、人力资源专家顾问来执行；中层管理人员的面谈由公司的分管领导来执行；基层管理人员的面谈由部门主管或分管领导来执行；普通员工的面谈由人力资源部主管来执行。无论谁来执行录用面谈，都要遵循一个原则，即尽量营造一个轻松愉快的氛围，有利于面谈双方的相互了解，以为今后在工作中的愉快合作打下基础。

（四）签订劳动合同

签订劳动合同就是组织与新入职员工以契约的方式确定双方的责任、权利和义务的过程。签订劳动合同是录用过程中最重要也是最需要谨慎的环节。劳动合同一般由用人单位拟订，合同内容通常包括以下内容。

（1）劳动合同期限，即劳动合同的有限时间。劳动合同的期限包括固定期限、无固定期限和以完成一定的工作任务为期限等 3 种形式。

（2）工作内容，即劳动者在劳动合同有效期内所从事的工作岗位（工种）以及工作应达到的数量、质量指标或者应当完成的任务。

（3）劳动保护和劳动条件，即为了保障劳动者在劳动过程中的安全、卫生及其他劳动条件，用人单位根据国家有关法律法规而采取的各项保护措施。

（4）劳动报酬，即在劳动者提供了正常劳动的情况下，用人单位应当支付的报酬。报酬含义较广，包括工资、福利、休假、职业培训等。

（5）劳动纪律，即劳动者在劳动过程中必须遵守的工作秩序和规则。

（6）劳动合同终止的条件，即除了期限以外其他由当事人约定的特定法律事实，这些事实一旦出现，双方的权利义务关系即刻终止。

（7）违反劳动合同的责任，即当事人不履行劳动合同或者不完全履行劳动合同所应承担的相应法律责任。

劳动合同签订时，除了上述法定的必备条款外，当事人可以协商约定其他内容。协商约定的内容是劳动合同中的约定条款，这些条款是合同当事人自愿协商确定的，而不是法定的。

阅读资料

劳动合同书

甲方：　　　　　　　　　　　　　　乙方：

单位地址：　　　　　　　　　　　　性别：

用工登记证编号：　　　　　　　　　身份证号码：

甲方(单位)因生产(工作)需要，按照国家、省、市有关劳动法律、法规、规章规定，聘用乙方为劳动合同制员工。双方本着平等自愿、协商一致的原则，签订本合同，确立劳动关系，明确双方的权利、义务并共同遵守履行。

一、合同期限

本合同自甲乙双方签订之日起生效。经甲、乙双方商定，本合同有效期为无固定期限。本合同只可因甲方生产经营发生变化或在定期考核中发现乙方未能认真履行本合同规定的劳动义务而依法予以终止。

二、工作时间

(一)甲方实行8小时工作制。

(二)甲方可以报经劳动行政部门批准实行不定时工作制或综合计算工时工作制。

(三)乙方在合同期内享受国家规定的节假日、公休假日及年休假、探亲、婚丧、产假、女员工劳动保护等假期的待遇。

三、劳动报酬

(一)乙方工资分配形式及标准：甲方按照政府有关企业员工工资不得低于本地区最低工资标准的规定制定本企业工资制度，确定乙方工资发放形式和工资标准。

(二)甲方应按月如期发放工资。如遇节假日或休息日，应提前在最近的工作日支付工资。

(三)乙方在法定工作时间内依法参加社会活动期间，以及依法享受年休假、探亲假、婚假、丧假、产假、女员工劳动保护假期间，甲方应按不低于本企业工资制度确定的工资标准支付给乙方。

四、保险福利待遇

(一)在合同期内，甲、乙双方需按照国家及省、市有关规定，缴纳基本养老保险、失业保险和工伤保险等各项社会保险，同时甲方应定期向乙方通告社会保险的缴纳情况。

(二)乙方患职业病或因工负伤医疗期间的保险福利待遇，甲方按本地区有关工伤保险规定执行。医疗期终结，经专业劳动鉴定委员会确认，属完全丧失劳动能力的，由甲方按规定给予办理提前退休；属部分丧失劳动能力的，按本地区有关规定执行。

（三）乙方其他各种福利待遇按甲方依法制定的制度执行。

五、劳动保护和劳动条件

（一）甲方执行国家有关劳动保护规定和标准，切实保护乙方在生产、工作中的安全和健康。

（二）甲方按国家“先培训后上岗”的规定对乙方进行安全生产知识、法规教育和操作规程培训以及其他的业务技术培训。乙方应参加上述培训并严格遵守其岗位有关的安全法规、规章、制度和操作规程。

（三）甲方根据乙方从事的工作和有关规定，发给乙方必需的劳动保护用品，按劳动保护规定定期免费安排乙方进行体检。

六、续订、变更、解除、终止劳动合同

（一）有下列情形之一的，劳动合同即告终止：

1. 乙方达到法定退休年龄的；

2. 乙方被宣告死亡的；

3. 乙方被批准自费出国留学或出境定居的；

4. 甲方被依法撤销、解散、歇业、关闭，宣告破产的；

5. 本合同约定的终止条件（事件）已经出现的。

（二）本合同经甲、乙双方协商一致可以解除。

（三）有下列情形之一的，甲方可解除劳动合同：

1. 乙方严重违反劳动纪律及甲方依法制定的规章制度；

2. 乙方严重失职、营私舞弊、对甲方利益造成重大损害的；

3. 乙方的行为按照国家的法律、法规规定被追究刑事责任的；

4. 乙方不能胜任工作，经培训或调整工作岗位仍不胜任工作的。

（四）有下列情形之一的，乙方可随时解除劳动合同：

1. 在试用期内，经国家有关部门确认，甲方劳动安全卫生条件恶劣，没有相应保护措施，严重危害乙方安全健康的；

2. 甲方不能按劳动合同规定支付劳动报酬的；

3. 甲方不按规定为乙方办理退休手续的；

4. 甲方以暴力、威胁或者非法限制人身自由的手段强迫乙方劳动的；

5. 甲方故意不履行劳动合同，严重违反国家法律、法规，侵害乙方其他合法权益的。

（五）乙方非依据本合同规定解除劳动合同，应提前 30 天以书面形式通知甲方。但不免除乙方应依约承担的责任。

（六）有下列情形之一，甲方不得解除劳动合同：

1. 乙方患职业病或因工负伤，医疗终结期内，或医疗终结后经市、县级医务劳动鉴定委员确认属大部分丧失劳动能力的；

2. 乙方患病或非因工负伤，在规定的医疗期内或医疗期虽满但仍需住院治疗的；

3. 符合计划生育政策的女员工在孕期、产假期、哺乳期内的；

4. 乙方经批准享受法定假期，在规定期限内的；

5. 符合国家、省、市有关规定不得解除劳动合同的。

（七）除试用期内或员工被违纪辞退、除名、开除及本合同另有其他特别规定等情况外，甲乙双方解除本合同，必须提前一个月书面通知对方。提前时间不足者，按相距的实际天数，以乙方当月工资收入的日平均数额计算补偿给对方。

（八）若本合同终止或解除，乙方应将合同履行期内甲方交给乙方无偿使用、保管的物品、工具、技术资料等，如数交还给甲方，如有遗失应予赔偿。

（九）乙方符合国家规定的退休（含提前退休）条件时，甲方应按规定为其办理退休手续，并按本地区有关规定执行。

七、本合同未尽事宜，法律法规有规定的，按法律法规规定执行；法律法规未规定的，由双方协商解决；经双方协商一致，可以变更本合同。若双方协商不成或发生劳动争议，应依法向调解机构申请调解或向当地人民法院起诉。

八、本合同壹式贰份，双方各执壹份，自甲乙双方签字盖章之日起生效。同时，甲方按规定建立员工名册备查，并向劳动部门办理备案手续。

甲方（盖章）：

年　月　日

乙方（签名）：

年　月　日

资料来源：https://wenku.baidu.com/view/57f16f8b31b765ce040814d7.html

（五）试用期的约定

企业约定试用期，目的是确保录用的员工可以满足企业的需要并且保证一旦发现员工不符合岗位要求，企业可以合法、顺利地与其解除合同。但是，企业如果想达到这一目的，不仅要重视“录用条件”，更重要的是应当与试用期配合使用。我国《劳动法》规定的试用期制度，是以劳动合同双方在合同中有明确约定为前提的。若劳动合同中对此没有约定，就不能适用试用期制度，更不能以试用期内不符合录用条件为由解除劳动合同。

二、新员工入职培训

新入职的人员通常要进行新员工入职培训。入职培训可以使员工更好地了解企业的发展概况，加强对企业的认同感，更好地理解企业文化，更快地融入新的工作环境，熟悉工作内容及要求。

（一）新员工入职培训的主要内容

新员工入职培训主要包括两方面内容：企业发展相关的培训以及工作岗位相关的培训。

企业发展相关的培训内容主要包括企业发展概况、企业规章制度和组织结构、企业基本产品的生产及销售情况等。工作岗位相关的培训主要有工作流程、职责、权限，办公设施设备的使用，专业技术、财务等管理方法的培训。

（二）新员工入职培训的主要方法

新员工入职培训所采用的方法一般根据培训内容不同而不同。管理政策、制度方面的培训可以采用讲授、讲座的方法；专业性的培训可以采用参观、模拟演练、经验座谈的方法。

第三节　招聘评估

一、招聘评估概述

招聘评估是招聘过程的最后一个环节，是在完成招聘流程中各阶段工作的基础上，对整个招聘过程、招聘结果、招聘成本和招聘工作情况进行的评估。

招聘评估是反思招聘中的问题和改进招聘工作的依据，通过反思招聘过程中存在的问题，可以对招聘工作形成更加清晰的认识，避免招聘工作的盲目性，降低招聘成本，提高招聘效率。招聘评估也能够帮助企业发现内部问题，找出企业内部导致人员招聘失败的深层次原因，从而调整企业管理政策。

二、招聘评估的内容

招聘评估是通过成本与效益核算使招聘人员清楚招聘费用的支出情况，区分哪些是应支出项目，哪些是不应支出项目，有利于节省开支，降低未来招聘的费用。通过录用员工的绩效、实际能力、工作潜力的评估，可以检验招聘工作成果与方法的有效性，改进招聘方法和策略。

招聘评估主要包括招聘数量评估、招聘质量评估、招聘成本与效益评估、招聘方法的成效评估、招聘管理工作评估。

(一)招聘数量评估

招聘数量评估通过对应聘人数、录用人数与计划招聘人数的相关数值比较来分析招聘的效果。数量评估是对招聘工作有效性检验的一个重要方面,通过数量评估,分析在数量上满足或不满足招聘需求的原因,有利于找出招聘工作中的薄弱环节,改进招聘工作。同时,通过录用人员数量与招聘计划数量的比较,为人力资源规划的修订提供依据。招聘数量评估主要从录用比、招聘完成比和应聘比 3 个方面进行衡量。

1. 录用比

录用比是录用人数与应聘人数的比例,用来衡量录用人员的素质高低。一般录用比越小,表明可供选择的人员越多,实际录用者的素质就越高,但同时也会加大企业的招聘成本。

录用比 = 录用人数 / 应聘人数 ×100%

2. 招聘完成比

招聘完成比用于说明新员工招聘计划的完成情况。如果招聘完成比等于或大于100%,则说明在数量上全面或超额完成招聘计划。比例越小,说明招聘员工数量越不足。

招聘完成比 = 录用人数 / 计划招聘人数 ×100%

3. 应聘比

应聘比说明员工招聘的挑选余地和信息发布状况。比例越大,说明企业的招聘信息发布越广、越有效,企业的挑选余地也就越大,录用人员的素质可能较高;反之,比例越小,说明企业招聘信息发布的不适当或无效,企业的挑选余地也越小。一般来说,应聘比至少应在 200% 以上,比例越大,才能保证录用者的质量。

应聘比 = 应聘人数 / 计划招聘人数 ×100%

(二)招聘质量评估

招聘质量评估是对录用员工的工作绩效行为、实际能力、工作潜力的评估。它是对招聘的工作成果与方法有效性检验的另一个重要方面。招聘质量评估实际上是对录用人员在人员选拔过程中对其能力、潜能、素质等进行的各种测试与考核的延续。也可根据招聘的要求或工作分析得出的结论,对录用员工进行等级排列来确定其质量。录用比和应聘比这两个数据也在一定程度上反映了录用人员的质量。质量评估主要从以下几方面进行衡量。

1. 招聘合格率

招聘合格率是从质的角度评估招聘人员对企业的适合度。合格招聘人数是指顺利通过岗位适应性培训、试用期考核合格最终转正的新员工。招聘合格率高说明招聘人员对企业的适合度高。

招聘合格率 = 合格招聘人数 / 总招聘人数 ×100%

2. 用人部门对新员工绩效的满意度

这一指标用于衡量新录用员工质量的高低，通过用人部门考察后的满意程度来体现。

用人部门对新员工绩效的满意度 = 满意的用人单位数量 / 新录用员工总数 ×100%

3. 新员工对用人部门的满意度

这一指标反映新员工对企业的认可程度，也可以在很大程度上影响新员工的士气与工作绩效。比例高说明招聘新员工的需求、动机、价值观等与企业的吻合度高。

新员工对用人部门的满意度 = 新录用员工对用人单位满意的数量值 / 新录用员工总数 ×100%

4. 新员工离职率

这一指标反映了新员工对用人单位的满意度。离职率高，表示新录用人员对企业或岗位的满意度低。

新员工离职率 = 新录用员工离职数 / 新录用员工总数 ×100

（三）招聘成本与效益评估

招聘成本与效益评估是对招聘中的费用进行调查、核实并对照预算进行分析评价的过程。招聘成本效益评估是鉴定招聘效率的一个重要指标。

1. 招聘成本

招聘成本是指在员工招聘工作中所需花费的各项成本的总和，包括招募、选拔、录用、安置以及适应性培训的成本等。

1）招募成本

招募成本是企业为了吸引和确定其所需要的内外人力资源而发生的费用，主要包括招募人员的直接劳务费用（工资与福利），直接业务费用（如参加招聘会的费用、差旅费、招聘代理费、专家咨询费、广告费、宣传材料费、办公费、水电费等）、间接管理费用（如行政管理费、临时场地及设备使用费）、各种预付费用（为吸引高校学生所预先支付的委托培养费、提供的奖学金、设立的特困基金、提供的校园活动费）。

招募成本 = 直接劳务费 + 直接业务费 + 间接管理费 + 各类预付费

2）选拔成本

选拔成本是对求职者进行测评与选拔，以作出录用与否时支付的费用总和。该费用主要在以下环节产生：初步面试，进行人员初选；汇总申请材料；各种知识测试与心理测验；诊断面试；内部选拔人员现有工作情况调查，提出评价意见；根据应聘者的资料、知识测试成绩与心理测验结果、面试中的表现、调查评价意见等，召集相关人员讨论录用人选；对录用人员进行背景调查，获取有关证明材料；通知背景调查合格者体检，通知体检合格者录用。以上各环节所产生的费用的计算办法如下。

初步面试费用 = 面试时间 × 主试的小时工资率

选拔面试的时间费用 =（每人面谈前的准备时间 + 每人面谈所需要的时间）× 选拔者工资率 × 候选人数

汇总申请资料费用 =（印发每份申请表资料费 + 每人资料汇总费）× 候选人数

考试费用 =（平均每人的资料费 + 平均每人的评分成本）× 参加考试的人数 × 考试次数

体检费 = 每位候选人的体检费用 × 检查人数 + 体检时间 × 体检组织者的小时工资率

3）录用成本

录用成本是指在经过各种测评考核后，将符合要求的合格人选录用到企业时所发生的费用。主要包括录用手续费、调动补偿费、搬迁费、旅途补助费、离职补偿费等由录用引起的有关费用。被录用者职位越高，录用成本也就越高。从企业内部录用员工仅是工作调动，一般不会发生录用成本。

录用成本 = 录取手续费 + 调动补偿费 + 搬迁费 + 旅途补助费 + 离职补偿金 + 违约补偿金

4）安置成本

安置成本是为安置新员工到具体的工作岗位时所发生的费用。安置成本由为安排新员工的工作所必须发生的各种行政管理费用、为新员工提供工作所需要的装备条件、欢迎新员工入职的相关费用以及录用部门因安置人员所损失的时间成本而发生的费用构成。

安置成本 = 各种安置行政管理费用 + 必要的装备费 + 安置人员时间损失成本

5）培训成本

培训成本是企业为新员工正式上岗前在企业文化、规章制度、基本技能等方面进行培训时所发生的费用。培训成本主要包括培训者的工资，新员工培训期间的工资，培训教育资料、管理、设备折旧等费用。

培训成本 =（培训者的平均工资率 × 培训引起的生产效率的降低率 + 新员工的工资率 × 新员工的人数）× 受训天数 + 教育管理费用 + 资料费用 + 培训设备折旧费用

6）单位招聘成本

单位招聘成本是组织为了招聘和雇用员工而平均在每个人身上花去的费用。是招聘总成本与实际录用人数之比。招聘成本包括内部成本、外部成本和直接成本。内部成本包括企业内部招聘专员的工资福利、差旅费用支出和其他管理费用。外部成本包括外部专家参与招聘的劳务费、差旅费等；直接成本包括广告、招聘会支出，招聘代理、职业中介机构费用，校园招聘会费用等。

单位招聘成本 = 招聘总成本 / 录用人数

2. 招聘成本评估

招聘成本评估是指对招聘中的费用进行调查、核实并对照预算进行评价的过程。

1）招聘预算

在招聘工作开始前，应先制定招聘预算，招聘预算通常包括招聘广告预算、招聘测试预算、体格检查预算、其他测试预算等。其中招聘广告预算所占比例要大些。

2）招聘核算

招聘核算是指对招聘经费的使用情况进行度量、计算、审计等。通过核算可以了解招聘中经费的使用情况，是否符合预算以及差异主要出现在哪些环节，实际上也是对预算的执行情况进行监控的过程。

3. 招聘成本效用评估

招聘成本效用评估是对招聘成本所产生的效果进行的分析。包括招聘总成本效用分析、招募成本效用分析、人员选拔成本效用分析、人员录用成本效用分析。

1）招聘总成本效用分析

招聘总成本效用是实际录用人数与招聘总费用之比，比例越大，说明花费一定数量的费用后，所取得的效果越好，录用人员较多；反之，则说明企业没能够招收足够数量的员工，总成本效用低。

招聘总成本效用 = 录用人数 / 招聘总成本

2）招募成本效用分析

招募成本效用是应聘人数与招募期间的费用之比，该比例说明招募期间的费用支出对于吸引应聘者的效用。该比例越大，说明招募期间费用开支的效用越高，用于不同渠道的费用较合理，能够为组织吸引大量的应聘者，有利于提高录用人员的素质。反之，说明无效的花费较多，资金应用不合理。

招募成本效用 = 应聘人数 / 招募期间的费用

3）人员选拔成本效用分析

选拔成本效用是被选中人数与选拔期间费用之比，该比例说明选拔过程中资金使用的效率。该比例越低，企业用于选拔的投入越大，选拔面较广、余地较大，被选中的人员素质较高；反之，入选人员多，效果不明显，人员素质可能不高。

选拔成本效用 = 被选中人数 / 选拔期间的费用

4）人员录用成本效用分析

人员录用成本效用是正式录用的人数与录用期间的费用之比，该比例说明录用期间资金的使用效率。

人员录用效用 = 正式录用的人数 / 录用期间的费用

（四）招聘方法的成效评估

招聘方法的成效评估是对招聘过程中所使用测评方法的正确性与有效性进行的评价，也称为信度与效度的评估。企业在招聘结束后要对所选用的甄选工具及招聘方法进行评估，只有信度和效度达到一定水平的测试，其结果才能作为录用决策的依据。信度和效度不高的方法在以后的招聘工作中应加以改进或淘汰。

1. 信度评估

信度是指测试结果的可靠性或一致性。通常信度可分为：稳定系数、等值系数和内在一致性系数。

1）稳定系数

稳定系数是指用同一种测试方法对一组应聘者在两个不同时间进行测试的结果的一致性。一致性可用两次结果之间的相关系数来测定。相关系数高低既与测试方法本身有关，也跟测试因素有关。此法不适用于受熟练程度影响较大的测试，因为被测评者在第一次测试中可能记住某些测试题目的答案，从而提高了第二次测试的成绩。

2）等值系数

等值系数是指对同一应聘者使用两种对等的、内容相当的测试方法，其结果之间的一致性。

3）内在一致性系数

内在一致性系数是指把同一（组）应聘者进行的同一测试分为若干部分加以考察，各部分所得结果之间的一致性。这可用各部分之间的相关系数来判断。

2. 效度评估

效度即有效性或精确性，是指实际测得应聘者的有关特征与想要测得特征的符合程度。一个测试必须能测出它想要测定的功能才算有效。通常效度可分为预测效度、内容效度和同侧效度。

1）预测效度

预测效度是说明测试用来预测将来行为的有效性。在人员选拔过程中，预测效度是考虑选拔方法是否有效的一个常用的指标。可以把应聘者在选拔中得到的分数与他们被录用后的绩效分数相比，两者的相关性越大，则说明所选的测试方法、选拔方法越有效，以后可根据此方法来评估、预测应聘者的潜力。

2）内容效度

内容效度是测试方法能真正测出想测的内容的程度。考虑内容效度时，主要考虑所用的方法是否与想测试的特征有关，如招聘打字员，测试其打字速度和准确性、手眼协调性和手指灵活度，这些操作测试的内容效度是较高的。内容效度多应用于知识测试与实际操作测试，而不适用于对能力和潜力的测试。

3）同侧效度

对现在员工实施某种测试，然后将测试结果与员工的实际工作绩效考核得分进行比较，若两者的相关系数很大，则说明此测试效度就很高。

（五）招聘管理工作评估

企业对招聘管理工作是否满意，可以从招聘渠道、招聘流程、招聘工作满意度等3个方面进行评估。

1. 招聘渠道评估

招聘工作结束后，要对招聘渠道的选择进行分析，评估招聘渠道选择的有效性，为下一步招聘渠道选择提供可靠的参考依据。招聘渠道的评估主要考察以下内容：收到简历的数量；每份简历的成本；不合格简历的数量；不合格简历的成本；合格简历数量；合格简历的成本等等。招聘渠道评估表见11-4。

表11-4 招聘渠道评估表

部门				招聘岗位			
招聘渠道	成本费用	收到简历数量	每份简历的成本	不合格简历数量	不合格简历成本	合格简历数量	合格简历成本
填表人：				签名：			
职务：				日期			

2. 招聘流程评估

对于招聘流程的评估，可以通过收回招聘工作反馈调查表，汇总统计、分析数据的方式来进行。招聘流程评估主要从以下几个方面进行评估。

（1）评估招聘工作是否有效率，即招聘过程的每一步是否在预定时间内完成。如果超出了预定时间，就会增加招聘成本，效益就会降低。

（2）评估年度招聘计划是否科学、合理和全面。如果一个招聘年度内出现的临时补充招聘计划超出了合理范围，则说明年度招聘计划还有待改进的地方。此外，还要评估是否有人才浪费和不足的现象，如果可以由兼职人员完成的工作而实际招聘了正式员工，则加重了企业的人工成本。

（3）评估招聘程序是否严格按照招聘规程来执行。

（4）评估招聘策略的选择、招聘方案的制定以及招聘程序的执行等方面是否与组织的使命、经营目标以及价值观匹配。

3. 招聘工作满意度评估

招聘工作满意度评估主要包括用人部门对招聘工作的满意程度、新员工对招聘人员的满意程度两个方面的评估。用人部门对招聘工作满意程度的评估，即评估招聘管理部门是否按用人部门的要求招募到合适的人选，是否及时与用人部门联系招募和筛选候选人等。

表 11-5　招聘服务评估表(一)

部门：	姓名：	入职日期：	工号：
评价项目		评价内容	
招聘计划数量是否完成			
新员工工作质量是否满意			
招聘周期满意度			
招聘工作人员服务态度			
意见及建议			

新员工对招聘人员满意程度的评估，主要指新入职员工对招聘人员的工作态度、工作能力等满意程度的评估。

表 11-6　招聘服务评估表(二)

部门：	姓名：	入职日期：	工号：
评价项目		评价内容	
招聘时间安排是否合理			
招聘进度指引是否清晰			
招聘条件告知是否清楚			
工作人员服务态度			
意见及建议			

阅读资料

招聘评估报告

A 公司因生产和业务的需要，计划招聘中级技术和管理人员 50 人，其中班组长 10 人，机械维修技工 20 人，储备干部 20 人。人力资源部在当地的主流报纸上登载了招聘广告，一个星期后收到了 45 份求职申请。由于公司正赶上生产旺季，董事会和总经理都要求人力资源部在规定时间内完成招聘任务。人力资源部急忙组织面试，最后的招聘结果是：招聘了 7 名班组长、18 名技工、20 名储备干部。面试结束的第二天，人力资源部到当地的人才市场招到 3 名班组长和 2 名技工。新员工入职两周后就有 5 名技工离职、3 名班组长离职和 9 名储备干部离职。

问题：请你评估这次招聘活动。

解析：

1. 数量评估

这次招聘没有完成任务，是一次失败的招聘。

录用比 = 录用人数 / 应聘人数 =45/45=100%。

招聘完成率 = 录用人数 / 计划招聘人数 =45/50=90%。

应聘比 = 应聘人数 / 计划招聘人数 =45/50=90%。

从上述评估数据可以对这次招聘作出如下分析和评估。

（1）本次招聘的应聘比为 90%，表示应聘人数不足计划招聘人数，说明招聘方法和渠道单一，不足以吸引超过计划招聘人数的应聘者。一开始，就阻碍了招聘任务的完成和达到招聘质量。

（2）本次招聘的完成率为 90%，表示任务没有完成。

（3）本次招聘的录用比为 100%，表示在上级和生产任务的压力下，人力资源部来者不拒，全部录用。这种招聘根本无法保证招聘质量，新聘人员的知识、技能、素质无法满足岗位的需要，无法实现人力资源的最优配置，也为新聘人员离职埋下了伏笔。

2. 质量评估

本次招聘的录用比和应聘比也证明了本次招聘人员的素质和技能知识无法达到岗位的需要；新聘人员离职原因之一，有可能就是技能素质无法适应岗位需要，无法承担工作职责。

3. 信度与效度的评估

虽然，本案未提及选择方法，但是我们仍可以从 100% 的录用比推测到本次招聘所采取的选择方法的信度和效度是非常差的。

4. 成本 – 效益评估。

本案未涉及。

资料来源：邵芳．招聘与人员测评 [M]. 西安：西安电子科技大学出版社，2016.

复习思考题

1. 录用决策的内容。

2. 背景调查的内容。
3. 新员工入职的流程。
4. 劳动合同的内容。
5. 招聘评估的内容。
6. 什么是招聘成本效应评估。

阅读资料

企业招聘成本核算案例

某家电制造企业计划招聘储备干部人员 30 人名、技术人员 10 名。现企业整体招聘工作费用支出如下。

1. 招聘准备阶段

招聘工作准备阶段企业的费用支出见表 11-7。

表 11-7　企业准备费用表

工作内容	成本（元）	计算公式	时间
会议讨论	800	讨论成本 = 参加讨论人员的小时工资率 × 讨论时间	
材料制作	1 200		
广告费	500		
校园宣传	1 800		11 月 20 日—11 月 21 日
参加招聘会	1 500	招聘会费用 = 工作人员的劳务费 + 参展费	11 月 21 日—11 月 22 日
办公费用	200		
合计	6 000		

2. 招聘实施阶段

该阶段涉及的费用内容见表 11-8。

表 11-8　招聘实施费用表

实施环节	参与人员	工作时间（小时）	小时工资（元）	小计（元）
简历筛选，确定面试人选	招聘专员 1 名	3	10	30
	招聘主管 1 名	1	25	25
面试准备	人事助理 1 名	1.5	10	15
	招聘经理 1 名	2	20	40

续表

实施环节	参与人员	工作时间（小时）	小时工资（元）	小计（元）
通知面试	人事助理	5	10	50
参加笔试	招聘专员 1 名	4	10	40
评卷	人力资源工作人员	7	10	70
第一轮面试	招聘专员	60	10	600
	人事经理	60	20	1 200
第二轮面试	人事经理	45	20	900
	部门经理	45	30	1 350
第三轮面试	部门经理	7.5	30	225
作出录用决策并下发通知	人事助理	6	10	60
合计				4 605

3. 录用成本

企业为校园招聘的 30 名储备管理人员支付面试旅途补助费 300 元。

4. 安置成本

企业为新员工配置的办公设备 1 000 元，入职培训费用 1 500 元，行政管理费用 2 000 元，安置成本费用共计 4 500 元。

5. 机会成本

机会成本即因为招聘人员离职产生的成本。比如新入职人员，工作一段时间后提出辞职，在其工作的一段时间内，其工资标准为 120 元每天，每天工作 8 小时，人力资源部工作人员为其办理离职手续共花费 2 小时（工作人员的工资标准为 10 元每小时），人事部经理与辞职人员面谈半个小时。此时总共发生的离职直接成本计算公式如下：

离职面谈费用 = 面谈者时间费用 + 离职者时间费用

$$=0.5\times10+(120\div8)\times2.5=42.5（元）$$

离职产生的管理费用 $=2\times10=20$（元）

离职成本共计 $42.5+20=62.5$（元）

另外，还有重置成本，重置成本通常包括新员工招聘费用、培训费用、岗位空缺带来的损失以及企业支付给离职员工的报酬等等。招聘总成本等于以上这些项目之和。

资料来源：刘追．人员招聘与配置 [M]. 北京：中国电力出版社，2014.

案例分析

企业招聘的"秘器"

身为某高科技企业招聘经理的Sandra，近来一直被招聘工作所困扰。困扰她的不是大量的简历筛选、面试环节海选的烦琐，而是百里挑一的候选人，在入职不足半年的时间里，纷纷因为各种原因不适合岗位而离职或被辞退，前期的大量工作都前功尽弃。

材料1：经过公司的标准招聘流程，Sandra推荐了A到公司行政部任行政助理。A的简历中有长达5年的行政工作经验，而且有在高科技企业工作的经验。在面试中也表现出色，A的沟通能力和展示自我的能力非常强。然而仅仅工作了1个月，行政部的经理就告知Sandra，A在试用期不符合公司的岗位要求，予以辞退。

Sandra惊讶之余，再度翻阅A当时的求职简历并在和A进行离职沟通时，才恍然大悟。原来A的确有5年丰富的行政经验，但其中有4年都是在某外资代表处，工作职责相对单一，工作内容简单。该外资代表处搬迁后，A跳槽到一家高科技企业做行政助理，但因不适应高强度的工作，被上一任雇主在试用期劝退。而这些经历，都被A在面试时巧妙地包装和隐瞒了。

材料2：这一次，Sandra在销售总监的岗位招聘中更是遭遇了"滑铁卢"。在众多候选人中，Sandra推荐了一名声称自己曾在某跨国公司担任销售部门管理职务并创造了优秀销售业绩的应聘者B。B的形象很职业，对于销售的理论知识非常丰富，在面试时侃侃而谈，征服了面试官，顺利获得了销售总监的岗位。但B担任了该企业的销售总监后，却未能给企业带来良好的营业额。

后经了解得知，此人的确曾在某跨国公司任"销售经理"一职。而且的确完成了业绩，但该跨国公司"销售经理"职位界定只是大客户销售，他所完成的业绩只是个人销售业绩，同时此人并不承担管理职责。B脱口而出的销售理论知识，来源于在上一任雇主工作时的某次海外培训。

问题：Sandra招聘失败的主要问题在哪儿？应如何解决？

参考文献

[1] 安鸿章．现代企业人力资源管理 [M]．3 版 . 北京：中国劳动社会保障出版社，2014.

[2] 边文霞．员工招聘实务 [M]．2 版 . 北京：机械工业出版社，2011.

[3] 边文霞．招聘管理与人才选拔：实务、案例、游戏 [M]．北京：首都经济贸易大学出版社，2012.

[4] 曹晖 , 陈新玲 . 人员招聘与配置 [M]. 北京：中国劳动社会保障出版社，2008.

[5] 高秀娟．人员招聘与配置 [M]．北京：中国人民大学出版社，2011.

[6] 侯典牧．人员测评原理与方法 [M]．北京：中国人民大学出版社，2012.

[7] 侯典牧 , 傅家荣．人员素质测评 [M]．北京：科学出版社，2012.

[8] 贺新闻．招聘管理 [M]．北京：高等教育出版社，2016.

[9] 江波．人力资源管理心理学 [M]．上海：华东师范大学出版社，2014.

[10] 寇家伦．HR 最喜欢的人才测评课 [M]．广州：广东旅游出版社，2014.

[11] 刘凤霞 . 组织与工作设计 [M]. 天津：天津大学出版社，2015.

[12] 刘葵 , 蔡圣刚．人员测评技术 [M]．2 版 . 大连：东北财经大学出版社，2012.

[13] 廖泉文．招聘与录用 [M]．2 版 . 北京：中国人民大学出版社，2010.

[14] 李文勇．做个高效面试官 [M]．北京：机械工业出版社，2011.

[15] 李旭旦 , 吴文艳．员工招聘与甄选 [M]．2 版 . 上海：华东理工大学出版社，2014.

[16] 林新奇．新中国人力资源管理变革的路径和走向 [M]．大连：东北财经大学出版社，2012.

[17] 刘远我．人才测评——方法与应用 [M]．2 版 . 北京：电子工业出版社，2011.

[18] 刘追．人员招聘与配置 [M]．北京：中国电力出版社，2014.

[19] 彭荣模．招聘面试经典六问 [M]．广州：广东旅游出版社，2015.

[20] 宿春礼，邢群麟．顶尖企业面试题与面试流程 [M]．北京：企业管理出版社，2010.

[21] 邵芳．招聘与人员测评 [M]．西安：西安电子科技大学出版社，2016.

[22] 孙健敏 , 高日光．人力资源测评理论与技术 [M]．北京：首都经济贸易大学出版社，2010.

[23] 苏永华. 人才测评操作实务 [M]. 北京:中国人民大学出版社,2011.
[24] 苏永华. 人才测评概论 [M]. 北京:中国人民大学出版社,2011.
[25] 宋艳红. 员工招聘与配置 [M]. 北京:北京理工大学出版社,2014.
[26] 唐宁玉. 人事测评理论与方法 [M]. 大连:东北财经大学出版社,2016.
[27] 滕晓丽. 招聘管理工作手册 [M]. 北京:人民邮电出版社,2013.
[28] 王丽娟. 招聘与录用 [M]. 北京:中国人民大学出版社,2012.
[29] 王淑红. 人员素质测评 [M]. 北京:北京大学出版社,2012.
[30] 吴志明,孙健敏,武欣. 人事测评理论与实证研究 [M]. 北京:机械工业出版社,2009.
[31] 许明月 . 人力资源管理心理学 [M]. 修订版 . 北京:经济科学出版社,2011.
[32] 肖鸣政,COOK M. 人员素质测评 [M]. 3 版 . 北京:高等教育出版社,2013.
[33] 杨长清,唐志敏. 招聘•面试•录用及员工离职管理实操——从新手到高手 [M]. 北京:中国铁道出版社,2015.
[34] 于海波. 员工招聘与素质测评 [M]. 北京:对外经济贸易大学出版社,2009.
[35] 姚裕群,姚清. 招聘与配置 [M]. 3 版 . 大连:东北财经大学出版社,2016.
[36] 严瑜. 心理测量与人才评鉴 [M]. 北京:人民出版社,2008.
[37] 张爱卿. 人才测评 [M]. 2 版 . 北京:中国人民大学出版社,2011.
[38] 张杉杉,魏华颖. 招聘中的心理测量原理与操作 [M]. 北京:经济管理出版社,2011.
[39] 赵永乐,姜农娟,凌巧. 人员招聘与甄选 [M]. 北京:电子工业出版社,2009.
[40] 张志红,王倩倩,朱冽烈. 人才测评实务 [M]. 2 版 . 北京:机械工业出版社,2011.